早わかり
中東&イスラーム世界史

宮崎正勝

日本実業出版社

はじめに

第二次世界大戦後の日本では、中東とイスラーム世界は、国際紛争の多発地域、現代文明を支えるエネルギー源・石油の供給地として注目されてきました。

そうした関係で、巷《ちまた》には中東紛争の解説書や、イスラーム教とイスラーム文明に関する解説書、中東の現代史関係の概説書などがあふれています。

しかし、5000年前に人類最古の二つの文明（エジプト文明、メソポタミア文明）を誕生させ、長期間アジア、アフリカ、ヨーロッパの3大陸の接点に大帝国を維持し続け、「海の道」「シルクロード」「草原の道」の三つの文明の交流地帯に影響を与え続けた「中東&イスラーム世界」と、第二次世界大戦後の「中東&イスラーム世界」が切り離され、両者を一貫した歴史として描き出す簡単な概説書が少ない現状があります。

私は、長年「世界史」教育に携わる中で、こうした奇妙な現象に疑問を深めました。

ヨーロッパを中心とする「西洋史」、中国を中心とする「東洋史」は、アフロユーラシア（ユーラシア大陸にアフリカを含めた地域）の広大な乾燥地帯に広がる大世界（中東&イスラーム世界）を軽視して、エアー・ポケットにしているのではないか、むしろ中東&イスラーム世界が、長期間にわたり「世界史」の駆動地帯ではなかったのか、と…。

今から十余年前に、私は『イスラム・ネットワーク』（講談社選書）を著して、ささやかな問題提起を行ってみました。その時期と比べてみると、「世界史」にイスラーム史が占める割合はかなり増加し、世界史としての歪みも少なくなってきたように思えます。

歴史は、「現在との対話」とも「未来との対話」ともいわれます。確かにそうなのですが、過去を踏まえないと現在が見えないのも事実です。

本書は、読みやすいかたちで、奥行きが深く、間口の広い、「中東&イスラーム史」のイメージを知ってもらいたい、という思いから書かれました。過去の歴史をひもときながら、現在、さまざまな課題を抱えている「中東&イスラーム世界」を理解する一助になれば幸甚です。

最後に適切な助言、ご協力をいただいた日本実業出版社編集部、イラストなどでご協力いただいた福迫一馬氏に感謝したいと思います。

２００６年５月

宮崎　正勝

◉早わかり中東&イスラーム世界史◉もくじ

はじめに

序章 見えにくい中東世界の歩みをクリアにする

伝統的な「世界史」のブラック・ボックスになっている中東 14
イラン人、アラブ人、トルコ人を軸に中東史をイメージする 15
複雑な中東史も六つの時代に分けるとわかりやすい 16
第1期◆早熟な文明が併存した時代（前3000〜前550年） 17
第2期◆イラン人の覇権時代（前550〜651年） 17
第3期◆アラブ人の覇権時代（632〜11世紀） 20
第4期◆トルコ人の覇権時代（11世紀から19世紀後半） 20
第5期◆ヨーロッパ諸国の覇権時代（19世紀後半から20世紀半ばまで） 21
第6期◆中東の自立と混迷の時期（第二次世界大戦後） 22

第1章 中東とは イスラーム世界とは

私たちの知らない中東&イスラームの世界

◆中東とは
中東がわかると世界史・現代世界がわかる！ ―― 26

◆イスラーム世界の拡大
イスラーム世界の3層構造 ―― 28

◆中東の由来
中東とはどのような地域なのか？ ―― 30

◆中東の地域
広大な乾燥地帯が中東史のステージ ―― 32

◆イスラーム世界と西ヨーロッパ
西ヨーロッパ世界を生んだイスラームの衝撃 ―― 34

◆イスラーム教
中東世界に特別な彩りを与えるイスラーム ―― 36

◆アラブ人とは
アラブ人は全イスラームの2割程度に過ぎない ―― 38

◆イスラームの暮らし
西洋とは異質なイスラーム世界の時間 ―― 40

◆イスラームの暦
「暦」にはイスラームの「信仰」が込められている ―― 42

◆イスラーム教とコーラン
豚肉と飲酒はなぜ禁止されているのか ―― 44

◆ベールとアゴヒゲ
イスラーム世界に広がるベールとアゴヒゲ ―― 46

COLUMN
イスラーム社会はリーダーをこう選ぶ ―― 48

第2章

多様性が共存した中東世界

農業地帯、砂漠、地中海…地理が生んだミラクルな歴史

◆メソポタミア文明
南部イラクで成長したメソポタミア文明——52
◆エジプト文明
「黒い土」が育てた巨大なエジプト文明——54
◆シリア地域
砂漠の大規模交易のセンターだったシリア——56
◆レバノン
中東と地中海の接点　異質な空間・レバノン——58
◆パレスチナの宗教
3大宗教の聖地　パレスチナのエルサレム——60
◆広大な砂漠地帯
交易のための巨大回廊　シリア砂漠とアラビア砂漠——64
◆アナトリア（小アジア）
外郭をなすアナトリア、イラン高原、アフガニスタン——66
COLUMN
ローマの大浴場が元祖のトルコの「ハンマーム」　68

第3章

イラン人が覇権を握る1000年間

イラン人の二つの王朝が支配した時代があった

◆アッシリアから新バビロニアへ
アッシリアにより統一に向かった中東——72
◆アケメネス朝
イラン人が建てた最初の大帝国——74

◆ゾロアスター教
1000年もの間中東を制したゾロアスター教――76
◆ヘレニズム時代
ヘレニズム時代とパルティア――78
◆ササン朝
ローマ帝国を悩ませた大帝国ササン朝――80
COLUMN
「右手にコーラン、左手に剣」は本当か？ 82

第4章 姿を現すイスラーム教
イスラームはどのように生まれ どのように拡大したのか

◆メッカの繁栄
交易路の変化がもたらしたメッカの繁栄――86
◆ムハンマド誕生
イスラーム教の創始者ムハンマド――88
◆メディナへのヒジュラ
移住からはじまったイスラーム教団の急成長――90
◆ムハンマドの死から拡大へ
ムハンマドの死を機に拡大しはじめる教団――92
◆コーラン
『コーラン』には何が書かれているのか？――94
◆ウンマのシステム
部族とウンマの間で揺れ動いたイスラーム社会――96
◆イスラーム社会の構造
イスラーム社会はどのように組み立てられた？――98
COLUMN
世界史を変えたアラブ遊牧民の英雄「ウマル」とは 100

第5章 イスラーム帝国の誕生
「大征服運動」により出現したイスラームの巨大帝国

◆陸上の〝海〟
「砂漠」が歴史を転換させた——104
◆大征服運動
中東世界の土台をつくりあげた大征服運動——106
◆モスクとは
大征服とともに各地に広がったモスク——108
◆カリフの争い
王朝への道を歩んだイスラーム教団——110
◆シーア派
シーア派はなぜ分離したのか——112
◆ウマイヤ朝
アラブ有力部族の大帝国ウマイヤ朝——114
◆アッバース朝
最初の大イスラーム帝国アッバース朝——116
COLUMN
ハーレムと支配者の放縦な生活 118

第6章 ユーラシア規模に広がった商業圏
世界史を誕生させた⁉ イスラーム商人のネットワーク

◆イスラーム・ネットワーク
世界史の起点となるイスラーム・ネットワーク——122
◆バグダード建都
大交易センターになった帝国の管理都市——124

◆四つの幹線道路
大道路網によってできあがった中東の骨格――126

◆進む大征服運動
イスラーム化する地中海世界――128

◆塩金貿易
サハラ砂漠を南北に結んだ塩金貿易――130

◆オアシス・ルートの完成
地中海と中国を結ぶオアシス・ルート――132

◆ヴァイキングとイスラーム経済圏
ヴァイキングとの毛皮交易とロシアの建国――134

◆東南アジアのイスラーム化
イスラームの冒険商人シンドバッドの時代――136

◆中国とイスラームの交易
倭国（日本）も視野に入っていた唐との交易――138

◆アラビアン・ルネサンス
世界をリードしたイスラーム文明――140

COLUMN
利息の禁止でイスラームの銀行は…　144

第7章 トルコ人とモンゴル人による中東の再編

質実剛健な遊牧民により再編されていく中東世界

◆アッバース朝の衰退
シーア派の逆襲で混乱するアッバース朝――148

◆マムルークの時代
遊牧トルコ人のマムルークの時代が到来――150

◆十字軍
イスラーム世界と西欧世界の衝突――152

◆バグダード陥落
バグダードの陥落とモンゴルの覇権――154

◆エジプトのマムルーク朝
エジプトもトルコ人の国に変わった!?――156
◆ティムール帝国
インドまで支配したモンゴル帝国の末裔――158
◆ムガル帝国
パキスタンの基盤をつくったムガル帝国――160
◆オスマン朝の誕生
ガージー国家として登場するオスマン朝――162
◆拡大するオスマン帝国
3大陸にまたがるオスマン帝国の出現――164
◆デウシルメ制とは
バルカン半島の人材が帝国を支えていた――166
◆コーヒーの伝播
ヨーロッパにコーヒーを伝えた巨大帝国――168
◆サファヴィー朝
イランの原型をつくったサファヴィー朝とは――170
COLUMN
十字軍を破ったクルド人の英雄サラディン 172

第8章 ヨーロッパ勢力によるオスマン帝国解体
遅れをとるオスマン帝国に襲いかかるヨーロッパ列強

◆オスマン帝国の衰退
勢力拡大が終わり弱体化するオスマン帝国――176
◆エジプトの自立
ナポレオンによるエジプト遠征の影響――178
◆ギリシア独立戦争
ギリシア独立戦争から崩れはじめるオスマン帝国――180
◆東方問題
列強の争いの狭間で分割されていく帝国――182

◆スエズ運河
スエズ運河がイギリスをエジプトに引き寄せた――184

◆イギリスとペルシア湾
海洋帝国イギリスのペルシア湾進出――186

◆タバコ・ボイコット運動
混乱を続けるイランにヨーロッパ勢力が進出――188

◆3B政策と3C政策
イギリスに対抗するためドイツがオスマンに接近――190

◆石油の時代
列強の対立を激化させた新エネルギー――192

◆青年トルコの革命
帝国再編へ！　青年たちによる革命勃発――194

COLUMN
ムハンマドの子孫たちはいま…　196

第9章
第一次世界大戦ではじまった中東の分割
現在の中東の原型はこの時、できあがった！

◆第一次世界大戦と中東
第一次大戦により激変した中東地図――200

◆トルコ革命
連合軍の過酷な要求にトルコ革命で対抗――202

◆イギリスの二枚舌外交
イギリスの無責任外交がパレスチナ問題の出発点――204

◆オスマン帝国分割
アラブ地域の英仏による分割――206

◆中東の国境
中東の国境はどのように決められたのか――208

◆クルド人問題
クルド人はなぜ国を持てなかったのか――210

◆イギリスによる中東施策
姿を現す両王国 エジプトとサウジアラビア 212

COLUMN
揺れ動く世界最大の産油国サウジアラビア 214

第10章 第二次世界大戦後の中東世界の激動

依然として続く諸問題に加え新たな紛争も発生している

◆第二次世界大戦後の中東
中東現代史の構図を5段階で考える 218

◆パレスチナ戦争
予定の1・5倍の国土になったイスラエル 222

◆民族主義の台頭
英・仏勢力の後退とアラブ民族主義の台頭 224

◆冷戦の影響と白色革命
イランがアメリカの足場になったワケ 226

◆スエズ戦争
欧米に対抗して存在感を増すエジプト 228

◆第三次中東戦争（6日間戦争）
第三次中東戦争で大きく巻き返すイスラエル 230

◆パレスチナ解放機構（PLO）再編
パレスチナ人によるパレスチナ人のための組織 232

◆第四次中東戦争と石油戦略
石油の世界経済への影響力を見せつけた戦い 234

◆レバノン内戦
複雑怪奇な事情で長期化したレバノン内戦 236

◆キャンプ・デーヴィッド合意
一歩踏み出した中東和平への道だったが… 238

◆パレスチナ自治政府
パレスチナ自治政府の実現をめぐる攻防 240

◆イラン革命
イランで起こったシーア派のイスラーム革命 242

◆チェチェン紛争
チェチェンになぜロシアは固執するのか ── 244
◆イラン・イラク戦争
イラン・イラク戦争からクウェート侵攻へ ── 246
◆湾岸戦争
中東世界をさらに大きく変えた湾岸戦争 ── 249

◆同時多発テロ
世界を驚愕させた2001年の衝撃 ── 252
◆イラク戦争
新たな課題を増やしたイラク戦争の行方は… ── 254

装丁／大下賢一郎
本文イラスト／福迫一馬
組版・図版／一企画

序章

見えにくい中東世界の歩みをクリアにする

伝統的な「世界史」のブラック・ボックスになっている中東

人類の文明が、中東の一部であるメソポタミア、エジプトからはじまるのは常識である。

古代ギリシアの全盛期を築く契機となったペルシア戦争を描いた『歴史』の著者として有名な歴史家、ヘロドトスが紀元前5世紀にナイル川流域を訪れた時、そこには二千数百年前に建造された高さ約144メートルのピラミッドが聳《そび》え立っていたのである。

また、ローマ帝国と600年あまりにわたる長期の抗争を繰り返したイラン人の帝国（ペルシア帝国）、3大陸にまたがるイスラーム帝国と北アフリカとユーラシアの大部分を結ぶ大商業圏の成立もしっかりと教科書に書かれている。

しかし、そうした歴史は、一貫した脈絡の下に世界史の中に盛り込まれておらず、バラバラにされている。中東世界が世界史全般とかかわり過ぎていて、中国やヨーロッパを中心とする歴史になじまないせいかもしれない。

19世紀にヨーロッパがパワフルな政治・軍事・経済システムを確立して、世界中に植民地を広げる時代になると、それまでヨーロッパに強い影響を与え続けてきた中東世界は、インド世界、中華世界とともに「停滞した世界」とみなされるようになる。

豊かな歴史の蓄積は意識的に見過ごされて、ヨーロッパを中心とする世界史（西洋史）に都合のよいかたちで組み込まれた。

中東史は分断され、「西洋史」の前史として、あるいは諸王朝の歴史、植民地化の歴史というように切り刻まれてしまったのである。

また、中華帝国の歴史を中心に構成された「東洋史」でも、中東世界は周辺の歴史として軽視された。そうしたことから中東史は、長い間「世界史」の中軸からハズされてきたのである。

イラン人、アラブ人、トルコ人を軸に中東史をイメージする

本書を読んでいただければ明らかになると思うが、中東史を中心に据えてみると、まったく異なる「世界史」のイメージを描き出すことができる。

中東の一貫した歴史がイメージされなければ、バランスのよいトータルな世界史像が描き出せないということは納得していただけるだろう。

中東世界の歴史は、文明が誕生してから5000年が経過していることでわかる高い文明の成熟、遊牧民の絶えざる侵入による複雑な歴史過程、活発な広域商業、ユーラシア世界の動向との強い結びつき、普遍性を持つイスラーム教の普及などがあり、極めて複雑で多岐にわたる。そのため、思い切って整理しなければ一貫した歴史としてイメージすることがむずかしい。

そこで少々乱暴になるかもしれないが、大胆な時期区分を試みることが必要になる。

いろいろな仮説が立てられるが、仮に大ナタを振るって、「イラン人」「アラブ人」「トルコ人」という中東世界の3大民族を軸に歴史を整理すると、中東の歴史はかなりスリム化される。

といっても、イラン人、アラブ人、トルコ人の3大民族は、それぞれ異なった時期に周辺諸地域から中東の中心部に移住しており、もともと中東の中心に居住していたわけではない。

前6世紀以降、イラン人がつくりあげた中東世界の秩

序が、7世紀以後のイスラーム化とアラビア語の普及によりアラブ人主導の秩序につくり替えられ、中東の大部分の地域の住民がアラブ化した。

中東世界の人々が、アラブ人として一括されるようになるのはこの時期以来である。

長い歳月をかけて多数の民族が混淆《こんこう》した中東は、西欧や日本になじみの深い「民族」意識とは異なる、イスラーム教、部族意識などにより結びついている固有の世界である。

わかりやすい例をあげると、多数の民族・部族からなる中華世界が、長い歳月をかけて漢字と漢語により同化され、中国人というイメージがつくりあげられたのに似ている。

中国人が強い同郷意識、同族意識を持っているように、アラブ社会も強い部族意識により成り立っている。中華世界もアラブ世界もともに、個性的な巨大「世界」なのである。

ちなみに一般的に用いられている「イスラーム世界」とは、イスラーム教が主に信仰されている空間、イスラーム帝国を中心に結びついたネットワークなどの意味であり、極めて曖昧なイメージしか描けない。

イスラーム世界が、風土も歴史もイスラーム教受容のプロセスも違う広大な空間に含まれる多くの人々を大ざっぱにくくる枠組みであることはいうまでもない。

複雑な中東史も六つの時代に分けるとわかりやすい

中東の一貫したイメージを獲得するために、先の視点に立ち、六つの時期に分けて中東世界の歩みを概括してみると、中東史は以下のようにスリム化できる。18、19ページに示した「対照年表」とともに見ていっていただきたい。

第1期◆早熟な文明が併存した時代（前3000〜前550年）

中東世界は、広大な乾燥地帯であり、ナイル川、チグリス・ユーフラテス川流域の2大農耕地帯の農耕民と周辺の砂漠、草原、山岳、海洋の諸民族の交易、抗争に彩られる長期で複雑な歴史を展開した。

前1500年頃から馬に引かせる二輪の軽戦車が普及することで1000年間に及ぶ戦乱の時代に入るが、覇権を握ったのが中央アジアから進出したイラン（ペルシア）人だった。

第2期◆イラン人の覇権時代（前550〜651年）

イラン人が中東世界を統合し、200年間続く「アケメネス帝国」を建設して以来、1000年間にわたりイラン人の覇権の時代が続く。

「アレクサンドロスの遠征」と「ヘレニズム時代」（前330〜前30年）をはさんでイラン人の帝国が再建されるが、地中海周辺地域の自立性が高まり、中東はイラン人の帝国とローマ帝国の二つの帝国に分裂する。約600年間にわたり、イラン人の帝国は地中海周辺を支配するロー

（日本とヨーロッパの一部、そして中東・イスラーム世界の対照年表。大ざっぱに略しているが、他の地域との比較はおおむねわかるようになっている。）

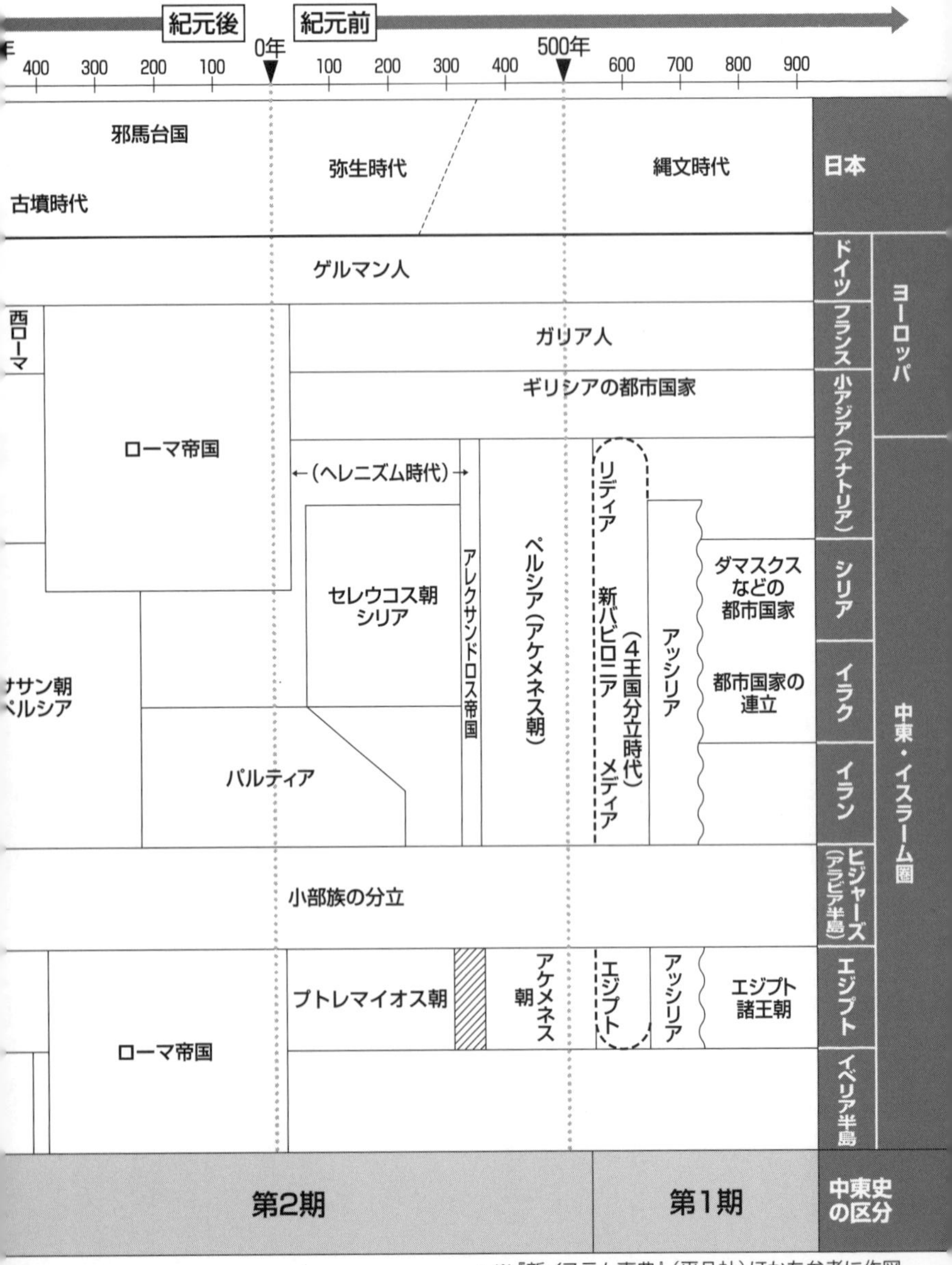

紀元後
紀元前
0年
500年
400
300
200
100
100
200
300
400
600
700
800
900
邪馬台国
古墳時代
弥生時代
縄文時代
日本
ゲルマン人
ドイツ
ガリア人
フランス
ヨーロッパ
西ローマ
ローマ帝国
ギリシアの都市国家
小アジア（アナトリア）
←（ヘレニズム時代）→
セレウコス朝シリア
アレクサンドロス帝国
ペルシア（アケメネス朝）
リディア
新バビロニア
（4王国分立時代）
メディア
アッシリア
ダマスクスなどの都市国家
シリア
都市国家の連立
イラク
ササン朝ペルシア
パルティア
イラン
小部族の分立
ヒジャーズ（アラビア半島）
中東・イスラーム圏
プトレマイオス朝
アケメネス朝
エジプト
アッシリア
エジプト諸王朝
エジプト
ローマ帝国
イベリア半島
第2期
第1期
中東史の区分

※『新イスラム事典』（平凡社）ほかを参考に作図。

〈日本・ヨーロッパ・中東　対照年表〉

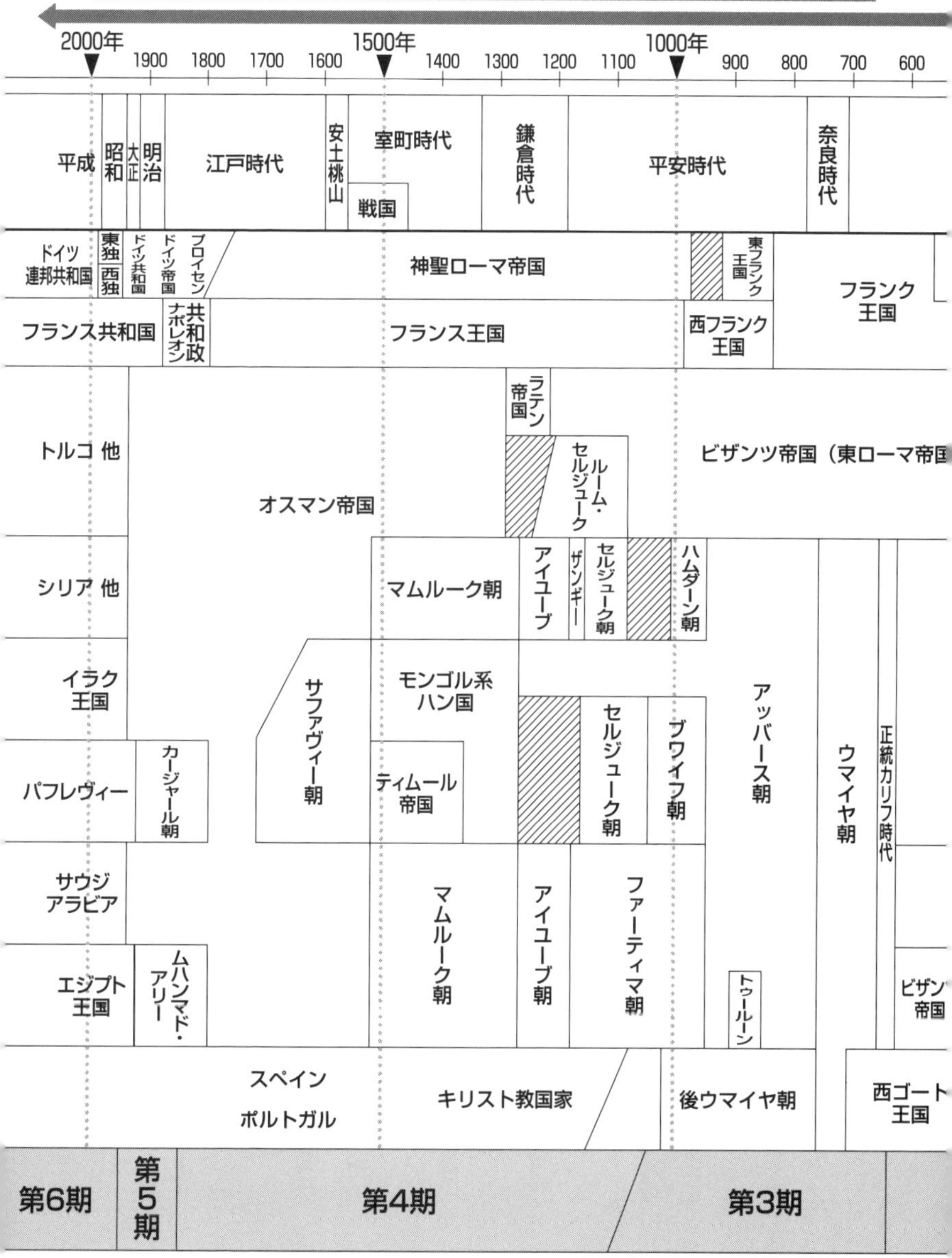
2000年
1900
1800
1700
1600
1500年
1400
1300
1200
1100
1000年
900
800
700
600
平成
昭和
大正
明治
江戸時代
安土桃山
室町時代
戦国
鎌倉時代
平安時代
奈良時代
ドイツ連邦共和国
東独
西独
ドイツ共和国
ドイツ帝国
プロイセン
神聖ローマ帝国
東フランク王国
フランク王国
フランス共和国
ナポレオン
共和政
フランス王国
西フランク王国
トルコ 他
オスマン帝国
ラテン帝国
ルーム・セルジューク
ビザンツ帝国（東ローマ帝国
シリア 他
マムルーク朝
アイユーブ
ザンギー
セルジューク朝
ハムダーン朝
イラク王国
サファヴィー朝
モンゴル系ハン国
ティムール帝国
セルジューク朝
ブワイフ朝
アッバース朝
ウマイヤ朝
正統カリフ時代
パフレヴィー
カージャール朝
サウジアラビア
エジプト王国
ムハンマド・アリー
マムルーク朝
アイユーブ朝
ファーティマ朝
トゥールーン
ビザン帝国
スペイン
ポルトガル
キリスト教国家
後ウマイヤ朝
西ゴート王国
第6期
第5期
第4期
第3期

マ帝国との抗争、共存の歴史を繰り返すことになる。

第3期 アラブ人の覇権時代（632〜11世紀）

次の500年間は、イスラーム教により統合されたアラビア半島の遊牧民、アラブ人の覇権の時代である。この時代は、イスラーム教徒の「大征服運動」によりイラン人の帝国とローマ帝国の南半部が征服されることで、現在の中東の輪郭がつくりあげられた。

この時期は、イスラーム教による支配秩序を確立したイスラーム帝国を中心にユーラシア規模の大商業圏がつくりあげられ、イスラーム世界が形成された時代でもあった。

しかし、少数の征服民であるアラブ人による体制維持はむずかしく、11世紀以降、政治的混乱の時代に入る。

第4期 トルコ人の覇権時代（11世紀から19世紀後半）

次の800年間は、中央アジアから進出してきた遊牧民トルコ人、モンゴル人が中東を揺るがした時代である。

ただし、中東から遠く隔たったモンゴル高原のモンゴル人が中東を支配した時期は、13世紀から14世紀にかけてのごく短期間であり、そのモンゴル人の国を間にはさんでセルジューク朝、オスマン帝国というトルコ人の2大帝国の覇権の時代が続いた。

とくに「オスマン帝国」は、ビザンツ帝国の領域も支配下に入れ、3大陸にまたがる大帝国に成長して、イスラーム帝国の再建を果たした。

第5期◆ヨーロッパ諸国の覇権時代（19世紀後半から20世紀半ば）

次の100年間が、産業革命で急速にパワー・アップしたヨーロッパ諸国が、「民族主義」とイデオロギーによりオスマン帝国を内部から掘り崩し、争い合いながら中東に進出した時代である。その頂点になるのが、第一次世界大戦と第二次世界大戦の間の〝戦間期〟であった。

第一次世界大戦でドイツと同盟しイギリス、フランスに敗れたトルコ（オスマン帝国）は、領土を著しく縮小させながらも、かろうじて植民地化をまぬがれる。しかし、アラブ世界は戦後、イギリスとフランスにより一方的に分割されることになる。

とくにイギリスが、ムハンマドを生み出した名家ハーシム家を利用して、実質的にアラブ世界の中心部を掌中に収めることになる。

第6期◆中東の自立と混迷の時期（第二次世界大戦後）

第二次世界大戦後の60年あまりの時期は、イギリス、フランスの支配体制が崩れてアラブ諸国の独立が達成され、中東世界の再編がはかられた時期である。

しかし、現代文明を支えるエネルギーの源、「石油」の大部分を産出する中東に影響力を持つことが現代の覇権維持に欠かすことができず、欧米諸国、ロシア、中国などの思惑が中東世界に影をおとしている。

一貫して世界史の変容とかかわり続けてきた中東は、現在でも世界の動向を左右するコア（核）地域なのである。戦後繰り返される紛争は、外部の大国の思惑の強い影響を受け続けているといえる。

第1章

中東とは イスラーム世界とは

私たちの知らない中東&イスラームの世界

変化する文明に囲まれている私たち

普段はなかなか気がつかないが、私たちは文明（文化）という「衣」を身にまとって生きている。

言語・文字、宗教、社会観・自然観、価値観、美意識、生活習慣、人間関係、生活を成り立たせているモノと道具、秩序を維持するための諸システムなどなど…、そのすべてが文明（文化）である。

文明は、新しい要素を取り入れることによる「組み替え」というかたちで変化を続けてきたが、現在も、未来も変化を続け、決して固定化されることはない。

文明が誕生して5000年が経過した現在、世界は文字・言語・宗教の共有などにより、いくつかの文明圏に分けられ、それを踏まえながらシステムや技術などの共有によるグローバリゼーションが進んでいる。

しかし異質で多様な文明が共存しているからこそ、人類社会は面白い。民主主義も、異質性の理解、尊重を前提にしている。

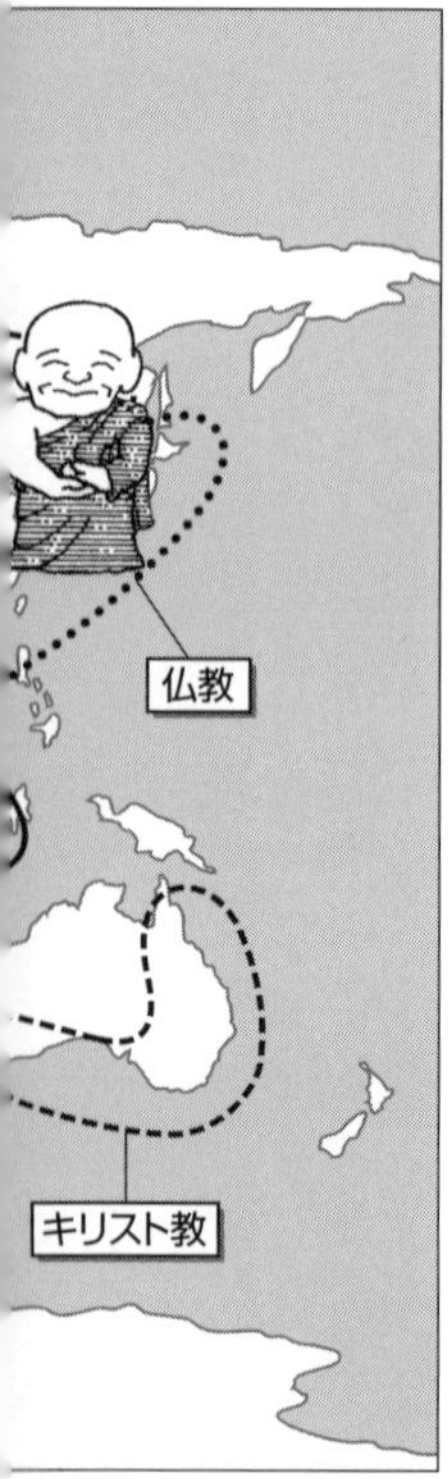

異質な文化圏 中東を知る

そこで問題になるのが、多様な文明の個性とそれを生み出した風土・歴史の理解である。地球の表面には多くの気候、地形、植生の組み合わ

■主な宗教のだいたいの分布図

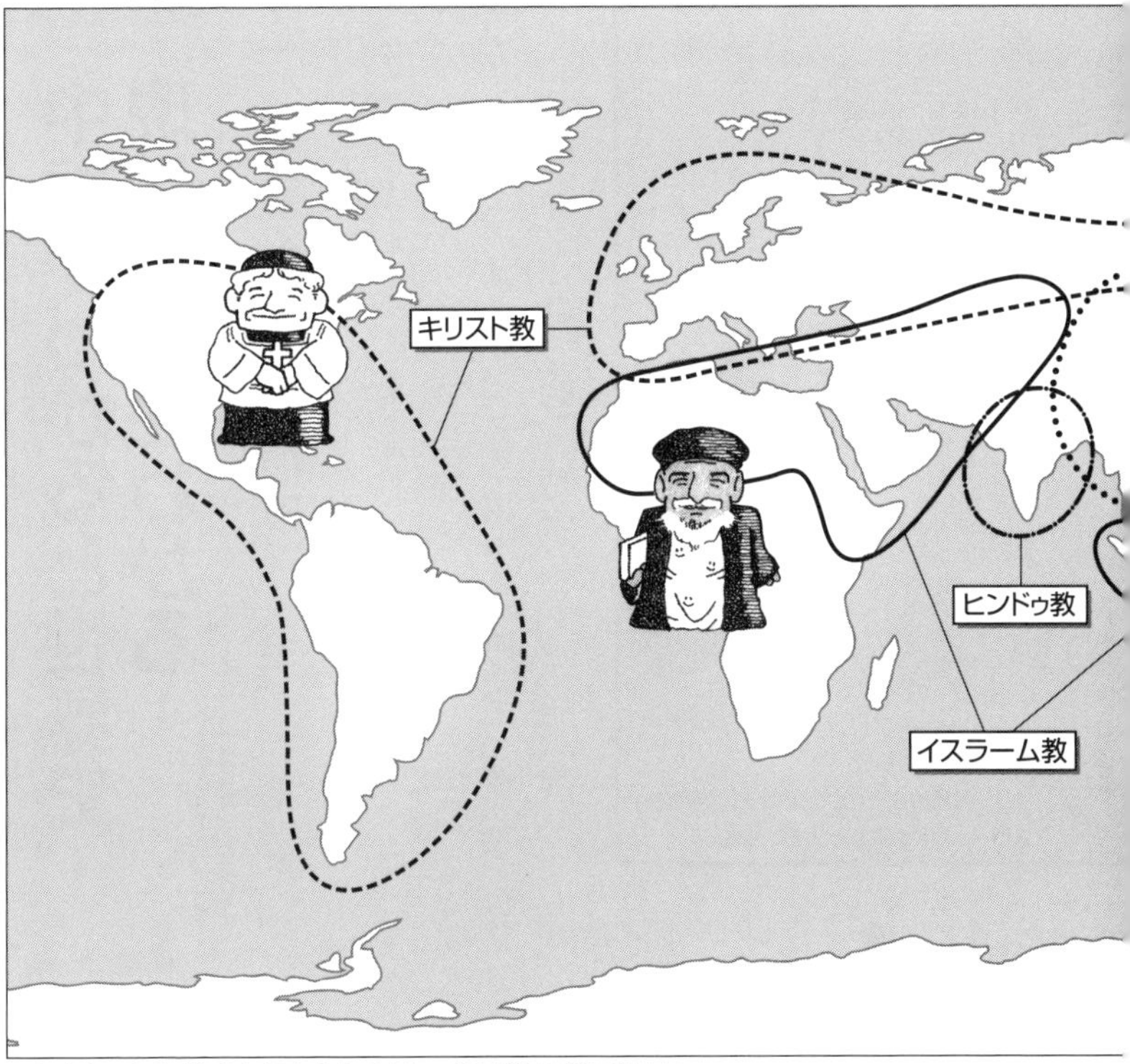

※あくまでも大づかみに見た分布であり、境目等は正確ではない。

せ（風土）があり、人間集団の間の交流、争い、征服、共生、移住などの組み合わせ（歴史）がある。

多くの砂漠を抱える大乾燥地帯に形成され、多様な民族の交流・抗争の積み重ねのプロセスを持ち、風土に根ざしたイスラーム教を共有する中東世界は、日本とはまったく異質の文明といえる。

私たちにとって、この異質な文明の理解は容易なことではない。

本章は、中東世界の独特の風土と文明について簡単なイメージを持ってもらうことをめざして書かれている。歴史を学ぶ前提なので、気楽に読み飛ばしていただきたい。

中東の範囲、中東世界とイスラーム世界の関係、ヨーロッパ世界と中東世界の関係などの基本問題も扱っている。

●中東とは

中東がわかると世界史・現代世界がわかる！

ふだん私たちはあまり関わることのない中東。しかし、ここには想像を絶する歴史の積み重なりがある。

◆日本人にはなじみの薄い「大世界」

左の地図を見てほしい。アフリカ西端のモロッコから中国の新疆《しんきょう》ウイグル自治区まで東西にのびる大乾燥地帯には、多くのイスラーム教徒が居住している。

ヨーロッパからアジアにいたる海域世界も同じで、地中海の南岸からインド洋・南シナ海につながる一連の海域にも同様に多くのイスラーム教徒が居住している。

かつてユーラシアをつないだ「海の道」「シルクロード」「草原の道」に沿ってイスラーム世界が広がっていることは、前近代史におけるイスラーム史の比重の大きさを物語っている。

しかし、ユーラシアの東の外れに位置する島国、日本に住む私たちは、中華世界という枠組みの中で長い間生活してきた。そのため中華帝国を中心とする狭い世界が、いつの間にか私たちにとって〝世界そのもの〟になってしまっていたのである。

ザフスタン
新疆ウイグル自治区
キルギス
ベキスタン
タジキスタン
ガニスタン
キスタン
バングラデシュ
南シナ海
モルディブ
マレーシア
ブルネイ
インド洋
インドネシア
イスラーム諸国会議への加盟国（2005年現在）
イスラーム教徒の影響が大きい地域

◆世界史の土台をつくりあげた！

18世紀後半の産業革命でヨーロッパ世界が台頭する以前は、ラクダ、ウマ、帆船などが主な交通手段だった。

それなのに四大文明の誕生以来のユーラシアの歴史舞台のうち、中国、インド、ヨーロッパを除く大空間がイスラーム世界になっているのである。

そうした事実を、どのように解釈したらよいのだろうか。

巨大なローマ帝国はイスラーム教徒の「大征服運動」（106ページ）により解体されてしまったが、かつてのイスラーム帝国は現在にいたるまでイスラーム世界の中心として生き続けている。

■イスラーム世界地図

中華世界に包摂《ほうせつ》されてきた日本は、イスラーム文明との接点がほとんどなかったために、イスラーム世界のイメージが描きにくいのである。

しかし、3大陸にまたがるイスラーム帝国の領域は、モンゴル帝国を西に平行移動させたごとくに広大で、地中海、インド洋、南シナ海の諸海域、サハラ砂漠縦断交易ルート、シルクロード、草原の道、バルト海とカスピ海を結ぶ「ロシアの川のルート」が、イスラーム帝国に付随する商業圏に含まれていた。

アフリカとユーラシアにまたがるイスラーム商業圏は、「世界史の土台」になっているのである。

◆歴史が創造した広域空間

歴史上の「イスラーム世界」は、地理的イメージと重なるヨーロッパ、南アジア、東アジアなどとは明らかに違う複合的な「広域世界」である。

ユーラシア規模のネットワーク型の巨大帝国とそれに付随するネットワークが影響を及ぼした地域、それが歴史上のイスラーム世界なのである。

歴史メモ 「大航海時代」以前のユーラシアの陸・海の大ネットワークを制していたのはイスラーム商人だった。

イスラーム世界の3層構造

イスラーム世界は、中央アジアやアフリカ北部、東南アジアにまで広がっている。なぜ、これほど広がったのか。

◆アフロユーラシアに広がるイスラーム世界

現在、イスラーム教徒（アラビア語でムスリム）は、中東を核にしてさまざまな地域に広がり、世界中で10億人以上の信徒を擁《よう》する大勢力である。

イスラームという言葉が「服従、平和」の意味を含むように、イスラームは神アッラーに全面的に帰依《きえ》して平和な秩序の下での生活をめざす宗教であり、特別な聖職者は設けられていない。

イスラーム教は普通の日常生活に修行の場があると考える在家の宗教で、「すべてはアッラーがつくったモノ」として一定の枠の中で文化の多様性を認めている。そのために、同じイスラーム教徒でも、それぞれの地域の伝統を引き継いでおり多様な生活を送っている。

『コーラン』とアラビア語で結びつくさまざまな文明が共存する世界なのである。

たとえばトルコのように飲酒に寛大な国もあれば、サウジアラビアやパキスタンのように厳格な国もある。人口面では、西アジア（通常、ほぼ中東地域）のアラブ諸国のイスラーム教徒が約3000万人、イランなどの非アラブ諸国が8000万人、アフリカ諸国が1億3000万人である。現在、最大のイスラーム教国は人口2億人の約9割がイスラーム教徒であるインドネシアである。

◆イスラーム世界拡大の3段階

イスラーム教は610年に創始され、その後400年かけて現在のような大世界に成長した。その拡大は、3段階に分けると理解しやすくなる。

第1段階　624年にアラビア半島で最初の信徒の共同体が形成され、アラブ人により、イラン人の世界の全域と地中海世界の南半部が征服された。これにより、ほぼ

■イスラーム世界拡大の３段階

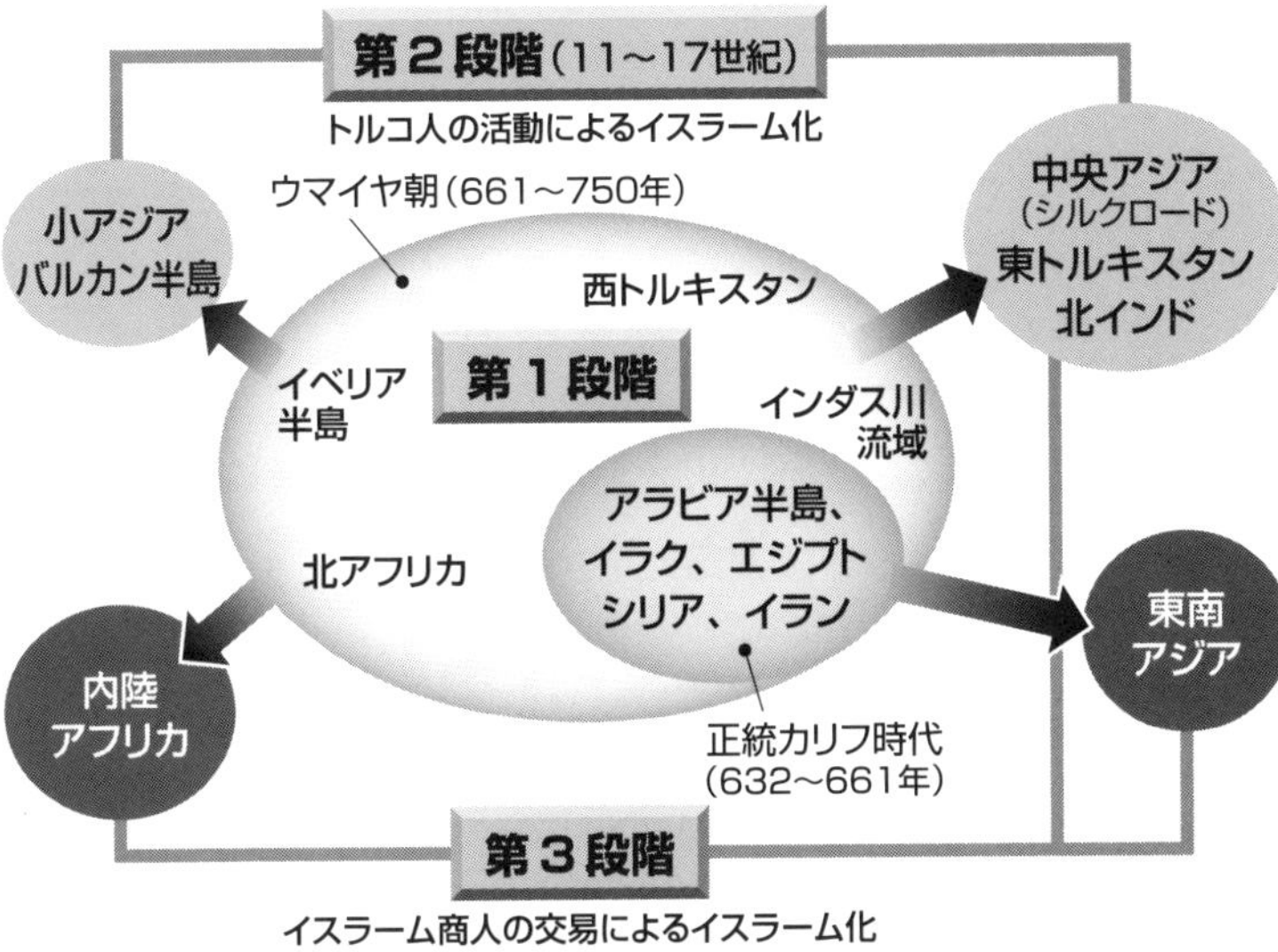
第２段階（11～17世紀）
トルコ人の活動によるイスラーム化
ウマイヤ朝（661～750年）
小アジア
バルカン半島
中央アジア
（シルクロード）
東トルキスタン
北インド
西トルキスタン
イベリア
半島
第１段階
インダス川
流域
アラビア半島、
イラク、エジプト
シリア、イラン
北アフリカ
東南
アジア
内陸
アフリカ
正統カリフ時代
（632～661年）
第３段階
イスラーム商人の交易によるイスラーム化

現在の中東の領域にイスラーム帝国が形成される。

第2段階　その後、トルコ人の征服活動で中央アジア、インド北部、東欧などにイスラーム世界が広まり、オスマン帝国、ムガル帝国などが広域を支配した。

第3段階　ムスリム商人の活発な交易により、東南アジア、中央アジア、そしてサハラ以南のアフリカにイスラーム世界が広がった。

イスラーム世界は、古代の諸文明の遺産を継承し、インドなどの東方の諸文明との交流からも多面的な刺激を受けて世界史をリードしたが、拡大の三つの段階が三つの「層」をつくりあげているのである。

ヨーロッパが台頭する以前に、イスラーム教徒が世界を動かしていたことは、歴史地図の上から容易に理解できる。

その後、西欧の近代化とイギリス、フランスの中東支配（204ページ）により20世紀前半までイスラーム世界は従属的地位におかれてきた。20世紀後半になると自己意識に目覚め、独特な信仰と社会システム、イスラームとしての連帯感、豊富な石油資源により、国際社会で大きな位置を占めるようになっている。

歴史メモ　イスラームは元来、「服従・平定・平和」の意味だったが、そこから神にすべてを委ねる「唯一神への絶対帰依」の意味になった。

◉中東の由来

中東とはどのような地域なのか？

ヨーロッパから見た位置関係から「中東」という名称が登場した。だが現在、新しい中東世界が現れてきている。

◆なぜ「中東」と呼ばれるのか

「中東」という言葉は、第二次世界大戦後に一般化した国際政治上の地域概念だ。西のモロッコから東のイラン、アフガニスタン、トルコまでを含んでいる（広義の中東）。場合によっては、リビア以西とアフガニスタンが除かれる（狭義の中東）。

19世紀後半にイギリスは、自国の位置を基準に植民地だったインドをはさんで、最もヨーロッパに近いオスマン帝国の支配地を「近東」、イラン、アフガニスタンを「中東」、中国を中心とする東アジアを「極東」と呼んだ。

やがて西アジアから北アフリカにいたる地域が合わされて「中近東」と呼ばれるようになり、第二次世界大戦の時にイギリス軍の作戦用語となったことから、「東南アジア」という地域名と同様、戦後世界中で用いられるようになったのである。

つまり、「中東」はヨーロッパを基準にした呼び名であり、ヨーロッパが世界に植民地を拡大した19世紀のイメージを引きずっているのである。

しかし、この地域では5000年前に世界に先駆けて都市の建設がなされ、最古の文明が形成されている。世界中を眺めても中東に勝る豊かな歴史の蓄積を持つ地域はない。それだけに、歴史のプロセスは重厚で複雑なのだ。

複雑なこの地域を理解するには、イスラームのベールの下にある多様な歴史時期に目を向ける必要がある。

◆中東は本当に非文明世界なのか？

民主主義の根本原理の一つが「異質性の共存」である。男性と女性、あるいは健常者と障害者は相互に異質であることを自覚して認め合い、合意の形成をていねいに行

■広義の中東と狭義の中東

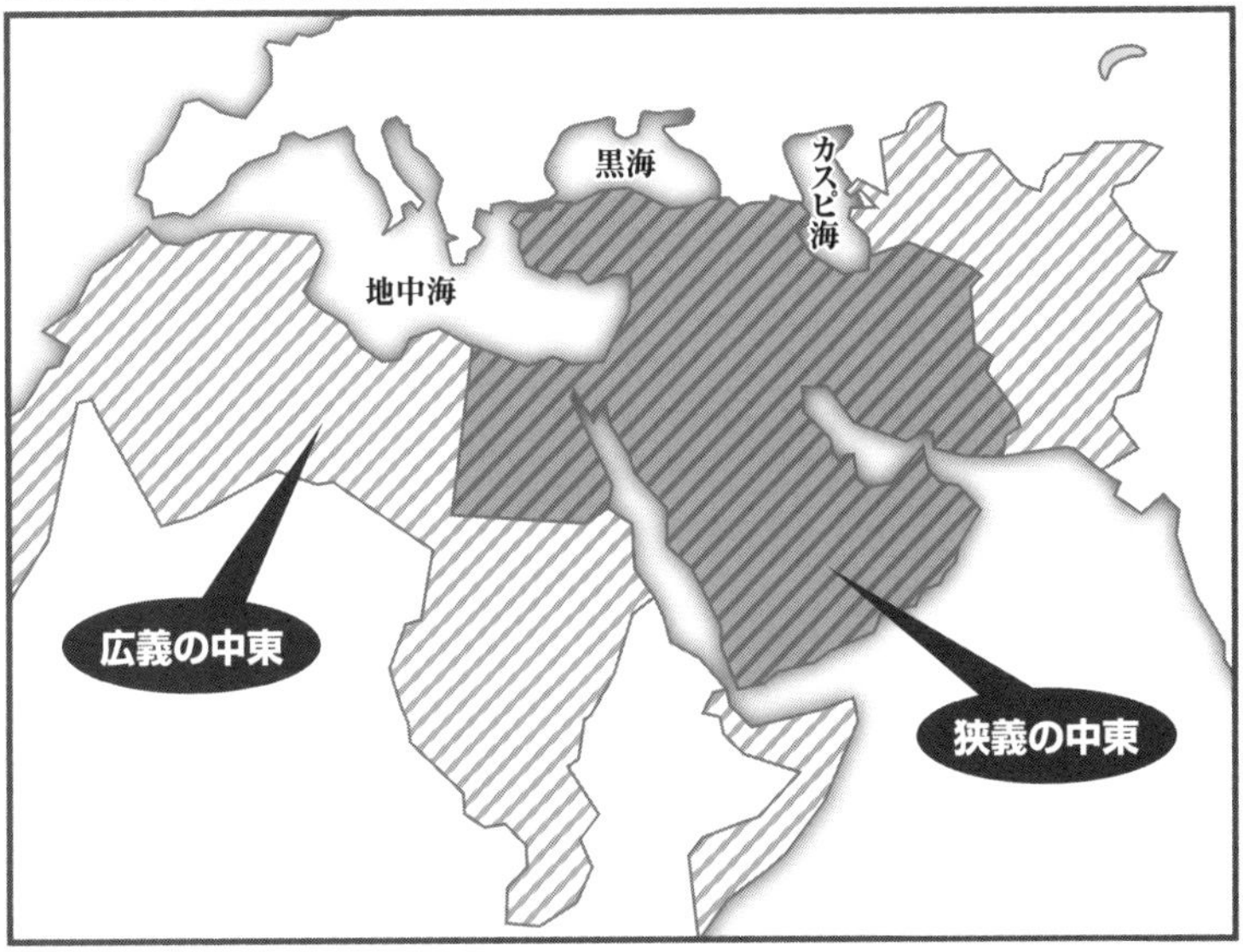

って「男女共同参画社会」「バリアフリーの社会」をつくっていくことが求められている。

ところが人々は、異質な存在に出会うと、偏見や決めつけ、優越感などを抱きやすい。かつて「新大陸」を発見した時、スペイン人は非キリスト教徒の先住民（インディオ）を一人前の人間とは認めなかった。

彼らをキリスト教徒に変えるという口実で奴隷化し、「新大陸」を「第二のスペイン」「第二のヨーロッパ」に変えたのである。

人類の歴史をめくってみると、いわれのない偏見が悲劇を生み続けてきているように思われる。

中東の個性豊かな社会に対しても、19世紀ヨーロッパ人が抱いた、「非文明社会」「専制が支配する社会」「停滞する社会」「肉感的な文化」などの偏見が現在も一部受け継がれているようだ。

最近はアメリカが中東にアメリカ的価値観やシステムの受容を迫っている。レッテル張りは、対話を呼ばない。偏見を取り除いて、多面的に中東世界を見ていくことが必要なのである。

歴史メモ 「中東」は、「東南アジア」と同様に、第二次世界大戦後に一般化した新しい地域概念である。

◉中東の地域

広大な乾燥地帯が中東史のステージ

赤茶けて乾燥した大地ゆえに生まれた、さまざまな生きる知恵。商業の発達もまた、その一つだった。

◆サウジアラビアの国旗はなぜ緑色？

私たちが中東を理解しにくい理由の一つに、風土の違いがある。四季の自然に恵まれたウエットな日本とは違い、この地では赤茶けた大地が続くのである。

アフリカ大陸の3分の1を占めるサハラ砂漠、パレスチナ地方のシリア砂漠、アラビア半島の4分の1を占めるルブアルハリ砂漠などは、いずれも中東に含まれる。人がまったく住めないルブアルハリ砂漠を持つサウジアラビアは、面積では日本の約5・7倍だが、人口は2000万人にも満たない。厳しい自然と戦わなくては生きていけないのである。

中東では、乾きとの戦い、水と緑への渇望の歴史が5000年間続けられてきた。サウジアラビア、リビアをはじめ、イスラーム諸国の国旗に「緑」の色が多いのは、水と緑への強い憧れを示している。

◆水はすべての源

水が得られなければ農業もできないし、都市をつくることもできない。中東の大乾燥地帯では豊富な水が社会形成の基盤だった。

ナイル川、チグリス川・ユーフラテス川など、半砂漠地帯を流れる河川の流域は豊富に水が得られる例外的な地域であり、そこにエジプト文明やメソポタミア文明などの大文明が形成されたのも当然のことであった。

イラン人は、紀元前8世紀頃から乾燥地域で生活用水、農業用水を確保するために人工的な地下水路（カナート）をつくって湧き水や山麓の雪解け水を引く方法を考え出した。30メートルから50メートル間隔に竪穴を掘って地下水路を掘り、それを何キロもつなげたのである。こうした灌漑《かんがい》法は、アフリカを含む中東全体に広がった。

■大乾燥地帯である中東世界

アラル海
キジルクム砂漠
黒海
カスピ海
アナトリア高原
カラクム砂漠
地中海
シリア砂漠
カビール砂漠
イギディ砂漠
イラン高原
リビア砂漠
ナフード砂漠
サハラ砂漠
ヌビア砂漠
ルブアルハリ砂漠
イエメン地方
アラビア海
砂漠とは…
年間降水量が250ミリ以下で、
蒸発量のほうが降水量より多い地域

◆遊牧とキャラバン

例外的にトルコ半島（アナトリア）は半乾燥地帯であり、地中海、黒海、カスピ海の沿岸地帯は夏にも雨が降り、アラビア半島南部のイエメン地方もモンスーンの影響で雨に恵まれた。そのため、これらの地域は、他の乾燥地域に見られない多様な物産を産出した。

しかし大部分の地は、冬にわずかに雨が降るだけの砂漠・荒れ地で、ヒツジ、ヤギ、ウマ、ラクダなどの群居する性質を持つ家畜を飼って生活する遊牧民の生活の場であった。彼らは生活に必要な穀物を交易で手に入れる必要があり、中東では古い時代から商人の活動が活発だった。

砂漠に強いラクダを使い、オアシスを結ぶ商人をペルシア語のカールバーン（「隊商」の意）から「キャラバン」と呼んだ。1頭のラクダが積める荷物は270キロ程度だが、後には1000～5000頭のラクダを連ねる大キャラバンも組織されるようになる。

歴史メモ 「カナート」は最長で50キロ以上続くものもあり、建設・管理の専門的職人がいた。

西ヨーロッパ世界を生んだイスラームの衝撃

大征服運動による危機感が、カール大帝をローマ皇帝にしたともいえる。ここから西ヨーロッパ世界がはじまった。

◆親戚関係にあったキリスト教

イスラーム教徒は、「啓典《けいてん》の民」としてユダヤ教徒、キリスト教徒を同じ信仰を持つ者と考えていた（「啓典」とは、神の啓示を示した書のこと）。唯一神を信じ、善行を重ねれば最後の審判の日に天国に行けると考える点では一緒だったのである。

しかし、預言者ムハンマドが最も新しい神の啓示を示し、イスラーム教が成立したと、イスラーム教徒は考えた。ゆえにユダヤ教徒、キリスト教徒は信仰の放棄を強制されはしないものの、従属的地位におかれたのである。

三つの宗教を比較してみると、最も古いユダヤ教は『旧約聖書』だけを、紀元1世紀に成立したキリスト教は前書と『新約聖書』を、7世紀に成立したイスラーム教は『コーラン』（クルアーン）を信仰の対象としている。

◆地中海世界の成長を導いた中東

19世紀に体系化された「西洋史」は、ギリシア・ローマの歴史と中東史をはっきりと区別し、後者を「オリエント史」としてギリシア・ローマの歴史の前史として位置づけた。

しかし、それは正確な歴史の見方ではない。地中海世界は東から西に開かれたが、その出発点に位置するのがレバノン杉、オリーブ油などの地中海の物産を大量に必要としたエジプト文明であった。エジプトとの関係でフェニキア人、ギリシア人の海上交易が活性化し、地中海は経済的に一体化した。それを継承して前1世紀に地中海を支配する海洋帝国となったのが、ローマ帝国である。

◆ムハンマドなくしてカール大帝なし！

西の海洋帝国（ローマ帝国）と東の内陸帝国（ペルシ

ア帝国）の対立抗争は7世紀まで続いた。

6世紀末になると戦争の激化により両国は極度に弱体化する。そうした中で、イスラーム教により一体化したアラブ人の征服活動が展開された。7世紀にはペルシア帝国がイスラーム帝国に吸収され、シリア、エジプトをはじめとする地中海世界の南半分がイスラーム帝国の支配下に組み込まれてしまう。歴史は、新たな段階に入ったのである。

■イスラーム世界と西ヨーロッパ世界の関係

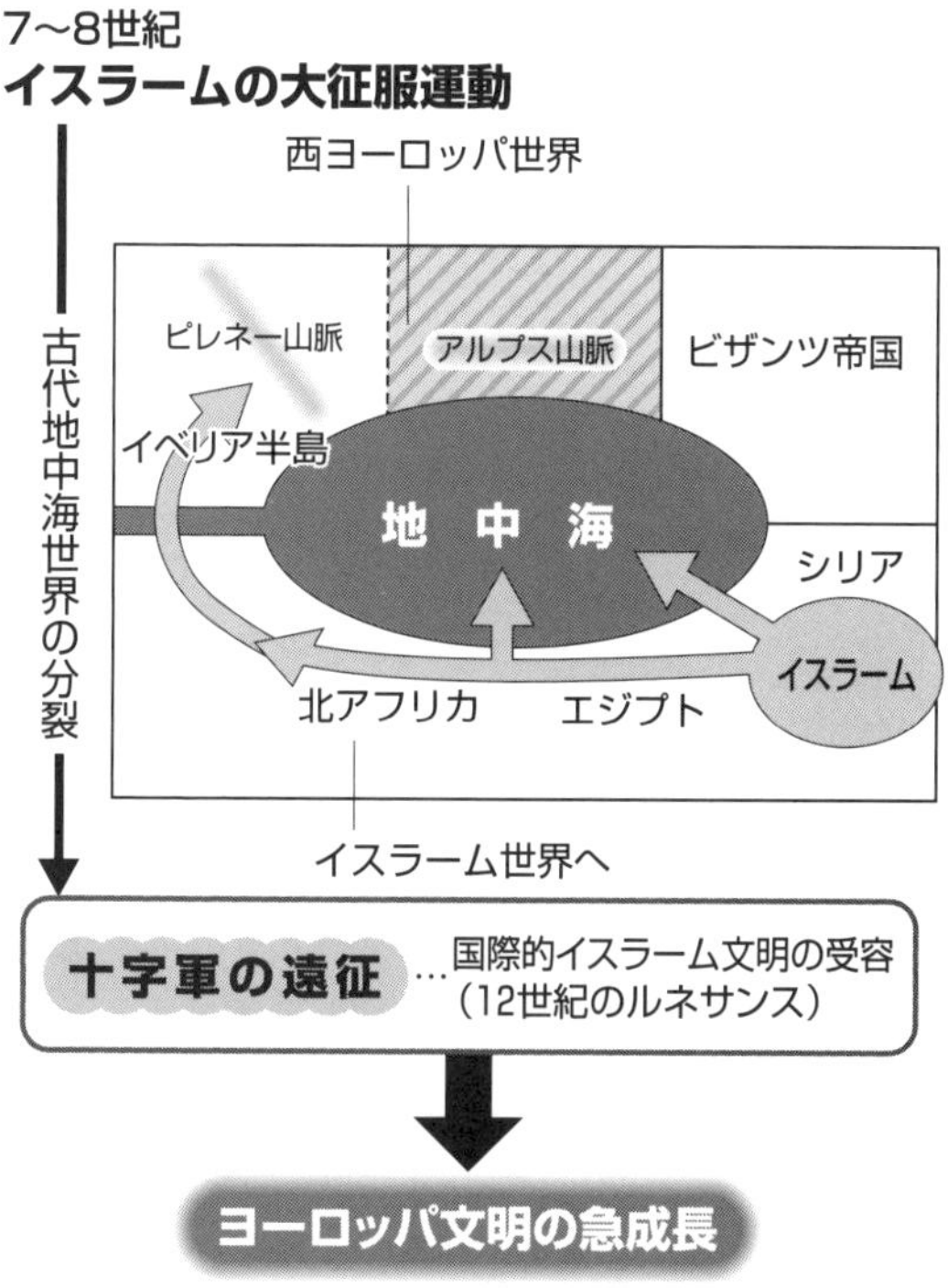
7〜8世紀
イスラームの大征服運動
古代地中海世界の分裂
西ヨーロッパ世界
ピレネー山脈
アルプス山脈
ビザンツ帝国
イベリア半島
地 中 海
シリア
イスラーム
北アフリカ
エジプト
イスラーム世界へ
十字軍の遠征
…国際的イスラーム文明の受容
（12世紀のルネサンス）
ヨーロッパ文明の急成長

当時、アルプス山脈以北のヨーロッパは、ローマ帝国の辺境に過ぎなかった。しかし、イスラーム教徒が7世紀から8世紀に行った「大征服運動」で地中海の支配権を握ると、キリスト教世界の中心はベルギーの歴史家アンリ・ピレンヌが「ムハンマドなくしてシャルルマーニュ（カール大帝）なし」と指摘しているようにラテン人・ゲルマン人が住む旧ケルト人居住区に移った。

800年にフランク王国のカール大帝が西ローマ帝国の帝冠を授与されたのは、西ヨーロッパ世界の誕生を象徴する出来事だった。西ヨーロッパは、イスラーム帝国成立への対応として形成された新しい世界だったのである。

歴史メモ イスラーム教徒はユダヤ教、キリスト教の預言者を認めており、その上でムハンマドを最後にして最大の預言者と主張した。

中東世界に特別な彩りを与えるイスラーム

7世紀に創始されたイスラーム。日常生活に密着したこの宗教は、これからも世界史に影響を与え続ける。

◆なぜ生活の「物差し」が『コーラン』なのか

中東世界は、イスラーム帝国と第二のイスラーム帝国ともいうべき「オスマン帝国」を基盤に成立した。

両帝国は、神アッラーの言葉を集めた『コーラン』（94ページ）により、社会秩序の維持をはかる宗教帝国であった。『コーラン』は、大天使ガブリエルを通じて預言者ムハンマドに与えられた神の言葉とされ、人間が頼るべき完璧な基準と考えられている。

そのためイスラーム教徒の価値基準は独特で、民族、国家を超えて中東の人々の生活全般に及んでおり、科学の発達とともに宗教の世俗化が進んだ他地域の人々には理解しにくい社会になっている。

◆日常生活を深めるのが信仰のスタイル

イスラーム教は、特別な宗教的修行を重んぜず、日常生活と信仰生活を重ね合わせる典型的な「在家」の信仰である。

シーア派（112ページ）のイマーム（「指導者」の意味）崇拝などを例外として、原則的に聖職者は存在しない。信徒には日常生活の中で神の意志にしたがって生活を積み重ね、人生を終えることが求められている。日常生活に深みを与え、生活を洗練することが大切であるとされるのである。

そのため、紛争の解決、経済行為、国際問題、戦争にいたるまでが、イスラームの教義に基づいて決定される。法律も「イスラーム法」（シャリーア）が信徒の守るべき道徳基準を示すとされ、その一部が文章化されているに過ぎない。それがイスラーム教が社会に深く浸透する理由になっている。

社会問題の解決でも教徒（ムスリム）の間の合意が大

■イスラーム世界の社会秩序

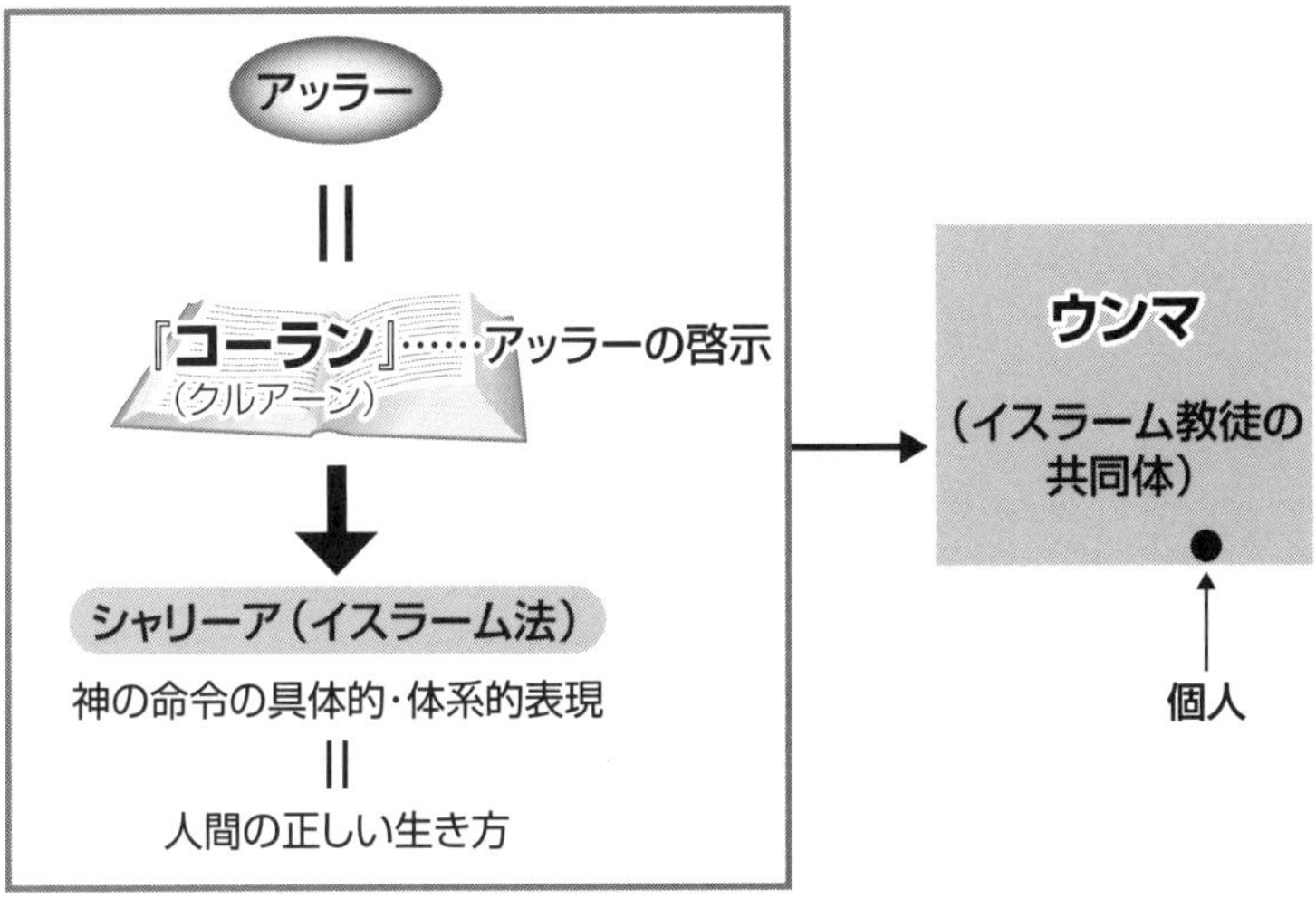

アッラー
『コーラン』……アッラーの啓示
(クルアーン)
シャリーア(イスラーム法)
神の命令の具体的・体系的表現
人間の正しい生き方
ウンマ
(イスラーム教徒の共同体)
個人

切にされるが、人口が増加し社会規模が大きくなった現在では、ウラマー(「イルム〈宗教的知識〉を持つ人々」の意味)というイスラーム法学者の見解の一致が重んじられている。

◆部族のつながりを宗教と結びつけた

イスラーム世界は、「ウンマ」と呼ばれるイスラーム共同体の膨張というかたちで広がっていった。

ムハンマドはメッカで布教をはじめた時期には、神と個人の契約による信仰を説いたが、布教の拠点をヤスリブ(メディナ)に移した後は、預言者であり信徒を指導するムハンマドと信徒との契約による信仰に転換した。宗教上の指導者が、日常生活の指導者になったのである。

アラブ世界では古来、部族が生活の中心であり、族長を中心とする血のつながり、部族内の連帯感が重要視されてきた。ウンマはそうしたつながり、連帯感を宗教的装いの下に再編成したのである。そのために、中東の欧米化に反対し、イスラーム共同体(ウンマ)の理想を回復しようとする「イスラーム原理主義」が、現在でも一定の影響力を持つのである。

歴史メモ 「ウンマ」とは、神が使徒を遣わし呼びかけを行う集団、の意味で使われた。モーセの「ウンマ」、イエスの「ウンマ」という言い方もある。

アラブ人は全イスラームの2割程度に過ぎない

一般的にアラビア語を話す人々のことをアラブ人と呼ぶ。ひっくるめて考えがちだが、アラブ人もいろいろだ。

◆中東＝アラブ世界ではない

アラブ人とは、歴史的にはもともとはアラビア半島に住んでいて中東地域に進出した人々を指す。

現在では一般的に、アラビア語を話す人々が「アラブ人」で、大多数の人々がアラビア語を話す地域が「アラブ世界」ということになる。中東でもトルコ語が用いられているトルコ、またペルシア語が主な言語になっているイランは、アラブ世界ではない。

イスラーム教徒の中で、アラブ人は2割程度を占めているに過ぎず、多くのイスラーム教徒は東南アジア、南インドで生活している。

◆非イスラームのアラブ人もたくさんいる

中東というとイスラーム世界と考えられがちだが、パレスチナはキリスト教誕生の地であり、かつてはビザンツ帝国領だったエジプト、シリア、レバノンなどもある。中東のどこの国でもキリスト教徒が暮らしている。

たとえば、レバノン国民の3分の1がマロン派（59ページの歴史メモ）を中心とするキリスト教徒であり、エジプト、シリアでは国民の10～15％がキリスト教徒である。イスラエルではもちろん、国民の大多数がユダヤ教徒である。

「コーランか剣か」という誤解を呼ぶ言葉があり、イスラームは他宗教に不寛容のように誤解されている。だが、イスラーム教と親近性があるキリスト教徒、ユダヤ教徒は、ジズヤ（人頭税）を払えば、独自の信仰を貫くことができたのである。

実際にはアラブ人にも2種類あり、もともとアラビア半島に住んでいた諸部族と、イスラーム教が拡大する過程で改宗し、アラビア語を話すようになったシリア、エ

■イスラーム教徒が引きつぐユダヤ教、キリスト教の預言者の名前

	人物	アラビア語表現
旧約聖書	アダム（人類の祖）	アーダム
	モーセ（出エジプトの指導）	ムーサー
	ノア（ノアの方舟）	ヌーフ
	アブラハム（約束の地への移住）	イブラーヒーム
	イシュマエル（賢者）	イスマイール
	ソロモン（イスラエル王国の王）	スレイマン
	ヨセフ（エジプト移住）	ユースフ
	ヨブ（「ヨブ記」）	アイユーブ
新約聖書	イエス	イーサー

ジプトなどの「新生アラブ人」に分けられる。

◆イーサーはイエス、スレイマンはソロモン

イスラーム教徒が信仰の中心に据える「六信」（唯一神、天使、使徒、経典、来世、天命）という六つの信仰の対象は、ユダヤ教にもキリスト教にもほぼ共通である。イスラーム教は『旧約聖書』『新約聖書』と『コーラン』を信仰の対象としている。

ユダヤ教、キリスト教の預言者は、イスラーム教徒の信仰対象でもあったのである。

イスラーム教徒が子どもに名をつける時には、『コーラン』や『旧約聖書』、『新約聖書』に登場する人物の名を借りる場合が多く、ムハンマドからとったムハンマド、マハムードなどのほか、イエスからとったイーサー、十戒のモーセからとったムーサー、「ソロモンの栄華」のソロモンからとったスレイマンなどの名前が多い。

19世紀にヨーロッパ的なネーション（国家、民族）の考え方が入って来る以前の時代の中東では、イスラーム教、キリスト教、ユダヤ教が共存していたのである。

歴史メモ アラブ人の本名はとても長く、本人、父親、祖父の名が長々と続き、4番目に部族名、出身地、職業などがきた。

西洋とは異質なイスラーム世界の時間

基本は太陰暦であるため、太陽暦とは大きくズレている。1日に5回の礼拝が生活のリズムを刻んでいる。

◆「月」に支配されるイスラーム教徒の生活

明治時代以降、太陽を軸に時間を考えるようになった私たちは、日の出から1日がはじまると考える。しかし、メソポタミア文明から月の満ち欠けを時間の尺度にしてきた中東では、「日没」を1日のはじまりと考える。

彼らは、1日を夜間（日没から日の出直前）と昼間（夜明から日没直前）に分け、それぞれを10等分して1時間としたのである。イスラーム暦は、1年を12回の月の満ち欠けと考える完全な太陰暦で、1年が354日とされたため、1年に11日のズレが生じる（42ページ）。イスラーム教徒が商業と遊牧を主な生業としていたために季節とのずれはさほど問題にならなかったのだ。

農耕民は宗教暦としてのイスラーム暦と伝統的な農業暦とを併用した。ただし現在は、日常生活では西暦が用いられることも多い。

◆生活のリズムを刻む1日5回の礼拝

中東を旅すると、信徒の義務とされる1日に5回の礼拝の時間にモスクに付随するミナレット（尖塔）から、祈りの時間が来たことを告げる「アザーン」という呼びかけを聞くことになる。

「神は偉大なり」にはじまって「神のほかに神はいない」で終わる礼拝の呼びかけが朗々と唱えられ、独特の雰囲気が醸《かも》し出される。

礼拝は、1400年間繰り返されてきたイスラーム教徒の生活のリズムであり、日没（日没の直後）、夜（日没後の薄明が消えて暗闇に閉ざされる時）、夜明（日が上る直前）、昼（太陽が真上に来た時）、午後（立てた棒と棒の影の長さが等しくなった時）と日に5回なされた。

礼拝の作法は細部にいたるまで細かく規定されており、直立、屈身、平伏、正座という四つの動作の連続からな

■メッカの方角は？

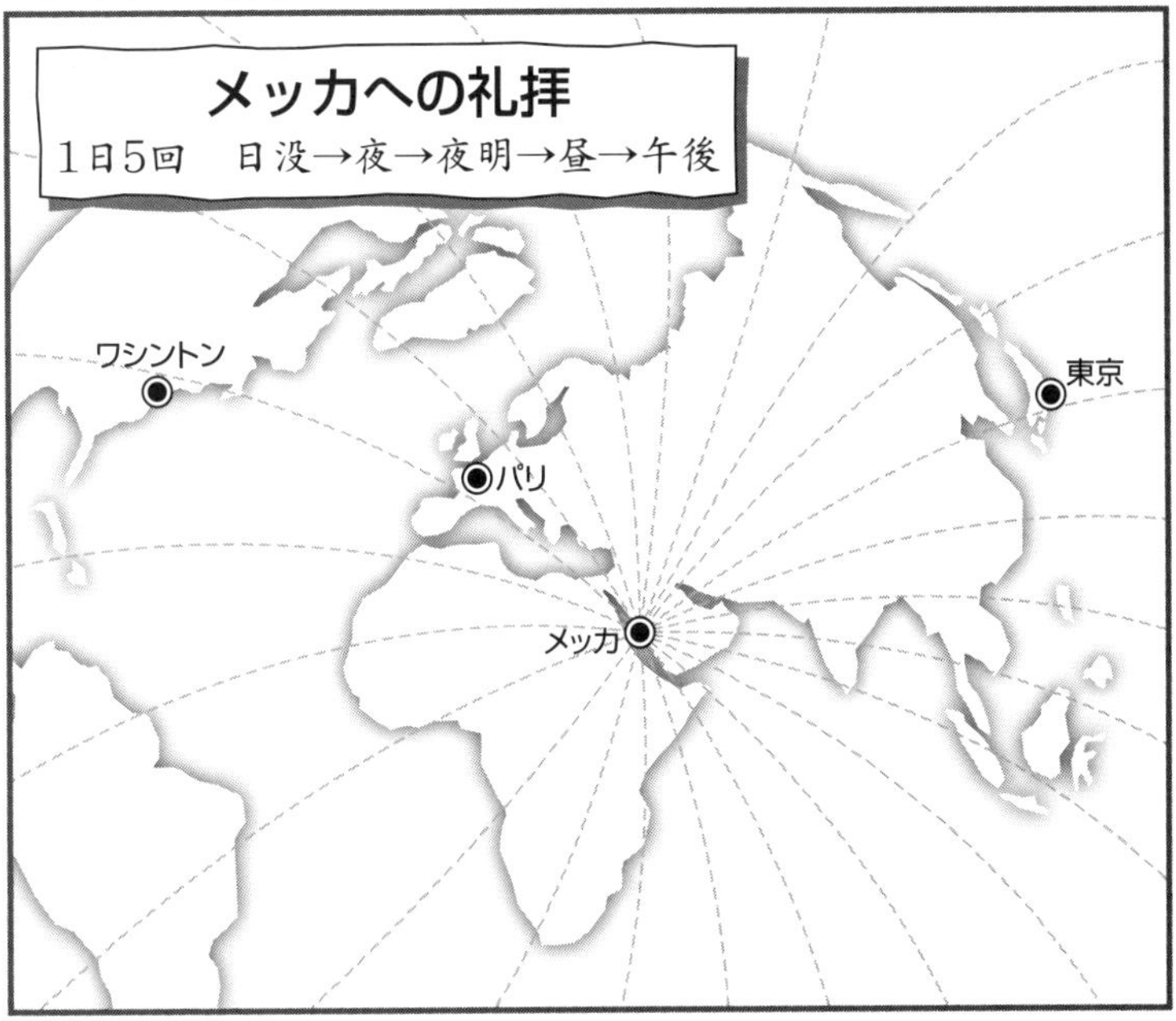

り、統一された集団礼拝の形で行われた。5回の礼拝に要する時間は、全部合わせても30分以内である。

◆金曜日の正午は神と向かい合う時間

ユダヤ教では土曜日を、キリスト教では日曜日を安息日《あんそくび》としているが、イスラームでは金曜日がヤウム・アル・ジュムア（アラビア語で「集合の日」の意味）とされ、モスクでイマーム（「指導者」の意味）の指導の下に集団礼拝が行われる特別の日とされた。

イマームは礼拝に先立って、神を称え、預言者ムハンマドへの祝福を求め、『コーラン』の数節の朗読を行う。その際にたびたびその時々の支配者に神の祝福を求める説教がなされたが、それはとりもなおさず支配者の支配が神に容認されていることを意味した。

安息日ではないために、礼拝が終わるとイスラーム教徒は普通の仕事に戻る。しかし、最近では金曜日を休日とする国や地域が増えている。

歴史メモ　ユダヤ教が土曜日、キリスト教が日曜日を安息日としたのに対して、イスラーム教は金曜日を集団礼拝の日とした。

「暦」にはイスラームの「信仰」が込められている

イスラーム暦（ヒジュラ暦）の9月と12月には、信仰に大きく関係する特別な意味を持たせている。

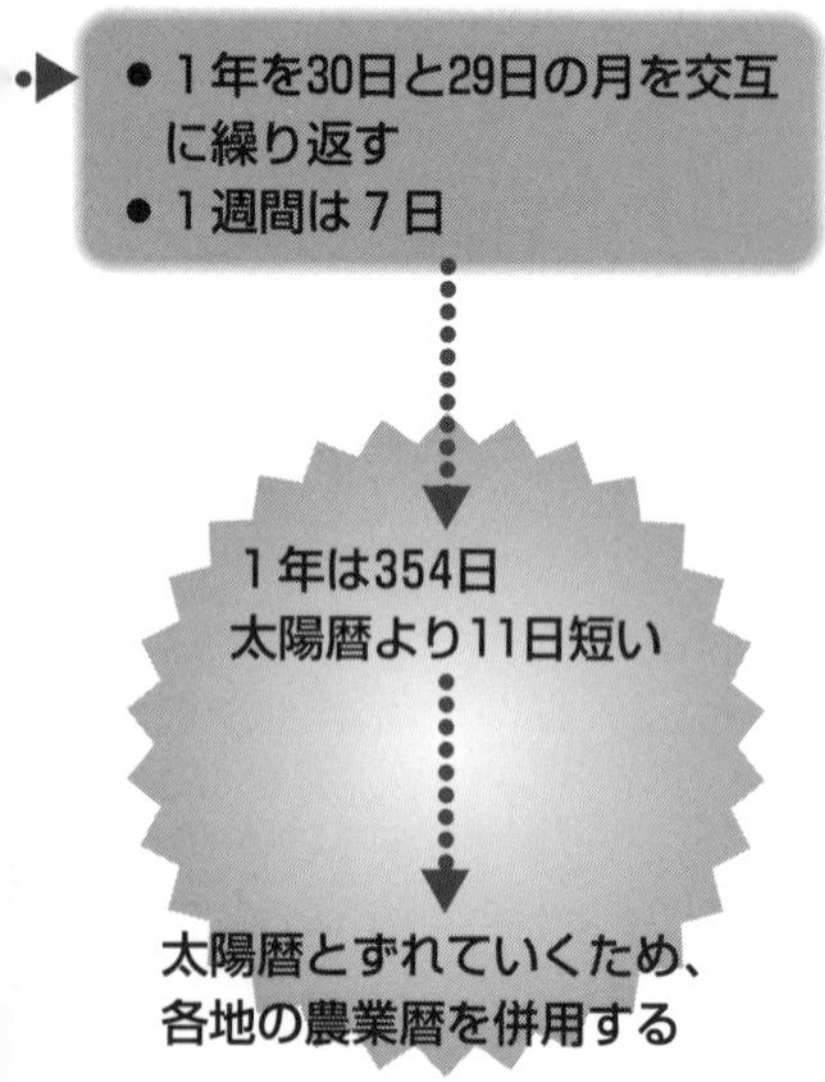
●1年を30日と29日の月を交互に繰り返す
●1週間は7日
1年は354日
太陽暦より11日短い
太陽暦とずれていくため、各地の農業暦を併用する

◆毎年訪れる断食月には意味がある

イスラーム教徒の義務は「五行」といわれ、信仰告白、礼拝、喜捨、断食、巡礼である（94ページ）。

イスラーム暦の第9月の「ラマダーン」と呼ばれる断《だん》食《じき》月には、日の出から日没までの長い時間に、一切の食べ物、水、喫煙は許されず、性交渉、口論なども禁止される。ひたすら忍耐と自制が義務づけられたのである。

暑い砂漠で昼間に水も飲めないのだから難行であったが、集団で苦難に耐えることに大きな意義があった。食事時間は、夜明と日没後の2回である。

水や食べ物は目の前にあるが、アッラーの教えに従い、飲むこと、食べることを我慢したのである。

イスラーム教徒は、飲食の大切さを確認して神に感謝し、飢えに苛《さいな》まれている人々の苦しみを理解し、この月にムハンマドに与えられた最初の啓示、教団の成長の大きな契機となった「バドルの戦い」（ムハンマドがメッカのアラブ部族を破った戦い）への神の加護を思い起こした。ラマダーンの断食は、信徒の団結と一体感を強めるための、毎年の行事なのである。断食月が終わると、断食明けの大祭が盛大に祝われる。

■イスラーム世界の暦と時間循環

イスラーム暦（ヒジュラ暦）…

第1月～第12月

第1月（ムハッラム）

第9月（ラマダーン）
……断食の月

第12月（ズー・ル・ヒッジャ）
……巡礼の月

1400年間にわたり、膨大な数の信徒が集団で1か月間の昼間の断食を繰り返してきたのであるから大変なことである。しかし実際には逆におなかが空くので、断食月の食料消費量は通常の月の2～3倍になるという。

◆なぜ毎年12月にメッカ巡礼を行うのか

イスラーム教では、信仰の柱の一つにメッカ巡礼があげられ、アラビア語で「ハッジュ」と呼ばれる。

巡礼が行われる12月は巡礼月といわれ、イスラーム教徒は7日から13日の間、定められた方法、順序で集団的に巡礼を行った。200万人もの人間がメッカに集まって7日間かけて行う集団礼拝は圧巻である。巡礼により〝イスラームは一つ〟という意識、イスラーム集団への帰属意識が自然に培《つちか》われることになる。

巡礼に際して、すべての男性信徒は肉体と精神の潔白を表すための継ぎ目のない白布を2枚身にまとい、民族・老若・貧富に関係なく、アッラーの前においては互いに平等であることを確認した。

女性は普通の服装で巡礼に臨んでよいことになっていた。メッカのカーバ神殿を7回まわることからはじまる巡礼は、ムハンマドが632年に行った「別離の巡礼」(死の直前に行ったメッカへの巡礼）をモデルとして定式化された。

当時のアラビア半島では各地で毎月定期市が開かれ、遊牧民はメッカから約15キロ離れたアラファートの市を訪れた後、メッカを訪れることになっていたが、ムハンマドはメッカからアラファートに行き、またメッカに戻るように手を加え、メッカのカーバ神殿の優越性を明らかにした。メッカ巡礼は、従来アラブ遊牧民が行っていた祭礼と市場をめぐる習慣を土台にムハンマドが定式化した宗教行事なのである。

歴史メモ 現在のカーバ神殿は、間口12メートル、奥行き10メートル、高さ15メートルの石造りの建造物で、表面がキスワという黒い布で覆われている。

豚肉と飲酒はなぜ禁止されているのか

イスラームにはいくつかの禁忌がある。だが、お酒に関しては、国によって取り扱いが少し異なっている。

◆『コーラン』の言葉とは？

中東の住民の大多数を占めるイスラーム教徒は現在も『コーラン』（クルアーン）が定める戒律をもとに生活している。『コーラン』は「読むべきもの」「読誦されるべきもの」の意味で、預言者ムハンマドの口を借りて、23年かけて神が一人称で語った言葉を、第3代カリフのウスマーン（93ページ）の時（650年頃）に集めたものである。

『コーラン』は、最後の審判までの人間の生き方、アッラーとのかかわり方を示す信仰の指針だったが、同時に神の意志を示すとされた。そのため、神に服従することは、『コーラン』の言葉に従うことと考えられている。

◆豚肉は食べてはいけない

神の意志により禁止される行為を「ハラーム」という。それは殺人、姦通、中傷、飲酒、窃盗、豚肉や死肉を食べること、利子を取ること、月経中の女と通じることなどであった。豚肉を食べることをなぜ避けなければならないのかは不明だが、ユダヤ教にも豚肉を避ける厳しい戒律があるので、中東の日常の生活の中で積み上げられてきた習慣と考えられる。

『コーラン』ではまた、「死肉、流れる血、アッラー以外の名が唱えられて屠殺された動物の肉、角を突き合わせ殺された動物の肉、野獣が食い殺した肉、さらに賭博で分配した肉」を食べることも禁止している。食品保存技術が発達していない時代には、腐った肉や得体《えたい》の知れない肉は疫病の媒体になりやすかったのが、戒律がつくられた理由であろう。

食肉は、「神の御名によって、神は偉大なり」という言葉を唱えながらけい動脈を切り、体内の血を取り去ったものが「ハラール」（許されたもの）と呼ばれて食べることが許された。動物の魂が抜かれて物化すると考えられたのである。

■イスラーム世界の罪と刑罰

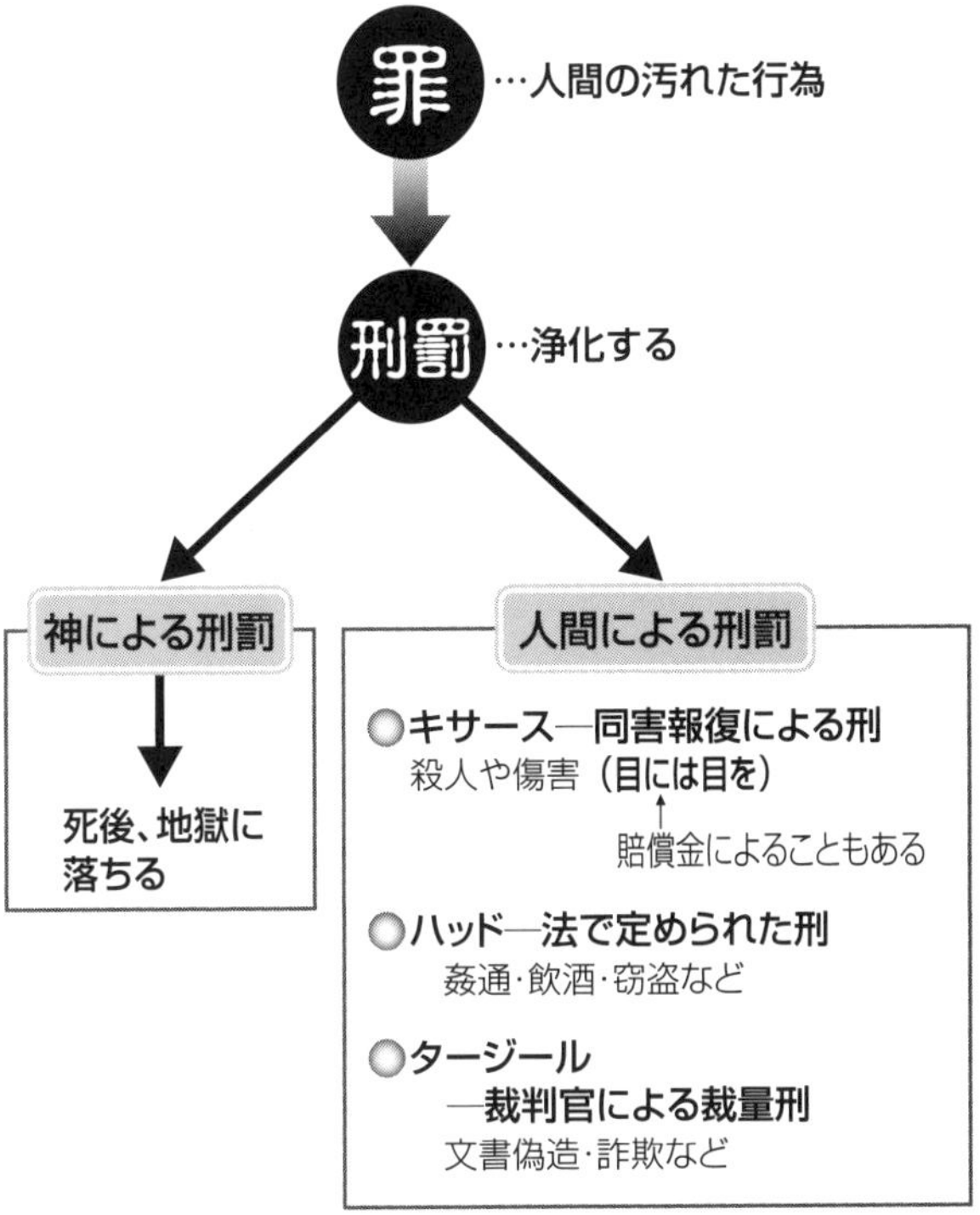
罪 …人間の汚れた行為
刑罰 …浄化する
神による刑罰
死後、地獄に落ちる
人間による刑罰
◎キサース—同害報復による刑
殺人や傷害（目には目を）
賠償金によることもある
◎ハッド—法で定められた刑
姦通・飲酒・窃盗など
◎タージール—裁判官による裁量刑
文書偽造・詐欺など

◆国により違う禁酒規定

ムハンマドの時代、酒を飲んでの争いが頻繁に起こった。そこで「酒は天国に行ってから飲むべきもの」という禁酒の戒律が定められることになる。

戒律はムハンマドにより神の意志として語られたものであり、戒律を犯した場合の刑罰の規定がない。

しかし、各地の生活習慣を変えるのはむずかしい。酒は人生の楽しみであり、なんだかんだと理由をつけて酒は容認された。サウジアラビア、パキスタン、リビアなどを除いて禁酒の規定は十分には守られていない。トルコでは、禁酒規定は「飲み過ぎるな」という意味であると解釈して公然と酒が飲まれている。

古くからワインが飲まれていたトルコ、シリア、エジプトなどでは、スーパーでワインを買うことすらできる。しかし、断食月となると話は別で、この期間は宗教的戒律として飲酒が避けられている。

歴史メモ イスラーム教では「罪」は汚れた行為、「罰」は浄化とみなされた。被害者・その肉親の要求により刑罰を科すのは人間の権利であった。

イスラーム世界に広がるベールとアゴヒゲ

生活習慣や風俗にもイスラーム独特の特徴がある。ターバンには実用性だけでなく、宗派や家系などを示す機能もあった。

◆女性がベールを身につける意味

2004年、フランス政府がイスラーム教徒の移民の子女がスカーフをかぶって公立学校に通うことを禁止する「スカーフ禁止法」を施行して大きな話題を呼んだ。

イスラーム教では、女性が外出する時にブルクー(またはヒジャーブ)と呼ばれるベールをかぶり、髪の毛、肌、身体の線を隠すことが求められている。

ベールは、元来は目だけを残して身体を隠す布(主に薄絹)である。

それを身につける理由は、男性を性的に刺激せず、自らの貞節を護り慎み深くあるためともいわれるが、家庭を維持し、子どもを育てるという日常生活の場を意識するためでもあった。家庭こそが女性の修行の場と考えられていたのである。

家族以外に肌を見せないという習慣は、古代ギリシアやローマ、イランなどでも見られた習俗だった。顔を隠すベールから身体全体を隠すハバラ(ペルシア語でチャドル)まで、身体を隠す布は多種多様である。

◆暑さ対策だけではなかったターバンの効用

『アラビアン・ナイト』の挿絵などに見られる男性のターバンは、暑熱を避けるための一種の帽子だった。

正式には頭にきっちりした綿の丸帽をかぶり、その外に布を巻いたのだが、色により宗派、家系、王朝、職業などを区別する機能も果たした。

たとえば、かつては緑色のターバンは預言者ムハンマドの子孫を表した。また王朝によっても用いられるターバンの色が違った。アッバース朝では黒いターバン、エジプトのファーティマ朝では白いターバンが使われたという。現在のイランでは白か黒のターバンが用いられているが、黒のターバンは預言書の子孫にのみ許されている。

■さまざまあるターバン

●ターバンの形は職業や位で異なる。上段は法学者、中段はウラマーなど、下段はタリーカの長などのもの。
※『新イスラム事典』（平凡社）より。

◆シンボルとしてのヒゲをのばす風習

イスラームの男性にはヒゲをのばす人が多い。それもシュメール文明以来の古くからの習俗である。

とくに預言者にはアゴヒゲをのばす習慣があり、ムハンマドもイエスもアゴヒゲをのばしていた。アゴヒゲは人間の権威を示すシンボルだったのである。イスラーム世界では、アゴヒゲにかけて誓いをしたりするほどだ。それゆえに、若者がアゴヒゲをのばすと「若いのにとんでもない奴だ」と逆に軽蔑されてしまう。

口ヒゲは男性の威厳を示すものとされた。一人前の男になったら誰もが口ヒゲを生やしたのである。シュメール人（52ページ）の彫刻などを見るとやはりヒゲをのばしており、古代ギリシアなどでも男性は皆、ヒゲをのばしていた。

歴史メモ イスラーム社会におけるベールは、一人前の女性であることを男性に示す道具である。そのため子どもは普通ベールを着用しない。

COLUMN

イスラーム社会はリーダーをこう選ぶ

「イスラーム社会の民主化」という言葉が最近よく使われるが、イスラーム社会では神アッラーに主権があると考えられており、主権在民の考え方はない。「民主主義」は、イスラーム世界ではあくまでも異質な発想なのである。

しかし、イスラーム法では、『コーラン』と預言者ムハンマドの生前の言行（スンナ）に次いで、「信徒の見解の一致」を重視しており、それが民主主義に近いのかもしれない。

生活と宗教が一体化しているイスラーム教では、特別の「聖職者」は存在しないことになっている。指導者として影響力を持てるのは神に関する知識を持つ「ウラマー」であり、イスラーム法を解釈し、執行する権限を持つと考えられている。

ウラマーはイルム（知識）を持つ人々の意味で、学者、教師、説教師、裁判官、モスクの管理者などの地位につくが、アッバース朝（116ページ）時代から一定の階層になった。

しかし、ウラマーに権威を与える公的システムは存在せず、多くの信徒が支持することにより、はじめてウラマーは社会的リーダーとして認められる。民衆の支持を失えば、かつてのリーダーも単なる宗教上の知識人に過ぎない。結果として、信徒に最終決定権、リーダーの選択権が認められていることになる。「選挙制度」とは違うが、イスラーム的民主主義である。

イラク戦争の際に日本人人質事件を解決した「イラク・ムスリム・ウラマー協会」は、そうしたウラマーの団体であり、民衆から信頼を得ていたのである。

イスラーム社会を理解するには、歴史に根差した固有の社会システムの理解が欠かせない。

第2章

多様性が共存した中東世界

農業地帯、砂漠、地中海…地理が生んだミラクルな歴史

地理で読む 中東の特異性

まず、左の中東の地図を見てほしい。

目につくのは「陸の海」ともいうべき砂漠の連鎖、世界最長のナイル川、チグリス川・ユーフラテス川の流域の大沖積平野、隣接する中央アジアの大草原、世界最大の「内海」地中海、ペルシア湾、それに紅海、黒海であろうか。

大沖積平野に成立した古代エジプトとメソポタミアの2大文明は、遊牧民の活躍もあって一体化し、周辺の砂漠、草原、海洋と結びついて広大な歴史舞台をつくりあげていく。

歴史が複雑になるのも、無理からぬことである。

■中東の地勢図

中東の古代史だけで、何冊もの本になる。紙幅の関係もあり、古代史に手をつけると中途半端になってしまうのは必定である。

そこで本章では、中東を地域ごとに解体して、歴史の多様性を簡単にイメージできるようにと考えた。新しい試みである。

気が遠くなるほど複雑な 中東の古代史

多数の民族の交流、交易、戦争、移住などで中東の古代史が気が遠くなるほど複雑だったことは、他の文明と比較するとよくわかる。

バルカン半島
黒海
カスピ海
シルダリア
アラル海
キジルクム砂漠
アムダリア川
カラクム砂漠
アナトリア高原
(小アジア)
地中海
チグリス川
シリア砂漠
ダマスクス
エルサレム
バグダード
ユーフラテス川
カビール砂漠
イラン高原
ザグロス山脈
ナイル川
ナフード砂漠
ヒジャーズ地方
ペルシア湾
メディナ
紅海
メッカ
ルブアルハリ砂漠
イエメン地方

黄河流域の中国文明は長江流域に広がったが、万里の長城の建設に象徴されるように遊牧世界を遠ざけ、周期的に繰り返される黄河下流地域の大氾濫もあって、海洋世界との関わりが薄い文明であった。

私たちから見ると大舞台で繰り広げられた中国の古代史も、中東の古代史と比べると、限定された地域の歴史だったのである。

ヒマラヤ山脈などでユーラシア中央部と隔てられたインドの文明も同様であった。

インダス川流域からガンジス川流域に中心が移動し、デカン高原へ、ベンガル湾から東南アジアへの文明の波及もあったが、地理的に限られた動きだったのである。

南部イラクで成長したメソポタミア文明

四大文明のうちの一つが発祥したイラク。そのメソポタミア文明は、中東全体に多大な影響を与えている。

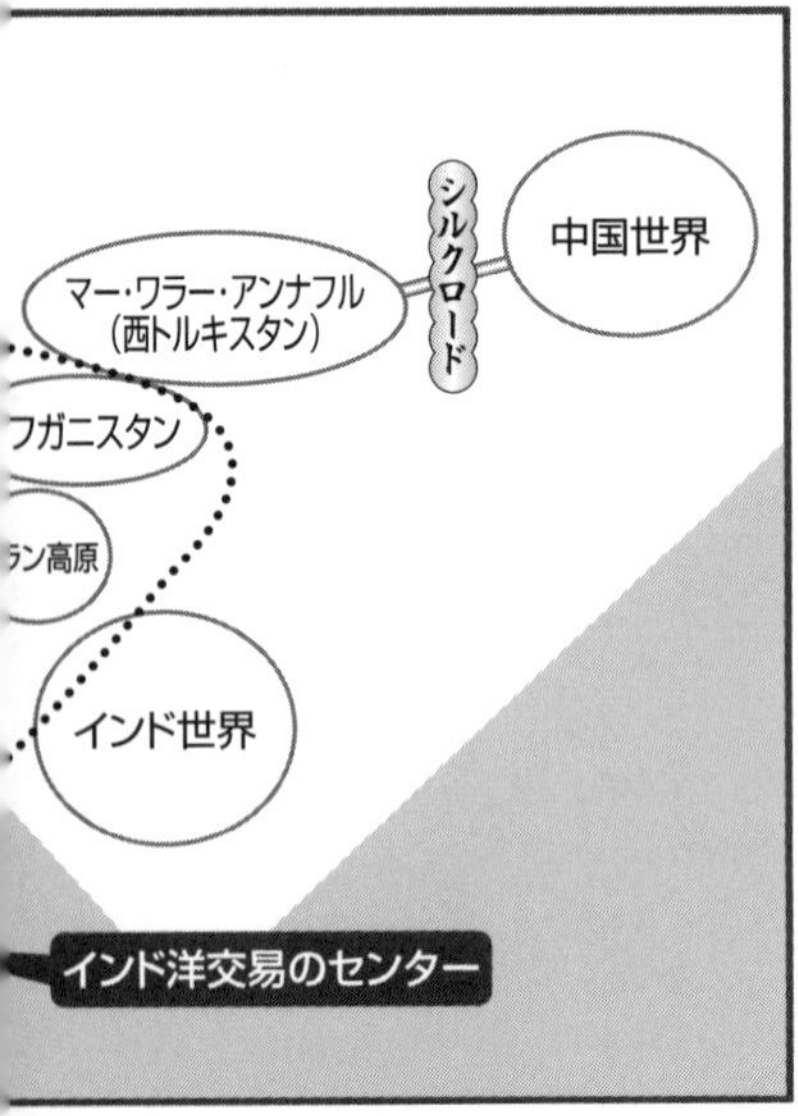

◆湿地帯に誕生した人類最古の文明

人類最古の文明は、チグリス川とユーフラテス川の間の沖積平野（「葦《あし》の多い地域」の意味で「シュメール」と呼ばれた）に築かれた。

文明の担い手となったシュメール人は、神々の奴隷として人間がつくられ、家畜や穀物も神に与えられたと考えた。「メソポタミア」はギリシア語の呼び名であり、現在のイラクである。

二つの川の水源は北部の標高2000メートルのトルコの山岳地帯にあった。雪解け水が南東に流れてペルシア湾に注いだが、二つの川の下流地帯は沼沢《しょうたく》地帯で運河や灌漑《かんがい》設備で結ばれ、多くの大麦を産出した。ところが雪解け水はたびたび突発的な洪水を起こし、畑や都市を押し流して人々を苦しめた。

『旧約聖書』に収められた「ノアの方舟《はこぶね》」の話の原型は、メソポタミア最古の叙事詩『ギルガメシュ物語』の中のウトナピシュティムという賢人が家族とともに大洪水から救われたという話に由来する。要するに、安心して農業ができる環境ではなかったのである。

■中東はこのように構成されている

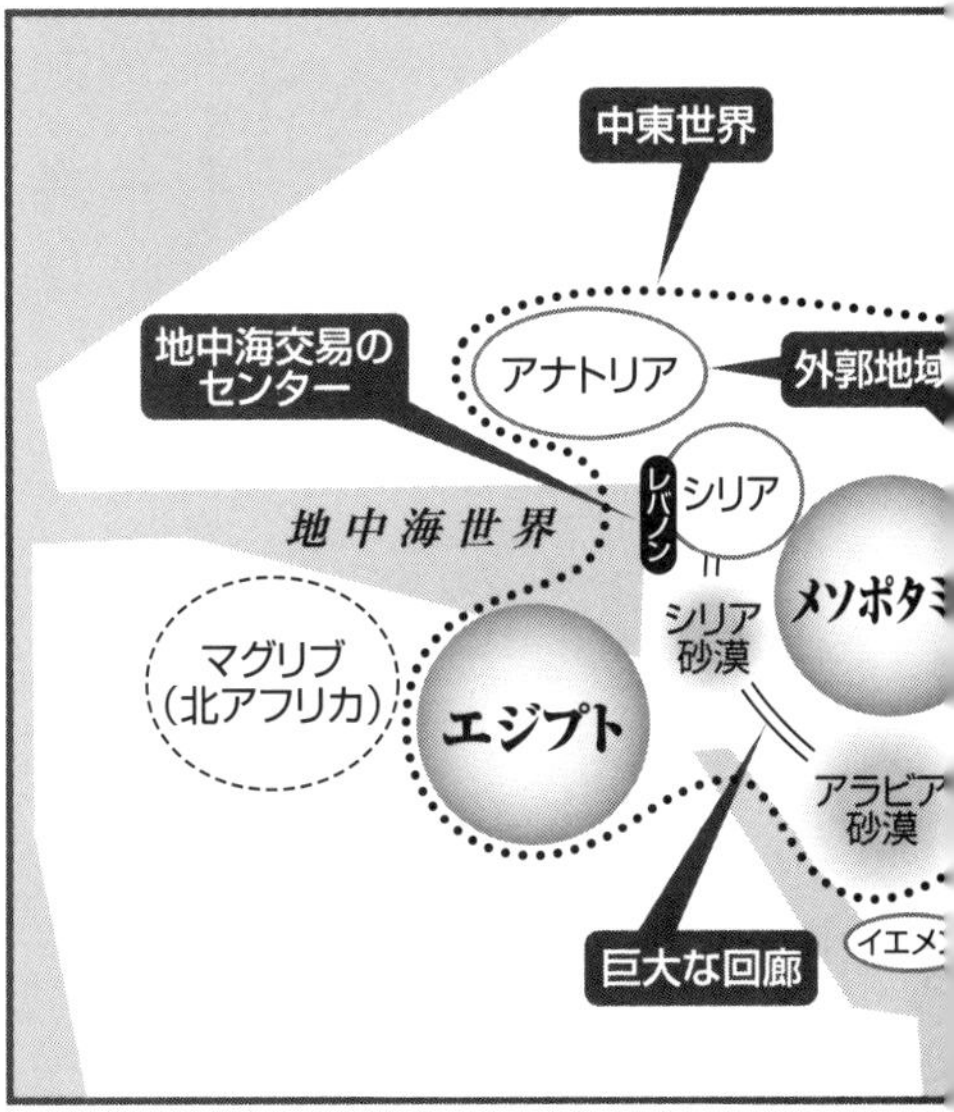
中東世界
地中海交易のセンター
アナトリア
外郭地域
レバノン
シリア
地中海世界
メソポタミ
シリア砂漠
マグリブ(北アフリカ)
エジプト
アラビア砂漠
巨大な回廊
イエメ

◆人類史に貢献したイラクの文明

二つの川の下流地域は、世界最高気温が記録されているほど暑いところである。年間降雨量は15センチと極めて少なく、砂漠に近い状態である。

ユーフラテス川の西にはヨルダンやアラビア半島につながるシリア砂漠が広がっていた。

そんな厳しい環境の下で、人々は粘土の日干しレンガでつくった神殿を中心に都市を成長させ、柔らかい粘土板に葦のペンを使って楔形《くさびがた》文字を記し、月の満ち欠けによる太陰暦、1年を12か月とする考え方、60進法、銀に刻印した貨幣などを考え出し、エジプト文明など周辺に影響を与えた。

◆中東の法の原型は「ハンムラビ法典」にあり

メソポタミアには、砂漠、荒れ地などから次々と遊牧民、山岳民が侵入し、都市や国が興亡を繰り返した。

そのために商業などは発達したが、異なる生活習慣と価値観を持つ部族が入り混じったことから、社会秩序を定めるのが極めてむずかしかった。「契約」により社会をまとめるしかなかったのである。

前18世紀に全メソポタミアを統一した古バビロニア王国の第6代王ハンムラビは、前文と282条からなる「ハンムラビ法典」を制定し、「目には目を、歯には歯を」で有名な同害復讐法の原則により秩序を確立した。この法は後にユダヤ法に引き継がれるなど、中東全体に大きな影響を与えている。

歴史メモ 「メソポタミア」はヨーロッパの造語で、アラビア語では「河岸の土地」、「低地」の意味で「イラク」と呼ばれた。

「黒い土」が育てた巨大なエジプト文明

メソポタミアとともに文明発祥の地であるエジプト。中東の多彩な文明の源はここにもある。

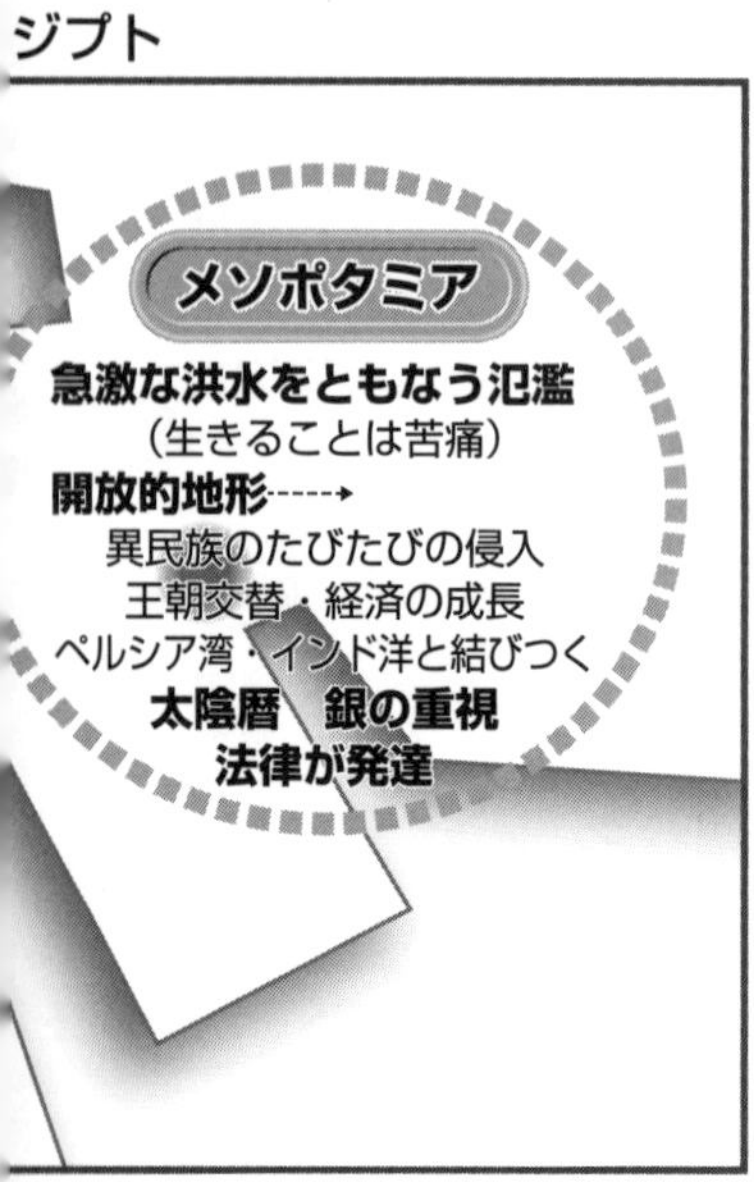
ジプト
メソポタミア
急激な洪水をともなう氾濫
（生きることは苦痛）
開放的地形
異民族のたびたびの侵入
王朝交替・経済の成長
ペルシア湾・インド洋と結びつく
太陰暦　銀の重視
法律が発達

◆中東最大の穀倉地帯・エジプト

イラクと並んで中東の歴史をリードした大農業地域が、世界最長のナイル川の三角洲と中流の川沿いの土地だった。

現在のエジプトの国土の9割は砂漠で、数年に1度しか雨が降らず、ナイル川流域のカイロでも年間降雨量はわずか3センチに過ぎない。

上流のエチオピア高原に毎年定期的（6月中旬から10月下旬）に降る雨が1か月かかって地中海に流れ込むために、流域では徐々に水かさが増す緩やかな洪水が毎年繰り返され、豊かな「黒い土」を流域に堆積させた。肥沃《ひよく》な畑の上にファラオ（王）を支配者とする王朝が、紀元前3000年から2900年もの間続いたのである。

5世紀にギリシアの歴史家ヘロドトスが、「エジプトはナイルの賜物《たまもの》」という有名な言葉を残したが、ナイル川流域の「黒い土」は一貫して中東最大の穀倉地帯であり続けたのである。

◆万物を創造した「太陽神ラー」

ナイルの水に支えられたエジプトでは、世界のはじまりは「原初の水」であり、そこに浮かび出た卵（ハスの花という説も）から天地の創造者、太陽神ラーが誕生したと考えられた。穀物を育てる太陽が、万物をつくり支配するとされたのである。

ラーは、大気、大地、天空の神を生み出し、統括した。多くの神々を支配する〝神々の王〟ラーは、やがて天空をすばやく駆け巡るハヤブサ（ラーの聖鳥）の頭を持つ人物として描かれ、歴代王（ファラオ）は太陽神ラーの子と自称した。

王は要所にナイルの水位を測るナイロメーターを設置してナイル川を管理下においた。ナイル川は王（ファラオ）のものだったのである。

■対照的だったメソポタミア

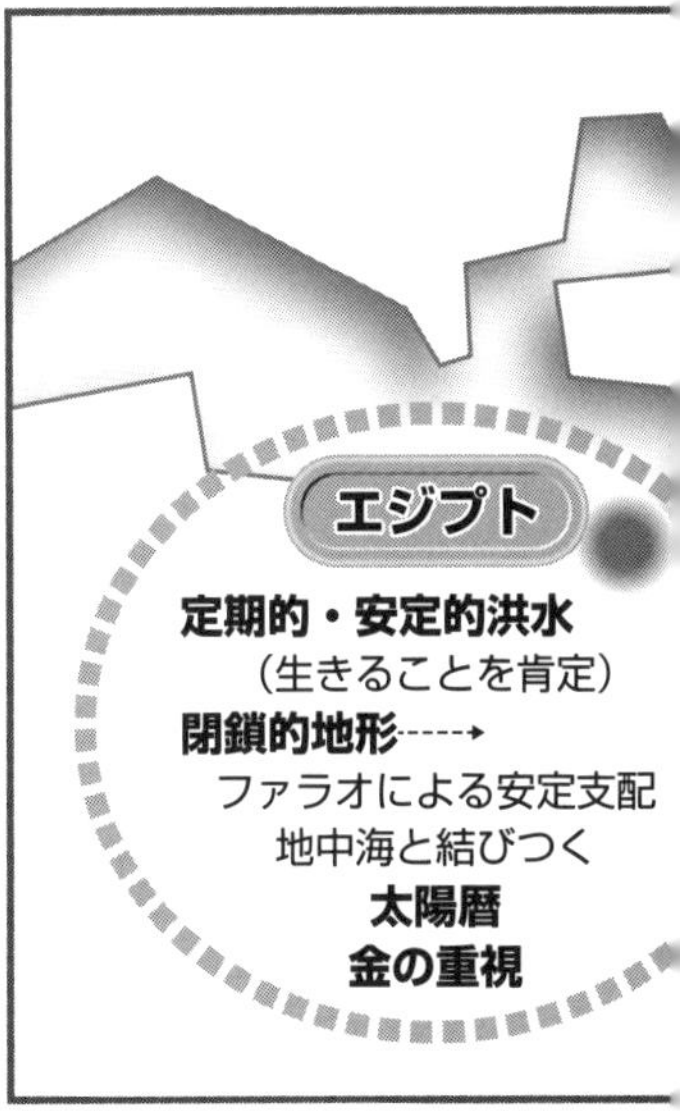
エジプト
定期的・安定的洪水
（生きることを肯定）
閉鎖的地形
ファラオによる安定支配
地中海と結びつく
太陽暦
金の重視

◆ナイルが育てた壮大な文明

前3000年頃からナイル川が育《はぐく》んだ文明は、川と密接に結びついていた。

毎年、洪水がはじまる時期に東の地平線上に明けの明星が定期的に現れることからつくられた太陽暦（12回の月の満ち欠け〈360日〉と収穫後の5日を1年とする）や、川辺に生える2～3メートルに成長するパピルスという葦からつくる一種の紙とその上に書く象形文字、パピルスでつくった帆船、ナイル川の氾濫の後で畑を復元するための測量術（幾何学のもと）などが生み出された。

太陽神ラーのシンボルがオベリスク（方尖柱《ほうせんちゅう》）であり、ラーの子である王が天に昇る祭壇が現在80基残されているピラミッドである。

いまから4500年以上前につくられた高さ約144メートル、底辺の一辺約230メートル、平均2・5トンの切石230万個を積み重ねたクフ王のピラミッドは、王と太陽神ラーへの信仰の強さを現在に伝えている。

歴史メモ エジプトがアラブに征服されたのは640～641年以降のことであり、数世紀かけてアラビア語・イスラームが多数派になった。

◉シリア地域

砂漠の大規模交易のセンターだったシリア

東西南北を結ぶ貿易の拠点として栄えたシリア。ダマスクスは現存する世界最古の都市の一つ。

◆世界最古の都市があるシリア

歴史的に「シリア」と呼ばれる地域は、実は広大な地域を指した。北はトルコ南部、南はヨルダン南端、東はユーフラテス川、西は地中海に接していた。直線で国境が区切られた現在のシリア（209ページ図）は、フランスの委任統治時代につくられたのである。

いまから3000年ほど前にこの地域で活躍した砂漠の商業民が、半遊牧生活を送るアラム人だった。

メソポタミアとエジプトを結ぶシリア砂漠をラクダを使って往来するアラム人の言葉（アラム語）は、古代の中東全体の共通語となっていた。現在の英語のようなものである。

シリアの中心は南西部のバラダー川南岸のダマスクス（現在の人口約220万人）で、5000年前にはすでに都市が形成されていた、現存する世界最古の都市である。

ダマスクスは、メソポタミアとエジプト、アラビア半島とアナトリアの東西南北を結ぶキャラバン貿易の拠点となり、周辺のオアシスでつくられた農作物の集散地として栄え続けた。

◆垂涎《すいぜん》の的だった経済の中心地

中東の陸路のセンター、シリアは、交通の便がよかったこと、経済的に富裕だったことが災いして、前8世紀にアッシリア、前6世紀には新バビロニア、前6世紀後半にペルシア帝国（アケメネス朝）、前4世紀にアレクサンドロス帝国、前1世紀にローマ帝国の支配下に入った。

やがてシリアは、ローマ帝国とパルティアの緩衝地帯となり、2～3世紀には砂漠の交易都市パルミュラが両帝国の商品の取引・交流の場となった。

パルミュラにはパルティアを経由して絹などのシルク

ロードの物資が流入し、「シルクロードの終点」などといわれたが、ローマ帝国により滅ぼされた。

イスラームの創成期にアラブ人が主な交易先としたのがシリアの中心都市ダマスクスであり、7世紀にアラビア半島からの遠征がなされた時にも真っ先に征服の目標とされた。

■貿易の中心地だったシリア

黒海
アナトリア
パルミュラ
地中海
シリア
シルクロード
ダマスクス
メソポタミア
エジプト
シナイ半島
アラビア半島
西岸
イエメン地方
（幸運のアラビア）
●アデン
インド洋

◆幸運のアラビアとシリア

アラビア半島南部のイエメン地方はモンスーン（季節風）の影響で、中東には珍しい雨に恵まれた地域で、「アラビアフェリックス」（幸運のアラビア）と呼ばれた。

イエメン地方は豊かな農耕地帯であっただけではなく、紅海経由でシリア、東アフリカ、ペルシア湾地域などと、商業都市のアデンを中心に大規模な貿易を行った。

とくに東アフリカ、アラビア半島南部で産出される乳香《にゅうこう》や没薬《もつやく》といった香料は、特産品としてエジプト、メソポタミアで珍重された。乳香などは、アラビア半島西岸地方を通って、ラクダを使ったキャラバンによりシリア地方経由でエジプト、メソポタミアに送られた。

歴史メモ キリスト教の創始者イエスがふだんの生活で使っていた言葉は、シリアのアラム語だった。

中東と地中海の接点 異質な空間・レバノン

かつてフェニキア人が活躍し、栄えたレバノン。だが現在は、長期の内戦により国内は荒廃している。

◆地中海と親密なレバノン

古代に地中海航路を切り開いたフェニキア人の生活の場となったレバノンは、東地中海沿岸の長さ約217キロ、幅40キロから80キロの細長い海岸平野で、急峻なレバノン山脈によりシリアと隔てられていた。

農地に恵まれない古代フェニキアの人々は、レバノン杉で建造した帆船により中東と地中海を結びつけ、地中海を横断する大航路を切り開いたのである。

レバノンの歴史は基本的にはシリアとともにあったが、山脈で隔てられていたために多くの宗教集団の避難場所になり、さまざまな民族が流入してきたことで多民族が混在する現在のレバノンの特徴をつくりあげた。

レバノンではキリスト教徒が人口の約25％を占めるが、マロン派、東方正教会、アルメニア教会など多様であり、イスラーム教徒の大部分はシーア派（112ページ）で、神が信仰を確立するために再度地上に現れるとするドルーズ派が7％である。

◆波瀾万丈のレバノン史

レバノンは前64年にローマに征服され、シリア州の一部としてローマ帝国に組み込まれ、キリスト教化が進んだ。630年代、アラブ人に征服されるが、11世紀にはイスラーム教シーア派のドルーズ派が定住、キリスト教のマロン派と勢力争いを展開。1099年から13世紀までは十字軍の支配下におかれた。

16世紀になるとオスマン帝国の支配下に入り、19世紀中頃までマロン派とドルーズ派の勢力争いが続いた。

第一次世界大戦でオスマン帝国が敗れると飢饉が広がり、多くのキリスト教徒がアメリカに移住。第一次世界大戦後は、フランスの支配下に入った。1926年にレ

■現在のレバノンの地形

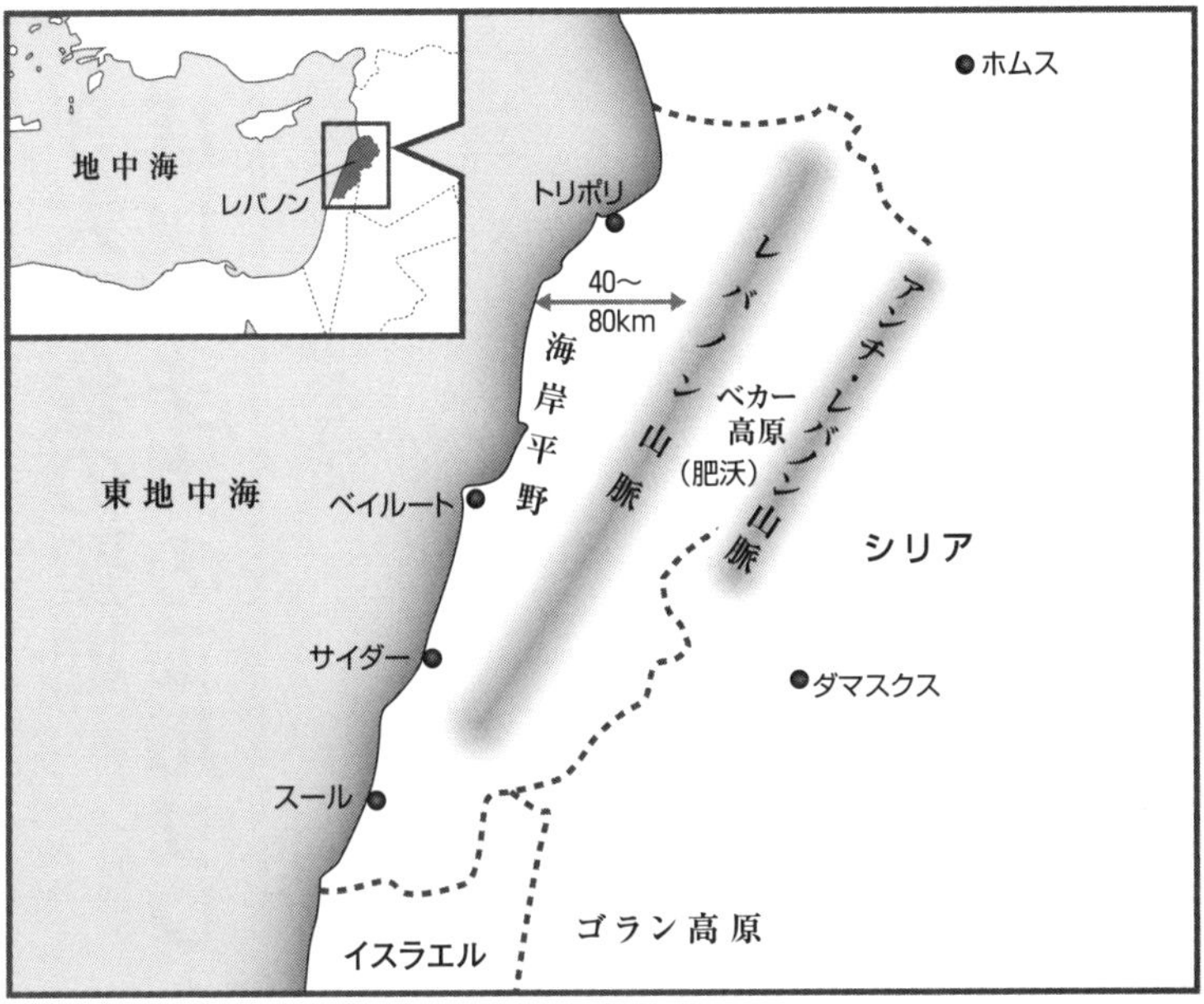
ホムス
地中海
レバノン
トリポリ
40〜
80km
海岸平野
レバノン山脈
アンチ・レバノン山脈
ベカー高原
（肥沃）
東地中海
ベイルート
シリア
サイダー
ダマスクス
スール
ゴラン高原
イスラエル

バノン共和国が樹立されるが、植民地の状態は変わらず、1946年のフランス軍の撤退でやっと独立が達成された。

◆長い内戦で廃墟に

キリスト教徒とイスラーム教徒の11世紀以来の対立が、1970年にPLO（パレスチナ解放機構、232ページ）が本拠をヨルダンからレバノンに移したことで激化し、1975年には内戦となった。PLOやシリア、さらにはイスラエルの進攻により内戦は泥沼化したが、1990年、シリア軍の進攻により内戦は終結に向かった。

20年ぶりに総選挙がなされ秩序が回復されたかに見えたが、イランの支援を受けたシーア派原理主義組織ヒズボラのイスラエル攻撃、それへの報復としてのイスラエル軍の進攻が繰り返されることで混乱が再発した。こうした長年の戦争で首都ベイルートをはじめ、レバノン全土は荒廃され尽くしてしまった。

歴史メモ　マロン派は、キリストが人性を持たず神性しか持たないとする立場に立つレバノン固有のキリスト教で、礼拝用語は主にアラビア語だった。

3大宗教の聖地 パレスチナのエルサレム

なぜエルサレムは3宗教の聖地となったのか。ユダヤ教、キリスト教、そしてイスラーム教の発祥を簡単に見てみよう。

◆アジアとアフリカの結接点

イスラエルを中心とする地中海沿岸地域は、ローマ人がユダヤ人の反抗をしずめ、この地域を強圧的に支配して「パレスチーネ」（ペリシテ人〈俗人〉の土地）と呼んだことから「パレスチナ」と呼ばれるようになった。古い呼び名は「カナン」である。

アジアとアフリカをつなぐルートの中心に位置するパレスチナには、前3000年頃からカナン人が住んでおり、エジプト、メソポタミア、シリアの影響を受けて独自の宗教を成長させた。

ユダヤ教、キリスト教、イスラーム教は、彼らの信仰の影響を受けている。

◆ユダヤ人の苦難から生まれたユダヤ教

前2000年紀にパレスチナに移住してきたユダヤ人は、民族の苦難の歴史の中で「ユダヤ教」を創始した。

ユダヤ教は、唯一神ヤーウェ（「われ在りというもの」の意味）が天地創造、人間の創造を行い、正義と律法を定めたとし、この世の終末に「メシア」（救世主）が現れ契約によりヤーウェに忠実なユダヤ人だけを救済するの（選民思想）を信じる宗教で、『旧約聖書』を教典とする。

ユダヤ人は、前10世紀にダビデ王の下でエルサレムを都とする「イスラエル王国」を建て、第3代ソロモン王の時には全盛期を迎えた。

しかし、ソロモン王の死後、国は南北に分裂。東にアッシリア、新バビロニアが台頭するとそれぞれ滅ぼされた。

とくに南のユダ王国が前586年に新バビロニアに滅ぼされた時には、貴族から庶民にいたるユダヤ人がバビロンに連行され（バビロン捕囚《ほしゅう》）、過酷な労働を強制された（73ページ）。こうした捕囚生活は、新バビロニアがアケメネス朝に滅ぼされるまで続く。その中でユダヤ教の信仰は強固になっていった。

■紀元前10〜11世紀頃の繁栄するイスラエル王国

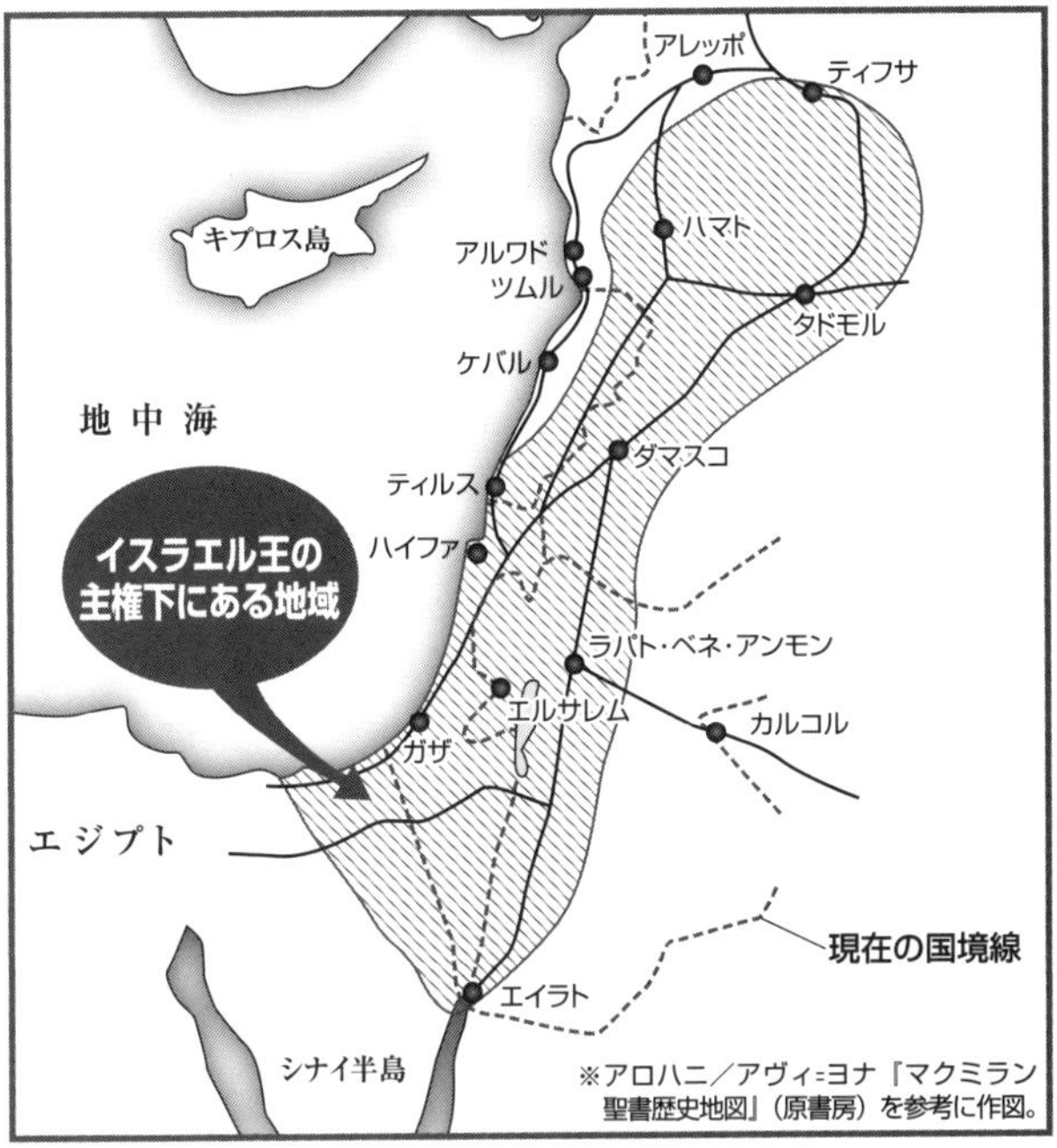

※アロハニ／アヴィ=ヨナ『マクミラン聖書歴史地図』（原書房）を参考に作図。

◆反ローマ運動の中で誕生したキリスト教

紀元後6年、パレスチナはローマの属州となる。ローマ人は苛酷《かこく》に税を取り立て、ユダヤ社会の慣行を無視。そのために各地に反ローマの民衆運動が起こった。民衆運動の指導者の1人がイエスである。

前4年頃にベツレヘムに生まれたイエスは、27年頃にヨハネより洗礼を受けてメシア（救世主）運動を起こし、「最後の審判」が近いことを告げ、神の絶対愛、隣人愛を説いて、ローマ支配に協力的なユダヤ教指導層を批判。

30年頃、36歳のイエスをユダヤ人議会は神への冒瀆《ぼうとく》者として、ローマ総督はローマ帝国に対する反逆者として死刑を決定。エルサレム郊外のゴルゴダの丘で処刑した。

彼の死後、弟子たちがイエスの復活を信じ、イエスこそがメシア（救い主、ギリシア語でキリスト）とする「キリスト教」を創始した。

◆悲惨なユダヤ民族の離散（ディアスポラ）

ローマ帝国の本国本位の苛酷な支配に対し、

歴史メモ ヘブライ人は神との契約でアブラハムに率いられ、メソポタミア地方からパレスチナに移住したとされた。

ユダヤ人の反抗は止まなかった。

ローマの歴史家タキトゥスが、「ローマ人は廃墟をつくってそこを平和と呼ぶ」と指摘したように、帝都ローマの華美な生活を支える属州民の負担は極めて重かったのである。

属州ユダヤでは、熱心党を中心にローマとの戦いが断続的に続けられたが、第一次ユダヤ戦争（66～70年）、第二次ユダヤ戦争（132～135年）に敗北。とくに死者58万人を数えたとされる第二次ユダヤ戦争後、生き残ったユダヤ人は奴隷とされ、以後ユダヤ人のエルサレム立ち入りが死刑をもって禁止された。

故郷を失ったユダヤ人は、ローマ帝国内外の諸都市に移住した。それを「民族離散」（ディアスポラ）と呼ぶ。ちなみにこの地がローマ人に「パレスチナ」と呼ばれるようになるのも、この時期のことである。

故郷から離散させられたユダヤ人たちは、破壊されたエルサレムの宮殿の壁を「嘆きの壁」とし、信仰の対象にした。

19世紀、ナショナリズムの勃興によりヨーロッパ各国でユダヤ教徒への弾圧が強化されると、エルサレム（その雅名がシオン）に戻り、パレスチナ国家を復興させようとするシオニズム運動がヨーロッパのユダヤ人の間に広がる。

キリスト教徒の一派ピューリタンにも、ユダヤ人のパレスチナでの復興がキリスト再臨の前提であるとして、パレスチナにユダヤ人国家を建設することを支援する動きが起こった。

第一次世界大戦中にユダヤ人のナショナル・ホーム建設を認めたイギリス外相バルフォア（205ページ）、第二次世界大戦後に国連のパレスチナ分割案を後押ししたアメリカ大統領トルーマンはそうした立場に立つ。

◆イスラーム教も聖地をエルサレムにおいた

610年にムハンマドはアラビア半島のメッカで「イスラーム教」を創始する（88ページ）。彼は、ユダヤ人の経済的支援を得るために、最初のキブラ（礼拝の際に向かう方向）をエルサレムとし、次いでメッカに移した。

ムハンマドの死後、信徒は彼の生涯の物語に、他の宗教をモデルにした伝説を付加。預言者ムハンマドが布教の中心地をメッカからメディナに移す少し前に、翼のあ

■エルサレム旧市街

エルサレム市街
旧市街
ヘロデ門
ダマスクス門
ライオン門
イスラーム教徒地区
キリスト教徒地区
黄金門
岩のドーム
新門
聖墳墓教会
エル・アクサ・モスク
ヤッフォ門
ユダヤ教徒地区
ダビデの塔
アルメニア人地区
嘆きの壁
シオン門
0
200m

る天馬（ブラーク）に乗ってカーバ神殿からエルサレムに旅し、そこから光のはしご（ミーラージュ）を登って昇天し、神にまみえたとする話がある。イエスの昇天がモデルになっていると考えられている。

そうしたことからエルサレムはイスラーム教の聖地とされ、7世紀のウマイヤ朝時代に、現在も残る8角形の「岩のドーム」が建てられた。

このようにエルサレムは、ユダヤ教、キリスト教、イスラーム教という三つの一神教の聖地になった。

エルサレムにはユダヤ教徒地区、キリスト教徒地区、イスラーム教徒地区、アルメニア人地区が設けられて長い間共存が続いてきたが、第二次世界大戦後のイスラエル建国で、パレスチナではイスラエルとパレスチナ人の激しい抗争が続いている。

歴史メモ エルサレムにはウマイヤ朝により四方から眺められイスラームの力を誇示する岩のドームが建てられ、イスラームの第三の聖地となった。

交易のための巨大回廊 シリア砂漠とアラビア砂漠

砂漠はアラブ人にとって交易路であった。移動手段のラクダは、後世にも重要な乗り物として登場してくる。

◆中東の過半は大砂漠地帯

中東では、エジプトとメソポタミアの2大農業地域の間に砂漠を中心とする広大な荒れ地、草原が存在している。

アラビア半島北部からシリア南東部に広がり、地中海とユーフラテス川に囲まれた「シリア砂漠」、北部の「ナフード砂漠」、南部の「ルブアルハリ砂漠」が3分の1以上を占めるアラビア半島は、広大な砂漠地帯をなしている。アラビア半島は現在、世界で最も人口密度の〝低い〟地域である。

長いまつ毛と耳の毛、
開閉自在の鼻の穴
漠の砂嵐に耐えられる）
コブ＝水の飲みだめ
（コブの脂肪から
代謝水が得られる）
平坦で大きな足裏
（砂漠の歩行に適する）

現在のイラクの国土面積は約44万平方キロ、エジプトの国土面積は約１００万平方キロであるが、砂漠地帯の面積は、エジプトとメソポタミアの農耕地帯の倍以上になる。

砂漠周辺の厳しい自然環境でラクダ、ヤギ、ヒツジなどの遊牧が行われ、砂漠はラクダを使う商人の活動の場になった。

◆「砂漠の船」だったヒトコブラクダ

中東の砂漠で家畜として用いられているのがヒトコブラクダ（体高約2メートル、体重４５０～６９０キロ）である。ちなみに中央アジアで使われているのはフタコ

■「砂漠の船」ヒトコブラクダの特

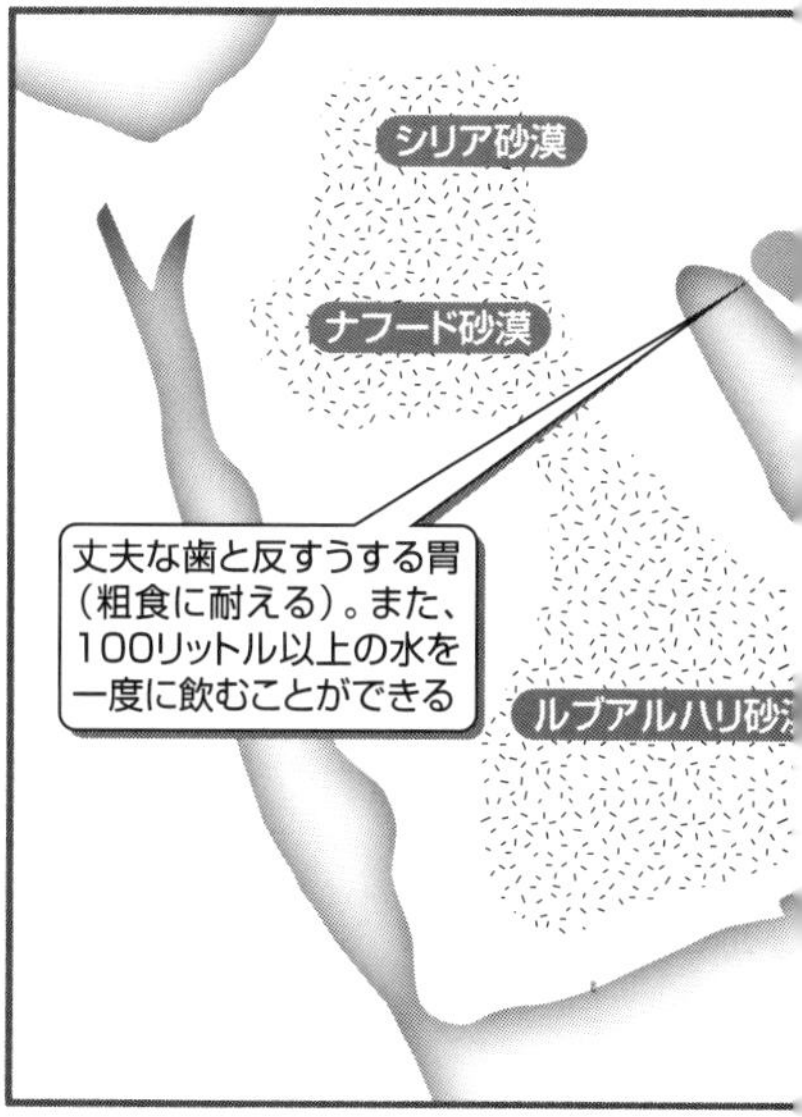
シリア砂漠
ナフード砂漠
丈夫な歯と反すうする胃（粗食に耐える）。また、100リットル以上の水を一度に飲むことができる
ルブアルハリ砂

ブラクダ（体高1・8～2メートル、体重450～650キロ）である。

ヒトコブラクダは、いまから5000年前に家畜化されたと考えられており、文明誕生期からの古い家畜である。

砂漠の周辺で遊牧民が家畜として飼育したほか、長時間水分を補給しないで移動できたため、ラクダは「砂漠の船」として商人たちにも利用されるようになった。

砂漠と砂漠の間にオアシスとして大小の農耕社会が散在する中東では、砂漠は重要な通商路になり、100キロ程度の荷物を積んで日に30キロも移動できるラクダは、貴重な輸送手段となった。

◆国際語であったアラム人の言語

いまから三千数百年前にシリア砂漠でラクダを使って商業を行った最初の商業民族がアラム人だ。彼らは、シリアの都市ダマスクスを中心に中東を股にかけて広い範囲で活躍した。

そのためにアラム語は広大な中東諸地域を統一したペルシア帝国（アケメネス朝）の公用語となり、アラム文字は、アラビア文字など中東各地の文字の源になった。

パレスチナでも、アラム語が伝統的なヘブライ語に代わって使われるようになる。キリスト教の創始者イエスもアラム語を話していたといわれ、『旧約聖書』の一部分もアラム語で書かれた。

アラム語は、7世紀にアラビア砂漠から出て来た同じ砂漠の民アラブ人が中東を征服した後、アラビア語に押されて衰退する。商業言語のアラム語が宗教言語のアラビア語に主要言語の座を譲ったのである。

歴史メモ　ラクダから得られないのは穀物、金属製品くらいといわれるほど、ラクダは多面的に生活に活用された。

◉アナトリア（小アジア）

外郭をなすアナトリア、イラン高原、アフガニスタン

北側の山岳地帯は、中東とその他の地域を分離していた。しかし、多くの民族の流入経路でもあった。

◆小アジアの大部分を占めるアナトリア高原

中東の外郭部分には、アナトリア（小アジア）、イラン、アフガニスタンの三つの高原、山岳地帯があり、周辺地域から中東を隔てていた。

現在のトルコ共和国の国土の大部分を占めるのが、平均高度約750メートルの「アナトリア高原」である。

エーゲ海、地中海、黒海などの沿岸地域では山岳が沿岸まで迫っており、アナトリアの農地は15％から20％に過ぎず、地中海世界の一部分であった。最大の都市イスタンブール（旧コンスタンティノープル）がギリシア人の植民都市だったことがそれを示している。

周囲を山に囲まれた中央アナトリア高原（中心はアンカラ）は、年間降雨量約36センチの半乾燥地帯で、草原や穀物畑になっている。東部山岳地帯は、チグリス川、ユーフラテス川の水源で、聖書でノアの方舟が漂着したとされる標高5137メートルのアララト山が最も高い。

◆ペルシア人の故郷イラン高原

「イラン高原」は、東はアフガニスタン、パキスタン西部、西はザグロス山脈、北はエルブルズ山脈で囲まれた標高500メートルから1500メートルの盆地状の高原、荒れ地、砂漠で乾燥している。

面積は約260万平方キロでアラビア半島の約半分だが、農業に適さず、「カナート」（32ページ）と呼ばれる人工の地下水路が発達した。

イラン高原に住んでいる人々の約半分が中央アジアからやって来たイラン人（ペルシア人）で、クルド人やアラブ人なども混住している。イランの国民の95％がシーア派のイスラーム教徒で、イラン高原にはテヘランの南にあるコムなどシーア派の聖地が多い。

■中東の「外郭地域」

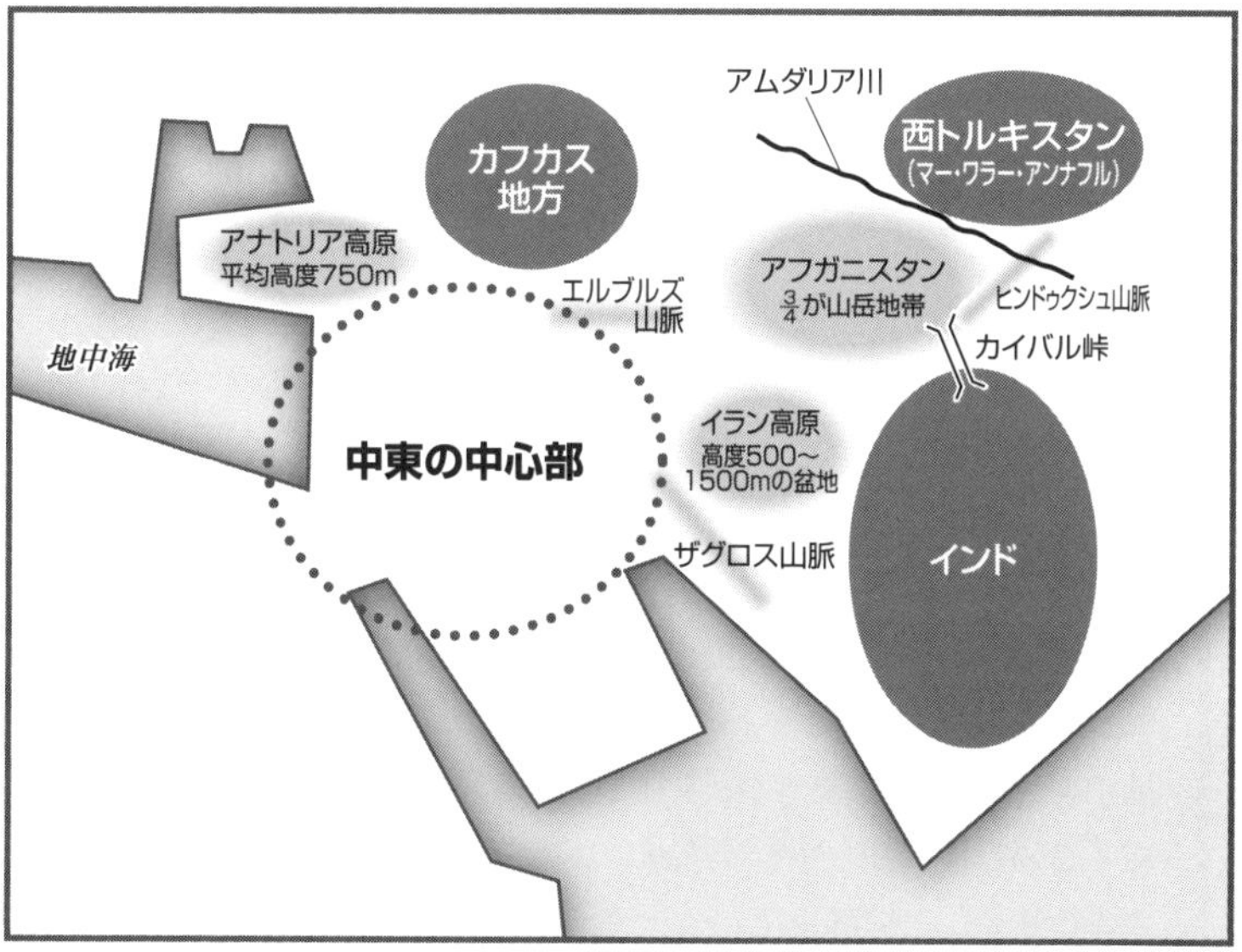
アムダリア川
西トルキスタン
(マー・ワラー・アンナフル)
カフカス
地方
アナトリア高原
平均高度750m
アフガニスタン
$\frac{3}{4}$が山岳地帯
ヒンドゥクシュ山脈
エルブルズ
山脈
カイバル峠
地中海
イラン高原
高度500〜
1500mの盆地
中東の中心部
ザグロス山脈
インド

イラン人は、前6世紀から後7世紀までの約1000年間、中東を支配した民族で、中東がイスラーム化した後もアラブ人と対抗する勢力として反発・協調を繰り返してきた。現在もシーア派に結集して民族的独自性を保っている。

◆インドへの入り口・アフガニスタン

「アフガニスタン」は、北部のアムダリア川の河谷、南の砂漠を除き、4分の3が山地である。最も広大な山脈はヒンドゥクシュ山脈でインド世界（現在のパキスタン）との境界をなしている。

南の「カイバル峠」は、歴史的に頻繁に利用されたインド世界への出入り口であり、中央アジアからインド世界への侵入路でもあった。

北部を流れるアムダリア川の北は、「マー・ワラー・アンナフル」（川向こうの土地）とアラビア語で呼ばれ、イスラーム世界の外部と見なされた。広大なオアシスに恵まれ、シルクロードの中心となった西トルキスタン（現ウズベキスタン）である。

歴史メモ イラン、アフガニスタンは中央アジアの遊牧民が中東に侵入する際の経路となっていた。

COLUMN

ローマの大浴場が元祖のトルコの「ハンマーム」

かつてイスラーム教徒に占領されていた地中海に浮かぶ島マヨルカの中心都市パルマには、イスラーム教徒の小さな「ハンマーム」（浴場）の遺跡が残されていて、多くの観光客を集めていた。ローマ帝国で発達した浴場がイスラーム世界で変形し、地中海で観光の対象になっているのがとても面白かった。

古代ギリシアでは、5世紀末にポリスが運営する蒸し風呂、熱い風呂、冷たい風呂からなる“社交の場”として「浴場」が登場した。地中海を統一したローマ帝国ではヘレニズム（ギリシア風）文化に対する憧れが強く、中庭の周囲に3種類の浴場を配した公衆浴場が大流行することになった。

3世紀にカラカラ帝により建造された大浴場は、1辺450メートルの正方形で、1600名を収容する大規模なものである。

ローマの浴場は、7世紀以降にイスラーム教徒が地中海の南部を征服した時にイスラーム世界に伝えられ、「ハンマーム・ルーミーヤ」（ローマ風呂）と呼ばれた。「ハンマーム」とは、蒸し風呂のことである。ローマの浴場は脱衣場、冷浴室、温浴室、蒸気蒸し風呂という構成になっていたが、イスラーム社会では、脱衣場、第1室、中間室、温浴室というように簡略化された。

清潔を好み、沐浴を尊ぶイスラーム世界でハンマームは著しく普及し、モスクのある町には必ずハンマームがあるほどになった。『アラビアン・ナイト』にも、庶民の社交の場としてのハンマームがたびたび登場する。アッバース朝の都バグダードには、10世紀に1万軒ものハンマームが存在したという記述もある。

オスマン帝国の時代になると、大ドームと周辺の小部屋からなる大理石づくりのハンマームが普及し、異国趣味に満ちたトルコ風呂としてヨーロッパに紹介された。

第3章

イラン人が覇権を握る1000年間

イラン人の二つの王朝が支配した時代があった

イラン人の帝国 アケメネス朝とササン朝

本章の分量は少ないが、中東を統一したアケメネス朝、アレクサンドロスの帝国とヘレニズム時代、パルティア、ササン朝へと続く1000年間のイラン人の覇権の時代は、中東史で重要な位置を占めている。

紀元前6世紀から後7世紀の間で、日本史でいうと縄文時代から大和王朝の時代にあたり、中国史でいうと春秋時代から唐帝国の時代にあたる。

1000年もの長い期間だから、当然複雑な歴史が展開された。この時期には地中海周辺が中東から切り離されるという大変動が起こった。

そのため歴史を動かす要素に、大農耕世界と遊牧世界に地中海世界が加わる。アケメネス朝とその復興を目指したササン朝は、大農耕地帯に基礎をおく二つの大帝国である。

しかし、アケメネス朝がエジプト、イラクの二つの大農耕地帯を支配したのに対し、ササン朝の時代には地中海世界が自立し、ローマ帝国によりエジプトが中東から切り離された。

間にはさまれた アレクサンドロスとパルティア

地中海世界の自立は大問題になったのであるが、そのきっかけがギリ

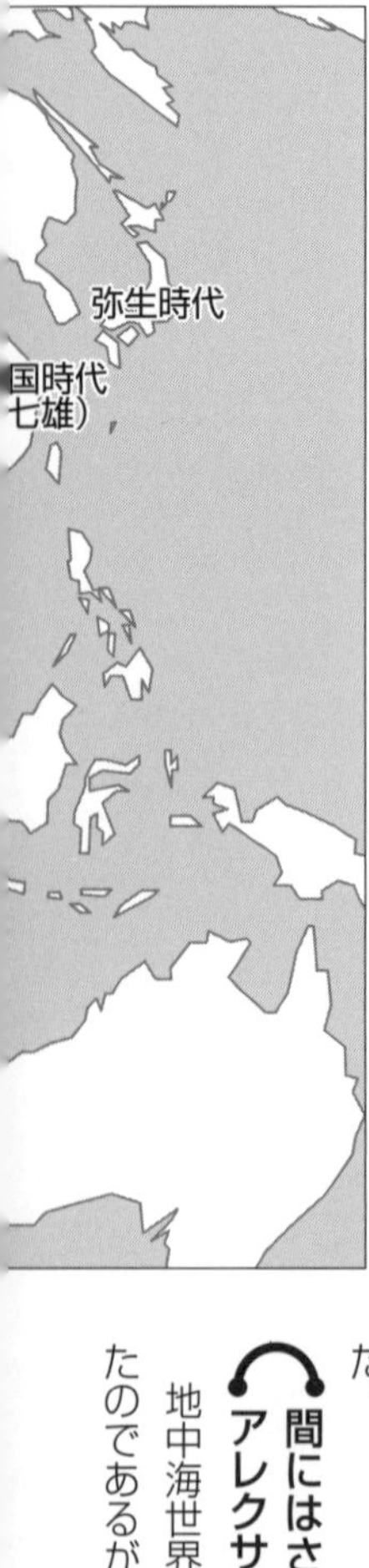

■紀元前4〜前3世紀の世界

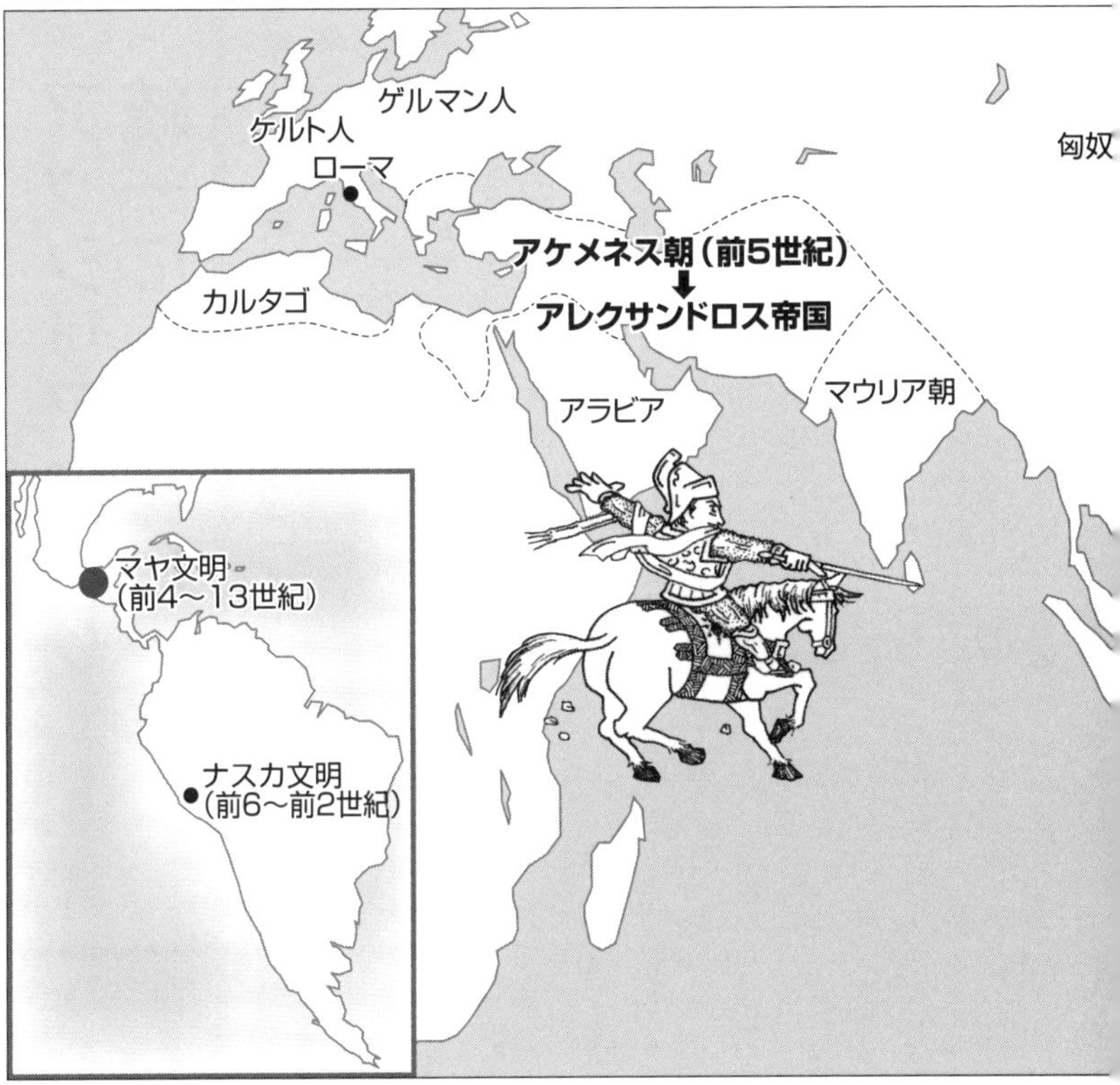
ゲルマン人
ケルト人
ローマ
匈奴
アケメネス朝（前5世紀）
アレクサンドロス帝国
カルタゴ
マウリア朝
アラビア
マヤ文明
（前4〜13世紀）
ナスカ文明
（前6〜前2世紀）

シア北部のマケドニア王アレクサンドロスの東方遠征であった。

アレクサンドロス大王はアケメネス帝国を滅ぼしてイラン人の王になろうとしたが、夢の実現途上で死を迎え、その部下たちの王国が分立した。「ヘレニズム時代」である。その時期に、中央アジアのイラン系遊牧民が中東に侵入し征服王朝をうち立てた。それがパルティアであり、ローマ帝国との抗争を続けた。

1000年間に及ぶイラン人の覇権時代は、ゾロアスター教という乾燥地帯で生まれ育った宗教が中東全体に大きな影響を及ぼした時代だった。

中東世界では、後にゾロアスター教がイスラーム教に切り替えられ、イスラーム教を中心とする社会に変わっていく。

アッシリアにより統一に向かった中東

多くの国が乱立していた中東は、まずアッシリアによって統一されるが、再び4国に分裂してしまう。

◆草原からの衝撃で「民族のるつぼ」に！

中東の歴史は、エジプトとイラク（メソポタミア）の大農耕地帯を中心に展開された。

しかし、周囲を砂漠と海に囲まれ孤立したエジプトと、周辺の砂漠や草原、山岳地などから多くの民族が侵入し、興亡を繰り返したメソポタミアは、それぞれ対照的な道筋をたどった。

メソポタミアでは商業が発達し、「民族のるつぼ」といわれるように多民族が侵入を繰り返すプロセスを経て強大な国の出現を見た。

まず、紀元前1500年頃に中央アジアから侵入したインド・ヨーロッパ系遊牧諸族（ヒッタイト人、ミタンニ人など）が馬に引かせる軽戦車をもたらしたことで武器が飛躍的に進歩し、大規模な戦争が繰り返されるようになった。

前1530年頃に古バビロニア王国が滅ぼされると、インド・ヨーロッパ語族の国がイラクとトルコに並立する混乱時代に入る。その影響はエジプトにも及び、ナイル川のデルタ地域も約100年間外部民族に占領され、エジプト社会も中東の歴史に組み込まれることになった。

◆大帝国アッシリアの支配

前9世紀、イラク北部の商業民アッシリア人が台頭する。彼らは、2頭立ての戦車や騎兵を含む強力な軍隊を組織して、多くの都市を無残に破壊し、抵抗する場合には都市の前に死骸を積み上げるなど厳しい戦争を繰り返し、前7世紀にはイラク、エジプトの2大農耕地帯を統一する大帝国を打ち立てた。

しかし、アッシリアは被征服地に苛酷な税を課し、各地の伝統、慣習、宗教などを無視する集権体制をとった

■統一されていく中東世界

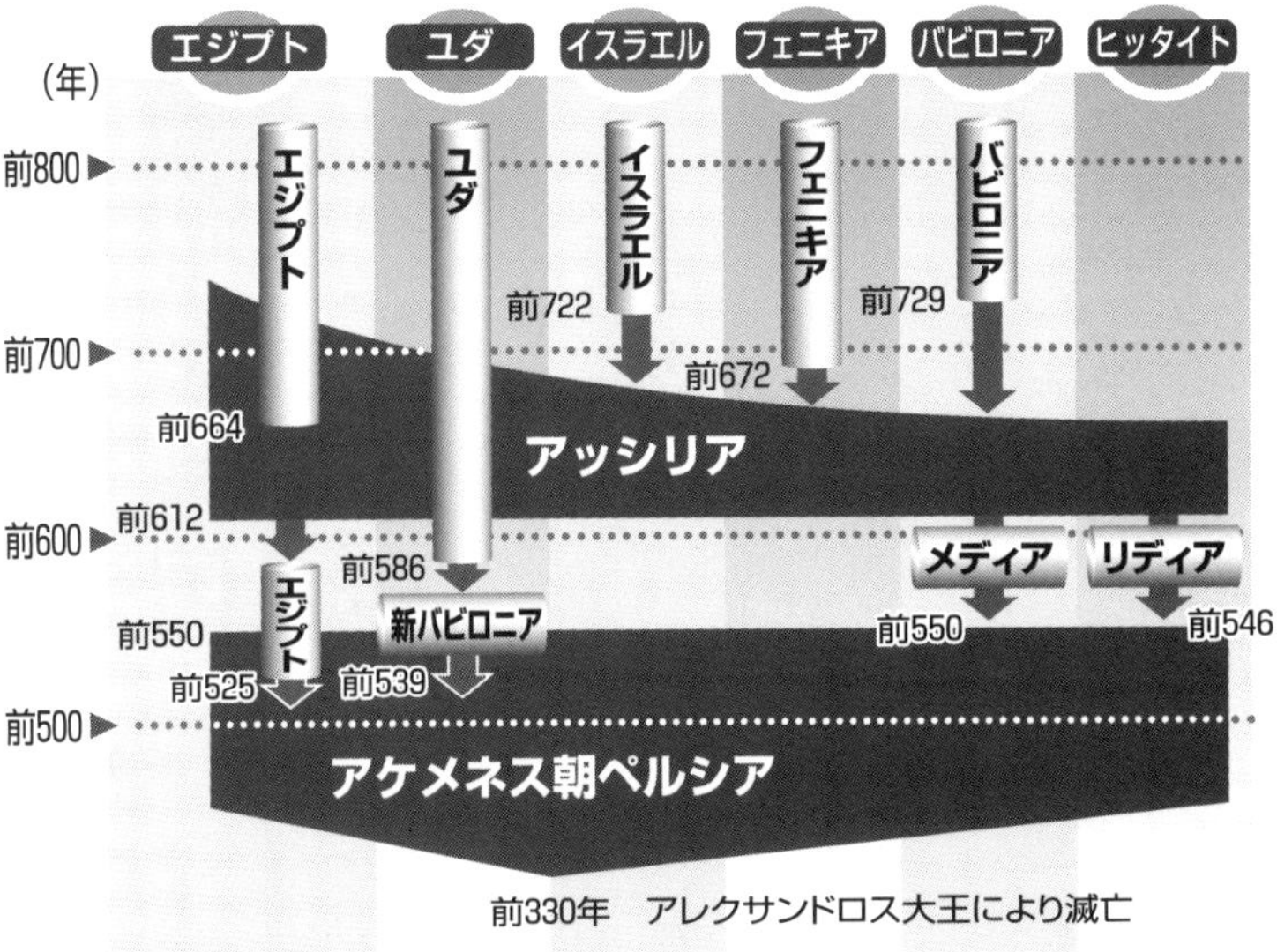
エジプト
ユダ
イスラエル
フェニキア
バビロニア
ヒッタイト
(年)
前800
前700
前600
前500
エジプト
ユダ
イスラエル
フェニキア
バビロニア
前722
前729
前672
前664
アッシリア
前612
前586
メディア
リディア
エジプト
新バビロニア
前550
前550
前546
前525
前539
アケメネス朝ペルシア
前330年　アレクサンドロス大王により滅亡

ために、諸民族の間に反乱が広がり、前612年に滅亡した。

その後中東世界では、「エジプト」、イラクの「新バビロニア」、イラン高原の「メディア」、小アジアの「リディア」の4国が分立する時代が50年以上続いた。

◆新バビロニアによる「バビロン捕囚」

4国分立時代に最も強大になったのが、イラクを支配した新バビロニアだった。新バビロニアはユダ王国を滅ぼすと（前586年）、エルサレムを破壊するとともにエジプトに逃れた指導者、最下層の農民を除くユダヤ人の貴族、兵士、職人、農民を都バビロンに強制連行し、高さ43メートルの7層からなる大ジッグラト（バベルの塔）を建設させた。

この強制連行を「バビロン捕囚《ほしゅう》」という（60ページ）。

苦難の生活を強いられたヘブライ人の中に神の言葉を告げるカリスマ（預言者）が相次いで現れ、メシア（救世主）による救済を説き、ユダヤ教のかたちが整えられた。苦難がユダヤ民族という自覚を育てたのである。「ユダヤ人」が民族の総称になったのも、この時期である。

歴史メモ　馬に引かせる機動的な2輪戦車が普及することで戦争が大規模化し、エジプト、メソポタミアの2大農耕地帯が一体化された。

◉前550～前330年 ◆アケメネス朝

イラン人が建てた最初の大帝国

広大な中東世界を支配したのは、イラン人の建てたアケメネス朝だった。柔軟な統治法により200年間維持された。

◆イラン人なのかペルシア人なのか？

前6世紀にイラン高原からエジプトにいたる中東の複雑な諸社会を統一し、1000年以上もの期間支配し続けたのがイラン人である。

「イラン」という名称は、前4世紀にアレクサンドロス大王の東征に参加したギリシア人が、イラン高原に住む人々が自らアーリア（ペルシア語化したサンスクリット語で「高貴な」の意味）人と称していると伝え、イラン高原をアリアーナ（「アーリア人の国」の意）と称したことによる呼び名である。

歴史的にイラン人はペルシア人と呼ばれたが、それは彼らがイラン高原西部の地をペルシス（現在のファルース地方）と呼び、その地方から勢力をのばし大帝国を樹立したことによる。ちなみにペルシスは、パルース（「馬に乗る人」の意味のラテン語）による。アラビア語では「P」を用いないためにファルースに変化した。

◆200年間も中東を支配できた秘密

中東の歴史を大きく変えた立役者は、「アケメネス朝」だった。

王朝を開いたのは第5代キュロスであり、前522年に即位したダレイオス1世の時代には、東はインダス川流域、西は北アフリカのリビア、北はシルダリヤ川、南はペルシア湾にいたる全中東を支配下に収めた。

ダレイオス1世は全領土を20余の州に分け、中央からイラン人のサトラップ（総督）を派遣して支配したが、メソポタミア社会の伝統を踏襲《とうしゅう》して柔軟な支配を行い、諸民族の伝統的風習や信仰を尊重した。その結果、アケメネス朝の中東支配は200年間維持された。

ギリシアの歴史家ヘロドトスが、首都スサから小アジ

■中東を約200年間統一したイラン人の大帝国アケメネス朝

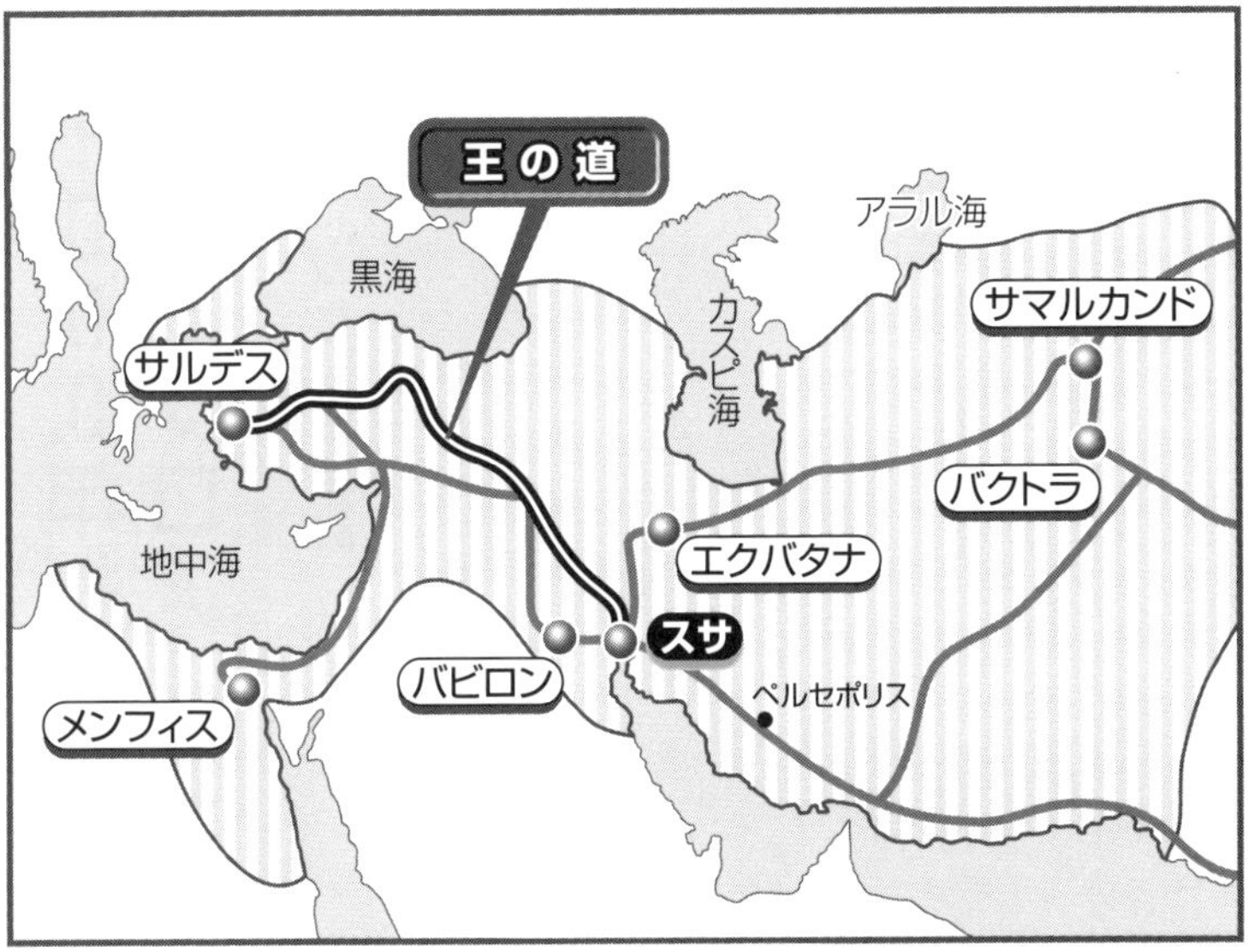
王の道
アラル海
黒海
カスピ海
サマルカンド
サルデス
バクトラ
エクバタナ
地中海
スサ
バビロン
ペルセポリス
メンフィス

アのサルデスにいたる約2400キロの幹線道路（王の道）の存在を指摘しているように道路網が整えられ、後にローマ帝国が模倣した立派な駅伝制が敷かれて中央と地方が結ばれていた。情報伝達や軍隊の素早い移動に、大道路網は大きな役割を果たした。ギリシア人は、「鶴よりも速く走る」と記し、駅ごとに駅夫がリレー式に引き継ぐ書類の速やかな伝達に驚嘆している。

イラン人の総督は、中東各地の支配層を下級役人とし、金、銀で税を徴収した。王のもとに集められた銀（金は銀の13倍で換算）は、年に約36万7000キロにも達したとされる。

ダレイオス1世が帝国の権威を誇示するために帝国各地から資材と職人を集めて建造したのがイラン南部のペルセポリス（ギリシア語で「ペルシア人の城塞」の意味）の大宮殿で、聖地とされた。

宮殿は国家的祭儀の場でもあり、「謁見《えっけん》の間」への階段には、貢ぎ物を持って祭に集まるエジプト、インド、エチオピアなどの属州民の浮き彫りが施されている。帝国は、マケドニアのアレクサンドロス大王の遠征軍に都を落とされ、前330年に滅亡した。

歴史メモ アケメネス朝で軍事訓練に使われたポロ競技は、近代ヨーロッパでスポーツ化しホッケーなどに転化した。

◉前6世紀頃〜7世紀◆ゾロアスター教

1000年もの間中東を制したゾロアスター教

かつてアジアで最大の宗教だったゾロアスター教。どのような宗教で、なぜ信仰され、なぜ消えていったのか。

◆イランに広がった幻の大宗教

中東では諸地域ごとに固有の神々が信仰されていたが、最初に中東全体に広がった宗教が前6世紀頃にゾロアスター（古代ペルシア語でザラスシュトラ）が中央アジアで創始した「ゾロアスター教」だった。

彼は昼と夜の循環からヒントを得て、二元論に基づく壮大な教義を打ち立てた。ゾロアスター教はイラン人に受け入れられてアケメネス朝の国教となり、イスラーム教が登場するまでの約1000年もの間、中東の中心的宗教になった。

火を礼拝の対象としたことから、ゾロアスター教は「拝火教」ともいわれる。

ゾロアスター教は後3世紀には、アジアで最も大きな宗教になった。

◆キリスト教などに引き継がれるゾロアスター教

教祖ゾロアスターは、鳥の姿をした最高神「アフラ・マズダ」（知恵の神）がすべての善を創造し、人間も創造したとした。それだけではなく、創造神には双子の息子がおり、そのうち「スパンタ・マンユ」（聖なる魂）は善、正義、不死、敬虔《けいけん》な信仰を守る立場を選択し、「アンラ・マンユ」は悪の魂（アーリマン）となってあらゆる悪の源をなすようになったと説いた。

双子の息子は争いを繰り返し、そのため世の中では善と悪が入り混じることになり、それぞれが追随者の神と人間を巻き込んで絶え間のない争いが続いた。昼と夜の繰り返しも闘争の結果と説明された。人間が、「聖なる魂」の側につくか、「悪の魂」の側につくかの判断は個々人にゆだねられ、個々人は選択の責任を求められた。

死後、人間の魂は「審判者の橋」で審判を受け、善に

■ゾロアスター教信仰の概念

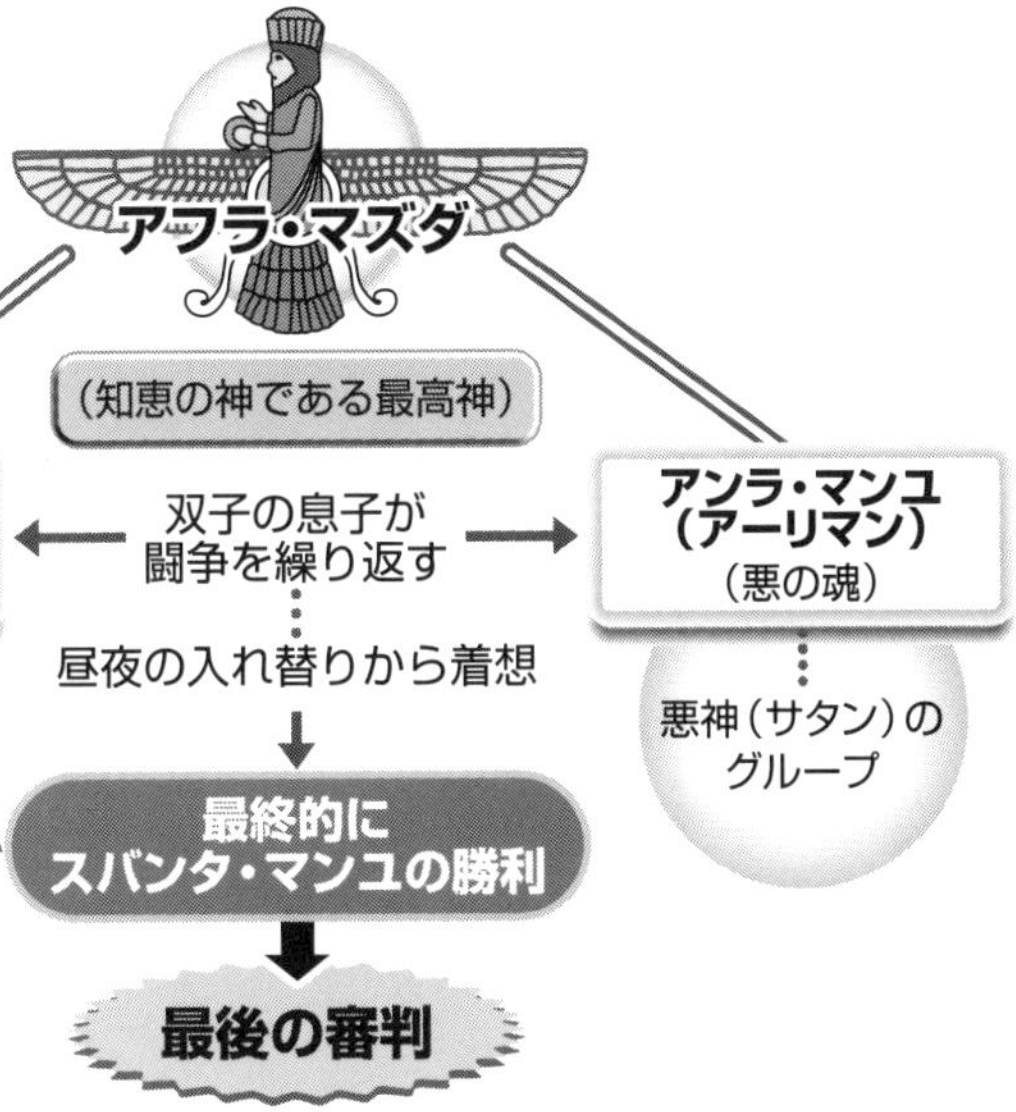
アフラ・マズダ
（知恵の神である最高神）
スパンタ・マンユ
（聖なる魂）
双子の息子が
闘争を繰り返す
アンラ・マンユ
（アーリマン）
（悪の魂）
昼夜の入れ替りから着想
善神（天使）の
グループ
悪神（サタン）の
グループ
最終的に
スパンタ・マンユの勝利
最後の審判

従った者は天国、悪に従った者は地獄に落ち、人間が犯した悪は灼熱《しゃくねつ》の地獄ですべて消滅すると説かれた。

やがてゾロアスター教では、すべての悪が裁かれ消滅する「最後の審判」が説かれるようになる。この「最後の審判」、天使と悪魔の信仰は、ユダヤ教、キリスト教、イスラーム教などの諸宗教に引き継がれた。

◆イスラームに吸収されたゾロアスター教

イラン人のゾロアスター教は、最高神アフラ・マズダを象徴する火と光と太陽を崇拝し、山頂で神に犠牲をささげる素朴な信仰だった。アケメネス朝になると、王はアフラ・マズダの代理人として帝国を統治すると考えられ、壮大な神殿が建てられた。

しかし、7世紀にイスラーム教を掲げるアラブ人が中東を征服すると、イラン人にもイスラーム教が強制されるようになり、ゾロアスター教の信仰を守ろうとする人々はインド西岸に逃亡した。

中東の宗教ゾロアスター教は信仰儀礼などの面でイスラーム教との類似性が高かったため、ゾロアスター教はイスラーム教に吸収されるかたちで消滅した。

歴史メモ 8世紀に第4代カリフ、アリーはササン朝最後の王の娘と結婚という説が流布され、イランでシーア派の改宗が進む契機になった。

ヘレニズム時代とパルティア

アレクサンドロスの帝国は、約300年間この地を支配したが、新たな支配者は再びイラン高原から現れた。

◆ヘレニズム時代とは何か

「ヘレニズム時代」とは、前4世紀半ばにアレクサンドロス大王がペルシア帝国（アケメネス朝）を征服してから前1世紀後半にローマ帝国によりアレクサンドロスの後継者が建てたエジプトが統合されるまでの、地中海地域と中東地域でギリシアの文化と学術が支配的だった時代とされる（前330～前30）。

「ヘレニズム」とは、ギリシア語でギリシアを「ヘラス」と呼んだことに由来し、〝ギリシア風〟の意味である。

たしかにアレクサンドロスが築いた帝国はアケメネス朝を上回る大領域に及んだが、彼の死によりたちまち分裂した。

部下たちがエジプト（プトレマイオス朝）、シリア（セレウコス朝）などに建国するが、中東の大領域を支配する力をセレウコス朝は持たず、前3世紀頃からアフガニスタンにバクトリア、イランにパルティア、小アジア西北部にペルガモン王国が独立して勢力を弱めていった。

◆イランから来たパルティアの台頭

ヘレニズム諸国が衰退した時、中東世界の再編の担い

の太陽信仰

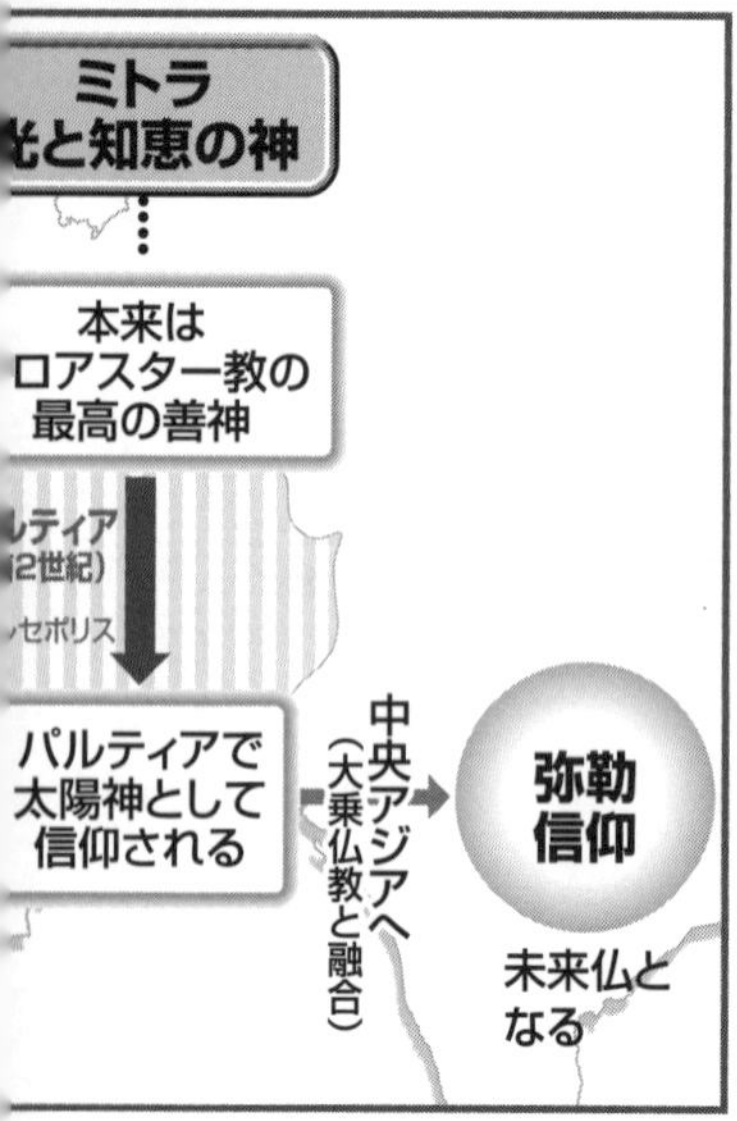
ミトラ
と知恵の神
本来は
ロアスター教の
最高の善神
ルティア
2世紀）
セポリス
パルティアで
太陽神として
信仰される
中央アジアへ
（大乗仏教と融合）
弥勒
信仰
未来仏と
なる

手となったのがイラン高原から現れた「パルティア」だった。

スキタイ系の騎馬遊牧民で、イラン風の衣装をまとい、イランの言葉を話す優れた馬の使い手、弓の名手で、従来のワラグツに代わり馬の足につける蹄鉄《ていてつ》をつくり出した遊牧民の国（アルサケス朝、中国名は安息）である。

パルティアの騎馬軍は戦時にしばしば馬で逃げるふりをして、振り向きざまに矢を射って見事に敵を倒した。パルティアは本当の王朝名は「アルサケス」（安息）だが、中東では農耕社会を侵略した外部勢力と見なされ、発祥地の名で呼ばれるのである。

パルティアは、前250年頃に王国を建て、前1世紀には西はイラクのユーフラテス川から東はインダス川、北は中央アジアのアムダリア川から南はインド洋にいたる大領域を支配する帝国となった。

このイラン人の帝国は、後3世紀まで約500年間続く。

前1世紀の中頃から、パルティアは小アジア東部とアルメニアの帰属問題でローマ帝国との間に激しい戦闘を繰り返し、一歩も引けをとらなかった。強国だったのである。

■東西に広がったパルティ

エクバタナ
バビロン
ローマ帝国へ
ミトラス信仰
キリスト教と競う

◆東西に伝えられた太陽信仰

当時、地中海周辺を支配していたローマ帝国に対し、パルティアはシルクロードなど内陸の交易路を支配した。

同国で信仰された太陽神ミトラの伝播は、パルティアの通商の活発さを物語っている。ローマ帝国では民衆の間に軍神ミトラスの信仰が広まり、中東で誕生したキリスト教と一、二を争う大宗教になった。

東方では仏教との融合が進み、ミトラは未来仏の弥勒（ミロク）となった。シルクロードを通って弥勒は唐帝国に伝えられ、朝鮮半島の新羅や飛鳥時代の日本でも盛んに信仰されることになった。

歴史メモ 馬上で振り向きざまに矢を射るパルチア人の射法が、英語のパルティアン・ショット（「捨てゼリフ」の意）の語源。

●226〜651年◆ササン朝

ローマ帝国を悩ませた大帝国ササン朝

次に中東を支配したササン朝も大国を打ち立てたが、ローマ帝国、ビザンツ帝国との抗争の中で次第に衰えていった。

◆伝統を復興させた農業帝国

長い間中東を支配したパルティアも後3世紀前半に「ササン朝」（3世紀前半〜7世紀中頃）により倒される。伝統的な農業社会の復活をめざして建てられたササン朝は、かつてのアケメネス朝の復興をめざす復古的王朝であった。

ササン朝ではイラン人の間に浸透していたゾロアスター教（76ページ）が国教とされ、王は創造神にして光明神アフラ・マズダの代理人として自らを権威づけた。

王は神としての大掛かりな儀式ときらびやかな装飾で身を飾り、奴隷としての官僚を支配した。王冠があまりにも重かったために頭で支え切れず、天井から鎖で吊り下げられていたというのは有名な話である。一方で、帝政に移行したローマ帝国もササン朝の宮廷儀礼を取り入れることで、皇帝の独裁体制を強めようとした。

◆シルクロード貿易の支配

中東の広大な砂漠地帯の交易を支配したササン朝は、隣接する中央アジアの「シルクロード」の交易をも支配し、東西文明に大きな影響を与えた。東西交易を積極的に行うことで、広範囲の文化交流を推し進めたのである。

たとえば、ゾロアスター教は唐帝国に伝えられて「祆《けん》教《きょう》」と呼ばれて流行し、ローマ帝国で異端とされたネストリウス派キリスト教もササン朝経由で伝えられ、「景《けい》教《きょう》」として信仰された。また、ゾロアスター教と仏教を融合することで生まれた「マニ教」は、西はアフリカ北部、フランス南部、東は中国にまで伝えられた。

ササン朝の文明が地中海世界から中国までの広い範囲に及んでいたことがわかる。

唐代中期は、イスラーム勢力の勃興にともなう亡命者が多かったこともあり、唐帝国の都・長安ではイラン風

■共倒れとなった2大帝国

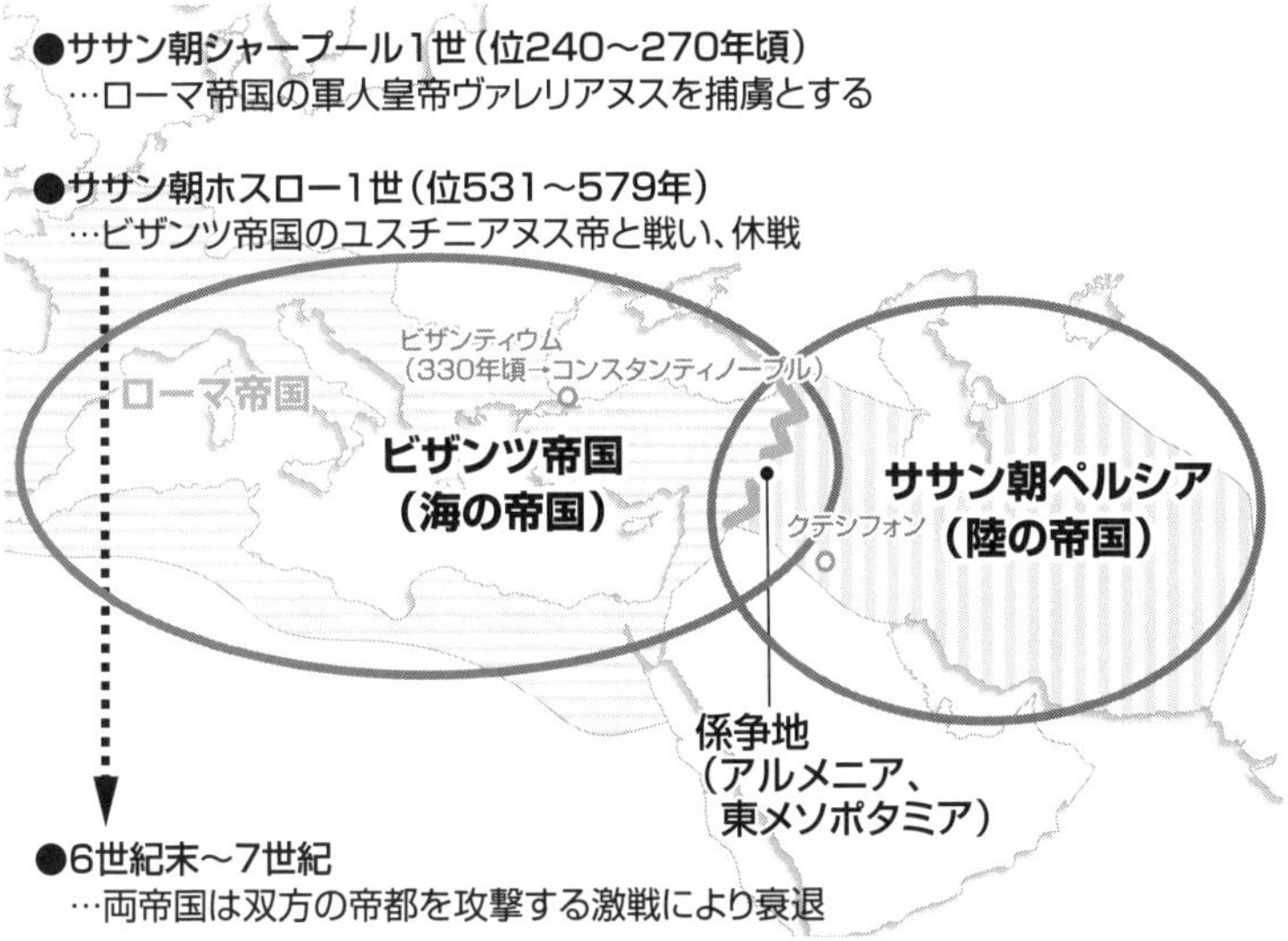
●ササン朝シャープール1世（位240～270年頃）
…ローマ帝国の軍人皇帝ヴァレリアヌスを捕虜とする
●ササン朝ホスロー1世（位531～579年）
…ビザンツ帝国のユスチニアヌス帝と戦い、休戦
ビザンティウム
（330年頃→コンスタンティノープル）
ローマ帝国
ビザンツ帝国
（海の帝国）
ササン朝ペルシア
（陸の帝国）
クテシフォン
係争地
（アルメニア、
東メソポタミア）
●6世紀末～7世紀
…両帝国は双方の帝都を攻撃する激戦により衰退

文化が大流行した。

シルクロードを通って長安に伝えられたササン朝の精巧な金銀細工、ガラス器、織物などの一部は海を渡り、遣唐使などの手で日本にも入った。東大寺の正倉院に収蔵されている獅子狩文錦《ししかりもんにしき》、あるいはイフンの銀器のデザインを真似た漆胡瓶《しっこへい》などである。

◆イラン人の支配権を奪ったアラブ人

ササン朝は衰退期に入ったローマ帝国、さらにビザンツ帝国と頻繁に戦い、300年間の長きにわたって戦闘を繰り返した。3世紀後半には7万人のローマ兵を皇帝もろとも捕虜にして中央アジアに送るなどの大勝利を得、領土を小アジアからインド北西部にまで広げた。

しかし、ササン朝もビザンツ帝国との間に繰り広げた多くの戦争により弱体化し、642年、アラブ遊牧民の侵入軍に敗れ、651年に滅亡した。

ササン朝の滅亡で、イラン人は中東の支配権を新興アラブ人に譲り渡すことになった。1000年以上続いたイラン人の覇権の時代の終焉である。

歴史メモ イスラーム帝国の役所を意味するディワーンは、ペルシア語の「書く」に由来しており、ササン朝の行政システムが元になっている。

COLUMN

「右手にコーラン、左手に剣」は本当か？

イスラーム社会は、『コーラン』にも規定されているように右手優先の社会である。左手でモノを食べることは絶対に許されない。

なぜかというと、イスラーム社会では共通の皿に盛った料理を手で取って食べる。箸やフォークはない。

他方で、かつては排泄物の処理も手で行っていた。そのために厳格なルールを決めておかないと、極めて不衛生だったのである。

そこで、慣行として左手を用便する際に使う「不浄の手」とするルールがつくられた。

そうしたことから「右」が、幸せ、幸運、繁栄などのイメージと重ね合わされるようになったのである。家やモスクに入る時には右足から、衣服の袖に手を通す時も右手から、といった具合である。トイレだけは逆に左足から入るという。

ヨーロッパでは、征服の際にイスラーム教徒が右手にコーラン、左手に剣を持って、「コーランか剣か、いずれかを選べ」と迫ったというように、恐ろしいイメージが語り伝えられている。

しかし、この説をそのまま取り入れると、左手に剣を持つイスラーム教徒は左利きということになり、現実と合致しない。さりとて、逆に考えると神聖な『コーラン』を不浄な左手で掲げることになる。つまり、こうしたイメージはキリスト教徒のイスラーム教徒に対する敵愾心が生み出した想像の産物に過ぎないことが明らかになる。

長期にわたるキリスト教世界とイスラーム世界の抗争は、多くの偏見、怨念、憎悪を生み出してきた。私たちには、こうした色眼鏡をかける理由はない。歴史的に積み重ねられてきた生活が多くの社会規範の基礎になっていることをふまえて、客観的にイスラーム社会を見ていきたいものである。

第4章

姿を現すイスラーム教

イスラームはどのように生まれどのように拡大したのか

信徒数2位の宗教イスラーム

610年にメッカの商人ムハンマドが神の啓示を受けてイスラーム教を創始した。日本では、604年に聖徳太子が「憲法十七条」を制定し、607年に小野妹子《おののいもこ》を遣隋使として隋《ずい》帝国の煬帝《ようだい》の下に遣わしている。聖徳太子が世を去るのは、ムハンマドの死のちょうど10年前の622年のことである。

それから1400年が経過して、いまやイスラーム教の信徒数は13億人とも16億人ともいわれ、キリスト教に次ぐ信徒数になっている。

イスラーム教徒の人口増加が著しいために、近い将来キリスト教を抜いて世界最大の宗教になることは確実である。

最後にして最大の預言者ムハンマド

偶像を崇拝する多くの遊牧部族が分立するアラビア半島の血縁的部族社会の中から、イスラーム教は姿を現した。

半島西部のヒジャーズ地方がシリアとの交易で好景気にわき、ユダヤ教、キリスト教の文明との交流が深まる中で、交易の中心メッカの商人、ムハンマドがイスラーム教を創始したのである。

ムハンマドは、自らを最後に神が

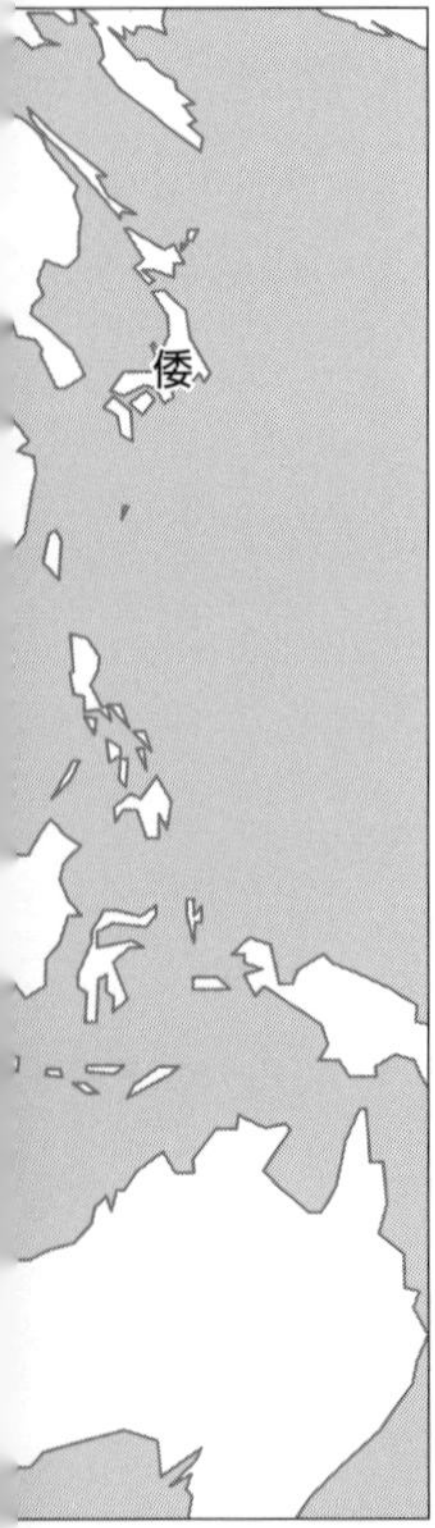

■5～6世紀の世界

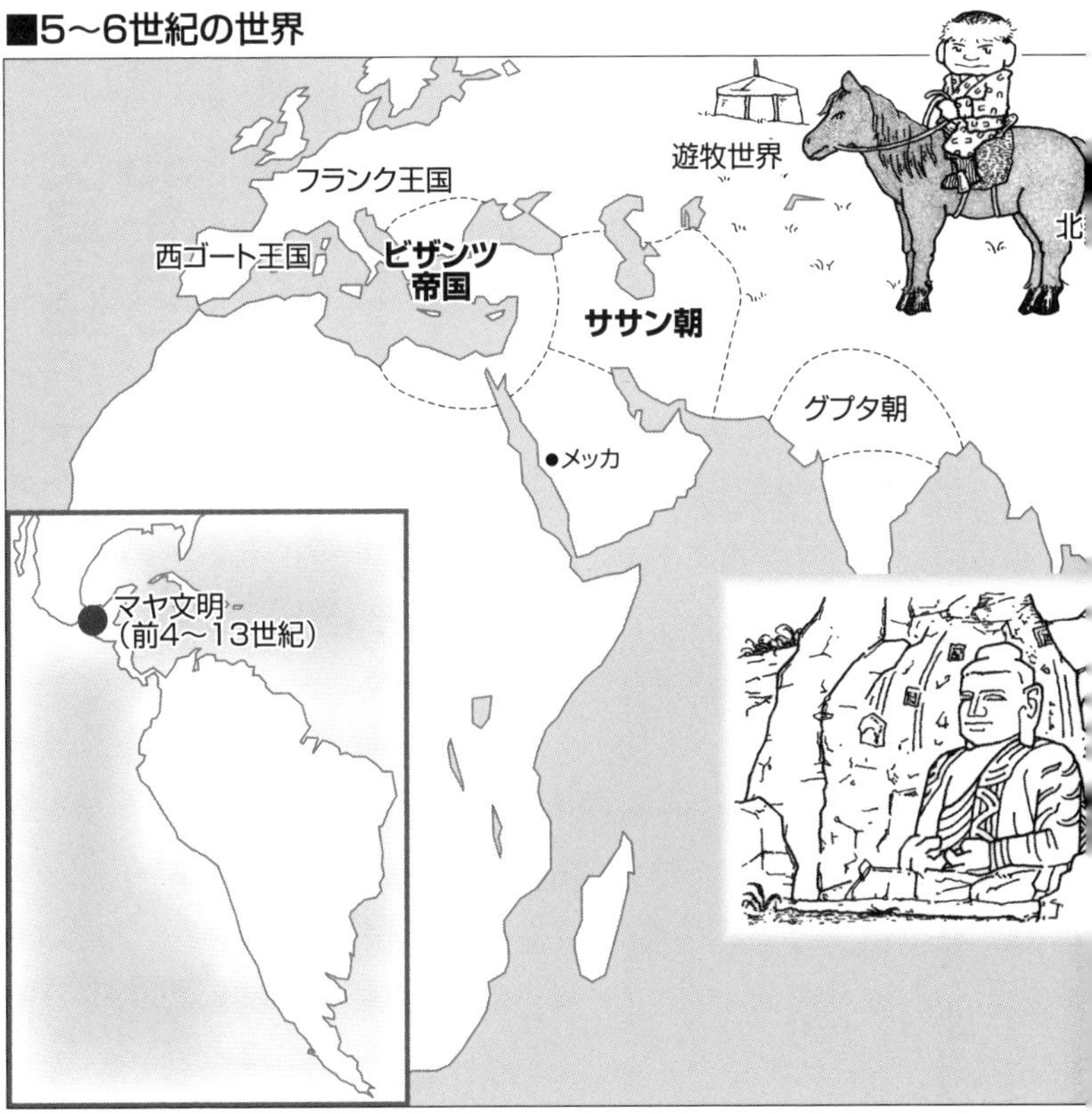

選んだ最大の預言者と称して、最後の審判が間近に迫っているという神の言葉を告げた。

イスラーム教は、ヤスリブ（メディナ）に拠点を移した後、部族を連合する宗教共同体（ウンマ）として大成長をとげ、メッカを征服しアラビア半島の遊牧世界に新しい秩序を確立した。

ムハンマドは、「六信五行」を信徒の義務として掲げ、部族を解体して「ウンマ」に統合しようとしたが、部族の解体は果たせなかった。

ムハンマドが632年に世を去ると、使徒の代理人「カリフ」が選出されて、その指導下に北の経済先進地域への武力進出が進められ、それとともに部族間の争いが強まっていく。

交易路の変化がもたらしたメッカの繁栄

交易路の移動によって繁栄をはじめたメッカ。もともとは隕石の霊力を祭るためにできた町だった。

◆長期の激戦により交易路が紅海へと移動

6世紀後半から7世紀にかけてのビザンツ帝国とササン朝の激戦で、ペルシア湾からユーフラテス川を経由して北上する交易路が衰える。

代わりに紅海からアラビア半島西岸（ヒジャーズ）地方、そしてシリアにいたるラクダを使った隊商（キャラバン）貿易が盛んになった。

ラクダは1頭で270キロの荷物を積んで、1日に6時間から10時間移動できた。

アラビア語で「荒れ地」を意味するアラビア半島は日本の約7・2倍の面積を持ち、砂漠の周辺でベドウィン人がラクダ、ヒツジ、ヤギなどの放牧をして生活していた。200家族程度が一つの部族をなし、それぞれが異なる偶像を崇拝していた。ばらばらで、まとまりのない社会だったのである。

◆メッカは隕石が誕生させた？

イスラーム教を誕生させたムハンマドは、アラビア半島西岸地方の中心都市メッカの商人だった。

メッカは、年間降水量が16センチ、夏の最高気温40度、冬は32度、岩山に囲まれた荒れ地であった。そんなメッカが最も繁華な町になった理由は、火を吹きながら砂漠に落ちた一つの大きな黒い隕石（マナート）だった。

砂漠の遊牧民は黒い隕石の不思議な霊力にひかれ、メッカにカーバ（「神の館」の意味）という粗末な神殿を建てて祭り、それぞれの部族の守り神である偶像もそこに収めた。そのためにカーバ神殿の祭礼時には市が立ち、遊牧民であふれるようになったのである。

◆生まれ変わる商業都市メッカ

メッカは、アラビア半島では古い都市である。2世紀に書かれたローマ人の地理書には、すでにマコラバとしてメッカが記載されている。

■ムハンマドの時代のアラビア

ビザンツ帝国
ササン朝ペルシア
地中海
ティルス
エルサレム
ガザ
クテシフォン
シリア砂漠
ヒーラ
ウブッラ
ペルセポリス
ホルムズ海峡
ヒジャーズ
エグラ
ヤスリブ（メディナ）
ハジャル
ナフード砂漠
スハール
インドへ
メッカ
オマーン
紅海
ルブアルハリ砂漠
サアダ
マリアマ
モスカ
イエメン
アラビア海
アデン

伝承によるとムハンマドの5代前のクサイイが5世紀末頃に南アラブ系の人々をカーバから追い出して支配権を握り、メッカはムハンマドが属するクライシュ部族の町になったとされる。

しかし、この地は水に乏しく土地がやせていて農業には適さず、ヒツジやヤギを飼うことで細々と生活するしかなかった。ラクダを使ったキャラバンが行われるようになったのは、ムハンマドの「ひいじいさん」の時代である。

砂漠の商業が軌道に乗るのは、6世紀後半のムハンマドの時代に入ってからになる。ムハンマドの青年時代にカーバ神殿が建て替えられるが、建て替える前の神殿は高さが人間の背丈ほどで、屋根もなかったという。

急激に成長する社会には歪みがつきものである。ムハンマドの時代には商業が盛んになって欲望が肥大化し、社会的弱者がかえりみられなかった。そうした社会に違和感を持ち続けたムハンマドは、やがて「最後の審判」が近いという終末観を強く抱くようになり、イスラーム教を創始する。

歴史メモ イスラーム教徒は、楽園から追放されたアダムは大地の中心メッカの近郊の山に降り立ったと考えた。

イスラーム教の創始者ムハンマド

商人として成功したムハンマドは、40歳の時に神の啓示を受ける。しかし信徒は、なかなか集まらなかった。

◆25歳で訪れた人生の大転機

ムハンマドは、570年頃にカーバ神殿を守るクライシュ部族の名門ハーシム家の一員としてメッカに生まれた。

しかし、彼の人生の前半はまるでついていなかった。誕生前に父親が、幼児期に母親が世を去った。ムハンマドは祖父により育てられ、祖父の死後は叔父（第4代カリフのアリーの父親）の世話になった。親戚の間を転々としたのである。

青年となったムハンマドは「誠実な人」という評判を得るが、その日暮らしの不遇な生活が続いた。しかし25歳の時突然、幸運が舞い込む。

当時40歳を超えていた富裕な商人で未亡人のハディージャに隊商をまかされてシリアでの商売に成功。それをきっかけにハディージャと結婚したのである。商人ムハンマドの生活基盤が築かれることになった。

◆洞窟での瞑想と預言者としての自覚

人間、年をとると世俗生活に対する熱が冷めてくるものである。ムハンマドは40歳になると、暇をみてメッカ北郊のヒラー山の山頂付近の洞窟で瞑想《めいそう》にふけるようになった。当時は人生40年といわれていたのである。

ラマダーンの月のある夜、ムハンマドは瞑想中に「心の中の神の言葉を読め」という啓示を得る。そして、610年頃に唯一神アッラーの信仰を持つにいたった。日本でいうと聖徳太子の時代である。

アッラーの語源は、アラビア語で「神」を意味する「イラーフ」に定冠詞の「al」が付されたもので、英語の「the God」に当たる。ムハンマドの教えの中心は、最後の審判が間近に迫っているという指摘だった。

■ムハンマドの一生

570年	570頃　ムハンマド誕生
580	
590	
600	596　ハディージャと結婚
610	610頃　最初の啓示が下る 619　妻ハディージャ死去
620	622　ヤスリブへ移住（聖遷） 624　メッカ軍に勝利（バドルの戦い） 628　メッカと休戦 629　メッカ巡礼
630	630　メッカ征服 632　大巡礼（別離の巡礼）ムハンマド死去
640	

◆10年間で70人しか得られなかった信徒

伝統的宗教都市メッカでの布教は、困難を極めた。最後の審判の切迫、偶像崇拝の邪悪性を説くムハンマドの言葉に耳を貸したのは妻、従兄弟、養子などの親戚、親友、若者、社会的弱者などであり、10年間の布教で得られた信徒は約70人に過ぎなかった。

それでもカーバ神殿からの上がりで食べていたクライシュ族の顔役たちにとっては、ムハンマドの活動は利権構造を打ち砕く内容で看過できず、ムハンマドが属するハーシム家に圧力をかけた。ムハンマドを一族から弾き出せというのである。

圧力に屈したハーシム家の家長はやがて、一族はムハンマドを保護しない、という決定を下す。

ムハンマドの身に危険が迫り、メッカでの布教活動は不可能になった。そこでムハンマドは、危険を避け、信徒の安全を守るために一時的避難を決定する。622年のことであった。

ムハンマドと信徒は散り散りにヤスリブをめざす。結果として、この移住が功を奏した。新拠点のヤスリブで教団は驚異的成長をとげたのである。

歴史メモ　イスラーム信仰の土台は『コーラン』の神の言葉と、「ハディース」という預言者ムハンマドの言行（スンナ）。

◉メディナへのヒジュラ

移住からはじまったイスラーム教団の急成長

メッカから追い出され、ヤスリブに移住したムハンマド。この地での成功が、イスラームを大宗教へと導いた。

◆やむにやまれぬ移住が神話化したヒジュラ

６２２年、ムハンマドと70余名の信徒は、安全を期すために三々五々メッカを脱出し、約9日間かけて北に約３５０キロ離れた火山台地のオアシス、ヤスリブ（後に「預言者の町」の意味のメディナと改称される）に移住した。

この移住が、結果として教団の大成長をもたらす。後に「移住」は、「従来の人間関係を一切断ち切って新しい人間関係に入る」という意味で「ヒジュラ」と呼ばれ、イスラームの歴史の起点に据えられることになる。

第2代カリフの時期に定められたイスラーム暦は、ヒジュラの年（西暦６２２年）を紀元元年と定めている。

◆部族間の調停者として成功したムハンマド

人生は、予見できないものである。移住先のヤスリブはナツメヤシ栽培を中心とするオアシスだったが、三つのユダヤ人部族が実権を握っており、アラブ人が2部族に分かれて抗争を繰り返していた。

この地で、新たに約70人の信徒を加えて１４０人あまりの教団（ウンマ）を組織したムハンマドは、調停者として力を強め、対立するアラブ人の大部分を教団の周りに結集させた。両部族を教団を中心とする宗教秩序に組

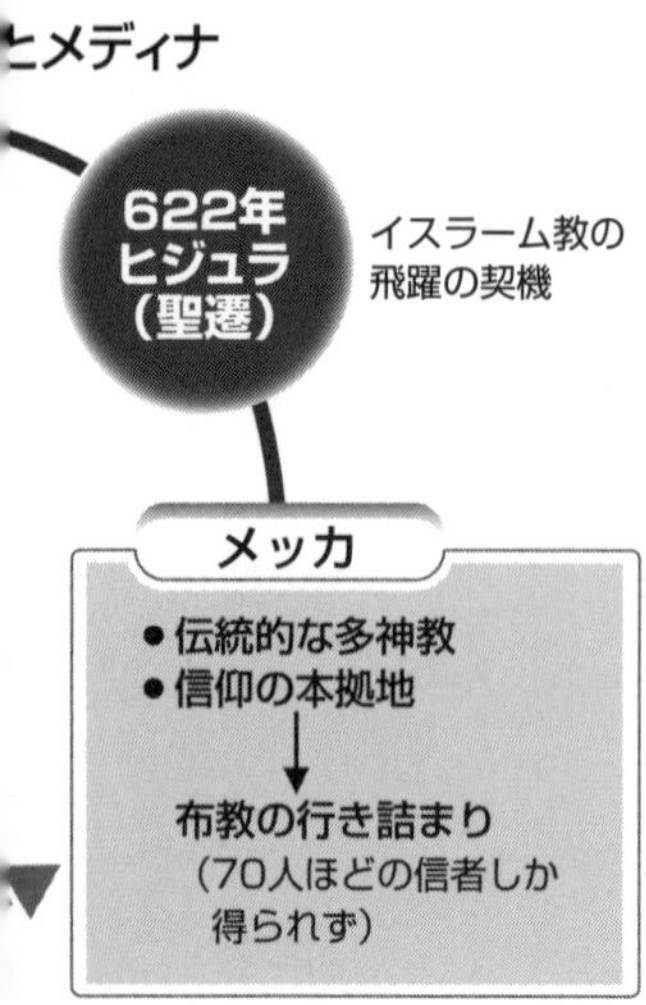

とメディナ
622年
ヒジュラ
（聖遷）
イスラーム教の
飛躍の契機
メッカ
●伝統的な多神教
●信仰の本拠地
布教の行き詰まり
（70人ほどの信者しか
得られず）

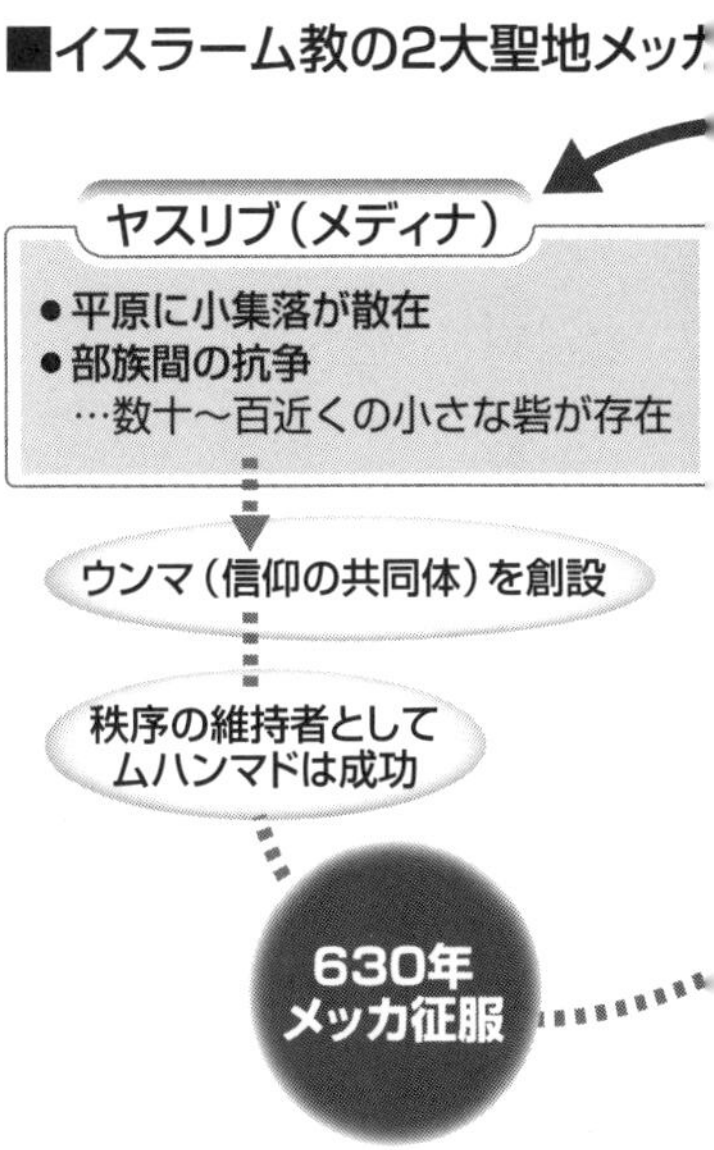
■イスラーム教の2大聖地メッカ
ヤスリブ（メディナ）
●平原に小集落が散在
●部族間の抗争
…数十〜百近くの小さな砦が存在
ウンマ（信仰の共同体）を創設
秩序の維持者として
ムハンマドは成功
630年
メッカ征服

み込んだのである。

やがてムハンマドは、抗争を続ける砂漠の遊牧民に対しても影響力を持つようになり、多くの部族長たちと盟約を結んで、安全保障と引き換えに教団に従属させた。

ムハンマドは、ヤスリブの3大ユダヤ人部族も教団に取り込んで経済的支援を得ようとし、断食、エルサレムに向けての礼拝などを取り入れたが、ユダヤ教徒はムハンマドを預言者とみなさず、取り込みは失敗に終わった。

そこでムハンマドは礼拝の地をエルサレムからメッカに改め、アッラーへの絶対的帰依《きえ》を説くイスラーム教は、ユダヤ教より古い時期にアラブ人の祖先アブラハムに創始された宗教で、メッカもアブラハムの手で建てられたとして、イスラーム教の宗教的独自性を主張した。

◆メッカ商人vsイスラーム教団

ヤスリブの新参者であったイスラーム教団は、農地を得ることがむずかしく、偶像崇拝の信仰を打ち倒し、真の信仰を打ち立てるという口実の下にメッカ商人を襲い、商品を略奪して生計を立てざるを得なかった。

当時の砂漠の遊牧民にとって、略奪は男らしい行為だったのである。ヤスリブはメッカ商人がシリアとの取引で使うルート上に位置しており、好都合だった。

メッカ商人とイスラーム教団は敵対を続けるが、630年になると軍事面でのイスラーム教団の優位は決定的になった。

優位に立ったムハンマドは1万人の軍勢を率いて戦意を失ったメッカを無血占領し、カーバ神殿に祭られた多くの偶像を打ち砕いて、メッカのカーバ神殿と黒隕石をイスラーム信仰の中心に据えるのに成功した。

歴史メモ ヒジュラがなされた年の1月1日（西暦622年7月16日）を紀元元年1月1日とするのがイスラーム暦（ヒジュラ暦）である。

ムハンマドの死を機に拡大しはじめる教団

後継者のカリフの時代になると、イスラームは外へと拡大しはじめる。ここから大征服運動がはじまる。

◆成功者ムハンマドの死

630年にメッカを占領したことで、ムハンマドはアラビア半島での権威、名声、軍事的支配を不動のものにした。

ムハンマドは、遊牧諸部族に「安全の保障」（ズィンマ）、つまり秩序を与える代わりに、自発的な喜捨《きしゃ》の名目で家畜やナツメヤシ（収穫の10分の1）を強制的に納めさせ、教団の財政基盤を固めた。

632年、教団のアラビア半島支配の体制を整えたムハンマドはメッカ巡礼におもむき（「別離の巡礼」と呼ばれ、現在のメッカ巡礼の基本形となる）、ヤスリブに戻って3か月後に62歳で世を去った。急死だった。

◆カリフの指導で膨張の時代に

ムハンマドが世を去ると、古い信徒と新しい信徒の間に対立が起こった。結局、ムハンマド側近の古手の信徒が主導権を確保し、ムハンマドの親友のアブー・バクルを教団の指導者とした。

彼は、「ムハンマドの代理人」の意味で「カリフ」（正式にはハリーファ）と呼ばれた。ムハンマドより2歳年下の反物《たんもの》商人アブー・バクルは、ヤスリブへの移住の際にもムハンマドと行動をともにした無二の親友で、娘のアーイシャを9歳でムハンマドに嫁がせていた。

アブー・バクルは、2年間という短いカリフ在任期間中にアラビア半島内の反イスラーム勢力を破り、アラブ遊牧民に利権を与えて結束をはかる目的で、「ジハード」の名目によるイラク南部やシリアへの遠征を開始した。長期の戦争がもたらしたビザンツ帝国とササン朝の弱体化（80ページ）につけいったのである。

第2代カリフは、反ムハンマドの急先鋒から一転して

■カリフ制の変遷

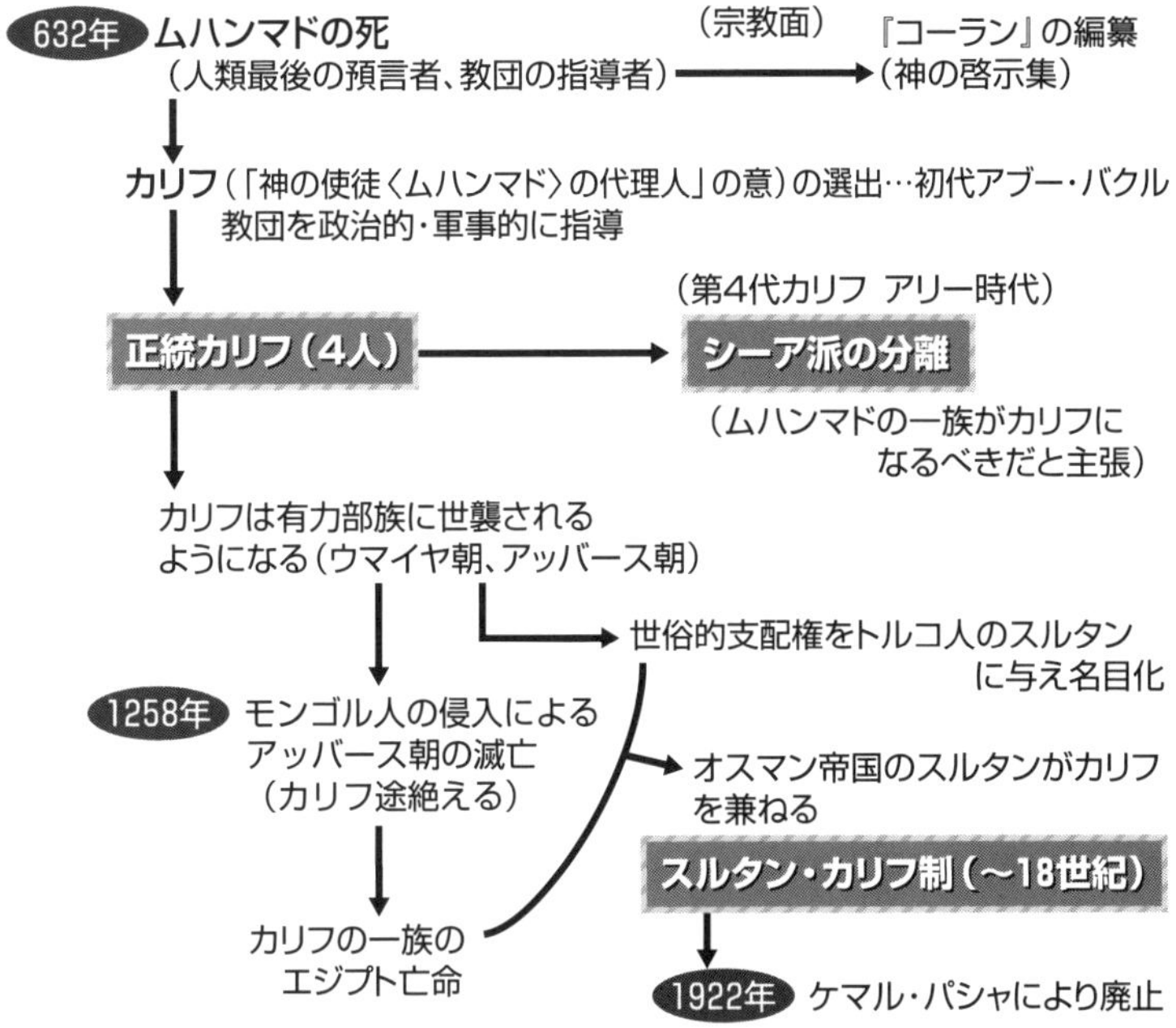
632年 ムハンマドの死
（人類最後の預言者、教団の指導者）
（宗教面）
『コーラン』の編纂
（神の啓示集）
カリフ（「神の使徒〈ムハンマド〉の代理人」の意）の選出…初代アブー・バクル
教団を政治的・軍事的に指導
（第4代カリフ アリー時代）
正統カリフ（4人）
シーア派の分離
（ムハンマドの一族がカリフになるべきだと主張）
カリフは有力部族に世襲されるようになる（ウマイヤ朝、アッバース朝）
世俗的支配権をトルコ人のスルタンに与え名目化
1258年 モンゴル人の侵入によるアッバース朝の滅亡
（カリフ途絶える）
カリフの一族のエジプト亡命
オスマン帝国のスルタンがカリフを兼ねる
スルタン・カリフ制（～18世紀）
1922年 ケマル・パシャにより廃止

熱心な信者になったウマル（100ページ）だった。個人の栄達を考えない一本気なウマルの時代に、イスラーム教団はビザンツ帝国の反撃を打ち破り、シリア、パレスチナ、エジプトを奪い取り、ササン朝にも壊滅的打撃を与えた。

◆死後にまとめられた『コーラン』

ムハンマドがアラビア語で神の言葉を告げる最後の預言者と称したことから、650年代のはじめに第3代カリフのウスマーンの下で、『コーラン』がまとめられた。

『コーラン』は、ムハンマドが40歳の時に天使ガブリエルの啓示を受けて以来、23年間語り続けた神の言葉を集めたものである。全体が114章（スーラ）からなり、長い章から短い章に機械的に配列されている。

すべてが神の言葉なので、全体としてまとまった構成にはなっていないが、信仰、社会秩序、経済、生活などイスラーム教徒のすべてのよりどころとなっている。

歴史メモ イスラーム教徒の「大征服運動」で古代地中海世界は南北に分断され、旧に復することはなかった。

『コーラン』には何が書かれているのか？

ムハンマドの死後、彼の語った神の言葉を集録した『コーラン』。イスラームが信じること、行うことが記されている。

◆義務づけられる「六信五行」

ムハンマドの死後、彼が語った言葉のうち神の言葉と思われる約7万8000語を114の章に分けて記録されたのが『コーラン』（クルアーン）である。最も長い章は306節、短いものはたった3節である。

『コーラン』は、基本的に長い章から短い章へ、という順序で機械的に配列されているが、メディナ時代の預言者の発言内容は長く、メッカ時代は昔のことなので短い文章になっており、おおむね時代の新しい部分が先に来ているといえる。

信徒に対しては、信じなければならないものとして、①唯一神アッラー、②天使、③啓典、④預言者、⑤来世、⑥天命の六つ（六信）があげられ、①信仰告白、②礼拝、③喜捨、④断食、⑤巡礼の「五行」が義務として課された。

それだけではなく『コーラン』には、戦争、政治、経済、家族、食物の忌避《きひ》、賭博・飲酒の禁止など世俗的な事柄についての細かい規定がある。

人間については、高慢で卑小な存在であり、内面的な道徳性を高めて危険から身を守れるようになることが必要であると説かれた。

◆契約重視と高利貸し付けの禁止

『コーラン』は、経済取引の際の契約書の必要性、金品で復讐をあがなう「血の代償」など、当時としては新しい規定を含んでいた。人間ムハンマドの言行の伝承も記録されて「ハディース」と呼ばれ、規範として重んじられた。

イスラーム都市は、作物を供給する農村や家畜を売りに出す遊牧社会と〝共生関係〟にあった。

■イスラーム教徒がなすべきこと…六信五行とは

六信（信心）

アッラー	唯一絶対の神
天使	アッラーと地上との間をとりもつ
啓典	「コーラン」
預言者	モーセ、ダヴィデ、イエス、ムハンマド
最後の審判	審判の日、生前の善行・悪行により、天国と地獄に分かれる
天命	人間の行為はすべてアッラーが創造したものなので、神の意志は人間の行為に現れる

五行（義務）

信仰告白	「アッラーの他に神はなし。ムハンマドはその使徒なり」という言葉を公にする
礼拝	1日5回（夜明・昼・日没前・日没後・夜半）、1回約20分、神への服従と感謝の意志を表すためにメッカの方向に向かって行う
喜捨	年1回の貧しい人々へのほどこし年収の40分の1
断食	ラマダーン（イスラーム暦9月）の1か月間、日中に一切の飲食を断つ
巡礼	一生に一度はメッカのカーバ神殿に巡礼することが望ましい

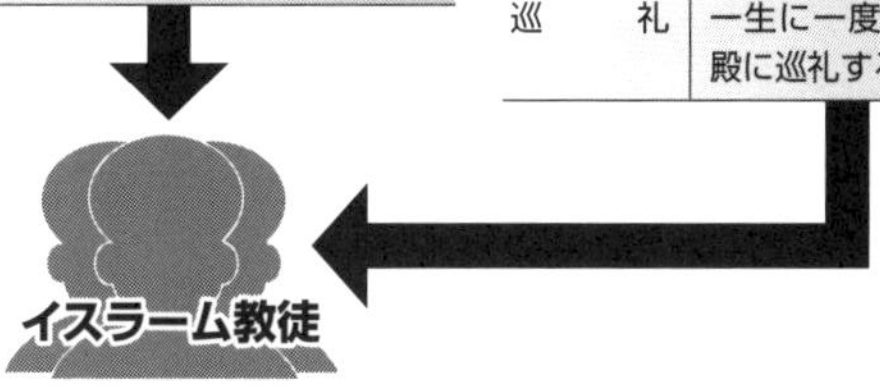

交易圏として、都市を中心に農村、遊牧社会が結びついていたのである。そうした異質な人々を結びつける「契約」が、イスラーム社会を成り立たせる根本原理となった。

また、正当な商取引による利益と、相手の窮状を利用した高利貸し付けによる利益が厳密に区別され、正当な商取引や労働による利益の獲得は擁護された。

◆人生の決算で黒字は天国、赤字は地獄へ

ムハンマドは、イスラーム教の核心部分の「最後の審判」についても、神の手元の帳簿に基づいた決算の結果、善行が黒字になった者は天国に送られ、赤字になった者は地獄に行くというように、商人感覚で教えを述べた。

イスラーム教徒にとって『コーラン』と並んで信仰と生活のよりどころとなる「スンナ」（預言者ムハンマドの言行）では、さらに商人の感覚がストレートに出ている。「信用のおける商人は、最後の審判の日に、神の玉座に座るであろう」とか、「商人たちは、地上での神の忠実な管財人である」とまで述べられているのである。

歴史メモ ムハンマドは、モーセが『律法の書』を、イエスが『福音書』を授かったように、自分も『書』を授かっているとして、預言を記録させた。

部族とウンマの間で揺れ動いたイスラーム社会

イスラームは、部族社会であったアラブを、どのようなシステムで信仰に取り込んでいったのか。

◆部族にはかなわなかったウンマ

中東には、もともとはヨーロッパの「nation」に当たる「民族」「国家」というような考え方はなかった。そうした考えが広まるのはヨーロッパの影響が強まる19世紀以降のことである。

彼らの社会の基礎は、部族、氏族、家族などの血縁関係と連帯意識だったのである。

ムハンマドはイスラーム教を創始すると、ウンマ（イスラーム共同体）を中心に部族の連合体をつくり出した。ムハンマド自体は、血縁による部族を解体して、信仰に基づく宗教共同体を形成しようとしたが、伝統社会を変えることはできなかったのである。「大征服時代」（106ページ）のアラブ人は、家系、血縁などを社会単位として、部族間対立を繰り返したのである。

だからこそ、7世紀後半にはカリフの位をめぐるウマイヤ家とアリーの一族（ハーシム家）との間の激しい勢力争いが起こった。

しかし、多くのアラブ人の部族が特権階級として広大な地域に進出すると、イスラーム教徒であるか否かが被征服民と自らを区別する基準になり、イスラーム共同体に対するアラブ人の忠誠心がどんどん強まった。

◆財産は神から預かったもの

イスラーム教は信徒の共同体（ウンマ）を重視する宗教で、信徒には共同体を経済的にサポートする義務が課された。その行為が「喜捨」（ザカート）である。喜捨の本来の意味は「清め」であり、自らを浄化するために神に差し出す浄財とみなされた。

イスラーム教では、財産は生きている間だけ神から預かったものとみなされており、その一部を神に返すのは当然の行為とみなされた。一種の宗教税である。

喜捨の目安は、農業の場合には収穫物の10分の1、商業の場合には収入の約40分の1であった。集めた金は共同体に管理され、さまざまな用途に用いられたが、近代的税制が取り入れられた国では、喜捨は自由な寄付に姿を変えている。

◆公共施設を支えた寄付ワクフ

8世紀末にはじまり、11世紀に中東全体に広まった制度に「ワクフ」がある。ワクフは、アラビア語で「停止」を意味するが、イスラーム固有の財産寄付の制度である。

土地などの不動産を所有する者が、モスク、病院、水道施設、救貧院、大学などのために財産の所有権を「停止」し、特定の施設を永久に運営する財源としたのである。

喜捨が主にイスラーム教徒の相互扶助に用いられたのに対し、ワクフは公共施設の建設、運用に用いられた。この制度により都市の諸施設が拡充され、ワクフによる福祉施設により富める者と貧しい者の一体感が保たれてきたのである。

しかしワクフの制度は、現在、大部分の国では形骸化している。

■イスラーム社会の共同性

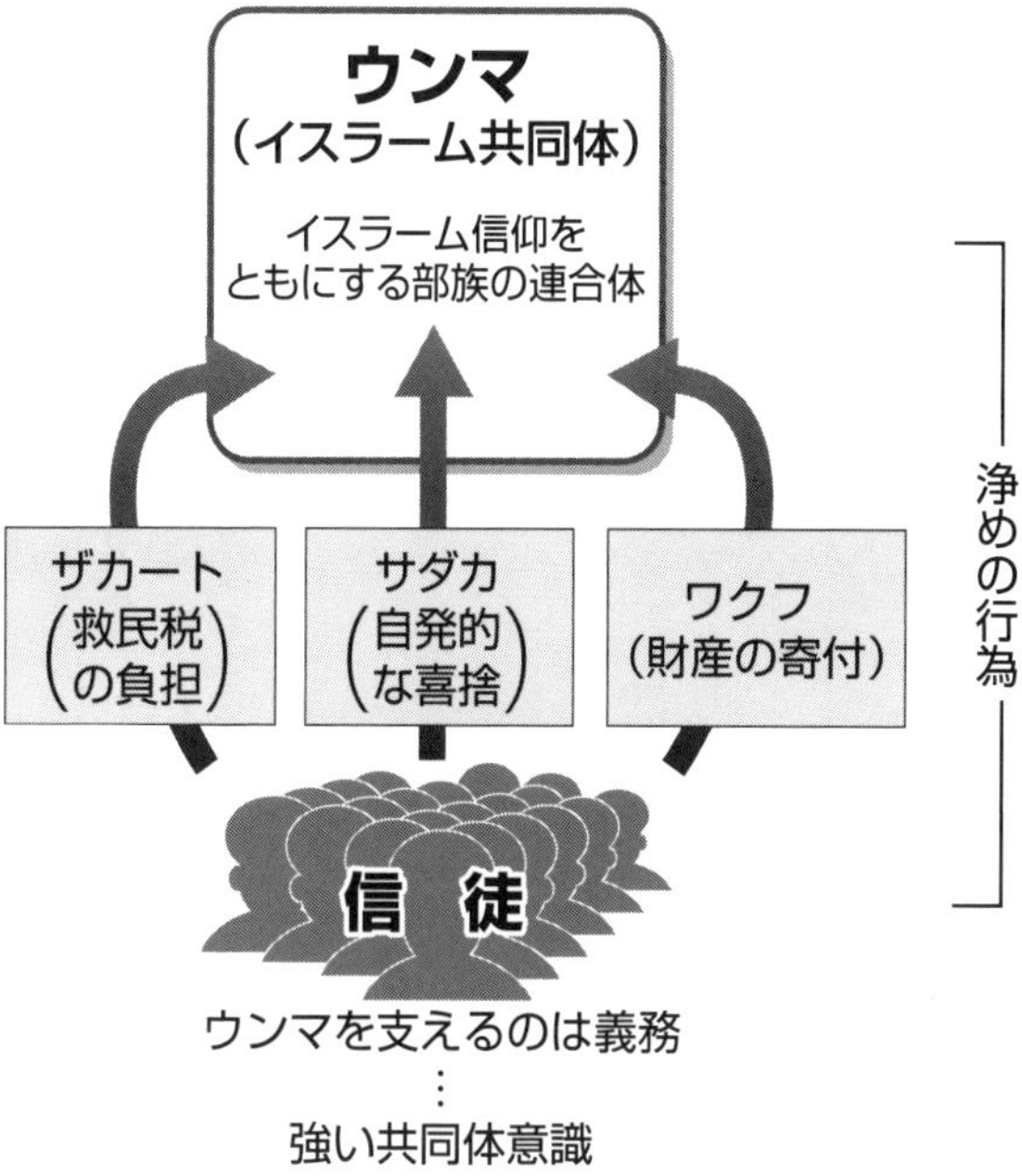
ウンマ
（イスラーム共同体）
イスラーム信仰を
ともにする部族の連合体
ザカート
（救民税の負担）
サダカ
（自発的な喜捨）
ワクフ
（財産の寄付）
浄めの行為
信徒
ウンマを支えるのは義務
⋮
強い共同体意識

歴史メモ ワクフは、権力者に財産が没収されるのを防ぐ手だてにもなった。ワクフされた物件は個人の所有物ではなくなったのである。

イスラーム社会はどのように組み立てられた？

イスラームとそれ以外の世界を分け、外の世界を自分たちの共同体に取り込んでいくことで成長していった。

◆ジハードは本当に聖戦なのか

最近は、過激なイスラーム原理主義集団が、神の意志に沿う行為として無差別テロを「ジハード」（日本語では「聖戦」と訳す）として称揚《しょうよう》している。

しかし、ジハードのアラビア語の意味は「定まった目的のための努力」であり、イスラーム教徒の宗教的義務である「五行」には含まれない。要するにジハードは、アッラーの信仰を広める意味で、精神的善行、修行など広い意味を含むのである。

不毛のアラビアで組織されたイスラーム共同体（ウンマ）は、信徒を貧しい生活から脱却させるには豊かな農耕地域への進出・膨張が必要であると考えた。それが、イスラーム共同体が主権を持つ「ダール・アルイスラーム」（イスラームの家）を拡大するため、周辺の「ダール・アルハルブ」（戦争の家）に攻め込む軍事活動としてのジハードにつながった。7世紀から8世紀の頃のことである。

その後、軍事的ジハードはカリフの指揮の下にイスラーム教徒の合意により行われる軍事活動になったが、非戦闘員に危害を加えないなどの条件が付されていた。

冷戦の終結以後、中東ではアルカイダ（「訓練基地」の意味）などのイスラーム過激派が、欧米の侵略に対するジハードを主張して過激な無差別テロを世界規模で展開しているが、無差別テロに対してはイスラーム社会でも大きな批判があがっている。

◆ハルビーをズィンミーにするのが目的

初期のイスラーム共同体の目標は、「戦争の家」で生活するキリスト教徒などの「ハルビー」（不従順な戦争の民）を「イスラームの家」に、ムスリムあるいは「ズィンミー」（保護された民）として取り込むことであった。
ズィンミーは、イスラーム共同体に従属して忠誠を誓う者とされ、イスラーム法の遵守、ジズヤ（人頭税）とハラージュ（土地税）の支払いを条件にしてイスラーム帝国から「ズィンマ」（生命財産の安全保障）を得た。

イスラーム教徒の保護下に入った彼らに対しては、身につける衣服から携行できる武器まで種々の制限が加えられた。ズィンミーは異なる信仰が認められたが、イスラーム世界で生きていくにはアラビア語が必要になった。生活が積み重ねられる中で、ズィンミーがイスラーム世界の秩序に組み込まれていったのは当然だった。

■イスラーム世界の拡大

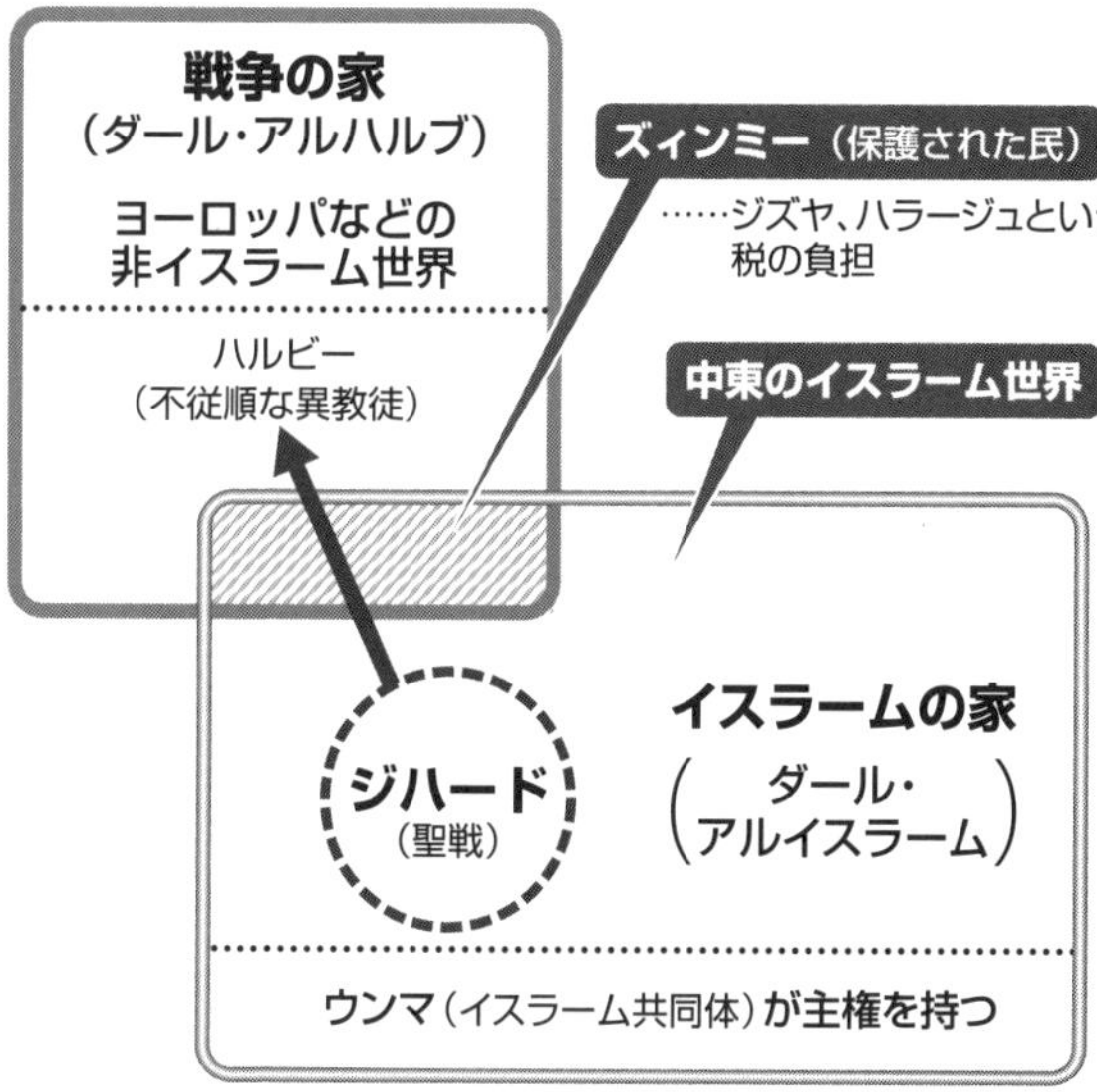

戦争の家
（ダール・アルハルブ）
ヨーロッパなどの
非イスラーム世界
ハルビー
（不従順な異教徒）
ズィンミー（保護された民）
……ジズヤ、ハラージュという
税の負担
中東のイスラーム世界
ジハード
（聖戦）
イスラームの家
（ダール・アルイスラーム）
ウンマ（イスラーム共同体）が主権を持つ

◆ユダヤ教、キリスト教とは兄弟

イスラーム世界では、イスラーム教徒は最大の預言者ムハンマドが率いる共同体に属し、アッラー（神）に全面的に服従する者とされ、同様に唯一神の啓示を受け入れるユダヤ教徒、キリスト教徒とは区別された。

しかし、ユダヤ教とキリスト教は、歪みはあるものの同じ神の系譜に属する仲間（啓典の民）として扱われ、ゾロアスター教徒、仏教徒などのカーフィル（不信者）とは明白に区別された。

「啓典の民」とは、神の啓示した聖書に基づいた信仰を持つ者という意味である。

歴史メモ　ジハードには、悪徳、無知に対する内面的戦い（大ジハード）と非イスラーム教徒に対する「聖戦」（小ジハード）があった。

COLUMN

世界史を変えた アラブ遊牧民の英雄「ウマル」とは

第２代カリフのウマルは、最初、アッラーの信仰に理解を示さず、ムハンマドを迫害する立場に立っていた。しかし、617年頃になるとイスラーム教に帰依し、剛胆な性格でムハンマドの忠実な弟子となった。

632年にムハンマドが没してウンマが混乱すると、ウマルは60歳に達していた商人出身の長老アブー・バクルをカリフ（アラビア語のハリーファが訛ったもので「神の使徒の代理人」「後継者」の意味）の地位につけて信徒の動揺を抑えた。

ウマルは、イスラーム教信仰のよりどころをしっかりとしたものにするために、アブー・バクルにすすめてムハンマドが告げたアッラーの言葉を整理、記録させる。しかし、アブー・バクルは老齢のためにわずか２年で世を去り、その遺言によりウマルが跡を継ぐことになった。

ウマルは、長身でたくましく、禿頭であった。カリフの地位についてからも、つぎはぎだらけの上衣と下衣を１枚ずつ持つだけで、シュロの寝台で休み、信仰の維持とウンマ（イスラーム共同体）の発展に尽くしたといわれる。

イスラーム教徒は勇敢、剛毅で奢らず、質素な生活を維持し、遊牧民ベドウィンの族長のような生活をした人物としてウマルを描いている。彼が酒と不倫に溺れた息子を笞で打って死にいたらしめたという説話もある。彼こそ遊牧民の理想像であった。

さらにウマルは、アラブ人の宿願である北方の大オアシス地帯への膨張を策した。軍事征服活動は、カリフを総指揮官（アミール）として行われ、代理人である将軍の下でイスラーム教徒であるメッカ、メディナの商人が幹部将校となり、砂漠の遊牧民ベドウィン人を兵士とする軍隊によりなされた。

第5章

イスラーム帝国の誕生

「大征服運動」により出現したイスラームの巨大帝国

3期に分けられるイスラーム帝国の変遷

「世界史」の大転換の契機として注目されるのが、大征服運動によるササン朝の滅亡と、シリア・エジプトのイスラーム化である。

ローマ帝国とイラン人の帝国ササン朝の対立の時代が終わり、古代地中海世界が南北に分裂し、アジア、

アフリカ、ヨーロッパの3大陸にまたがるイスラーム帝国が成立した。

イスラーム帝国は、

①中東の中心部分がイスラーム帝国の支配下に入った「正統カリフ」時代（632～661）、

②北アフリカ、イベリア半島、インダス川流域が支配下に入った「ウマイヤ朝」時代（661～750）、

③西トルキスタンとシルクロードが支配下に入った「アッバース朝」時代（750～1258）に3分される。

イスラーム帝国としてのアッバース朝の誕生

正統カリフ時代は、宗教共同体を結束させるための遠征が行われた時期であり、指導者は有力者の話し合いにより選出された。

その後、占領地が広がって利権が拡大すると、有力部族が台頭して共同体の結束が崩れていく。最も有力になったウマイヤ家は、アラブ人の

■7世紀後半の世界

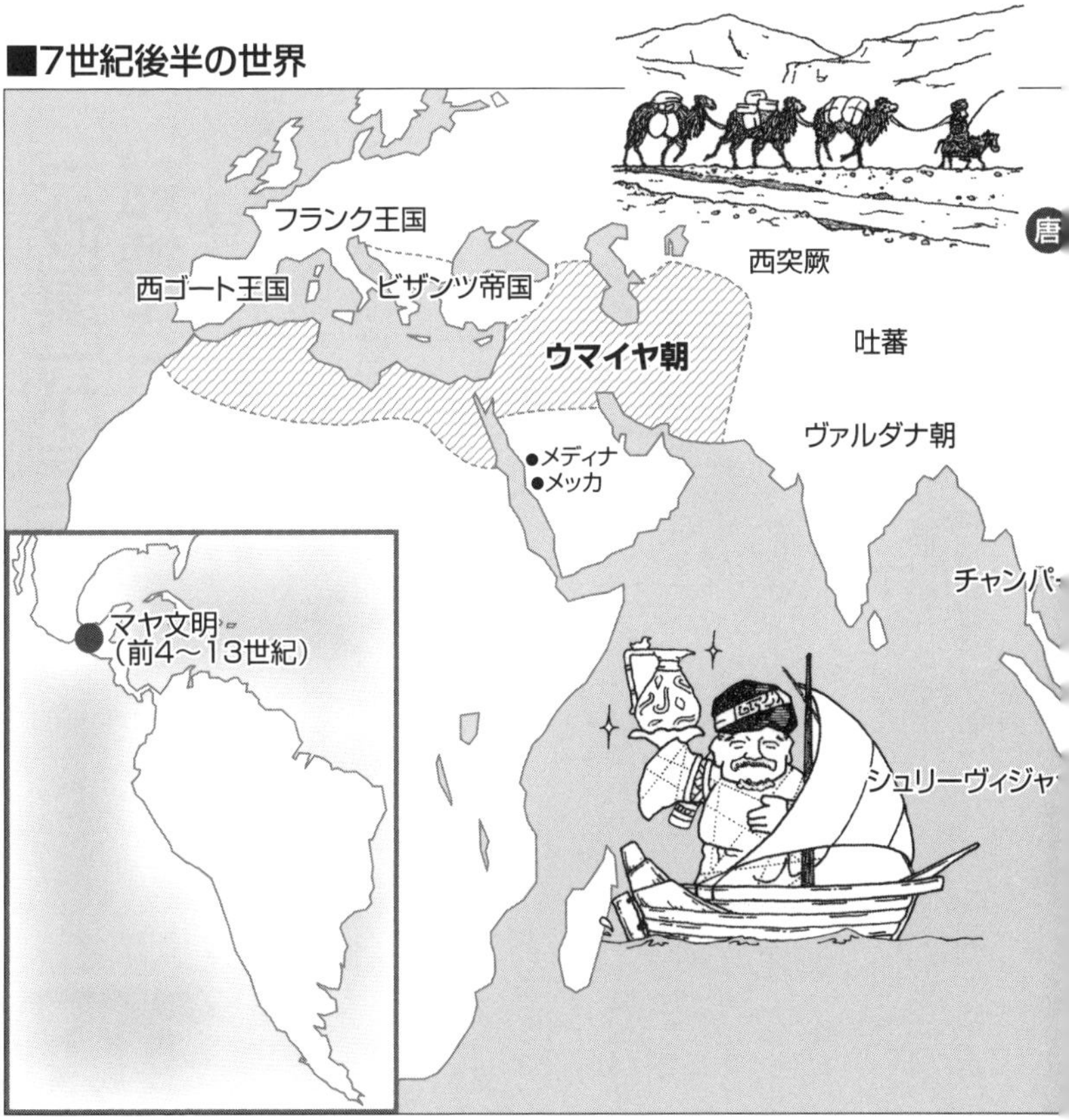

征服者としての特権を保障する見返りにカリフの地位を一族でたらい回しにして王朝化する（ウマイヤ朝）。

しかし、アラブ人の階層化が進むと、アラブ人の「下流社会」に属する人々とイスラームに改宗した各地の先住民が反体制運動を激化させてウマイヤ朝は滅ぼされる。

反ウマイヤ運動にうまく乗ってカリフの地位を手に入れたのが、ムハンマドの一族に属すアッバース家だった。アッバース家は、反体制勢力を取り込むためにイスラーム教徒の平等を唱えてアラブ人の特権を廃止し、イスラーム帝国を樹立した。

日本の歴史と比較してみると、ウマイヤ朝が成立した年の前年の660年に唐と新羅の連合軍が百済を滅ぼし、663年には白村江の戦いで日本軍が唐軍に敗れている。

「砂漠」が歴史を転換させた

砂漠を自在に駆け巡るアラブ人に、他の民族は手も足も出なかった。歴史の大転換は、砂漠がつくり出したともいえる。

◆砂漠は陸上の〝海〟

イスラーム帝国形成の動きは、３分の１が砂漠というアラビア半島から7世紀にはじまった。

アラビア半島の人口密度は、現在でも世界で最も低い。砂漠からの強力な軍隊の進撃は、農業社会の側に立って見ると、突然起こった思いがけない災難で、事前にはまったく予測できないものだった。

しかし、視点を遊牧民の側に移せば、砂漠には無数の交易路があり、砂漠からの出撃はそれほど奇妙な出来事ではなかった。砂漠に対する無理解が、アラビア半島からわき起こった新たな動きを、突然起こった大地震のような災難と錯覚させてしまったのである。

アラビア砂漠は一見すると灼熱の地、不毛の地だが、夜は涼しく、月や星を目印に「砂漠の船」ラクダを使って移動すると、海と同様に広い範囲の移動が可能だった。「陸の海域」ともいうべき砂漠に商人のネットワークがのばされ、異質な交易圏が互いに結びつけられていたのである。

◆武器にもなった砂漠の船「ラクダ」

中央アジアのゴビ砂漠を中心に飼育されていたフタコブラクダが、５００キロもの荷物を背負い、１日に45キロ（１時間に４キロ）ほど移動できる輸送用の家畜だったのに対して、アラビア砂漠のヒトコブラクダは、多目的に利用された。乳が利用され、１日に１６０キロ以上移動する輸送用の家畜としても使われた。こちらは戦闘にも使われたのである。

ヒトコブラクダは砂漠の暑さや砂嵐に耐えることができ、砂漠の刺《とげ》の多い植物でも噛み切って消化できたので、砂漠での生活に適した動物だった。

■パッチワーク状に形成されていったイスラーム帝国

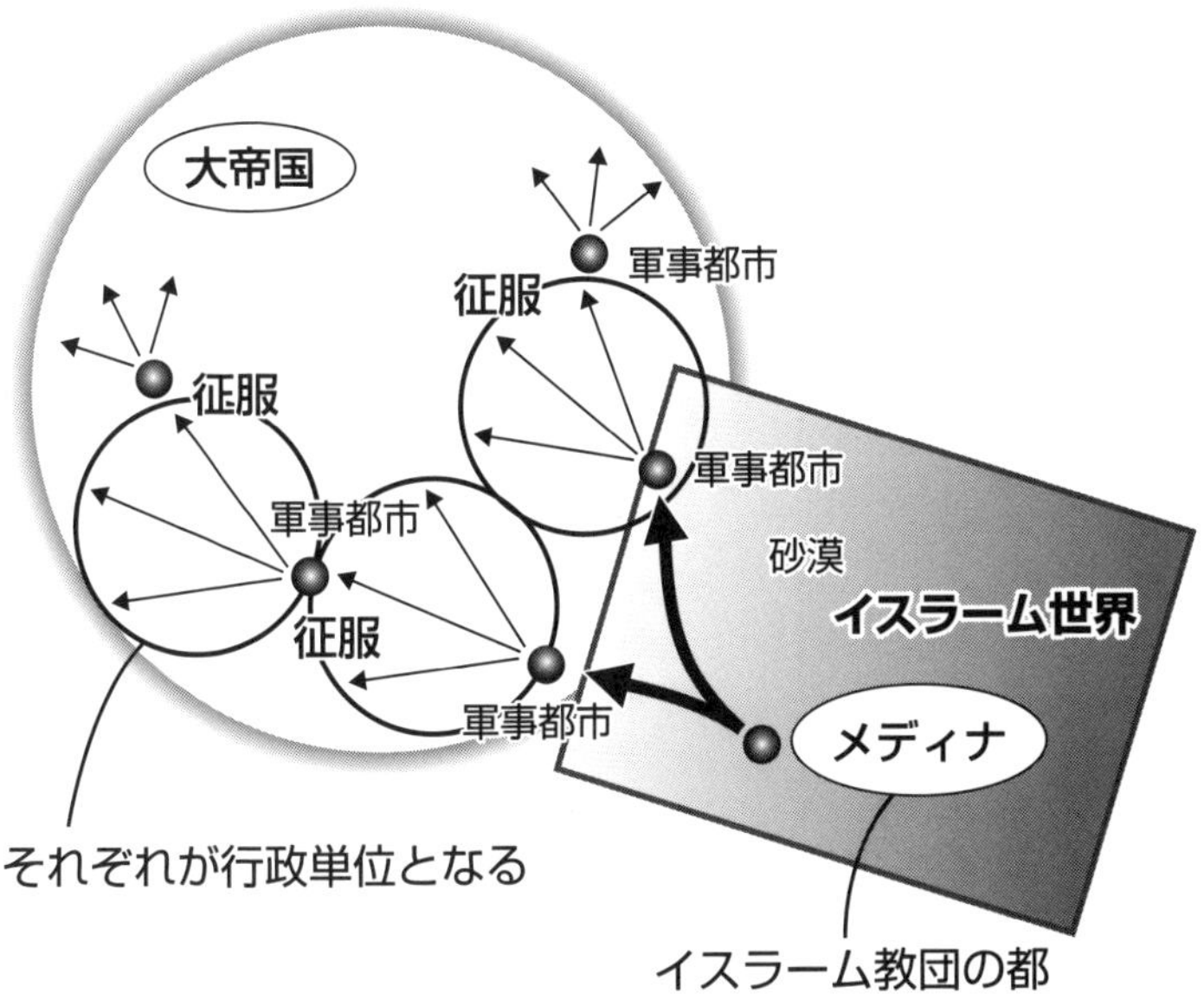
大帝国
征服
征服
征服
軍事都市
軍事都市
軍事都市
軍事都市
砂漠
イスラーム世界
メディナ
それぞれが行政単位となる
イスラーム教団の都

このヒトコブラクダを巧みに利用することで、アラブ遊牧民はアラビア砂漠を縦横に行き来できたのである。

砂漠には地勢、部族の分布状況、星の位置などを熟知し、道がない場所や難所を乗り越えさせる能力を持つ「道案内」や「道探し人」がいた。彼らの活躍で、商人や軍隊の砂漠での移動が可能になった。

◆朽ちた2大帝国に代わったイスラーム帝国

砂漠を巧みに利用した大征服運動は、長期の戦争で疲弊していたビザンツ帝国と陸の帝国ペルシア（ササン朝）の対立時代に終わりをもたらし、両帝国の枢要な地域を支配するイスラーム帝国を新たに誕生させた。

米ソの冷戦が突如として崩れ去ったように、あまりに長い戦争で弱体化した両帝国が自己崩壊したとも見なせる。複雑な条件の組み合わせが起こした変化により、ローマ帝国とペルシア帝国が対峙《たいじ》する古代世界が急激に崩れたのである。

歴史メモ イスラーム化した砂漠からの圧力で、地中海は一時イスラームの勢力下に入り、「イスラームの海」となった。

◉7世紀～◆大征服運動

中東世界の土台をつくりあげた大征服運動

アラブ人の征服活動は西へとのびていった。北アフリカ経由の遠征は、ヨーロッパ中心部に迫る勢いであった。

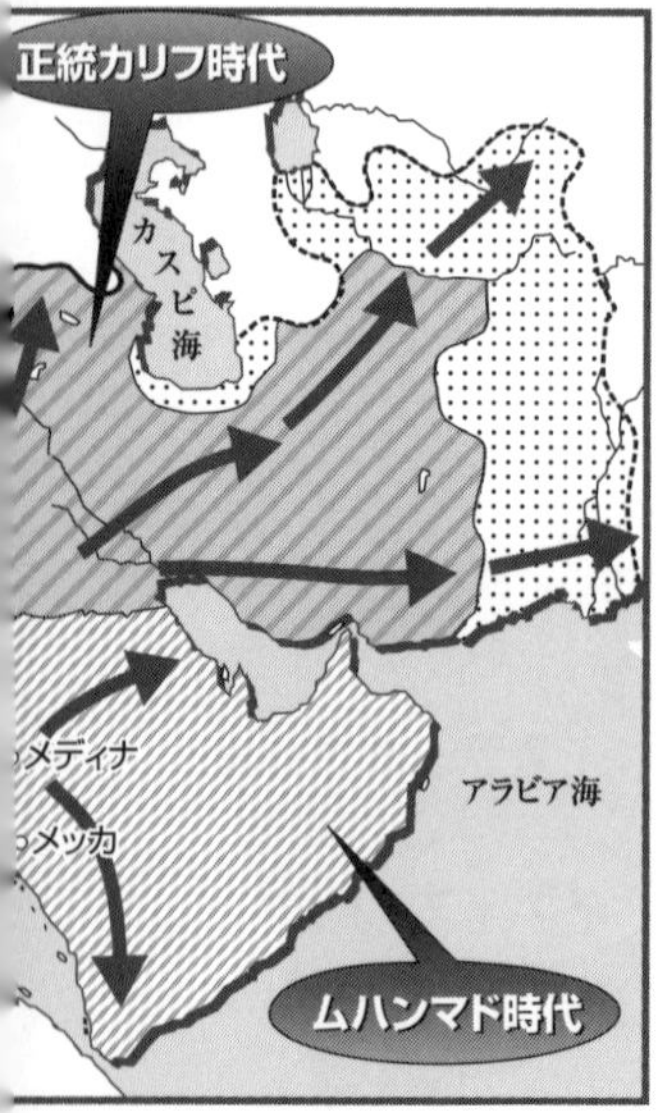

◆征服は砂漠を利用して行われた

アラブ人の征服活動は、砂漠を足場にしていた。農民にとって砂漠は恐怖に満ちた空間で、簡単には立ち入れなかったが、砂漠の遊牧民にとっては生活の場所だった。アラブ軍は、軍隊の移動、物資の補給、戦局が不利になった時の逃避先として砂漠を利用したのである。

遠征の拠点となった都市（軍事都市、ミスル）が、砂漠のフチに設けられた。そこから出撃して周辺の地域を征服、支配したのである（前ページ図参照）。

イラクのバスラ、エジプトのフスタート（現在のカイロ）などは、代表的な軍事都市である。B・ルイスという学者は、砂漠を海にたとえ、軍事都市をシンガポールなどの港になぞらえているが、そのように考えると、イスラーム教団は砂漠の出口に「軍事都市」という港を設け、そこから背後の大農耕地帯に進出したということになる。

◆征服はアラブ人の民族移動だった？

アラビア砂漠からの大農耕地帯への民族移動は紀元前6世紀に大帝国が成立して以来、ずっと阻止され続けてきた。7世紀の大征服運動は、民族移動を妨げてきた強力な壁を打ち破る世界史的出来事だったのである。

■7～8世紀のイスラーム世界の拡

B・ルイスは、「大征服はもともとイスラームの拡張ではなく、父祖の地における人口過剰の圧力が、近隣の諸地域のはけ口をさがし求めて流れ出したアラブ民族の膨張にほかならなかった。それはセム族時代からの一連の民族移動の一環をなすものであるが、再び豊沃な三日月地帯へむかい、さらにそれを越えて広がった」と述べている。

◆特権化したアラブ人

軍事都市を中心に大ネットワークを支配したアラブ人は、中東の支配民族となった。

最初に軍事都市に移住し、支配者となったアラブ人は約5万人だったが、8世紀初頭には130万人のアラブ人が支配層として中東の諸都市に居住していた。

彼らは領地を与えられない代わりに役所に家族とともに登録され、政府により現金または現物による年金の支給、家族手当の支給がなされ、免税特権が認められた。砂漠を出たアラブ人は都市での恵まれた生活を楽しんだのである。

しかし、征服された側は大変だった。イスラーム教団は、征服地はアッラーが与えた戦利品であり、農民は土地の用役権を持つに過ぎないと主張して、重い税を負担させた。土地税と雑税を合わせると、当時の農民が負担した税は、収穫物の半分にもなったという。

中東で、イスラームへの改宗が進んだ理由は、農民たちが重い税負担を逃れようとして、免税特権を持つイスラーム教徒になろうとしたためだった。しかし、アラブ人はもちろん、改宗者の税の免除を認めなかった。

歴史メモ　軍事都市からの征服地が連合して成立したイスラーム帝国は、パッチワーク状の連合体だった。

◉7世紀初め〜 ◆モスクとは

大征服とともに各地に広がったモスク

征服地には必ず「モスク」が建てられた。モスクの基本構造はムハンマドが最初に内庭につくったものが元になっている。

◆モスクとはどのような場所か

イスラーム教徒の礼拝所は一般に「モスク」と呼ばれる。モスクは英語の「Mosque」の音訳で、アラビア語のマスジド（Masjid）がなまった呼び名である。

イスラーム教の礼拝では、神アッラーに平伏して額を床につけるのが最も重要な所作だが、それを行う場がモスクであり、イスラーム世界にはそれぞれの地域の伝統的な建築様式により建てられた多数のモスクが存在する。

モスクは礼拝空間、光塔（ミナレット）、洗浄場から構成されている。

礼拝場所は一般に絨毯《じゅうたん》が敷きつめられ、礼拝がメッカに向けて行われる関係で、メッカの方向（キブラ）を示すアーチ型をした壁の窪み（ミフラーブ）がつくられている。

ミナレット（英語、アラビア語ではマナーラ）は、「光または火を灯す所」の意味で、灯台、物見やぐら、狼煙をあげる台が原型であり、現在は信徒に1日に5回の祈りを呼びかけるための塔である。

イスラーム世界では身を清めてから神を礼拝する習わしになっており、水槽などの洗浄場もなくてはならない設備になっている。

◆最初のモスクはムハンマドの家の内庭

モスクの起源は、ヤスリブ（メディナ）にある。ヤスリブに移住したムハンマドは、さっそく家を建て、約5メートル四方の狭い内庭に簡素な屋根をつけたモスクを建てた。それが現在、世界各地に建てられているモスクの原型である。

初期のモスクは、ムハンマドが神への礼拝を指揮し、神の言葉を伝え、信徒の争いを調停し、裁判を行い、政治上の討議・決定を行い、子弟の教育を行う場所であり、信徒の情報交換と社交の場でもあった。イスラーム教団の集会場だったのである。

■最初のモスクの概念図

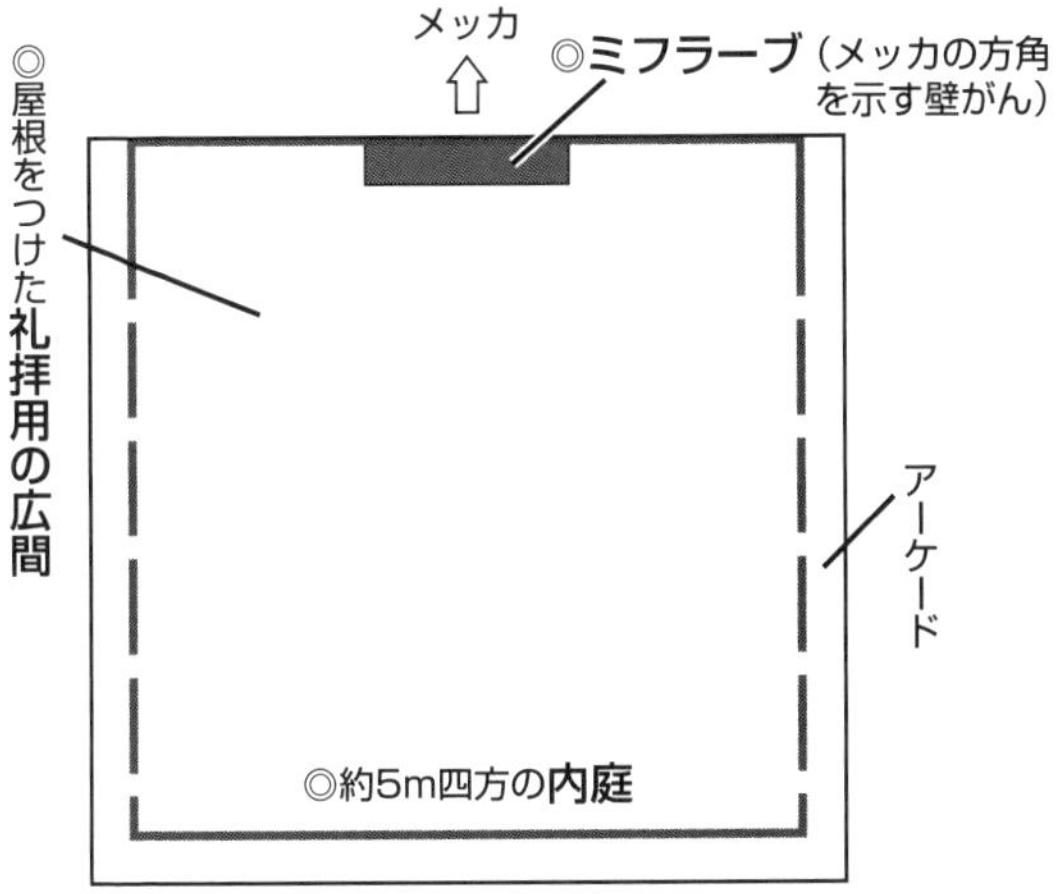
メッカ
◎ミフラーブ（メッカの方角を示す壁がん）
◎屋根をつけた礼拝用の広間
アーケード
◎約5m四方の内庭

◎印のついたものが「モスク」の原型

後のモスクには、①ミフラーブ、②ミンバル（説教壇）、③サフン（内庭）、④泉亭または水槽、⑤ミナレット（光塔）が備えられる

イスラーム教徒は征服した各地域にモスクを建て、1日に5回の聖地メッカに向けての礼拝により、目に見えない宗教的ネットワークをつくりあげようとした。

イスラーム教徒の義務の一つに、可能ならば一生に一度のメッカ巡礼がある。

世界各地のイスラーム教徒が人種、国籍、身分、年齢に関係なく、死に装束を象徴する白衣を身にまとい、死後の世界に思いを馳せるのだという。日々のメッカ礼拝は、信仰のセンター、メッカを確認する行為である。

◆軍事都市にはまずモスク

大征服運動は、イスラーム教団の膨張をめざす軍事行動だった。そのため軍事都市がつくられると、礼拝を指揮する長官の官舎とともにモスクがまず都市の中心部に建設された。

モスクにより新興アラブ人の都市を結ぶネットワークがつくりあげられたのである。モスクは最初は各都市に一つずつ建てられたが、都市の人口が増大するにつれて多数のモスクが建てられ、農村部にも普及していった。

歴史メモ 偶像崇拝が禁止されたためモスクには余分な装飾がなく、メッカの方向を示すミフラーブが最も重要とみなされた。

◎7世紀 ◆カリフの争い

王朝への道を歩んだイスラーム教団

ハーシム家の第3代、第4代カリフが内紛により暗殺され、ウマイヤ家が建てた王朝がカリフを継承することに。

◆膨張するウンマ

教団指導層の指名により第2代カリフとなったのが、クライシュ族で部族間の紛争の調停に当たっていたアディーユ家出身のウマルだった（100ページ）。

反イスラームの急先鋒から熱心な信者に転身したウマルは激しく真っすぐな気性だった。彼は地位や富の獲得にはまったく無頓着で、大義に殉じ、大胆に行動を起こす勇気を持っていた。

ウマルの生活はいたって質素だった。夏冬2着の粗末な衣服で1年間をすごし、護衛もつけずに普通の家で生活していたという。信念の人は、時にとてつもないことを実現する。

636年にビザンツ帝国軍を破ったアラブ軍はシリア、パレスチナの全土を制圧した。さらに642年にイスラーム軍はエジプトの大商業都市アレクサンドリアを陥落させ、穀倉地帯エジプトをビザンツ帝国から奪ってしまう。また、同じ642年には「ニハーヴァンドの戦い」でササン朝に壊滅的な打撃を与える。この敗北によりササン朝は死に体になってしまい、651年には滅亡してしまう。

アラブの征服活動は、第3代カリフ、ウスマーン治下の650年頃まで順調に進んだ。東はペルシアの大部分とアフガニスタン西部、北はカフカス、西はシリア、エジプトを経て北アフリカのリビアにいたる地域が、イスラーム教団の支配下に入ったのである（106ページ図）。

◆豪商カリフの登場

第3代カリフに選ばれたウスマーンは豪商ウマイヤ家の出身で、アラブ社会の大変動の中で莫大な財産を蓄えた利にさとい人物だった。彼はムハンマドの娘ロカイヤを妻とするが、ロカイヤが病没すると、さらに彼女の妹をめとっている。

80歳に達していた高齢のウスマーンは、大領域を征服することで富裕化した教団の世俗化を一挙に推し進めた。莫大な富を手にするようになった教団内では貧富の差が拡大する。ウスマーンは一族、縁者を枢要なポストにつけ、有力部族の間で利権を分配した。富める階層と貧しい階層の間の差が拡大したのである。当然、遠征による利権の配分を受けない信徒たちのウスマーンへの恨みは募る一方だった。やがて、ウスマーンは暗殺される。

◆アリーの教団再編の失敗

そうした中で第4代カリフの地位についたのが、アリーだった。アリーはムハンマドの従兄弟であり、ムハンマドの娘ファーティマの娘婿で「神の獅子」と呼ばれる勇猛な人物だったことから、兵士たちは教団の再編を期待した。

しかし、既得権を持つシリア総督、ウマイヤ家のムアーウィアはアリーのカリフ就任に強く反対し、戦争になった。アリーは戦場でウマイヤ家の軍隊を圧倒したが、『コーラン』を掲げて交渉による和解を求めたムアーウィアの提案に乗ってしまい、不満を持った兵士により暗殺された。

その後、カリフになったムアーウィアは、ウマイヤ家でカリフをたらい回しする王朝体制をつくり出す。

■イスラーム社会の変化とイスラーム王朝の成立

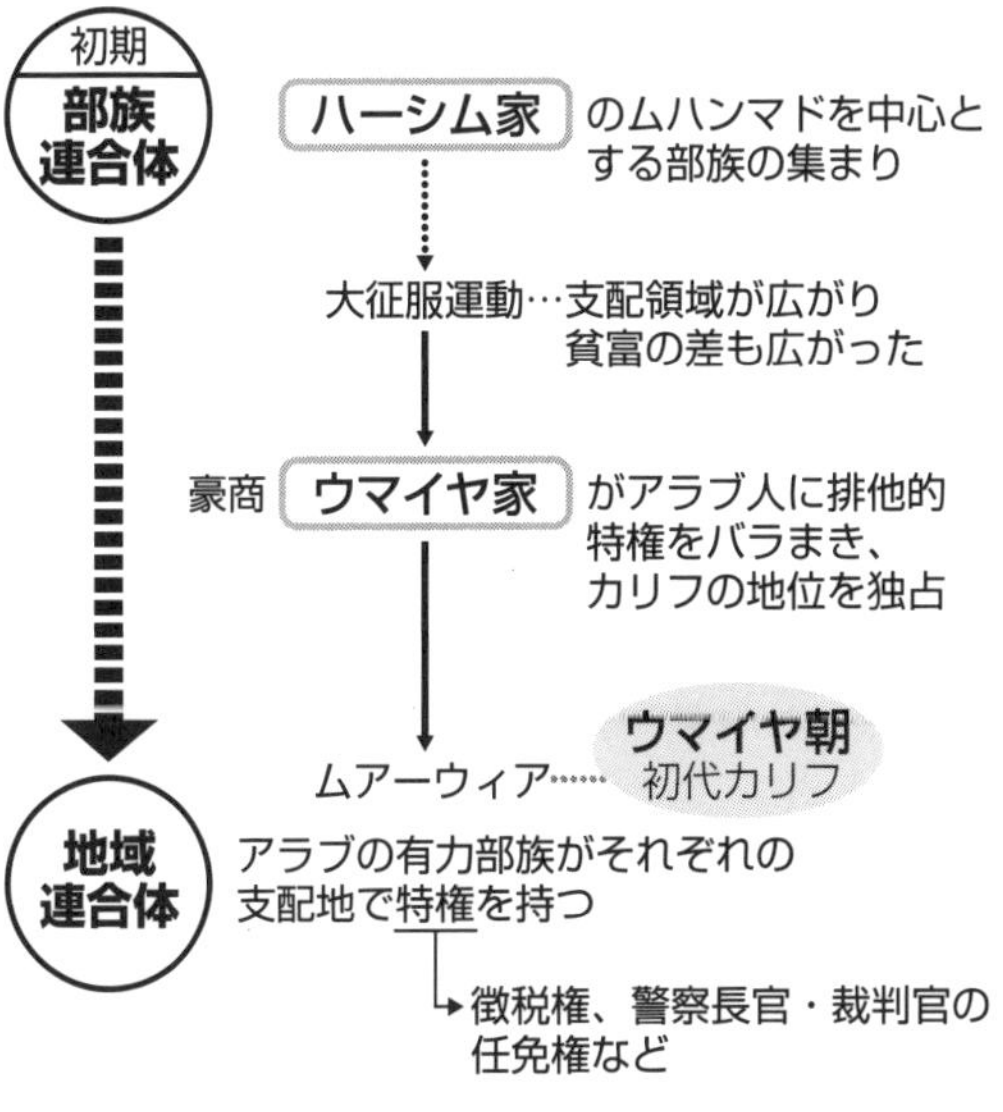
初期
部族連合体
ハーシム家
のムハンマドを中心とする部族の集まり
大征服運動…支配領域が広がり貧富の差も広がった
豪商
ウマイヤ家
がアラブ人に排他的特権をバラまき、カリフの地位を独占
ムアーウィア
ウマイヤ朝
初代カリフ
地域連合体
アラブの有力部族がそれぞれの支配地で特権を持つ
徴税権、警察長官・裁判官の任免権など

歴史メモ 第4代カリフ、アリーは2、3番目に改宗した古手の信者だったが、直情径行タイプで政治能力に長けてはいなかった。

シーア派はなぜ分離したのか

第4代カリフのところでシーア派が分離する。彼らは後継者をイマームと呼んでカリフと区別した。

◆シーア派が成立した理由

イスラーム教徒のうち、約8割がスンナ派、約2割がシーア派であり、シーア派の大部分がイラン人である。

イスラーム教が大きく二つの宗派に分かれるのは、ムハンマドの死後、第4代カリフ、アリーの時代である。ムハンマドの死後、第4代にわたって話し合いでカリフが選ばれてきたが、そのうち預言者ムハンマドと血のつながりがあったのは、ムハンマドの従兄弟であり、ムハンマドの娘ファーティマと結婚したハーシム家のアリーのみであった。

アリーがカリフの地位につくと、第3代カリフ、ウスマーンのウマイヤ家が激しく反対して戦闘状態になった。

661年、アリーは礼拝に出向く途中で暗殺される。

「シーア」というのは、アラビア語の「シーアット・アリー」（アリーの党派）の略で、「党派」の意味である。

ちなみにアリーの墓があるバグダードの南約160キロのナジャフは、シーア派の聖地になっている。有力部族間の指導権争いが深刻化し、シーア派が主流派から袂《たもと》を分かったのである。

それに対して多数派をスンナ派というが、「スンナ」とは預言者ムハンマドのスンナ（慣行、範例）に従う人々の意味である。

◆カルバラーの悲劇

アリー暗殺の後、アリーの2人の息子のうち長男ハサンがカリフの位を継いだが、有力部族ハーシム家とウマイヤ家の争いは激化する一方だった。

661年になるとシリアに本拠を構えたウマイヤ家のムアーウィアがカリフを称し、「ウマイヤ朝」を開く。それに対抗してアリーの次男フサインは、ウマイヤ軍を倒すためイラクに向かって進撃したが、カルバラーでウマイヤ軍に包囲され全滅した。680年10月10日（アーシューラー）のことである。

この悲劇的な出来事は、シーア派を一層団結させるきっかけになった。ナジャフの北西約70キロのカルバラーにはフサイン・モスクが建てられて聖地になっている。

■シーア派の系譜

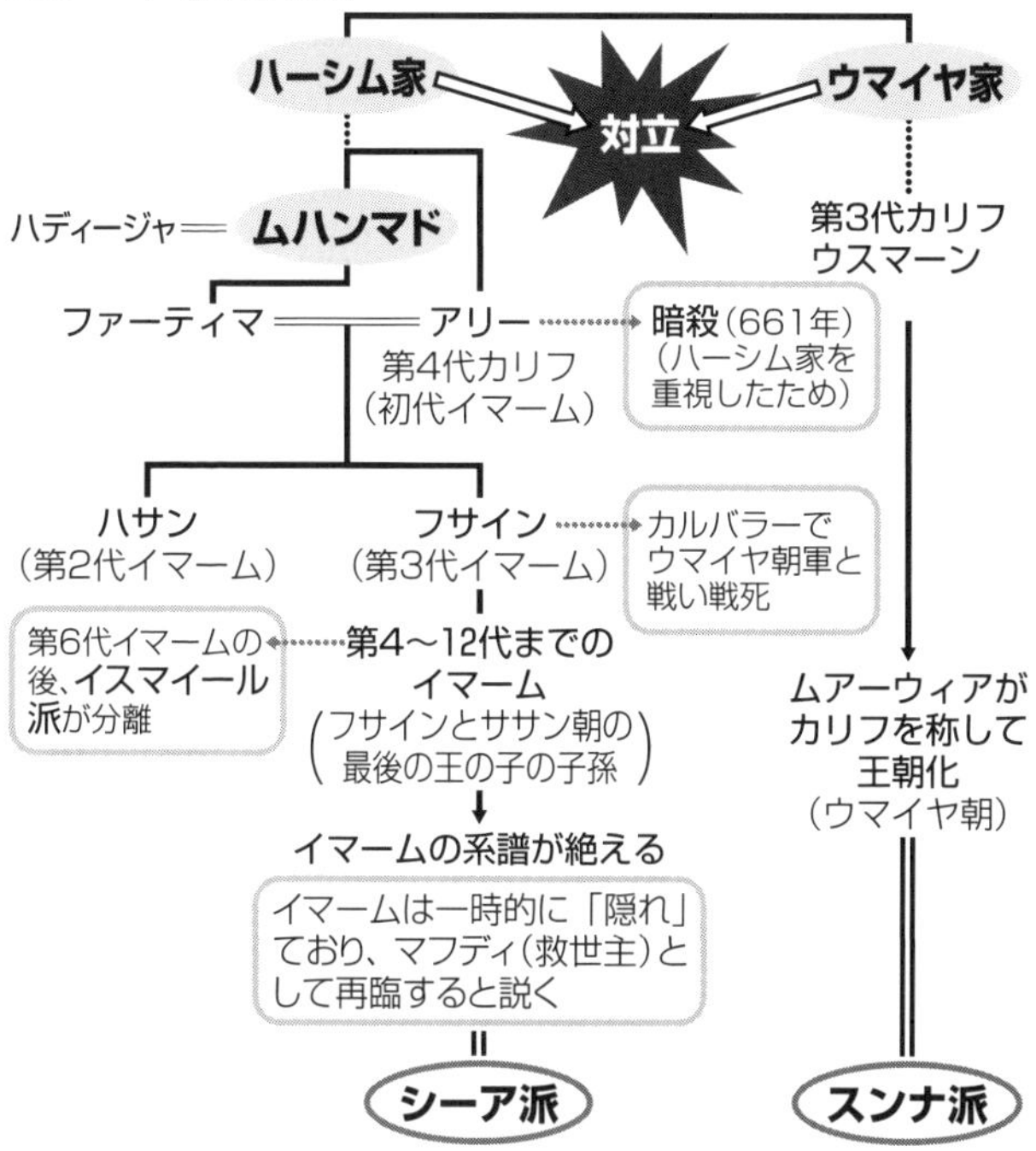
ハーシム家
対立
ウマイヤ家
ハディージャ＝ムハンマド
第3代カリフ ウスマーン
ファーティマ＝アリー
第4代カリフ（初代イマーム）
暗殺（661年）（ハーシム家を重視したため）
ハサン（第2代イマーム）
フサイン（第3代イマーム）
カルバラーでウマイヤ朝軍と戦い戦死
第6代イマームの後、イスマイール派が分離
第4〜12代までのイマーム（フサインとササン朝の最後の王の子の子孫）
イマームの系譜が絶える
イマームは一時的に「隠れ」ており、マフディ（救世主）として再臨すると説く
シーア派
ムアーウィアがカリフを称して王朝化（ウマイヤ朝）
スンナ派

◆シーア派とイラン人の結合

フサインの死後もシーア派の人々は、預言者ムハンマドの後継者は、あくまでもムハンマドとの血のつながりを持たなければならないとして、アリー以外のカリフを否定した。彼らは正統な後継者をカリフと区別して「イマーム」と呼ぶようになる。

カルバラーで悲劇的最後をとげたフサインは、第3代イマームとされる。第4代以降12代までのイマームは、フサインとイラン人のササン朝の最後の王の娘との間に生まれた子の子孫とされた。シーア派の人々は、これらのイマームはスンナ派に毒殺されたり、獄中死をするなど悲劇的な末路をたどったと主張する。

16世紀に成立したイランのサファヴィー朝は、シーア派を国教とした。イラン人の中にシーア派が浸透するのは、それ以後である。

歴史メモ 「イマーム」は、アラビア語で「指導者」、「規範」を意味し、大小を問わず、イスラーム教徒の集団の指導者を指す。

●661〜750年◆ウマイヤ朝

アラブ有力部族の大帝国ウマイヤ朝

新しく建てられたウマイヤ朝は、有力部族が提携する王朝であり、アラブ人の特権的な地位を保障した。

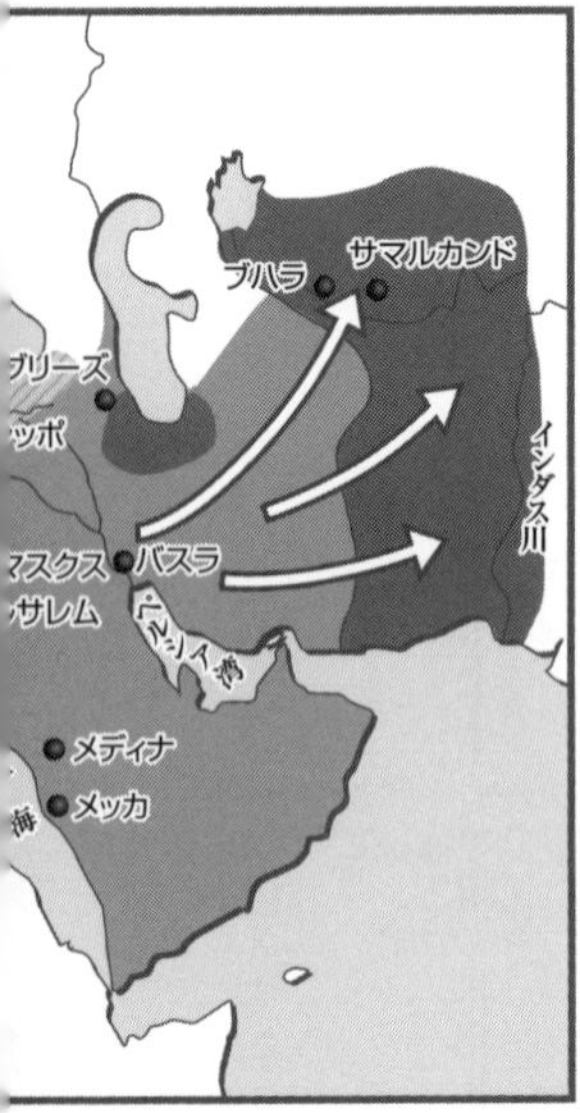

◆ウマイヤ朝の特色

661年にシリア総督ムアーウィアが、シリアの大都市ダマスクスを首都とする「ウマイヤ朝」（661〜750）を創建した。ウマイヤ朝は、旧ビザンツ帝国のシリアと旧ササン朝のイラクという2大中心地が対立の溝を深める中で、シリアを中心にした旧ビザンツ帝国の継承国家として出発した。

首都ダマスクスでは、他の軍事都市と同様にアラブ人が部族ごとにまとまり、各地区に居住した。8世紀初めのダマスクスとその管区に居住するアラブ人の年金受給者数は、約4万5000人になっている。

ウマイヤ朝では、ビザンツ帝国の行政機構がそのまま引き継がれた。ムアーウィアを補佐した秘書長官が、キリスト教徒のシリア人だったことがウマイヤ朝の性格を如実に物語っている。

◆アラブ人の特権と差別される改宗者

ウマイヤ朝は、ササン朝の徴税機構をまねて土地税徴収のための機構を整え、政府が農民から土地税を徴収し、役所に登録された特権的アラブ人戦士に、安定して年金を支給できる体制を整えた。

ウマイヤ朝では、征服地は神がイスラーム共同体に与えた戦利品（ファイ）であると主張され、農民は単に土地の占有権、用益権を有する者に過ぎないとみなされて重い税が課せられた。

ハラージュ（土地税）、春分・秋分の贈り物・水車の使用料・結婚税などの雑税を合わせると、ウマイヤ朝の下で農民が負担した税は、収穫物の半分に及んだのではないかとされる。

それに対して、アラブ人地主は収穫の10分の1の税を負担するのみでよく、農地経営で優位に立った。

■7～8世紀のウマイヤ朝時代

◆都市に押し寄せた非アラブだったが…

ウマイヤ朝の下で、重い土地税負担にあえいでいた非アラブ農民は大挙して農村を逃れて都市に集まり住み、年金の支給を求めてイスラーム教に改宗した。

こうした非アラブ人のイスラーム教改宗者たちを「マワーリー」という。

8世紀初めまで、ウマイヤ朝支配者は国庫収入の減少と支出の増加を恐れて、非アラブ人のイスラーム教への改宗を認めず、マワーリーを都市から追放する政策をとった。しかし、こうした政策がとられたにもかかわらずマワーリーは急激に数を増し、アラブ人の人口をはるかにしのぐにいたる。

マワーリーはアラブ人から身分的に差別され、その生活状況も劣悪だったのでウマイヤ朝に不満を持ち、シーア派などによる反体制運動の中心となった。

そこでウマイヤ朝は、東はソグド地方、インダス川流域、西は北アフリカ、イベリア半島に向けての遠征を再開し、マワーリー戦士を巧みに利用した。

アラブ人との差別に不満を持つマワーリーをなだめるため軍事都市への定住を認め、税の支払いを免除するようになるのである。

歴史メモ 非アラブ人がイスラーム化するには、アラブ人有力者の保護（マウラー）を受けることが必要とされた。

●750〜1258年◆アッバース朝

最初の大イスラーム帝国アッバース朝

アラブ人の特権を取り除き、『コーラン』に基づくイスラーム教徒の平等がほぼ実現。イスラーム帝国が誕生した。

◆ウマイヤ朝から生まれた新王朝

大征服運動が一段落すると、アラブ兵士の収入の道がとだえた。また、生活に困窮する都市のマワーリー（115ページ）が増加する中で、アラブ人の既得権を守ろうとする部族と貧しい部族の争い、さらにマワーリーによる反体制運動が激化していく。

広大な帝国はどうしようもない混乱におちいり、政府支配が直轄地のシリアでさえ行きわたらない状態になってしまった。

そうした中でウマイヤ家の支配を否定し、預言者ムハンマドのハーシム家こそが教団の指導者にならなければならないとする運動が、イラン高原を中心に激しさを加えた。運動が激化する中で主導権を握ったのが、ムハンマドの叔父アッバースの子孫の一族だった。

アッバース家は、それまではパレスチナ南部の弱小部族に過ぎなかった。

イランのシーア派反体制勢力は改宗ペルシア人を組み込んで勢力を強め、７４９年にイラク中部のクーファを占領してアッバース家のアブー・アルアッバースを初代カリフとする新王朝を建てた。それが「アッバース朝」（７５０〜１２５８）である。新王朝は、翌７５０年にウマイヤ朝を倒すことになる。

◆アッバース革命からイスラーム帝国へ

シーア派の反体制運動を利用して新王朝を建てたアッバース家だったが、安定政権を樹立するには多数派を味方につけることが必要であると判断して、なんとシーア派を弾圧。スンナ派に寝返った。アラブの有力部族にすり寄ったのである。

他方でアッバース朝は、アラブ人の特権を取り除く必

■アラブ帝国からイスラーム帝国へ

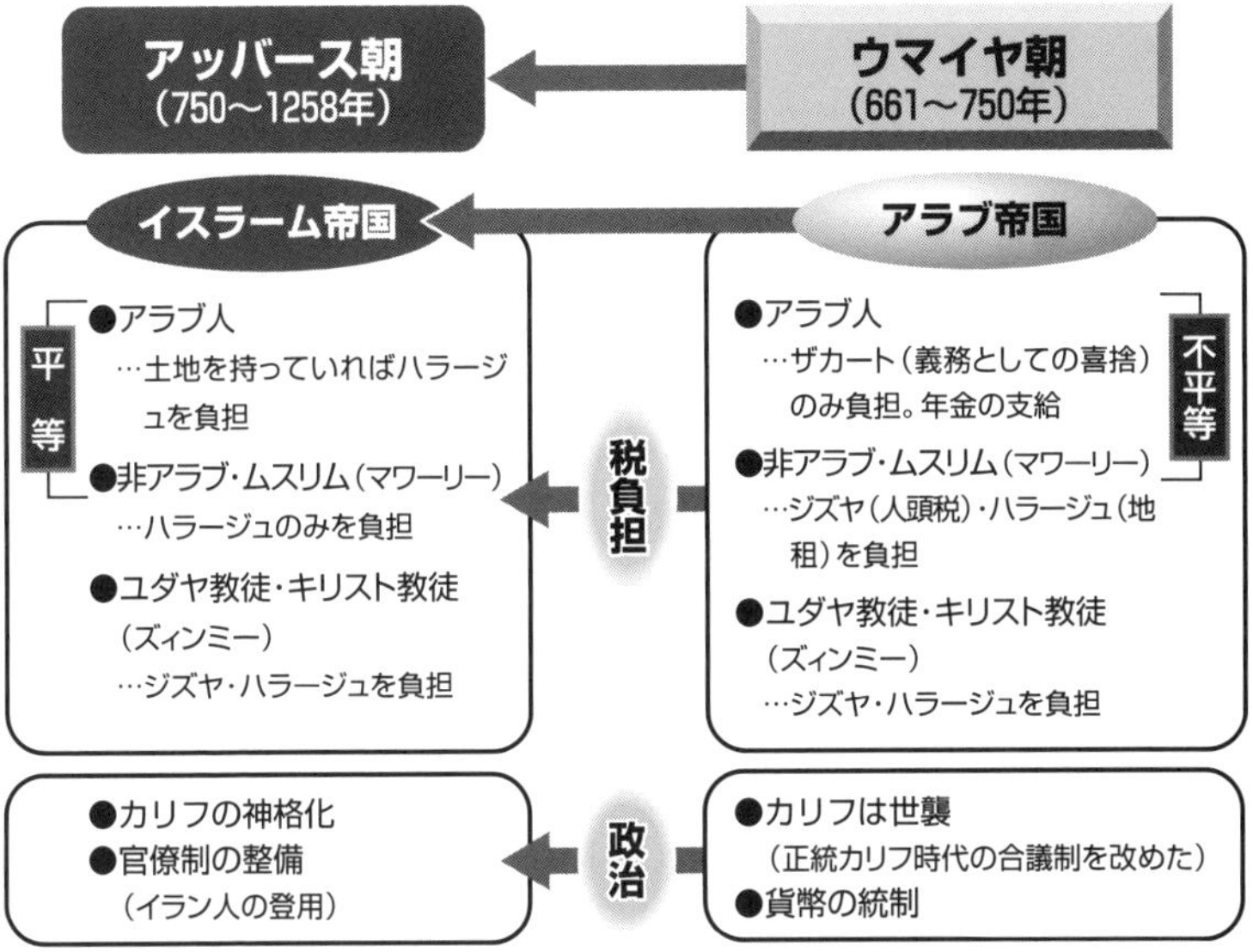
アッバース朝
（750〜1258年）
ウマイヤ朝
（661〜750年）
イスラーム帝国
アラブ帝国
平等
●アラブ人
…土地を持っていればハラージュを負担
●非アラブ・ムスリム（マワーリー）
…ハラージュのみを負担
●ユダヤ教徒・キリスト教徒
（ズィンミー）
…ジズヤ・ハラージュを負担
税負担
●アラブ人
…ザカート（義務としての喜捨）のみ負担。年金の支給
●非アラブ・ムスリム（マワーリー）
…ジズヤ（人頭税）・ハラージュ（地租）を負担
●ユダヤ教徒・キリスト教徒
（ズィンミー）
…ジズヤ・ハラージュを負担
不平等
●カリフの神格化
●官僚制の整備
（イラン人の登用）
政治
●カリフは世襲
（正統カリフ時代の合議制を改めた）
●貨幣の統制

要にかられ、アラブ人に対する年金の授与や免税特権の廃止に踏み切った。『コーラン』に基づくイスラーム教徒の平等の実現にも努め、イラン人など非アラブ人の有力者を役人として積極的に取り込んだ。弱小部族による支配の補強に努めたのである。

結果的に、征服王朝としてのアラブ帝国（ウマイヤ朝）が、イスラーム原理により諸民族が平等に統合されるイスラーム帝国に姿を変えた。それを、「アッバース革命」という。

イスラーム世界は、8世紀中頃に100年あまり続いた政治・軍事面での拡大期に続き経済発展期に入った。ウマイヤ朝がシリアを拠点とするビザンツ帝国的色彩の強い国であったのに対し、アッバース朝はイラクを拠点にしてササン朝の諸システムを巧みに取り入れ、イラン人を同盟者として利用することで一時的に安定した体制を築き上げた。

こうしてアッバース朝の時代には、かつての軍事都市が経済都市に姿を変え、帝国の諸都市の市場を結ぶ商業ネットワークは急成長をとげ、ユーラシア規模の大ネットワークに接続するようになった。

歴史メモ 「預言者ムハンマドの家系に権力を」のスローガンの下にアッバース家の王朝が成立したが、最もムハンマドに近いのはアリーの一族だった。

COLUMN

ハーレムと支配者の放縦な生活

前近代においては、支配者である王は一般的に放縦な生活が許されていた。

中国の「後宮三千人」などは、その最たる例であるが、イスラーム世界にもそれに類する話がある。

9世紀のアッバース朝のカリフ、ムタワッキルは4000人の女性をハーレムに所有していたという。また『アラビアン・ナイト』の「オマル・ブヌ・アン・ヌウマーン王とその2人の子の物語」では、バグダードの宮廷には、当時の1年にあたる360の部屋が設けられていて、360人の側室が住まい、王は1人ひとりに1年間に1回だけの相手をさせたと書いてある。

ハーレムは、アラビア語の「出入り禁止の場所」を示す「ハリーム」のトルコ語訳で、もともとは女性専用の場所を指した。支配者のハーレムが巨大化した起源をササン朝（80ページ）に求める説もある。アラブ人がササン朝を征服した際に、支配者の豪華で放縦な生活スタイルが引き継がれたとする説である。

オスマン帝国のスルタンの500年間の居城だったトプカプ宮殿にも約300室からなるハーレムがあり、女性と宦官しか出入りを許されなかった。ハーレムの子どもたちはスルタン位を継ぐ資格を持ったため、「わが子をスルタンに」という女たちの激しい勢力争いが繰り返された。スルタンになりそこねた子どもたちは、新スルタンによりまとめて殺されたり、目をつぶされたり、死ぬまで一生幽閉されたりした。

また、スルタンが代わるたびにハーレムの女性は、オダリスク（女奴隷）として臣下に下賜されるなど一新され、入れ替えられた。こうした支配者の風習が19世紀ヨーロッパで一般化され、「オリエンタリズム」という偏見を肥大化させた。

第6章

ユーラシア規模に広がった商業圏

世界史を誕生させた!? イスラーム商人のネットワーク

東西に広がっていく商人のネットワーク

正統カリフ時代、ウマイヤ朝と続いたアラブ人による軍事征服の時代が終わり、アッバース朝では帝国内の大都市のバザール（市場）を結ぶネットワークが活性化し、イスラーム帝国は商業帝国に変身した。

アラビア語を共通語とする帝国内の諸商人は、活動を帝国外にも広げる。

整備された3大陸にまたがる幹線道路網を中心にイスラーム商人の活動がアフリカからユーラシアに広がる長大なオアシス・ルート、ペルシア湾、紅海、地中海、インド洋、南シナ海にまたがる海のネットワーク、さらにロシアの川のルートとつながり、ユーラシア規模の大商業圏が出現した。

帝都バグダードは、他の地域には類を見ない人口150万人のユーラシアの経済センターになり、莫大な富を集めた。現代でいえばニューヨークといったところであろう。

ラクダのキャラバンによる乾燥地帯の貿易とダウを利用した地中海から南シナ海にいたる海上貿易は相互に連動して、経済規模を拡大させた。

モンゴル帝国をも支えていたイスラーム商人

貿易とともにイラン、インド、中

■9世紀の世界

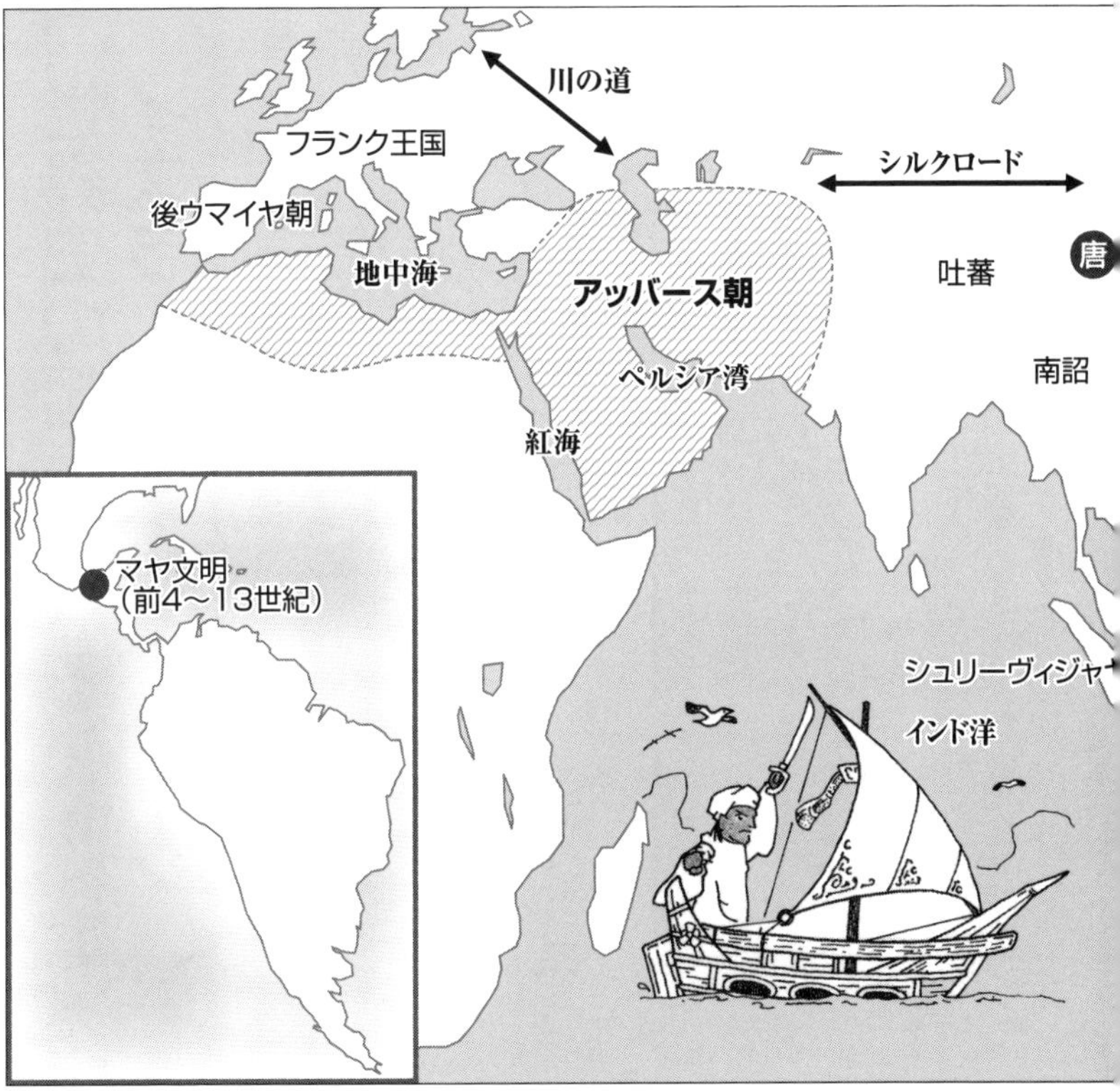
川の道
フランク王国
シルクロード
後ウマイヤ朝
地中海
唐
吐蕃
アッバース朝
ペルシア湾
南詔
紅海
マヤ文明
（前4〜13世紀）
シュリーヴィジャヤ
インド洋

国、ギリシアなどの諸地域の文明が交流し、アラビア語による体系化が進んだ。世界文明としてのイスラーム文明の出現である。

　モンゴル帝国を「世界史」の起点とする説が有力であるが、イスラーム商人の経済的、政治的サポートがなければ、わずか数十万の軍事力でユーラシアを統合することは不可能である。ユーラシア規模のモンゴル帝国の土台は、アッバース朝で成熟した商業ネットワークにより築かれたと考えるのが妥当である。

　そこで本章では、地理的発想を組み込んで、帝国内部、地中海、サハラ地域、シルクロード、ヴァイキング世界、インド洋世界、唐帝国の商業圏、倭国というようにイスラームによるネットワークを概観していくことにする。

世界史の起点となる イスラーム・ネットワーク

陸と海の交易路を結びつけたのはイスラーム商人による広大なネットワークだった。世界史はここから大きく動き出した。

◆世界の一体化はアッバース朝から

文明が誕生してから三千数百年の世界史は、西アジア、南アジア、東アジア、地中海などに大帝国を核とする「諸地域世界」が形成され、その枠組みの中で展開される歴史だった。

8世紀後半のアッバース朝の時代に、3大陸にまたがるイスラーム帝国とそれに付随するユーラシア規模の大商業網が形成されると、世界史は大きな転機を迎えることになる。

ユーラシアの諸地域世界の経済的結びつきが一気に強まり、ユーラシア「世界史」が誕生するのである。

◆ユーラシアに広がる大商業圏

現在でも広大な地域にイスラーム世界が広がっているが、それにはワケがある。

13世紀にユーラシア規模の大帝国をつくりあげたモンゴル帝国の痕跡がほとんど残っていないのに、広大なイスラーム世界が存在している理由は、イスラーム帝国が文明の先進地帯の西アジアと地中海のネットワークを巧みに統合し、ユーラシア規模の大商業圏をつくりあげたことにある。

広がり

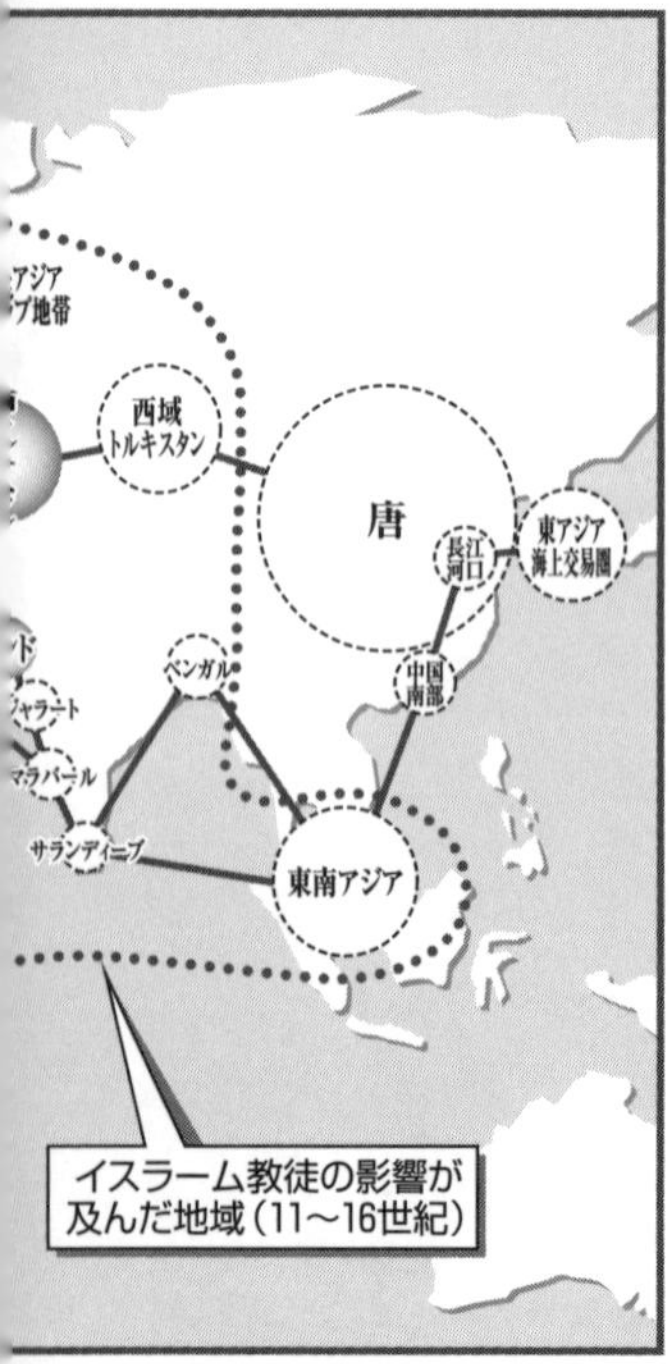
西域 トルキスタン
唐
長江河口
東アジア海上交易圏
中国南部
ベンガル
マラバール
サランディーブ
東南アジア
イスラーム教徒の影響が及んだ地域（11～16世紀）

■アッバース朝ネットワークの

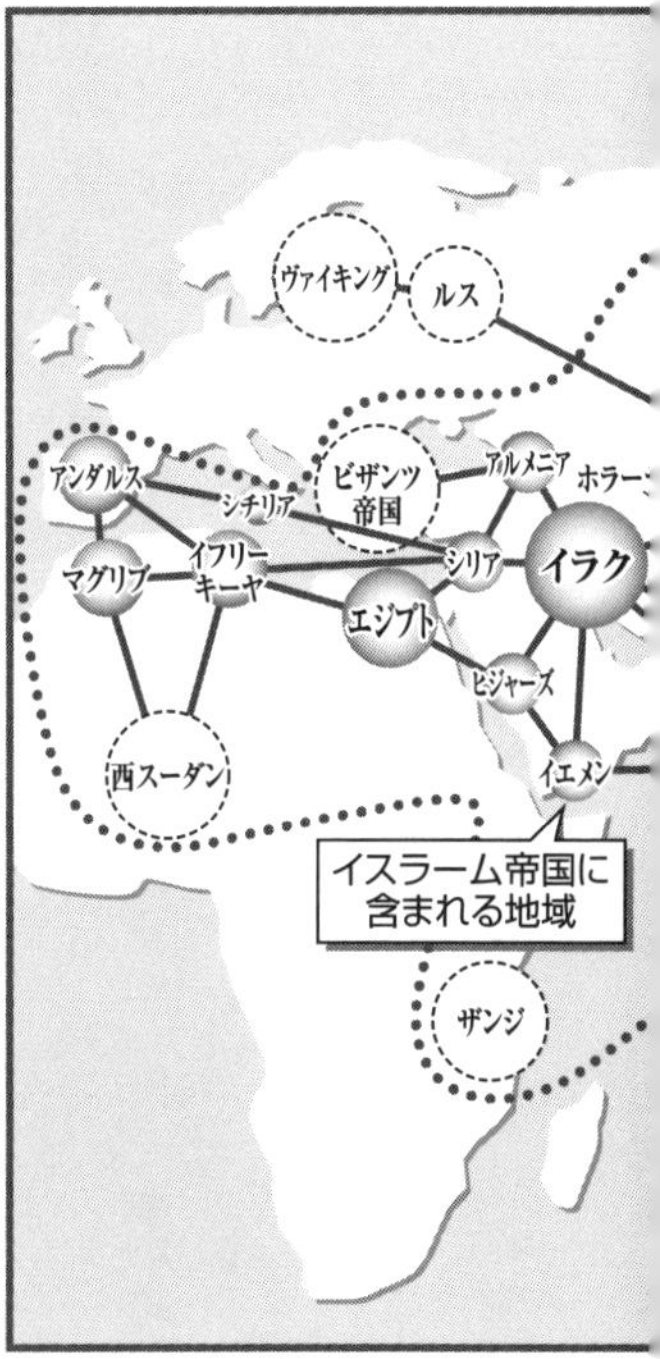

イスラーム教徒による7世紀から8世紀の大征服運動は、遊牧民が農耕世界の大ネットワークを支配・統合し、巨大帝国に組み替える動きであった。

もともと中東は、砂漠の民や草原の遊牧民、インド洋を往来する海の商人の活動と密接に結びついた大空間だったが、イスラーム教徒を平等に扱うアッバース朝の下で、商業活動の活性化、大規模化が進んだのである。

◆モンゴル帝国はイスラーム商圏の延長

ユーラシアで史上最大の領域を支配したモンゴル帝国を「世界史」の起点とする見方があるが、そうした見方は、中華帝国を中心とする東アジアに偏った見方ではないかと考える。

モンゴル帝国の中心となる元帝国を支えたのが「色目人」だったことはよく知られているが、色目人の大部分はイスラーム教徒であった。

中央アジア出身のイスラーム商人を中心とする色目人の経済・外交面での支えがなければ、モンゴル帝国の形成、維持は困難だったのである。イスラームの大征服運動からモンゴル帝国の形成にいたる過程を一連の歴史的過程と見なしたほうが、ダイナミックな世界史理解が可能になる。

チンギス・ハン以後のモンゴル人の大帝国の建設は、古代地中海世界とペルシア世界の対立の図式を掘り崩して大世界をつくりあげ、ユーラシア規模の大商業圏を誕生させたイスラーム世界の歴史との連続性を踏まえることにより、はじめて説明可能になる。

モンゴル帝国のユーラシアの陸・海をつなぐ大ネットワークは、先行するイスラーム商業圏の砂漠、草原、海をつなぐネットワークを下敷きにしている。世界史は、アッバース朝に起点を持つと見なさざるを得ない。

歴史メモ 3大陸の接点に位置する中東は、アフリカ、ヨーロッパ、アジアを結ぶ陸・海ネットワークの中心になった。

◉8世紀◆バグダード建都

大交易センターになった帝国の管理都市

東西世界のヘソともいえる地にバグダードはある。平和を願ってつくられた人工都市であった。

◆ユーラシア経済の〝ニューヨーク〟

この章では、中東だけではなく世界史にも大きな影響を与えたバグダードをセンターとするイスラーム商業圏の広がりを、空間的に見ていくことにする。

アッバース朝の第2代カリフのマンスールは、イラク南部のかつてのササン朝の首都付近に巨大帝国の管理センターとして、3重の城壁で囲まれた直径2・3キロの円形の要塞を築いた。安全の確保のためである。

円形都市の主壁は、基部の厚さ50・2メートル、高さ34・1メートルもあり、内部に宮殿、カリフの一族の住居、巨大なモスク、諸官庁が設けられ、カリフと官僚、4000人の兵士が居住していた。

莫大な税が集中するバグダードの周辺には商人、職人などの庶民が集まり、やがて人口150万人の大経済都市になった。アッバース朝の最盛期の第5代カリフ、ハールーン・アッラシード（位786〜809）の時代のバグダードは『アラビアン・ナイト』の舞台であるが、「世界に肩を並べるもののない都市」として成長をとげ、市内には6万のモスク、3万近くのハンマーム（公衆浴場。68ページ）があったとされる。

バグダードは産業革命以前の最大の都市で、中東の商業網の中心になっただけではなく、海の道、シルクロードにもつながるユーラシアの経済センターでもあった。

◆平和をめざした都市・バグダード

新しい帝都の「バグダード」という呼び名はペルシア語で「神の都」の意味であるが、帝都の正式名称はアラビア語の「メディナ・アッサラーム」（平和の都）である。

その名には、血で血を洗うイスラーム教団内部の対立、アラブ人と被征服民の対立の時代を終わらせたいという願いが込められていた。当時のイラクは、もともとイラン人の勢力圏だったが、軍事力で征服したアラブ人が支配勢力として加わった。アラブ人とイラン人の協調をめざしたアッバース朝の下で、帝都は二つの呼び名を持ったのである。

■アッバース朝時代（8世紀）のバグダード

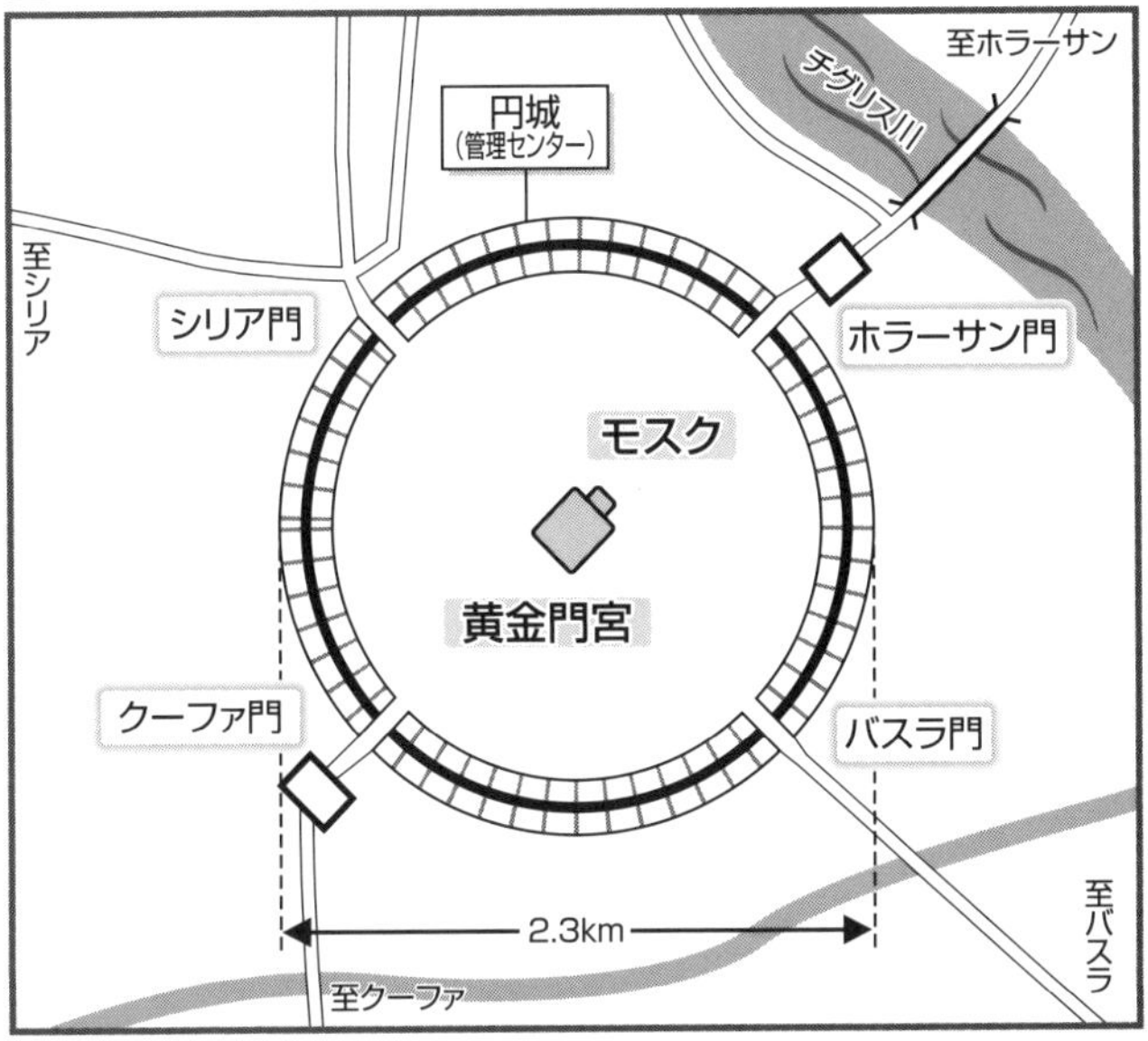

※管理センター（円城）の周辺に商人、職人、多様な庶民が集まり、人口150万人を数える大都市に成長。

◆広がる商業ネットワーク

アッバース朝がエジプト、シリア、イラク、イランの諸都市を密接に結びつけたことにより、一挙に大商業圏ができあがった。

イスラーム都市は、モスクと常設市場の「スーク」（アラビア語。ペルシア語ではバザール）を中心に建設され、市場の付近にはフクダなどで商品の輸送にあたる隊商のための宿屋（キャラバンサライ）が設けられた。

都市の市場を互いに結ぶ巨大なネットワークが出現したのである。バグダードを中心とし、アラビア語を共通語、イスラーム法を共通ルールとする大商業圏だった。

歴史メモ ペルシア語で市場を表した「バザール」は、日本でも一般に使われる「バザー」の語源である。

◉8世紀～◆四つの幹線道路

大道路網によってできあがった中東の骨格

バグダードから四方にのびた幹線道路が、アッバース朝の地方支配を強固にし、中東世界をつくりあげた。

◆カリフの「魔法の鏡」の秘密

バグダードの円形のセンターには、東西南北に四つの門が設けられ、そこから帝国の四方に幹線道路がのびていた（前ページ図）。幹線道路には、さらに数百の道路がつながってイスラーム帝国の隅々を結んでいた。

カリフは都の建設と同時に道路網の整備につとめ、一定間隔でラクダ、ウマ、ラバなどを配備した宿駅を設け（帝国西部では約24キロ間隔、東部では約12キロ間隔、総数は930）、公文書の伝達に携わらせた。

幹線道路は、公文書だけではなく、地方の役人の動静、地方の動向、穀物価格などの各種の情報を都に集める役割も果たした。

日々、都に寄せられる情報により、カリフはアッバース帝国の隅々の動向を常に把握していたため、人々は「カリフは魔法の鏡を持っている」と噂し合ったという。

◆ユーラシアをつなぐ幹線道路

アッバース朝の下でバグダードから帝国領土を貫いてのび、周辺の「海の道」、シルクロード、草原の道、ロシアの「川の道」、サハラ砂漠

■中東の幹線道路とネットワー

縦断の「塩金貿易」の道につながる四つの幹線道路は、以下のようになる。

①バスラ道……バグダード東南部のバスラ門からユーフラテス川の河口、インド洋貿易の拠点港バスラにのびる。海の道を通り、東アフリカ、インド、東南アジア、中国からの物資の輸送道路だった。バスラからはアラビア半島にのびて、巡礼の道路ともなった。

②ホラーサン道……バグダード東北部のホラーサン門からイラン高原にのびる。アッバース朝の最大の銀産地ホラーサン地方、第二の銀産地シャシュ（現在のタシケント）にのびる「銀の道」であり、アフガニスタンを経由してシルクロードの中心、マー・ワラー・アンナフル（「川向こうの土地」の意味。現在の西トルキスタン）につながり、中国、インド、中央アジアの草原地帯、カスピ海東岸を経てロシアの森林地帯にもつながっていた。

③クーファ道……バグダード西南部のクーファ門からアラビア半島にのびる砂漠の道。メッカ巡礼のための宗教道路であったが、アラビア半島南部の経済地帯イエメン地方（中心都市はアデン）にまでのびていた。

④シリア道……バグダード西北部のシリア門からシリアの経済都市ダマスクスにのび、さらにレバノン、ヨルダンを経由して大穀倉地帯エジプト、地中海貿易の中心港アレクサンドリアにいたった。エジプトからは北アフリカのチュニジア、モロッコへとのびた。道路はさらにジブラルタル海峡を渡り、後ウマイヤ朝が支配するイベリア半島のコルドバにつながっていた。支線としては、レバノンの諸港から地中海各地にいたる海上ルート、ナイル川上流のヌビア地方にいたるルート、サハラ砂漠を縦断して西スーダン地方にいたる「黄金の道」があった。

歴史メモ 帝国の四つの幹線道路は、地方の情報伝達・収集・官吏の監督の中枢で、カリフが長官を勅任する役所により管理された。

イスラーム化する地中海世界

北アフリカからさらに西へと広がっていくイスラーム。イベリア半島は完全にイスラーム世界になった。

◆地中海を飲み込んだイスラーム帝国

大征服運動の中でシリアを中心に地中海交易の拠点であるレバノン、エジプトをビザンツ帝国から奪い、ウマイヤ朝は8世紀初頭には2年間にわたって帝都コンスタンティノープルを包囲した。ビザンツ帝国は、「ギリシア火」という石油を使った一種の火炎放射器で対抗したが、防戦が精一杯であった。

14世紀のイスラームの歴史家イブン・ハルドゥーンは、「キリスト教徒は板切れ1枚も地中海に浮かべることはできない」と豪語した。実際、7世紀から16世紀までの間、イスラーム教徒は地中海でキリスト教徒に対する大変な優位を確保していたのである。

9世紀中頃から後半にかけてイスラーム勢力は北アフリカのチュニジアからシチリア島を攻略し、9世紀末から200年間にわたり、東地中海と西地中海を結ぶ要地シチリア島を支配した。

10世紀にはシチリア島の中心都市パレルモには300ものモスクが建てられ、150以上の肉屋があったという記録がある。イスラーム教徒は、シチリア島にお得意の乾燥地域の灌漑技術を生かして綿花、サトウキビ、ナツメヤシ、オレンジなどの栽培を導入し、養蚕《ようさん》業と絹織物工業を興した。

◆イスラーム帝国の一部になったイベリア半島

8世紀初め、イスラーム教徒はゲルマン人の西ゴート王国を滅ぼし、イベリア半島（現在のスペイン）を支配下においた。余勢をかったイスラーム教徒は、そのままピレネー山脈を越えてフランク王国に侵入しようとするが、732年の「トゥール・ポワティエ間の戦い」に敗北したためにかなわなかった。

■イスラーム化していく地中海

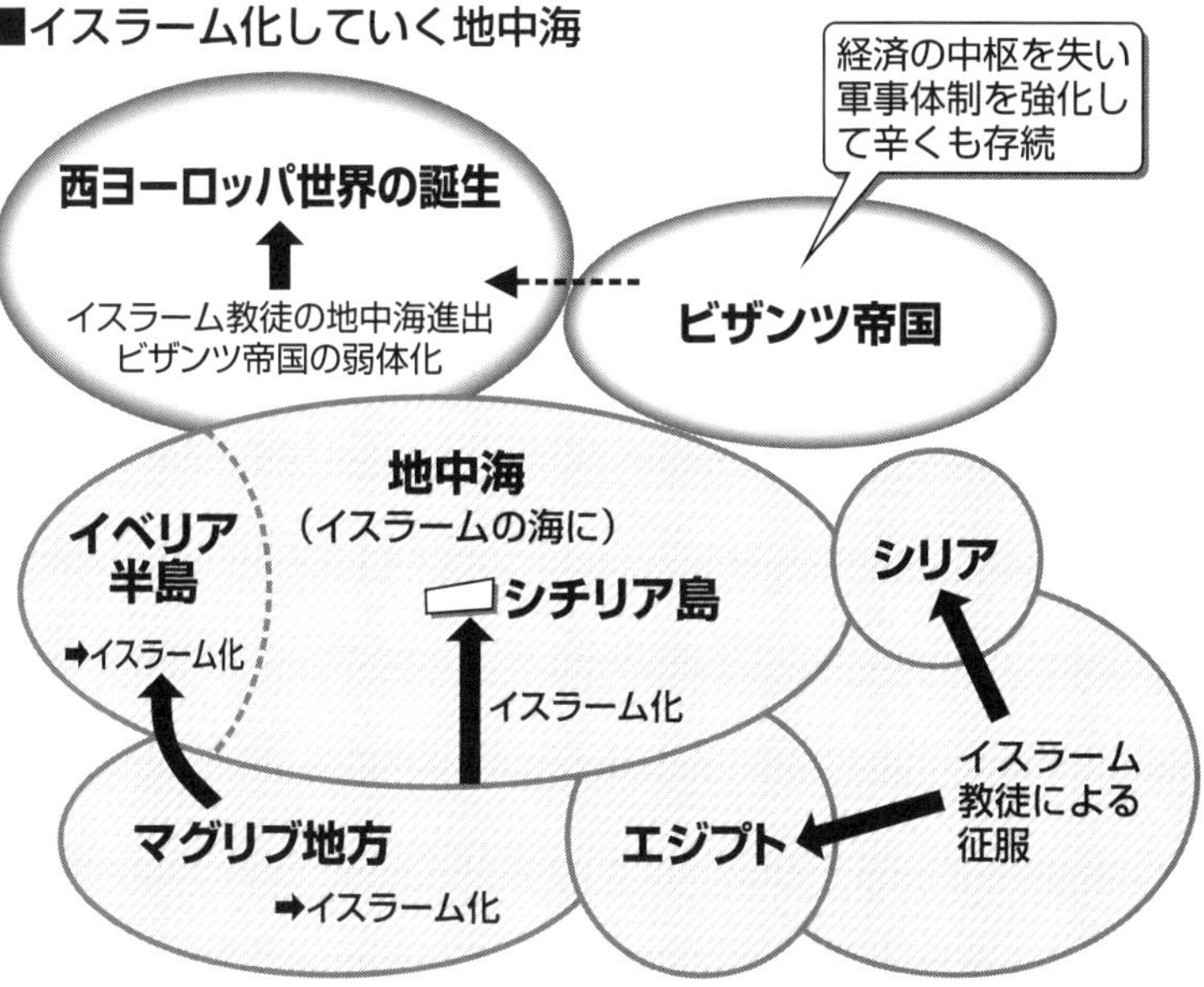
経済の中枢を失い
軍事体制を強化し
て辛くも存続
西ヨーロッパ世界の誕生
イスラーム教徒の地中海進出
ビザンツ帝国の弱体化
ビザンツ帝国
地中海
（イスラームの海に）
イベリア
半島
➡イスラーム化
シチリア島
イスラーム化
シリア
イスラーム
教徒による
征服
マグリブ地方
➡イスラーム化
エジプト

しかし、イベリア半島には、シリア地方、北アフリカなどから多くのイスラーム教徒が移住し、灌漑技術（32ページ）を伝え、綿花、サトウキビ、米、柑橘《かんきつ》類、桃、ザクロ、サフランなどの東方の農作物が移植され、繊維工業、製紙業などの工業も興された。

「後ウマイヤ朝」の繁栄ぶりは、10世紀末に首都コルドバの人口が50万人を超え、1600のモスク、8万あまりの店舗を有する大都市となり、約1万3000人の機《はた》織《お》り職人を擁する繊維産業を有していたことからもうかがえる。

◆北に中心を移すキリスト教世界

地中海貿易の中心がイスラーム商人に移ったことで、キリスト教世界の中でアルプス以北のフランク王国の力が強まった。800年、教皇レオ3世はフランク王国の国王カール（シャルルマーニュ）に載冠して西ローマ帝国を復興した（35ページ）。

弱体化したビザンツ帝国に対抗する大勢力が出現するのである。だがフランク王国は産物に乏しく、イスラーム経済圏の強い影響下におかれることになった。

歴史メモ　後ウマイヤ朝（756〜1031）は、アッバース朝から逃れたウマイヤ朝のアブドゥル・ラフマーンがイベリア半島に建てた王朝。

◉7～14世紀◆塩金貿易

サハラ砂漠を南北に結んだ塩金貿易

北アフリカへの進出とともに、金と岩塩を交換する貿易が盛んになる。これにより内陸部のイスラーム化が一層進んだ。

◆アフリカは大イスラーム世界

現在、アフリカには総人口の35%を超える1億5000万人以上のイスラーム教徒がおり、インドネシアやマレーシアなどからなる東南アジアに次ぐ、大イスラーム世界である。

西アフリカでは現在も布教活動が盛んで、信者が増え続けている。こうした大イスラーム世界を生み出したのは、東南アジアと同様に、イスラーム商人の交易活動だった。

サハラ砂漠を南北に結び、サハラ以南の豊かな金をサハラ砂漠で掘り出した岩塩と交換する大規模な「塩金貿易」が、サハラ以南のイスラーム化を進めたのである。

◆北アフリカはこうしてイスラーム化した

サハラ以南のイスラーム化の基地は、北アフリカだった。

大征服運動が行われた7世紀から8世紀にかけて、北アフリカの先住民ベルベル人は、アラブ人に征服されて徐々にイスラーム化し、混血が進んだ。

1世紀の間に北アフリカは、アラブ人、ベルベル人、両者の混血であるモール人からなるイスラーム世界に姿を変えていく。

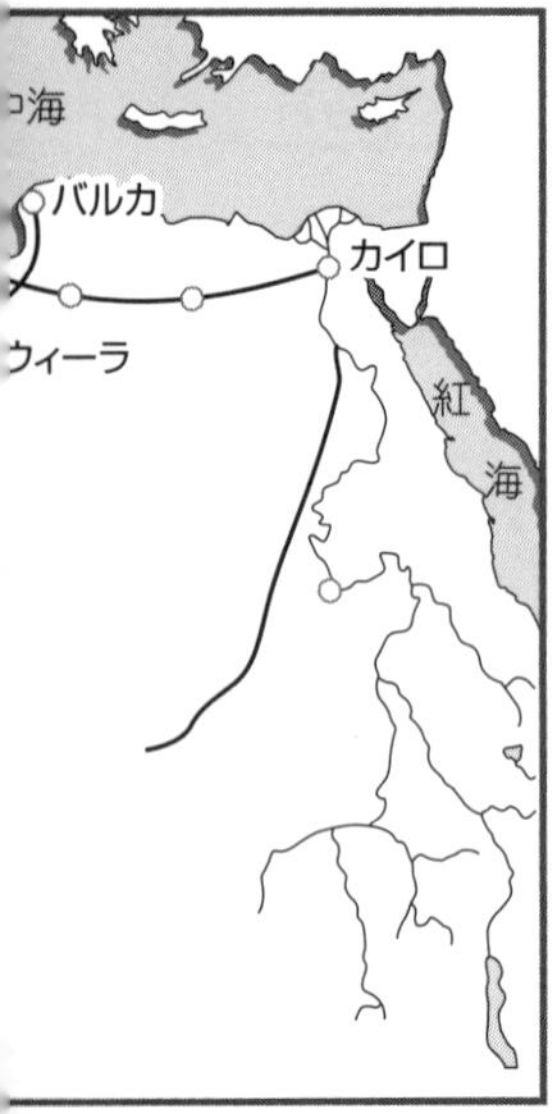

■アフリカをイスラーム化した塩金貿

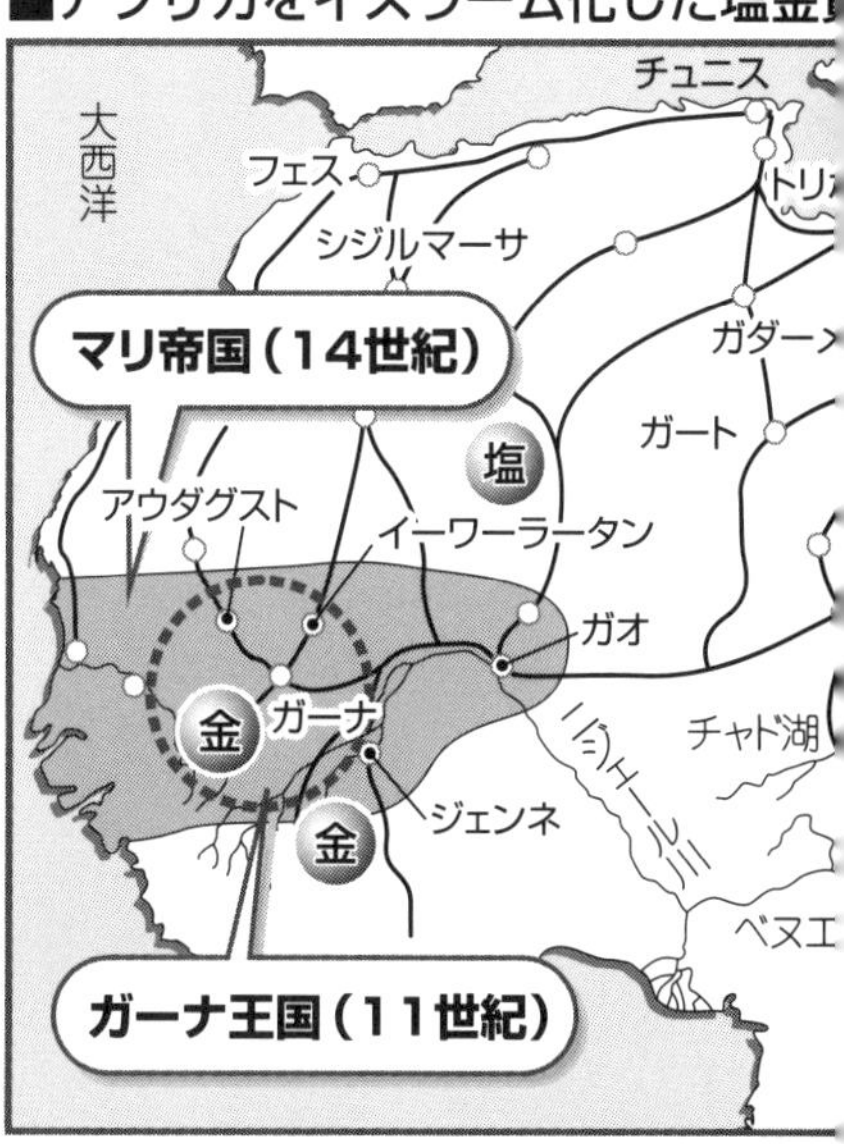
大西洋
チュニス
フェス
シジルマーサ
マリ帝国（14世紀）
塩
ガート
アウダグスト
イーワーラータン
ガオ
金
ガーナ
チャド湖
ジェンネ
金
ニジェール川
ガーナ王国（11世紀）

◆活性化するサハラ縦断交易

9世紀半ばから10世紀半ばにかけて、サハラ砂漠の塩の交易権は砂漠の部族からベルベル人の手に移った。

金本位制度をとったエジプトの「ファーティマ朝」が積極的に奨励したこともあり、サハラ砂漠で掘り出された岩塩を、西スーダンの金の集積地ガオ、次いでガーナに向けて運ぶ塩金貿易が活性化したのである。

サハラ以北からは「岩塩、馬、装飾品、衣類、穀物、陶器」が、サハラ以南からは「金、黒人奴隷、黒檀、象牙」などが運ばれた。商人の活動にともないイスラーム教がサハラ以南に持ち込まれるが、本格的なイスラーム化は13世紀以降のスーフィー（神秘主義者）の布教の結果であった。

アラビア語で書かれた『コーラン』に基づく教義よりも心のあり方を重視するスーフィーの教えが、アフリカの人々にとって受け入れやすかったのである。そのためサハラ以南のイスラーム教には、各地の伝統的な習俗が組み込まれている。

◆黄金で満ちあふれていた西スーダン

多くのイスラーム商人を引きつけた西スーダンの金の産出量は、はかりしれないものがあった。

それを現在に伝えるのが、金を支配したマリ帝国の国王マンサ・ムーサ（位1312～37または1307～32）のメッカ巡礼である。

1万人から2万人の従者を引き連れ、ラクダ100頭に金を満載してメッカに向かった王は各地で気前よく黄金をばらまいた。その量が10トンにも及んだため、カイロの金価格が一時大暴落したともいわれている。

歴史メモ 西スーダンでは、宝貝、銅、塩、布地が貨幣として使われ、「金」は単なる商品であった。安く購入できたのである。

地中海と中国を結ぶオアシス・ルート

シルクロードを制したことにより、地中海と中国、インド、東南アジア、さらにヴァイキング世界までが一体化した。

◆ユーラシアを貫く海・陸の大交易路

砂漠の遊牧民と商人が共同で大農耕地帯を征服することにより成立したイスラーム帝国は、7世紀から8世紀にかけてサハラ砂漠の縦断交易を支配下に入れた。さらに751年には唐将の高仙芝が率いる3万人の軍を破り（タラス河畔の戦い）、シルクロードに手をのばす。

その結果、サハラ砂漠・シリア砂漠・アラビア砂漠の交易路と、シルクロードが相互に結びつけられてアフリカ、アジアのオアシス諸都市をリンクする大交易路が成立することになった。ラクダを船とする広大な「砂漠の海」が一つに結びついたのである。

この長大なネットワークはさらに、①地中海、②ロシアの「川の道」を通じてバルト海のヴァイキング世界、③中東の港を通じてアジアの「海の道」につながり、トルコ系遊牧民が居住するカザフ草原、インド、中国にまでつながった。

地中海から中国にいたる巨大な商業ネットワークができあがったのである。

◆なぜトルコ人がイスラーム化したのか

ネットワーク上の商業活動によりイスラーム教はユーラシアの広い地域に広まったが、それは海の世界と同様だった。

中央アジアの広い範囲に居住するトルコ人のイスラーム化に貢献したのが、シルクロードの中心地域マー・ワラー・アンナフル（「川の向こうの土地」の意味、ソグド地方）の商業民ソグド人だった。

もともとソグド人はゾロアスター教の信者だったが、天国と地獄、世界の終末、最後の審判、1日に5度の礼拝などで共通面を持つイスラーム教に大挙して改宗し、

■中国と結びついたオアシス・ルート

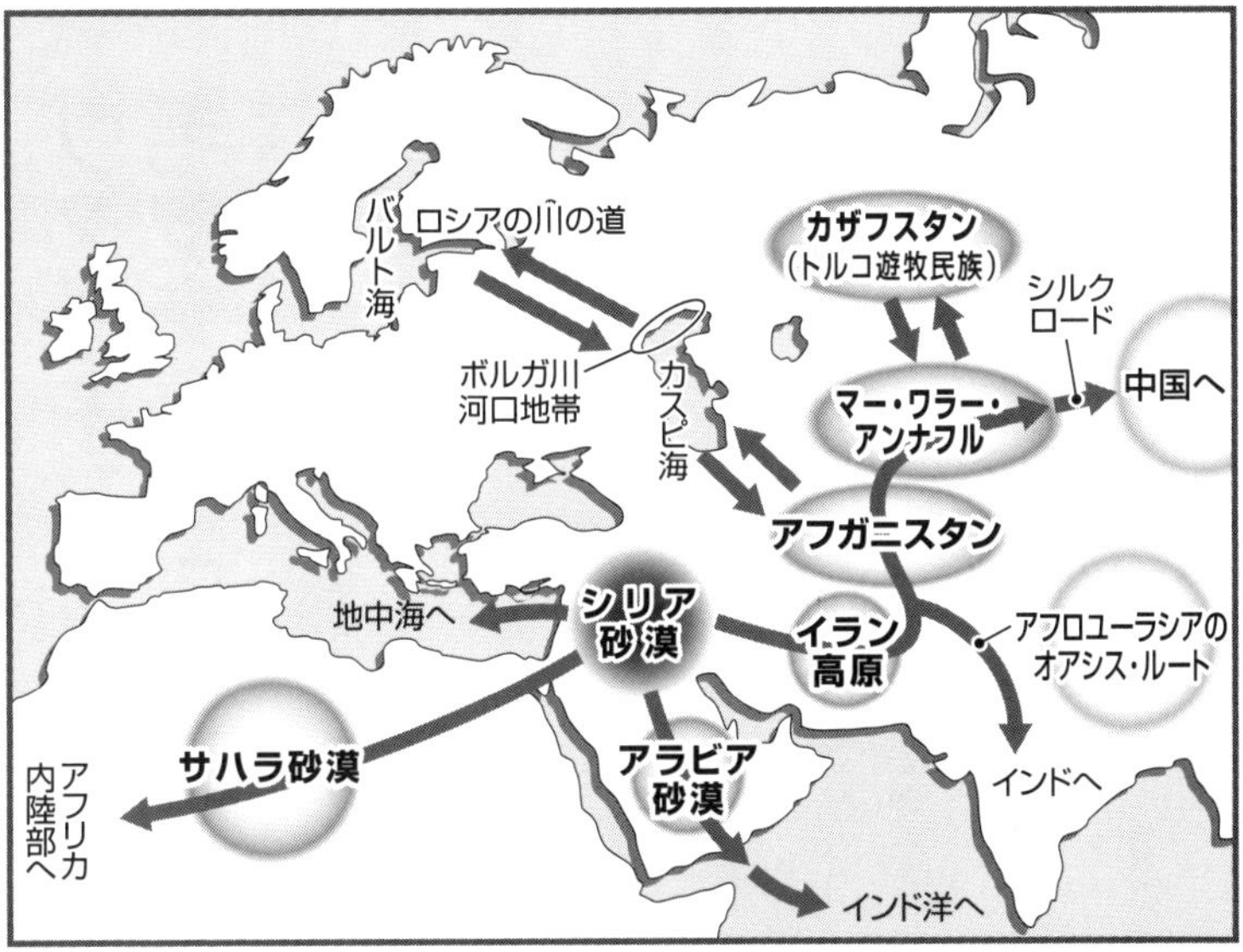
ロシアの川の道
バルト海
ボルガ川
河口地帯
カスピ海
カザフスタン
(トルコ遊牧民族)
シルクロード
中国へ
マー・ワラー・アンナフル
アフガニスタン
シリア砂漠
地中海へ
イラン高原
アフロユーラシアのオアシス・ルート
サハラ砂漠
アフリカ内陸部へ
アラビア砂漠
インドへ
インド洋へ

交易を通じてトルコ人などの周辺民族の間にイスラーム教を広めたのである。

トルコ人はもともとはシャーマニズムを信仰していたが、次第にソグド商業圏に組み込まれた。10世紀になると、神と人との合一を説くスーフィー（神秘主義者）の布教が盛んになる。

伝承によると、950年頃にカラハン朝の王がイスラーム教に改宗したのが最初で、次の王の時代の960年になると、テントの数にして約20万のトルコ人が集団でイスラーム教に改宗したという。

草原を中心に活躍するトルコ人は、①中東に進出してアラブ人、イラン人をしのぐ支配民族になる、②アフガニスタンから北インドにイスラーム世界を拡大する、③ソグド地方（現在のウズベキスタンなど）の支配勢力となる、④シルクロードの東半部のタリム盆地（西域）に移住してイスラーム教（中国語では清真教）を広め現在の新疆《しんきょう》ウイグル自治区（現在のイスラーム教徒数は500万人以上）を築く、というように、その後の歴史に大きな影響を与えた。

歴史メモ マー・ワラー・アンナフルのサーマン朝は、トルコ人を多数軍事奴隷（マムルーク）としてイスラーム世界に売り込み、利益をあげた。

ヴァイキングとの毛皮交易とロシアの建国

銀貨と物資に引きつけられ、9〜10世紀には、川の道を使ってヴァイキングがイスラーム圏と結びついていた。

◆イスラーム経済圏と結びついたヴァイキング

北欧のスウェーデンとバグダードが交易で結びついていたというと唐突に聞こえるかもしれない。だが、バルト海の最深部で生活するスウェーデン系のヴァイキングは、イスラーム世界の豊富な物資と銀貨に引きつけられてイスラーム商人と盛んに交易をはじめた。

北欧、東欧からは大量のアラブ銀貨が出土し、バルト海最大のゴトランド島からは9世紀から10世紀の4万枚のアラブ銀貨が出土した。仮に1000枚の銀貨の内の1枚が埋蔵されたと計算すると、全流通量は大変な量に上る。

イスラーム経済圏と交流したヴァイキングはスウェーデン人であり、かつてバルト海から上がった琥珀《こはく》をメソポタミアに送ったルートを利用して、アラブ人が求める毛皮や蜂蜜、スラブ人の奴隷をバグダードに送っていた。

◆主要なルートになったロシアの川の道

ロシアは「雪の国」であり、モスクワの北西300キロにある標高340メートルの湿地帯からバルト海に注ぐ諸河川、そしてカスピ海に注ぐボルガ川などの諸河川が流れ出していた。

とくに全長3690キロのボルガ川は1キロ当たりの高低差が8センチしかない緩やかな大河であり、交通の動脈として利用しやすかった。ヴァイキングは、そうしたロシアの川の特性を巧みに利用し、バルト海とカスピ海という二つの海を結びつけたのである。

カスピ海に注ぐボルガ川の河口まで行けば、アラビア語のわかるスラブ人奴隷がおり、そこで毛皮を売ることもバグダードで商売することも可能だった。

イスラーム世界で絹の生産が普及したことからイスラーム商人はそれに代わる贅沢品の毛皮に目をつけた。砂

■北欧・東欧でアラブ銀貨が出土する地

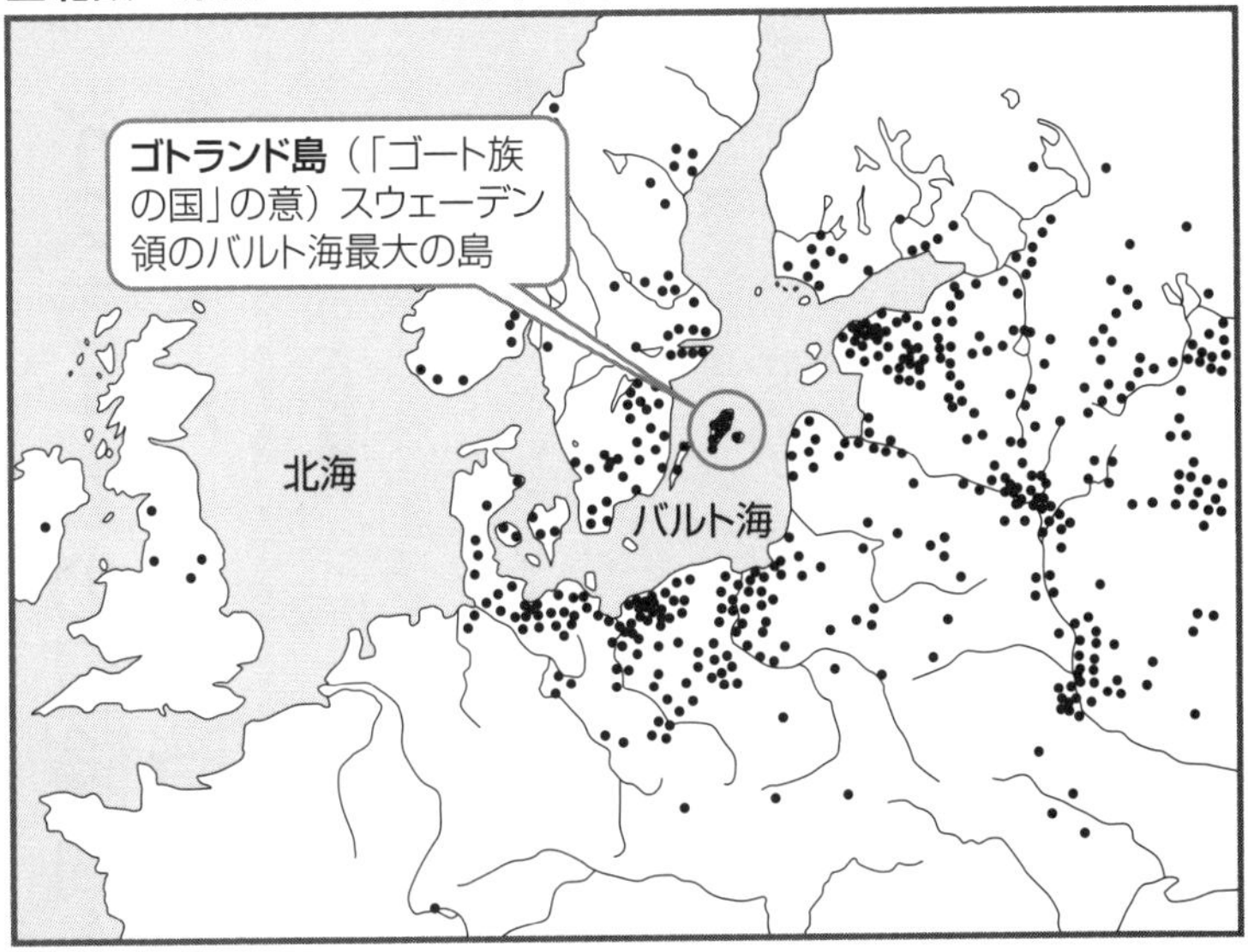

漠の夜は冷えるのである。

◆イスラーム商圏からの離脱とロシア建国

スウェーデン系ヴァイキング（「船のこぎ手」の意味で「ルス」と呼ばれた）は、毛皮交易路に沿って、ゴロド（スラブ語で「壁で囲まれた集落」）をつくったが、草原地帯でトルコ系遊牧民の活動が活発になり、イスラーム商圏との間の貿易が阻まれると、森林地帯の集落を結び、毛皮の集散地ノブゴロドを中心とする「ノブゴロド公国」が８６２年に建国された。「ルス」は、ロシアという国号の起源になっている。

やがて都が南のキエフに移されて「キエフ公国」と呼ばれるようになり、ヴァイキングの国は次第にロシア化した。

13世紀に中東がモンゴル人に蹂躙《じゅうりん》された時にキエフ公国は滅ぼされ、ボルガ川の河口を拠点にして２００年間モンゴル人の支配が行われることになった。ロシア史は、イスラーム、モンゴルの歴史と連動しているのである。

歴史メモ ヴァイキング時代のアラブ銀貨20万枚がスカンジナビア地方から発見されている、アラブ銀貨はヴァイキング社会の秤量貨幣だった。

◉8〜15世紀◆東南アジアのイスラーム化

イスラームの冒険商人シンドバッドの時代

アッバース朝最盛期の物語『アラビアン・ナイト』。イスラーム商人の交易圏の広さと繁栄が読み取れる。

◆ユーラシア規模の大交易網

『アラビアン・ナイト』（千夜一夜物語）は、妃の不貞を知って女性不信におちいり、毎日新しい妻を迎えては翌日に殺していた王を中心に話が展開される。

大臣の娘シェーラザードが1001日の間、毎晩違う面白い話を話して命をつないでいき、ついに王の悪癖を直すという筋書きで、多くの物語が集められている。

物語の背景になっているのは、アッバース朝（116ページ）最盛期の第5代カリフ、ハールーン・アッラシードの時代である。物語には「ハールーン・アッラシードの御名と光栄が、中央アジアの丘々から北欧の森の奥まで、またマグリブ（北アフリカ）およびアンダルス（イベリア半島）からシナ（中国）、韃靼（タタール、遊牧世界）の辺境にいたるまで鳴り渡った時代」と記されており、この時代、イスラーム帝国周辺に大交易圏が広がっていたことがわかる。

◆船乗りシンドバッドの物語の背景

イスラーム商人の大交易の時代の中心は、「ダウ」と呼ばれる帆船によるインド洋航路の隆盛だった。

『アラビアン・ナイト』を代表する物語の一つが「船乗りシンドバッドの冒険」である。

ハールーン・アッラシードの時代に商人としてインド洋に船出したシンドバッド（インドの「シンド地方の旅人」の意味）は、インド洋、ベンガル湾、セイロン島などへ7回の冒険航海を行い莫大な富を得る。

シンドバッドに象徴されるようなイスラーム教徒の冒険商人は、「ダウ」という、逆風でもジグザグに前進できる三角帆を備えた船に乗り、アフリカ東岸から中国沿岸にいたる大海域に航路を開いた。

■イドリーシーの世界地図（1154年）

※原図は南北が逆になっている。

イドリーシー
（1100頃〜1165頃）
シチリアの王に招かれ、そこで1154年に銀の板に世界地図を描いた。その解説書は『ルッジェロ国王の書』という地理書として知られた。

東アフリカからはザンジバル島などを交易拠点として「ザンジ」と呼ばれる黒人奴隷が大量に運ばれ、インドとの交易で米、綿花、砂糖、レモンなどがイラク地方にもたらされ、栽培された。

◆なぜ東南アジアにはイスラーム教徒が多いのか

ダウによるイスラーム商人の貿易で、インド、スリランカ、東南アジアの港にイスラーム商人の居留地とネットワークが広がった。

さらに15世紀には東南アジアの交易センター、マレー半島のマラッカ王国の国王がイスラーム教に改宗したことから、取引先のインドネシアの島嶼《とうしょ》部にイスラーム教が広く浸透した。

インドネシアの島々はかつてインド商人の交易圏だったこともあって、ヒンドゥ教、伝統宗教と混じりあった独特のイスラーム教が生み出された。

現在、インドネシアでは人口の9割、約1億6500万人がイスラーム教徒であり、世界最大のイスラーム教国になっている。また、マレーシアの人口の6割、タイとミャンマーは約5％がイスラーム教徒である。

歴史メモ よく知られている「アラジンと魔法のランプ」の話の舞台が中国に設定されていることは、あまり知られていない。

◉9世紀中頃 ◆中国とイスラームの交易

倭国(日本)も視野に入っていた唐との交易

黄金の国伝説である「ワクワク」も「ジパング」もイスラーム商人が紹介した。最果ての地の情報さえ集まっていた。

◆ダウの群れは中国をめざす!

イスラームの海の歴史で特筆すべき出来事は、ペルシア湾と中国南部の広州湾を結ぶ航路が定期化されたことだった。地中海、紅海、インド洋、南シナ海が、はじめて一つに結びついたのである。

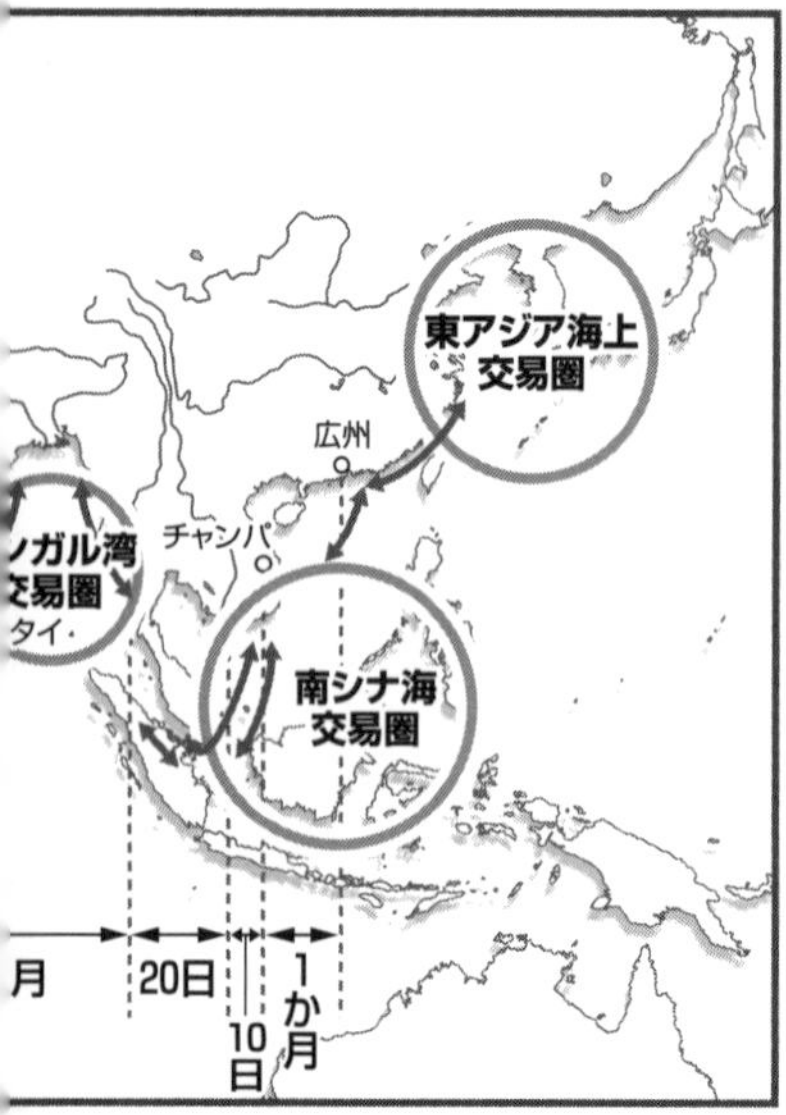

9世紀中頃にイスラーム帝国で書かれた『シナ・インド物語』は、ペルシア湾の港シーラーフから広州にいたる約120日間の航程を次のように記している。

①シーラーフから南インドのクーロンまで約1か月
②クーロンからベンガル湾を横断し、マレー半島の西岸まで約1か月
③マレー半島西岸からマラッカ海峡を経由してヴェトナム南部まで20日間
④ヴェトナム南部からチャンパまで10日間
⑤チャンパから広州まで1か月

寄港地での停泊日数を除き、順風120日間の航海であったが、モンスーン(季節風)の風待ちもあり、往復では1年半にも及ぶ大航海だった。しかし、貿易による莫大な利益が困難な航海を乗り越えさせ、多くのイスラーム商人を広州に引きつけたのである。

■アッバース朝の海のネットワー

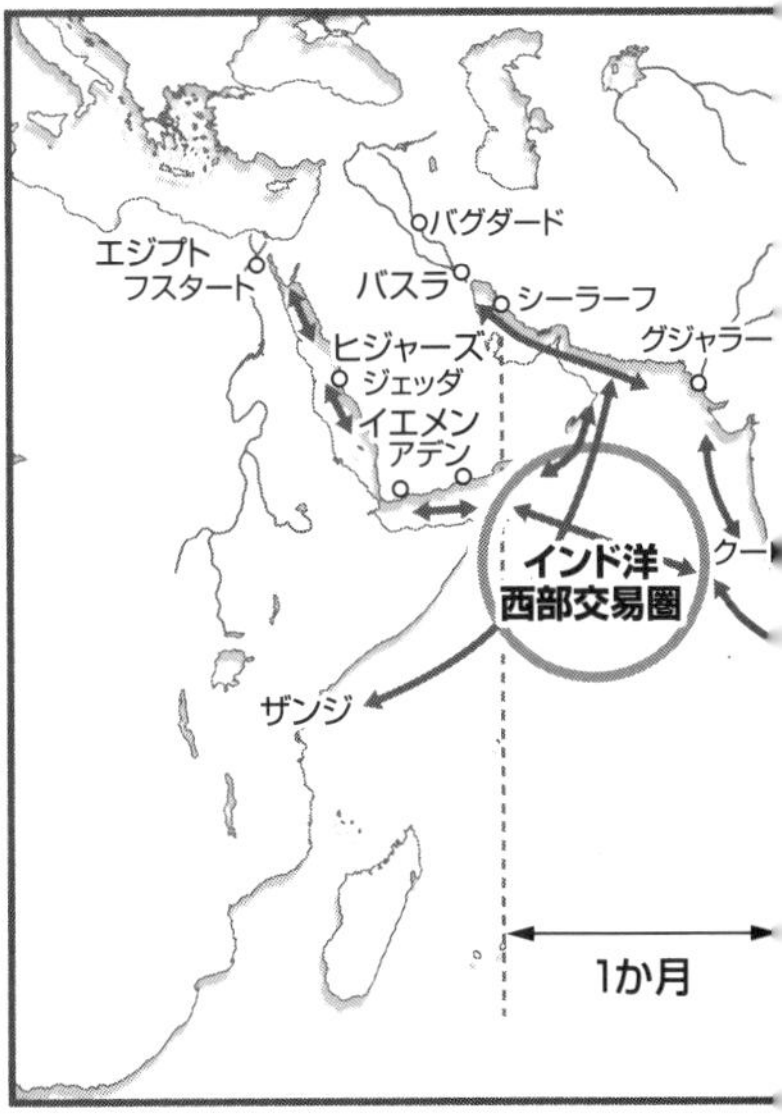

広州には外国商人の自治居留地がつくられて、人口12万人を数えるにいたり、モスクも建てられたとされる。

◆ジパング伝説の正体

イスラーム商人は広州湾から北上して長江北岸、鑑真《がんじん》ゆかりの地である商都、揚州にも数千人が居住するようになる。彼らは新羅の商人と接する中で、新羅、倭国（日本）の情報も集めた。

イスラーム商人は、日本の遣唐使の一行が陸奥で掘り出した大量の砂金を持参したことから当時中国に広まっていた黄金の豊富な倭国の噂を、黄金の国ワクワク（倭国）として、9世紀後半にイスラーム世界で次のように紹介する。

「黄金の産出に富み、犬の鎖、猿の首輪までも金でつくり、金糸を織り込んだ布を中国に輸出している」

黄金の国ワクワク伝説は、イスラーム商人が中国から後退する中で次第にボヤケていったが、多くのイスラーム商人が「色目人」として中国に進出した元帝国の時代（13～14世紀）に再度イスラーム商人の間で蘇り、黄金の島ジパング（日本）伝説となった。

元のフビライ・ハンに役人として仕えたヴェネツィア商人マルコ・ポーロは、そうした噂を「黄金の島」ジパングとして、『東方見聞録』に記したのである。

また当時、東アジア海域をリードする商業を行っていた新羅について『シナ・インド物語』は、「（中国と）海を間にして接しているところでは、シーラー（新羅）の島々があるが、その住民は色が白い。彼らはシナの皇帝と貢物を交換している。シナ皇帝と貢物の遣り取りをしなければ、天が彼らに雨を恵んでくれないと信じている」と記している。

歴史メモ ワクワク（倭国）伝説は、13世紀末のマルコ・ポーロのジパング伝説、そして15世紀末のコロンブスの大西洋航路の開拓に結びついた。

◉8〜9世紀◆アラビアン・ルネサンス

世界をリードした イスラーム文明

さまざまな文明が融合したイスラーム帝国。学術文献の翻訳やイスラーム錬金術などは、後世にも大きな影響を与えた。

◆先進文明が融合したアラビアン・ルネサンス

イスラーム帝国では、ユーラシア規模の交易を背景に国際語となったアラビア語を中心に、エジプト、メソポタミア、ペルシア、アラビア、ギリシア、インドの諸文明が融合され、8、9世紀には大都市を中心に「アラビアン・ルネサンス」と称されるような文明の革新が見られた。

医学、薬学、天文学、数学、物理学、化学などのアラビア諸科学の基盤が整ったのも、アッバース朝の初期である。文化的に遅れた地域から進出したアラブ人が、「すべてはアッラーがつくり賜うたもの」として、各地の先進文明を積極的に取り入れ、融合したことが土台となった。

中国社会から製紙法が伝えられたことも、イスラーム文明の急速な成長を助けた。751年に中央アジアの「タラス河畔の戦い」（132ページ）で唐の紙漉《す》き工が捕虜となり、イスラーム世界に製紙法が伝播した。ハールーン・アッラシードの時代になると製紙法はイラク全体に広まり、900年頃にはスペインにいたるイスラーム世界全域に及んだ。

◆カリフがつくった総合学術機関

アッバース朝では、ササン朝の宮廷図書館の伝統を引き継ぎ、カリフの権威を強め、官僚の育成に役立てるための学芸機関がつくられた。

第7代カリフのマームーン（位813〜833）は、ギリシアの科学に深い関心を持ったカリフだった。彼はバグダードに「知恵の館」（バイト・アルヒクマ）という学校・図書館・翻訳所などからなる総合的な研究施設をつくり、文明の世界化に貢献した。

■英語になったアラビア語

化学	alcohol	アルコール	alchemy	錬金術
	alkali	アルカリ	amalgam	アマルガム
数学	algebra	代数学	algorithm	演算法
医学	gauze	ガーゼ	—	—
天文学	altair	ひこ星	vega	おりひめ星
商業	admiral	提督	caravan	隊商
	tariff	関税	check	小切手
農作物	asparagus	アスパラガス	cotton	綿
	sugar	砂糖	—	—
嗜好品	soda	ソーダ	syrup	シロップ
	coffee	コーヒー	candy	キャンディ
生活用品	pajamas	パジャマ	sofa	ソファー
楽器	tambourine	太鼓	lute	リュート

ヨーロッパは、イスラム文明から多くのものを学び、取り入れた。言葉は、そうしたルーツを示している。一説によると、中世のスペイン、ポルトガルに入ったアラビア語は1325語に及ぶといわれる。
「ジュバン」、「ズボン」などの語は、それが日本語化したものだと考えられている。

このバイト・アルヒクマは、「図書館」を意味するササン朝の呼び名のアラビア語訳であるという。

マームーンはビザンツ帝国からギリシア語の写本を取り寄せ、ユダヤ教徒とネストリウス派のキリスト教徒などを使ってギリシア語文献を、まずアラム語へ翻訳、次いでアラビア語へという手順で組織的、大規模に翻訳させた。

ギリシアの学問の中でもとくにアリストテレスの哲学は、イスラーム世界の哲学、神学に大きな影響を与えた。12世紀以降、アラビア語のアリストテレスの諸著作がラテン語に翻訳され、ヨーロッパの諸学問の急速な成長を助けている。

◆アラビア数字の誕生

現在、世界中で使われているアラビア数字は、インドで生まれたヒンドゥ教徒の数字、記数法、ゼロの概念などが、7世紀から8世紀にイスラーム世界に伝わって完成したと考えられる。

この記数法の最大の利点は、簡単に「位取り」が示せることにあった。マームーンの宮廷に仕えたフ

歴史メモ　11世紀に書かれたイブン・シーナの『医学典範』はラテン語に翻訳され、17世紀まで西ヨーロッパで大学の教科書として用いられた。

ワリズミーは、インドとギリシアの数学を総合して代数学を確立している。

　彼の著作『ジャブルとムカーバラの計算の抜き書き』の中では「移項」が「アル-ジャブラ」と表記されているが、それが英語で代数学を表す「algebra」の語源になっている。便利なアラビア数字は商人の間に浸透し、9世紀には10進法も普及した。英語で演算法を意味する「algorithm」の語源もアラビア語である。

◆化学の土台になったアラビア錬金術

　イスラーム帝国では金貨、銀貨が通貨として使われていたが、経済の膨張により、金、銀は常に不足状態にあった。送金の際の危険を回避するという目的も加わり、小切手や為替手形が盛んに使われるようになる。

　バグダードで振り出された小切手を北アフリカのモロッコで現金化できたという。そうした経済事情もあり、人工的に金、銀をつくる技術の開発はイスラーム帝国にとって興味深いものであった。

　バグダードを建設したアッバース朝第2代カリフ、マンスールはビザンツ帝国に派遣した使節が宮廷で鉛、銅などを銀、金に変えるのを見せられたという報告を受けると、金属に着色するギリシア錬金術に関する書物の翻訳を命じた。

　その後、錬金術に新しい理論的根拠を与えたのが、鉱物を使い仙人になるための薬をつくる中国の技術（錬丹《れんたん》術）だった。中国では水銀と硫黄《いおう》が組み合わされることですべての金属が生まれると考えられ、実験が繰り返されていたのである。

　イスラーム世界最大の錬金術師ジャービル・イブン・ハイヤーン（8世紀末～9世紀初頭、ヨーロッパではゲーベル）は、すべての金属が男性原理としての「硫黄」と女性原理としての「水銀」の結合によると考えて物質の転換の可能性を説明し、両者の組み合わせの変化で卑金属から貴金属への転換が可能と説いた。

　ハイヤーンはまた、錬金術の目的は世界のすべての調和（ミザーン、秤の意味）を求めることにあるとし、「調和をもたらす物質」を「アル・イクスィール」と呼んだ。それが後にヨーロッパで「エリクシル」（賢者の石〈卑金属を貴金属に変える錬金石〉）と呼ばれることになる。

　古代以来ササン朝にいたる占星術の長い歴史を持つ中

東では、星の巡り合わせが金属の変化に深い関係を持つと考えられ、失敗しても失敗しても実験が繰り返された。

■イスラーム蒸留器の伝播が生み出した各地の蒸留酒

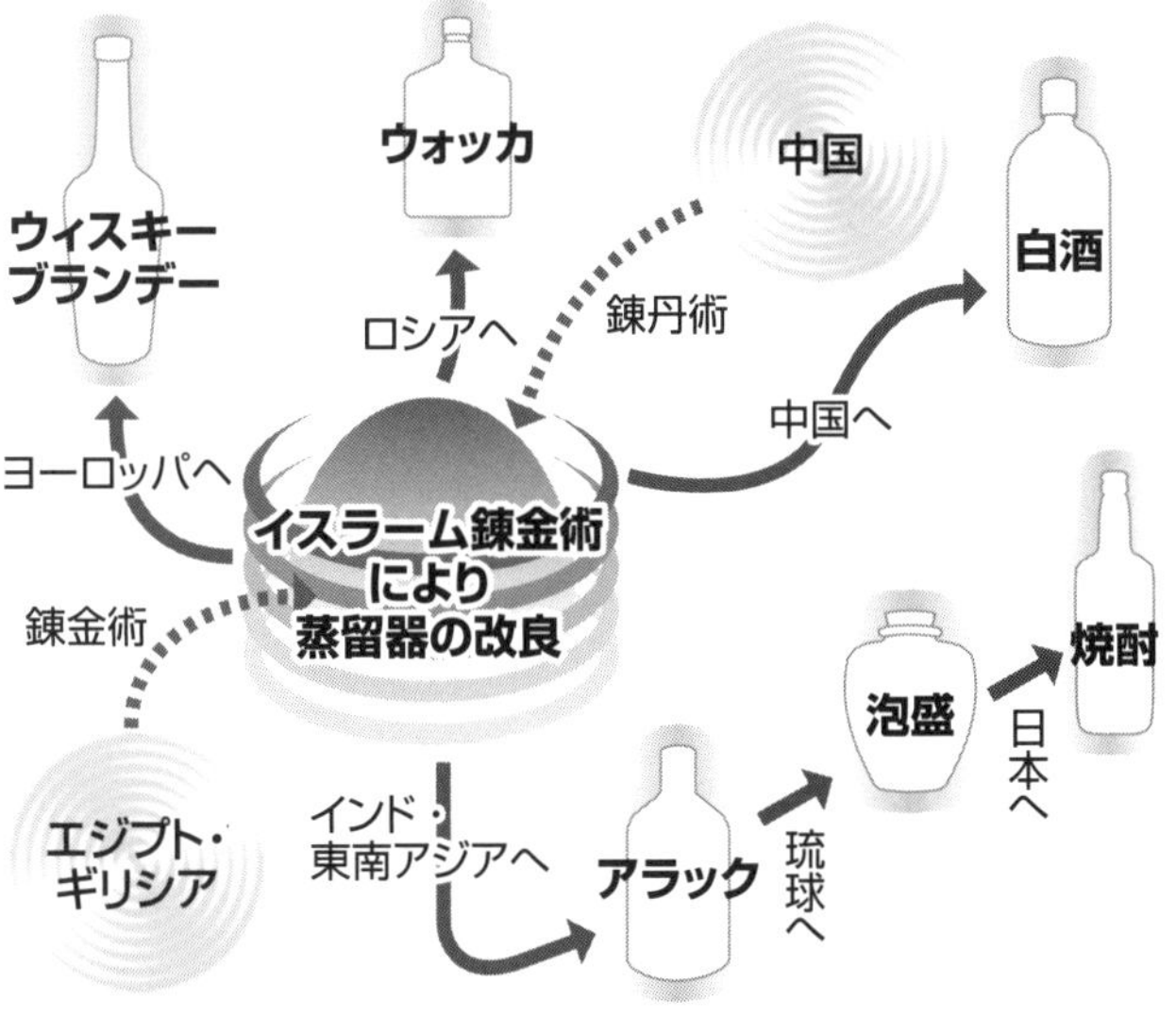

ウォッカ
中国
ウィスキー
ブランデー
白酒
ロシアへ
錬丹術
中国へ
ヨーロッパへ
イスラーム錬金術
により
蒸留器の改良
焼酎
錬金術
泡盛
日本へ
インド・
東南アジアへ
エジプト・
ギリシア
アラック
琉球へ

そこから「アルカリ」などの物質の性質が明らかになり、蒸《じょう》留《りゅう》器《き》などの実験用具も発達する。

イスラーム文明の錬金術がヨーロッパの「化学」の前身をなしているのである。

◆イスラーム文明を学んだヨーロッパ

巨大な都市群を持ち、モダンな世界規模の文明を成長させていたイスラーム世界は、ヨーロッパにとっては偉大な手本となった。

十字軍の遠征（152ページ）の最中の11世紀末以降、アラビア語文献のラテン語への翻訳が進んでイスラーム文明の吸収がはじまり、「12世紀のルネサンス」がはじまった。とくにアリストテレス哲学の翻訳はスコラ哲学の根本的な転換を呼び起こすことになる。

ヨーロッパのルネサンス（14～16世紀）では、レオナルド・ダ・ヴィンチのような万能の天才「普遍人」が理想と考えられるようになるが、イスラーム世界の知識人は科学も芸術もこなすのが当然とみなされていた。「普遍人」は、イスラーム世界では知識人の当たり前の姿だったのである。

歴史メモ 常温で液体の水銀は熱すると気体となり、冷やすと固体になる。不思議な性質の水銀を効果的に変化させるため蒸留器が工夫・改良された。

COLUMN

利息の禁止でイスラームの銀行は…

『コーラン』では、正当な商業取引と相手の窮状を利用した高利貸し付けによる利益の獲得が厳密に区別され、『アッラーは商売はお許しになった、だが利息取りは禁じ給うた』（第２章　牝牛）と規定している。後者が厳禁されたのである。

そのため、イスラーム社会ではユダヤ教徒やキリスト教徒が金貸し業を営んできた。

しかし、資本主義経済の経済システムが導入されるとどうしても銀行が必要になり、金融業は真っ当な仕事ではないとする教義と、どのように折合いをつけるかが問題になった。

最初は、不当な高利が禁止されるのであって、通常の「利子」は許されるという解釈もあったが、現在はいかなる「利子」も許されないという解釈に傾いている。それでも多くのイスラーム銀行が存続しているのである。

イスラーム銀行では、銀行と顧客が利益と損失を共有するという考えに基づいてパートナーとなり、銀行が投資により獲得した利益の分配を受ける方式がとられている。また、銀行が顧客に金を貸し付ける時には、銀行が顧客に代わって商品を購入し、手数料を上積みして転売する方法、銀行が顧客に設備、機材などをリースしたり、分割払いで売り払うなどの方式がとられている。

イスラーム銀行は、イスラーム教の教義と経済活動を共存させているのである。

異文化を取り入れて自らの文化に同化する際に文化を「変容」させて伝統的な文化と同化させる例として興味深い。イスラーム銀行は、『コーラン』で禁止されているギャンブルの資金を貸し出すようなことは、もちろんない。

第7章

トルコ人とモンゴル人による中東の再編

質実剛健な遊牧民により再編されていく中東世界

新たな軍事勢力の進出で変遷を続ける中東

中東史は、部族、軍事力、宗教的権威により動かされてきた。

有力部族が大都市を征服し、ネットワークを支配下におくことで変動が続いてきたのである。イスラーム教徒の「大征服運動」も、イスラーム教で結束したアラブ諸部族のネットワーク再編の軍事行動だった。

帝国を維持するには強大な軍事力が必要である。しかし、都市生活は兵士を無力化する。便利な生活、安逸と贅沢が兵士の活力を吸い取っていく。まさに「贅沢は敵」である。

質実剛健な遊牧民の侵入、下層民の決起により、「法則的」ともいうべき規則正しさで王朝が滅亡していったのは、そのためであった。

アッバース朝も、その例外ではなかった。

力のあるトルコ人の2大帝国が中東を支配

有力部族と妥協するためシーア派を弾圧したアッバース朝は、反体制運動の激化で9世紀末には大混乱時代に入る。

しかし怠惰に慣れたアラブ人には秩序を回復する力が残っておらず、中央アジアの優秀な遊牧民トルコ人を軍事奴隷として利用する。それが、アラブ人の時代からトルコ人の覇権

■11世紀の世界

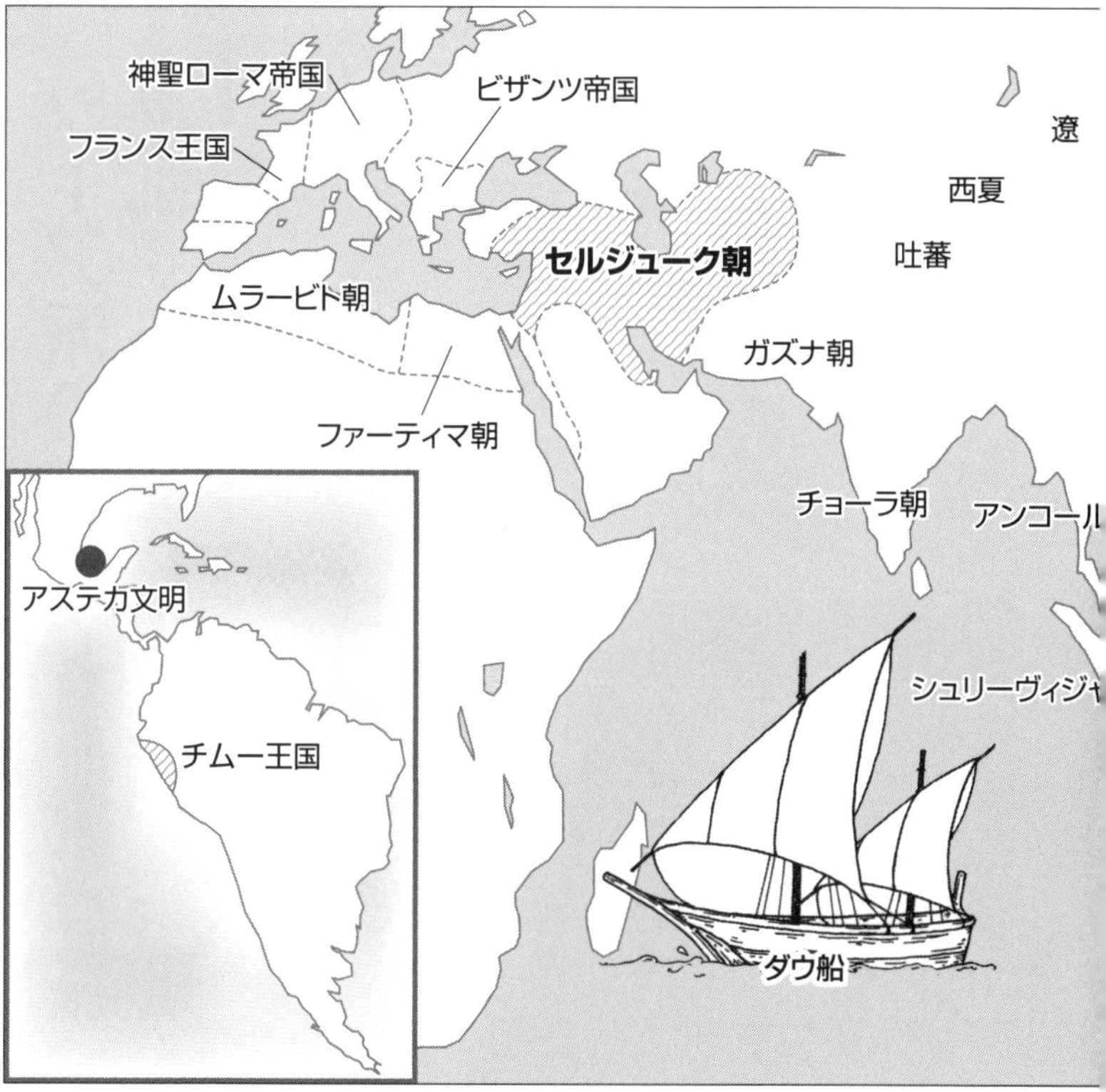
神聖ローマ帝国
ビザンツ帝国
遼
フランス王国
西夏
吐蕃
セルジューク朝
ムラービト朝
ガズナ朝
ファーティマ朝
チョーラ朝
アンコール
アステカ文明
シュリーヴィジャ
チムー王国
ダウ船

の時代への変動を引き起こす。

11世紀になると、アッバース帝国に侵入したトルコ人が「セルジューク朝」を建てて実権を握った。余勢をかったトルコ人はビザンツ帝国を存亡の危機におとしいれる。

その後、13世紀から14世紀にかけてユーラシアの大部分を覆う「モンゴル帝国」が成立し、中東もその一部に組み込まれるが、やがて小アジアから勃興した「オスマン朝」が1453年にビザンツ帝国を滅ぼし、トルコ人のイスラーム帝国を樹立して中東の大部分を支配した。

セルジューク朝の成立は平安時代末期、オスマン帝国がビザンツ帝国を滅ぼした1453年は、西ヨーロッパでは百年戦争が終わった年になるが、1467年にはじまる「応仁の乱」の10年ほど前のことである。

◉10世紀 ◆アッバース朝の衰退

シーア派の逆襲で混乱するアッバース朝

西のアフリカと東のイランに興ったシーア派王朝に圧迫されるアッバース朝。バグダードさえ明け渡すことに…。

◆シーア派に占領されたエジプトと北アフリカ

アッバース朝は、しばらくの間は多数を占めるイラン人との協調体制をとり、アラブ人の特権を廃止し、『コーラン』の下での平等を掲げることで安定していた。しかし、9世紀末になると、貧しい人々の不満が増大し、各地に地方政権が乱立する。

シーア派の一派で過激な「イスマイール派」（飲酒などの悪癖でイマームになりそこねた第6代イマームの息子こそが7代目のイマームとする派。113ページ図）は、10世紀に支配の手薄な北アフリカのチュニジアで蜂起し、国を建てた（ファーティマ朝）。

建国者マフディーは自らをムハンマドの娘ファーティマの子孫であるとしてカリフを称し、スンナ派のアッバース朝カリフや後ウマイヤ朝（イベリア半島）カリフと対抗した。

第2代カリフの時代になるとファーティマ朝はエジプトに進出し、それまでのエジプトの中心都市フスタートの北方3キロの地点に新都カーヒラ（カイロ）を築いた。

◆過激なシーア派テロ組織の出現

イスマイール派の過激なグループの中から暗殺教団として知られる分派も生まれた。

彼らは12世紀にシリアの山中に拠点を築いて青年を集め、女性や麻薬を与えて、「天国とはこのような場所だ、神の意志に従えば天国に行ける」と教えて彼らを意のままに操り、イスラーム教スンナ派の宗教指導者、政治指導者に対するテロ行為、暗殺行為を繰り返した。スンナ派は、テロ集団を「アサッシン（大麻）派」と呼びおそれた。

この組織についてマルコ・ポーロの『東方見聞録』は、

■シーア派の台頭で分裂するイスラーム世界

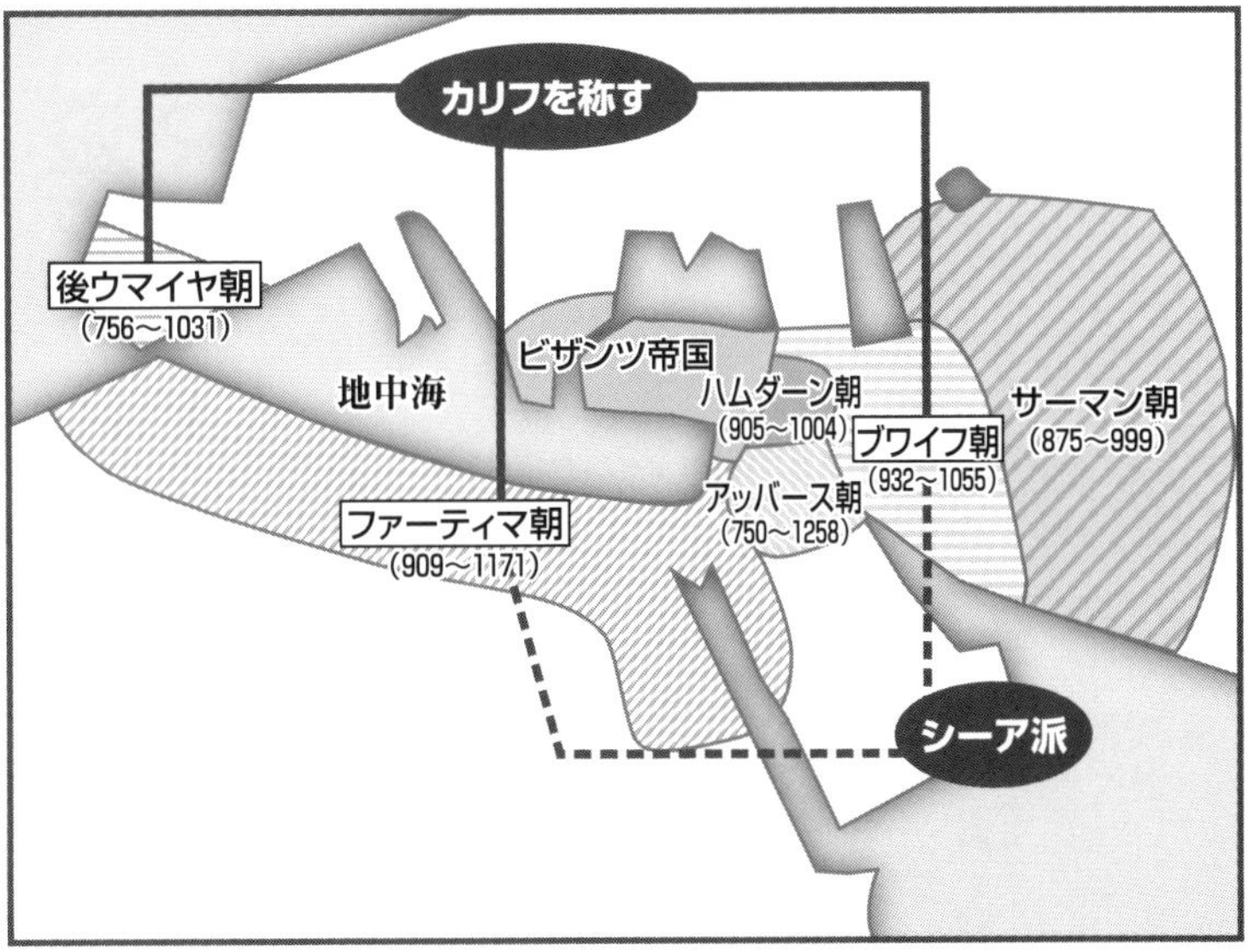
カリフを称す
後ウマイヤ朝
(756〜1031)
地中海
ビザンツ帝国
ハムダーン朝
(905〜1004)
ブワイフ朝
(932〜1055)
サーマン朝
(875〜999)
アッバース朝
(750〜1258)
ファーティマ朝
(909〜1171)
シーア派

「シリアのアラモン山に『山の老人』と呼ばれる人物がおり、老人は屈強の若者をつれ去って大麻を飲ませた後、美女が集まる花園に遊ばせ、再び楽園に来たいのならば誰誰を殺せと命じ、暗殺者は大麻を服用して、喜んで死地におもむいた」と記述している。

◆バグダードまでが乗っ取られた

イラン系のシーア派王朝「ブワイフ朝」の有力部族長アフマドは、946年、衰退と混乱の中にあったバグダードに進出してカリフを監視下におき、「ムイッズ・アッダウラ」(王権の強化者)の称号をもらって大アミール(「軍司令官」の意味)の地位についた。日本でいうと征夷大将軍のようなものである。

ブワイフ朝の支配下でカリフは宗教的権威しか持てない存在になり、シーア派が実権を握った。

この時期になると国庫も底をついており、兵士たちに現金で俸給を支払うことができなかった。そこで、ブワイフ朝の支配者は兵士たちに特定の土地からの徴税権を与え、兵士が農民から直接税を取り立てるようにした。

歴史メモ　アミールは、もともとは軍隊の指揮官だったが、後に行政長官(総督)をも意味するようになった。

◉11世紀～◆マムルークの時代

遊牧トルコ人のマムルークの時代が到来

カリフからスルタンの名を与えられたトルコ人によって、アッバース朝はセルジューク朝に乗っ取られてしまう。

◆軍人の台頭とマムルーク時代の到来

中東の北に位置する中央アジアの大草原地帯に住んでいたのが、遊牧トルコ人であった。

9世紀末になると、シーア派の台頭によりアッバース朝は戦乱時代に入った。都市での安楽な生活に慣れてしまったアラブ人は治安を維持する力を失っており、「マムルーク」(「所有された者」の意味のアラビア語。軍事奴隷、奴隷兵)を雇うことで権力の維持をはかるしかなかった。

マムルークとは、アフリカの黒人奴隷に対してトルコ人、スラブ人、クルド人などの傭兵を指すが、勇敢で純朴な遊牧トルコ人がその中心になった。

彼らの卓越した騎馬技術と、スンナ派イスラーム教への改宗が歓迎され、アラブ人を補強する「ガージー」(信仰戦士)に選ばれたのである。さらにブワイフ朝が兵士に特定地域の税の徴収権を与えたことが、遊牧トルコ人のイスラーム世界への進出意欲を高めた。

◆アッバース朝をコントロールしたトルコ人

中央アジアのトルクメン族は、族長セルジュークに率いられてイスラーム教に集団改宗してガージーになり、イスラーム世界と深い関わりを持つようになった。

11世紀初頭になると、彼らはイラン北東部に拠点を確保する(セルジューク朝)。やがて族長トゥグリル・ベクはイランからイラクに勢力をのばし、バグダードのアッバース朝カリフの保護者と称して、カリフから「スルタン」(アラビア語の「権威」に由来し、君主を指す)の名を与えられた。

支配者となったスルタンは、部下のトルコ人兵士に各地の徴税権(イクター)を分け与え、権力基盤を固めた。

■広がっていくトルコ人の国

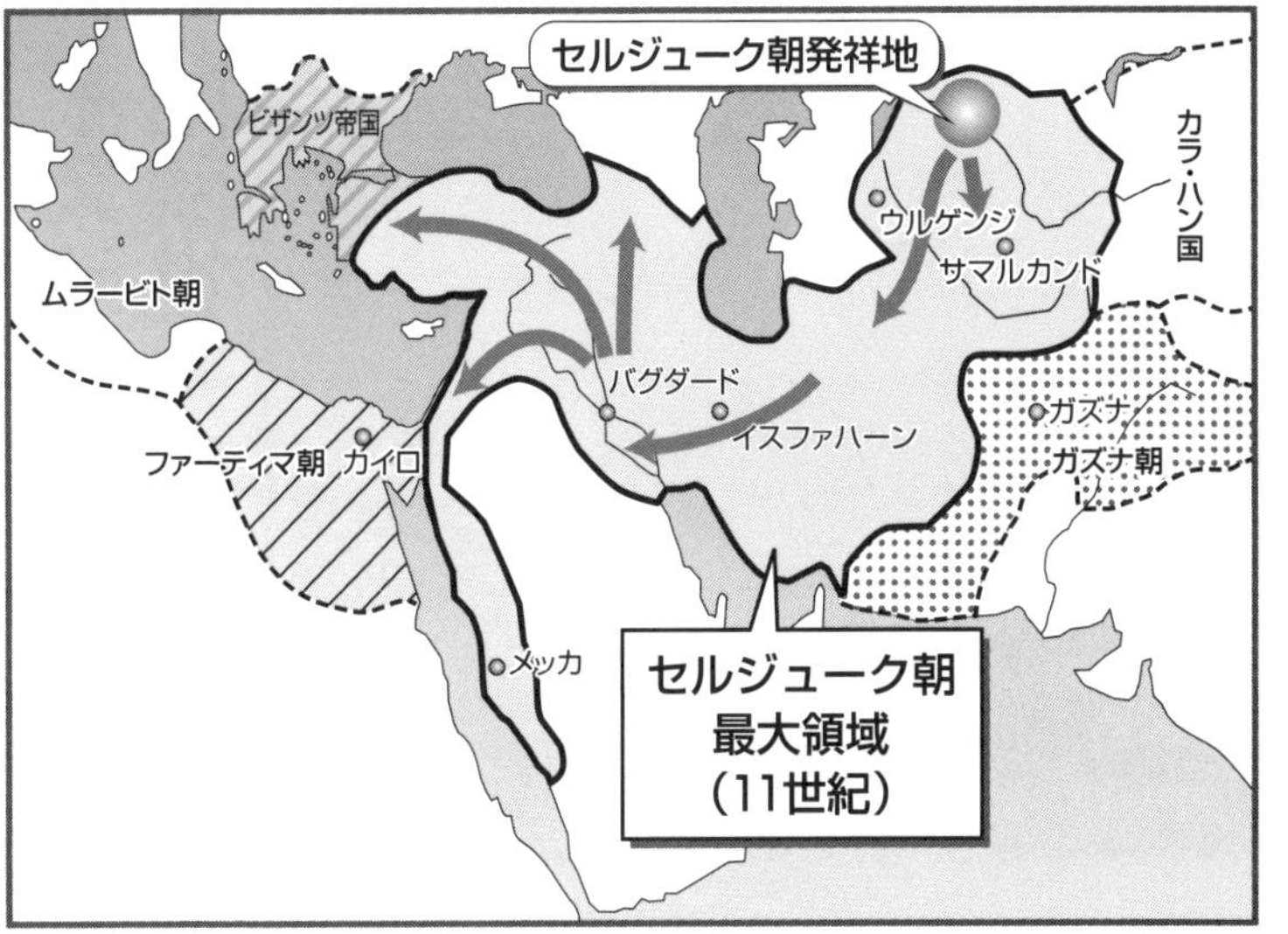
セルジューク朝発祥地
ビザンツ帝国
カラ・ハン国
ウルゲンジ
サマルカンド
ムラービト朝
バグダード
ガズナ
イスファハーン
ファーティマ朝
カイロ
ガズナ朝
メッカ
セルジューク朝
最大領域
（11世紀）

その結果、イスラーム帝国は実質的に新興トルコ人のものとなったのである。

◆セルジューク朝の膨張とビザンツ帝国の危機

セルジューク朝は、イランの都市イスファハーンを首都とし、公用語としてペルシア語を用いるイラン風の政権だった。

トルコ人は十分な統治技術を持たなかったため、イラン人の官僚組織がセルジューク朝を補佐したのである。軍事政権のセルジューク朝は、多くのトルコ人に利権を分配する必要から支配地の拡大が不可欠だった。

セルジューク軍は、エジプトで大きな勢力を持つシーア派のファーティマ朝（148ページ）の打倒をめざし、シリア、パレスチナ、小アジアに支配地を拡大していく。

1071年、「マラーズギルドの戦い」でトルコ人がビザンツ帝国軍を破ると、亡国の危機を予感したビザンツ皇帝は、西欧に大きな力を持つローマ教会の教皇に支援を求めなければならなくなった。

ここに、「十字軍」の派遣がはじまるのである。

歴史メモ マムルークは、9世紀にアッバース朝カリフが1000人のトルコ人を購入して近衛兵にして以来、一般化した。

◉1096～1291年◆十字軍

イスラーム世界と西欧世界の衝突

◆エルサレムを奪回せよ！

セルジューク軍のビザンツ帝国への激しい侵攻は、同時に〝キリスト教世界の危機〟と認識された。

ビザンツ皇帝から救援を求められたローマ教皇ウルバヌス2世は、遠征を成功させることにより、西欧世界の指導者、東西キリスト教会の指導者としての地位を不動のものにしようと考えた。

教皇は１０９５年、フランスの都市クレルモンの城外で行われた宗教会議（クレルモン公会議）で、聖地エルサレムが蕃族トルコ人に占領されたと説いて、奪還のための遠征（十字軍）を呼びかけた。

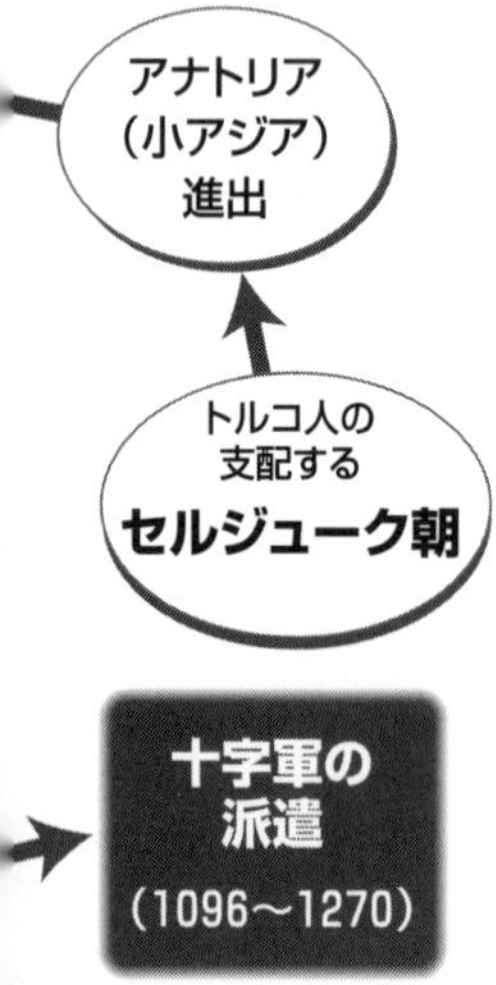

アナトリア
（小アジア）
進出
トルコ人の
支配する
セルジューク朝
十字軍の
派遣
（1096～1270）

十字軍の派遣は、軍事的・宗教的には大した成果はなかった。しかしヨーロッパは、文明面で大きな影響を受けた。

ウルバヌス2世は、①遠征軍は１０９６年に出発、②遠征費用は自己負担、③軍隊はバラバラに出発しコンスタンティノープル（現在のイスタンブール）でビザンツ帝国軍と合流、小アジアのセルジューク軍を攻撃、④その後エルサレムを奪還する、という作戦を立て、司教に各地で参加を呼びかけるように指示した。

◆最初だけだった大きな成果

１０９６年、フランス人、フランドル人を中心とする4軍団、約3万人の十字軍がコンスタンティノープルに到着。小アジアのトルコ人の拠点都市を陥落させた後、１０９９年、ジェノバから攻城機と増援軍を得て、エジプトのファーティマ朝の支配下にあったエルサレムを陥

■十字軍が派遣されるまで

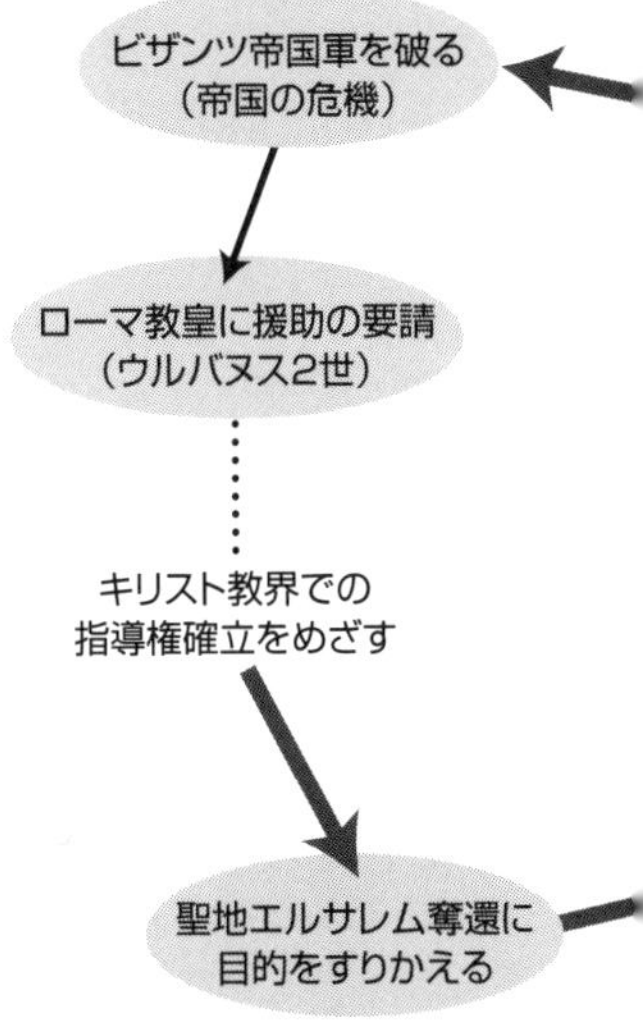
ビザンツ帝国軍を破る
（帝国の危機）
ローマ教皇に援助の要請
（ウルバヌス2世）
キリスト教界での
指導権確立をめざす
聖地エルサレム奪還に
目的をすりかえる

落させた。その時、憎悪にかられて凄惨な虐殺が行われ、イスラーム教徒の住民5万人の内4万人が殺害されたとされている。

聖地の奪回後、現地にエルサレム王国などが樹立されたが、戦利品を手に大部分の兵士は帰国した。

その後、イスラーム側のエルサレム奪回の中心になったのが、シリアに成立したザンギー朝だった。

中東で勢力を拡大するザンギー朝から援軍として、十字軍が侵入したエジプトに派遣されたクルド人のサラーフ・アッディーン（サラディン。172ページ）は、エジプトの支配権を奪い取ると（アイユーブ朝）、ザンギー朝をも倒してエジプト、シリアを統一し、エルサレムを奪回した。

こうしてイスラーム側が盤石《ばんじゃく》の態勢を築き上げると、もはや十字軍には勝ち目がなかった。神聖ローマ皇帝、フランス王、イングランド王が参加した最大の遠征（第3回十字軍、1189〜92）も成果をあげることができず、十字軍の遠征は先細りになった。1291年になると十字軍の最後の拠点として残されていたアッコンが陥落し、約200年間続いた十字軍運動は消滅した。

◆ヨーロッパ飛躍のスプリング・ボードに

約200年間続いた十字軍運動は、シリア、パレスチナに西欧の城砦、教会が築かれたことを除けば、イスラーム世界そのものには大した影響を与えなかった。

しかし、ヨーロッパ側から見るとかなり違う。

東方の先進文明との最初の大衝突、長期の接触であり、①イタリア諸都市の交易の活性化、②イスラーム文明の大規模な流入、③異文明への関心の増加、④王権の拡大、などの大きな変化が起こった。イスラーム側から見れば一時的な混乱だったが、ヨーロッパ側から見れば、文化・文明面で大きく飛躍するきっかけとなったのである。

歴史メモ イスラーム世界では、十字軍はフランク（ヨーロッパ）人の軍事侵略とされ、宗教戦争とは見なされなかった。

◉1258年◆バグダード陥落

バグダードの陥落とモンゴルの覇権

モンゴル人の侵入でバグダードが破壊され、パックス・イスラミカが終焉する。中東はイル・ハン国の支配下に入った。

◆トルコ人が呼び込んだモンゴル人

遊牧部族の習慣を強く引きずっていたセルジューク朝は、王位の継承、財産相続の方法が定まっておらず、部族間の分裂や抗争により、急速に弱体化していった。

11世紀後半になると、アムダリヤ川下流（ホラズム地方）を中心にセルジューク朝のマムルーク（奴隷兵）が建てたホラズム朝が興隆し、中央アジア西部、イランを含む大領域を統治し、シルクロードの交易を支配した。

こうした時期に、東のモンゴル高原で世界史を変える大変動が起こった。1206年に、チンギス・ハンがモンゴル高原の覇者となったのである。

チンギス・ハンは、やがてホラズム朝と提携してシルクロードに手をのばそうとした。しかし、チンギスの使節団はオトラルという都市で殺害され、再度派遣した使節もヒゲを切られて追い払われるという屈辱を受ける。怒りに燃え、報復のための10万の軍勢を率いてホラズムに攻め込んだチンギス軍は、1220年にホラズム朝を倒し、さらに別動隊は1225年に南ロシアの大草原を征服した。ホラズム朝の失策が、モンゴル人を中東世界に呼び込むことになったのである。

◆バグダードは灰燼に帰した

衰えたりとはいえ、バグダードはイスラーム帝国のシンボルであった。そのバグダードがモンゴル人により徹底的に破壊されて一つの時代が終わりを告げる。

モンゴル帝国第4代大ハン、モンケの命を受けた弟のフラグは、1258年にバグダードを陥落させる。略奪と徹底的破壊が行われ、最後まで抵抗したカリフ一族が殺害されて、アッバース朝は滅亡した。この時に、円城（124ページ）も破壊された。イスラーム教徒が主導した

「パックス・イスラミカ」（イスラームの平和）の時代は、ここに終焉した。

◆中東圏にイル・ハン国が成立

フラグは、翌1259年のシリアへの遠征の途上で兄の大ハン、モンケ死すの報を受けて帰還しようとするが、エジプトのマムルーク朝の軍隊がシリアに北上してきたため帰るに帰れなくなり中東にとどまることになった。

本国で兄フビライと弟アリクブカがハン位を巡る激しい争いを繰り返していたこともフラグが中東にとどまる理由になった。彼は、イラン北西部の標高1370メートルの高原の都市タブリーズを首都とするイル・ハン国（トルコ語で「国の王」の意味）を建てる。

しかし1335年にフラグの直系が絶えると、王位を巡る熾烈な権力争いが次々と起こり、イル・ハン国は、1353年に滅亡する。

■イスラーム圏の変遷

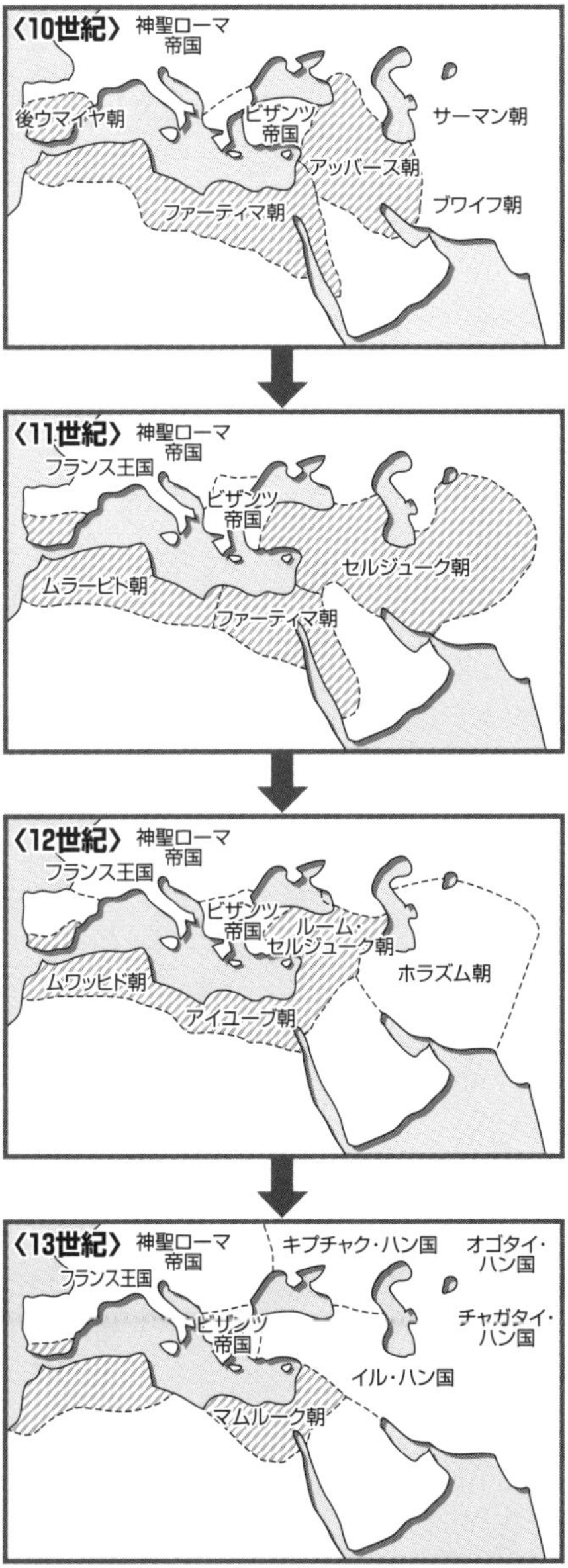
〈10世紀〉
神聖ローマ帝国
後ウマイヤ朝
ビザンツ帝国
サーマン朝
アッバース朝
ブワイフ朝
ファーティマ朝
〈11世紀〉
神聖ローマ帝国
フランス王国
ビザンツ帝国
セルジューク朝
ムラービト朝
ファーティマ朝
〈12世紀〉
神聖ローマ帝国
フランス王国
ビザンツ帝国
ルーム・セルジューク朝
ホラズム朝
ムワッヒド朝
アイユーブ朝
〈13世紀〉
神聖ローマ帝国
キプチャク・ハン国
オゴタイ・ハン国
フランス王国
ビザンツ帝国
チャガタイ・ハン国
イル・ハン国
マムルーク朝

歴史メモ イル・ハン国は元帝国の宗主権を認め、元帝国と同盟して、草原の3ハン国（キプチャク、チャガタイ、オゴタイ）と対抗した。

● 1250〜1517年 ◆エジプトのマムルーク朝

エジプトもトルコ人の国に変わった⁉

エジプトへのモンゴル人の進出を阻止したトルコ人マムルークは、新王朝を建ててイスラームを存続させた。

◆エジプトはモンゴル軍を撃退

13世紀にモンゴル軍の侵入によりイスラーム世界が大危機におちいった時、トルコ人のマムルークはモンゴル軍のエジプト進出を阻止し、1250年、スルタン位を奪ってエジプトに「マムルーク朝」を成立させた。

マムルーク朝は中東で最強の王朝となり、シリアで十字軍を破っただけでなく、小アジアにまで領土を広げた。

1258年にモンゴル軍がバグダードを陥落させた時、アッバース家の2人がエジプトに逃れ、スルタンのバイバルス1世に保護されてカリフとして認められた。カリフは、宗教的儀礼をとり行うことしか許されず形式的存在だったが、エジプトで何とか命脈を保ったのである。

◆中東の中心地になったカイロ

1258年にバグダードがモンゴル人に奪われると、マムルーク朝の首都カイロ（969年に創建）がイスラーム世界の経済、文化の中心になった。その人口は、14世紀には約50万人を数えて中東最大となり、東西交易のセンターの地位を占めるようになった。

カイロのアズハル・モスクに付設されたアズハル大学は、イスラーム神学、法学の最高学府としての地位を確立し、多くの人材を輩出する。

◆ペストはマムルーク朝も見逃さなかった

この繁栄は、ペストという思わぬ伏兵により水をさされた。

モンゴル帝国の下で、雲南地方の風土病ペストが中央アジアのネットワークを通じて黒海沿岸にいたり、さらに地中海を経由して「百年戦争」（1339〜1453）初期のヨーロッパに伝えられ、人口の約3分の1が死亡

■二つの都市が一体化してできた巨大都市カイロ

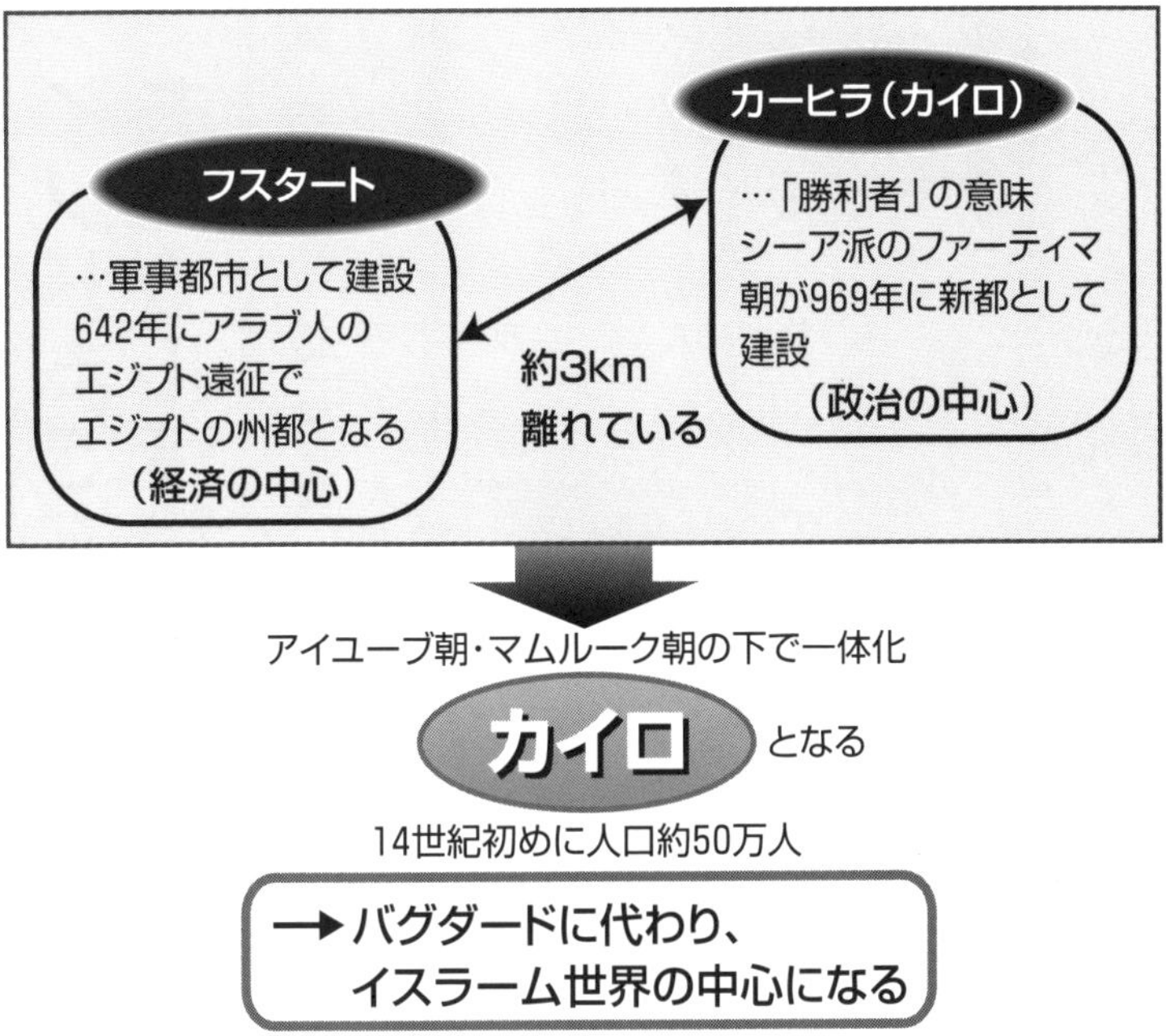

カーヒラ（カイロ）
…「勝利者」の意味
シーア派のファーティマ朝が969年に新都として建設
（政治の中心）
フスタート
…軍事都市として建設
642年にアラブ人のエジプト遠征でエジプトの州都となる
（経済の中心）
約3km
離れている
アイユーブ朝・マムルーク朝の下で一体化
カイロ となる
14世紀初めに人口約50万人
→バグダードに代わり、イスラーム世界の中心になる

したのは有名な出来事である。

西ヨーロッパだけではなくエジプトと北アフリカでも、1348年にペストが大流行して人口が激減し、マムルーク朝は急激に衰亡する。

ペストがマムルーク朝に与えた壊滅的な打撃について、イスラーム世界の大歴史学者イブン・ハルドゥーンは、著名な『歴史序説』で、

「イスラーム暦8世紀（西暦14世紀）半ば、東西の文明地域に壊滅的な疫病が流行し、諸民族を荒廃させ、部族民を全滅させ、多くの文明を飲みつくし、全滅させた。それはちょうど諸王朝の老衰期、すなわち諸王朝の存続の限界に達した時に襲ったのである。この疫病はその王朝の権力を削減し、その影響力を弱め、その支配権を弱体化した。諸王朝はまさに全滅と崩壊の危機に瀕した。」

と記している。

歴史メモ オスマン帝国に征服された後も、19世紀初めのムハンマド・アリーの粛清（178ページ）までマムルークはエジプトを実質的に支配し続けた。

◉1370〜1507年◆ティムール帝国

インドまで支配したモンゴル帝国の末裔

モンゴル帝国は分裂してティムール朝に吸収された。だが、ティムールの死とともに衰退していく。

◆分裂・衰退するモンゴル帝国

13世紀にユーラシアの大部分を制覇したモンゴル帝国は、中東から中央アジアにかけての広大な地域にオゴタイ、チャガタイ、キプチャク、イルの四つのハン国を樹立した（155ページ図）。そのうちオゴタイ・ハン国はチャガタイ・ハン国に併合され、残った3ハン国はともにイスラーム化の道を歩んだ。

モンゴル人は征服したイスラーム世界に寄生したもののイスラーム社会に同化することで活力を失い、支配者としての生活が続く中で利権争いと権力抗争を繰り返した。あげくの果てがモンゴルの時代（パックス・タタリカ）の終焉である。

モンゴル帝国が崩れる中で、西トルキスタンからトルコ人が頭角を現した。トルコ化・イスラーム化したモンゴル人のティムール（位1370〜1405）は、モンゴル帝国のハンの子孫を招き、自らはそのアミール（将軍）として実権を握り、ユーラシア規模のイスラーム帝国の形成を目標に「ティムール朝」（1370〜1507）を創建した。モンゴル帝国の再建をめざしたのである。

◆〝老い〟に阻まれたユーラシア統一の夢

ティムールは、イラン、イラク、アルメニア、グルジアを征服。1398年にはインドのデリーを略奪、1401年にはマムルーク朝からシリアを奪取した。1402年には小アジアのトルコ人が建国したオスマン朝を破り、ほぼ西アジアを統一する大帝国となった。

その後ティムールは、20万人の軍を率いて永楽帝《えいらくてい》が統治する明帝国への遠征におもむいたが、オトラル（現カザフスタン領）で病死してしまう。

■14世紀末のティムール朝

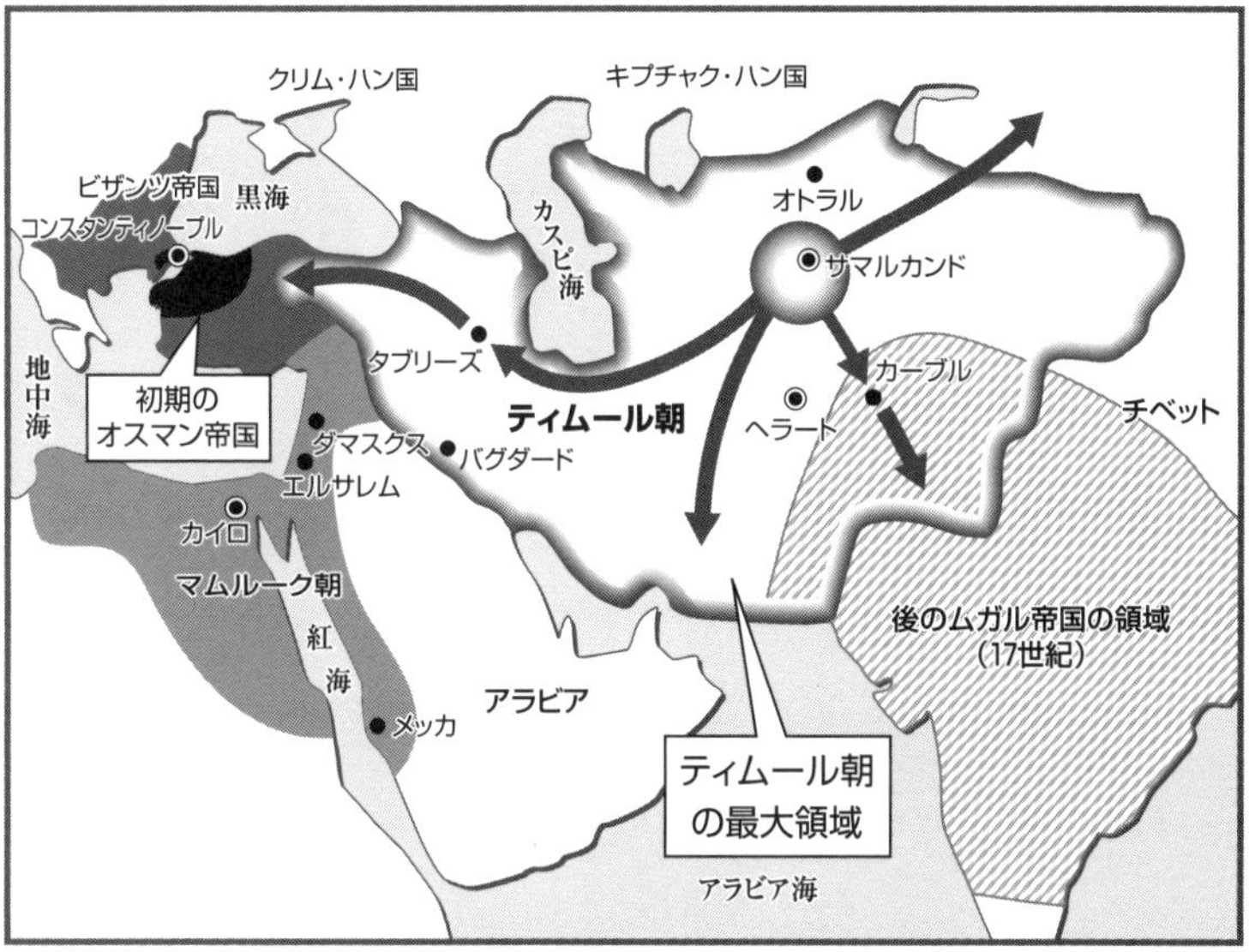
クリム・ハン国
キプチャク・ハン国
ビザンツ帝国
黒海
コンスタンティノープル
カスピ海
オトラル
サマルカンド
地中海
初期の
オスマン帝国
タブリーズ
ティムール朝
カーブル
ヘラート
チベット
ダマスクス
バグダード
エルサレム
カイロ
マムルーク朝
紅海
後のムガル帝国の領域
(17世紀)
アラビア
メッカ
ティムール朝
の最大領域
アラビア海

ユーラシア統一の夢は、70歳を超えたティムールの身体の衰弱により、空しくついえたのである。

◆結局、モンゴル帝国はインドで再建

ティムール帝国とモンゴル帝国の違いは、前者が遊牧民固有のそれぞれの部族の自立を認めたのに対し、後者が部族を解体して中央集権的支配体制を敷いたことだった。

ティムール帝国は、遊牧社会固有の統治上の弱点を克服できなかったのである。

そのためティムール朝は中核になっていた西トルキスタンとイランが分裂したことで弱体化し、トルコ系ウズベク人により滅ぼされた。現在、ウズベク人の多くは中央アジアのウズベキスタン共和国に居住し、同国の人口の7割以上を占めている。

ティムール朝の最後の皇帝バーブルは、ウズベク人に追われてアフガニスタン東部に逃れ、活路をインドに求めた。彼は北インドでの戦いに勝利し、1526年に「ムガル帝国」(1526～1858)を開く。ムガルというのは、実は「モンゴル」の意味だ。

歴史メモ　ウズベク人の名称は、チンギス・ハンの孫でイスラーム教に改宗したウズベク・ハンに由来するといわれる。

● 1526～1858年 ◆ムガル帝国

パキスタンの基盤をつくったムガル帝国

インドに大帝国を築いたムガル帝国。だが、全インドのイスラーム化をはかったことで急速に衰退した。

◆イスラーム教徒の国・パキスタン

パキスタンは、1947年に植民地インドがイギリスから独立した時に、イスラーム教徒がヒンドゥ教徒から分離してつくった新しい国である。

公用語は、アラビア語・ペルシア語からの借用語と北インドの口語が混じりあってできたウルドゥ語である。パキスタンはウルドゥ語のパク「清浄な」とスタン「国」の合成語で、「清浄な国」の意味である。

イギリスが進出する以前のムガル帝国（1526～1858）は、外部からインドに進出したトルコ人、イラン人を支配者とするイスラーム教徒の軍事征服王朝であり、ペルシア語が公用語だった。

しかし、長い歳月の間にイスラーム教徒の数が増加し、1941年の統計ではインド人の24％、つまり4人に1人がイスラーム教徒になっていた。そうした動向の延長線上にパキスタンが成立する。かなりの数のヒンドゥ教徒がイスラーム教に改宗したわけだが、その理由はヒンドゥの聖者と同じような信仰の形態を持つスーフィー（神秘主義者）の布教活動、下級カーストの集団改宗、イスラーム商業圏との活発な交易などにあった。

◆ヒンドゥ教徒を甘く見て衰退

住民の圧倒的多数が多神教のヒンドゥ教徒であるインド世界に少数派の外来の征服者集団が定着するには、ひたすら懐柔に頼るしかなかった。

ムガル帝国の基盤を固めた第3代皇帝アクバル（位1556～1605）は、有力なヒンドゥ部族の娘と結婚し、ヒンドゥ教徒の有力者を官僚として登用、イスラーム教徒が異教徒に課すジズヤ（人頭税）を廃止し、デカン地方を除くインドとアフガニスタンの広大な領域を支配した。

第6代アウラングゼーブ帝（位1658～1707）は戦争を繰り返してデカン高原以南の地域を征服し、インド史上最大の領域を支配する大帝国を実現させた。

しかし、アウラングゼーブ帝の支配は、はなはだ柔軟性に欠けた。厳格なイスラーム教徒だった彼は、ヒンドゥ教徒の慣習を無視し、ヒンドゥ教寺院を破壊したり、ジズヤを復活させるなどして、全インドのイスラーム化をはかった。そのために各地のヒンドゥ教徒が離反し、帝国は急速に衰退するのである。首都の周辺に支配地がほぼ限定されるような混乱状態におちいったとされる。

■イスラーム国パキスタンの成り立ち

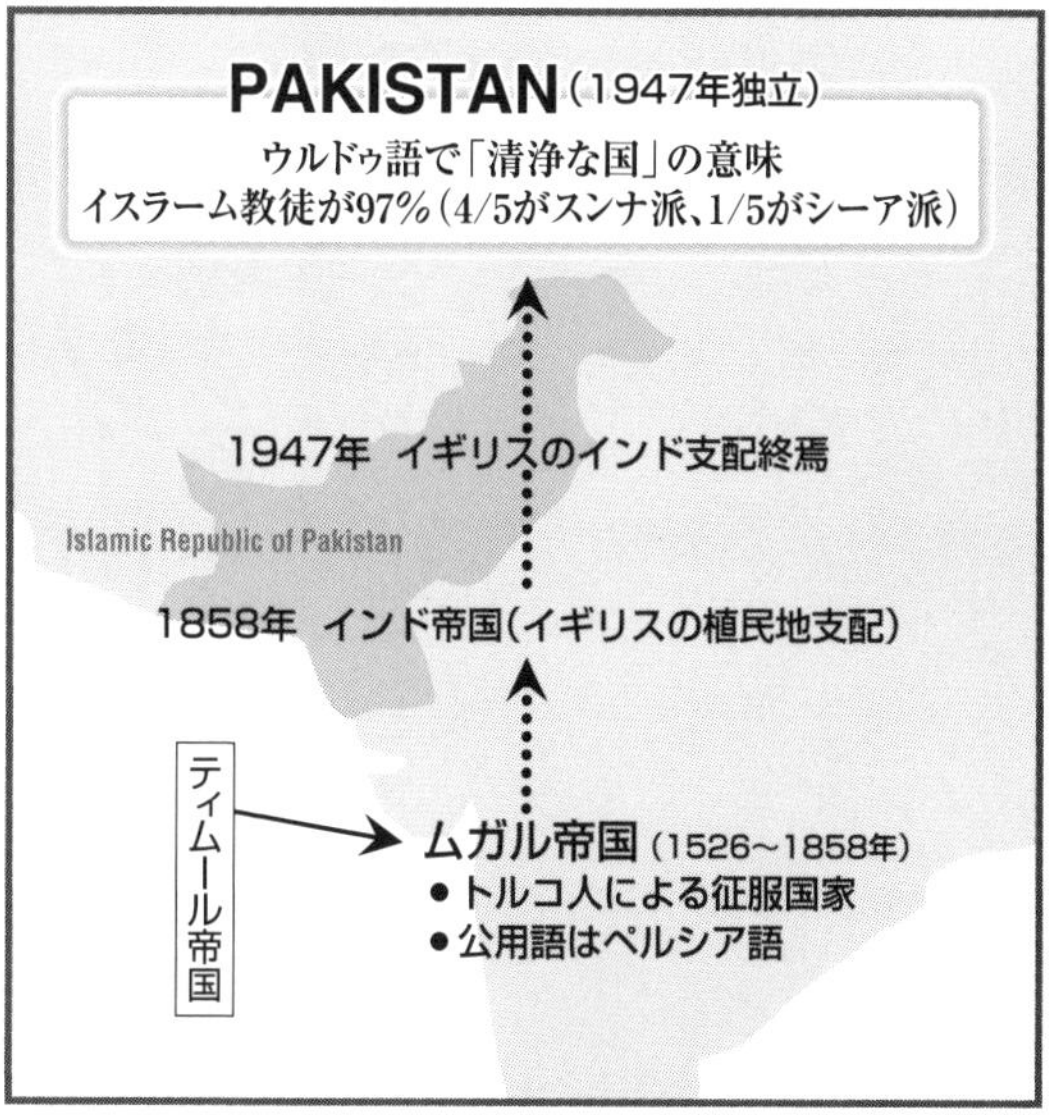
PAKISTAN（1947年独立）
ウルドゥ語で「清浄な国」の意味
イスラーム教徒が97％（4/5がスンナ派、1/5がシーア派）
1947年　イギリスのインド支配終焉
Islamic Republic of Pakistan
1858年　インド帝国（イギリスの植民地支配）
ティムール帝国
ムガル帝国（1526～1858年）
●トルコ人による征服国家
●公用語はペルシア語

◆イギリスに譲った支配の座

ムガル帝国が戦国時代ともいうべき大混乱におちいる中で、イギリス東インド会社はインド人傭兵（セポイ）を利用して勢力を拡大した。1757年の「プラッシーの戦い」でベンガル地方を支配下におくと、1765年にはベンガル地方の徴税権を獲得し、厳しい税の取り立てを行い勢力を拡大した。

イギリス東インド会社の厳しい収奪は飢饉を生み、1769～70年にかけてベンガル住民の約3分の1が死亡したとされる。その後、東インド会社はイスラーム教徒とヒンドゥ教徒の対立を利用してインド藩王を次々と破り、19世紀前半までにインドの主要な地域を勢力下に入れたのである。

歴史メモ　植民地インドを支配する際に、イギリス人はイスラーム教徒を優遇し、ヒンドゥ教徒支配に利用した。

◉1299〜1922年◆オスマン朝の誕生

ガージー国家として登場するオスマン朝

トルコ人の戦士がつくったオスマン朝。15世紀にはビザンツ帝国の帝都コンスタンティノープルさえ陥落させた。

◆アナトリアを支配したガージーとは？

「ガージー」とは、アラビア語で「襲撃する者」の意味だが、転じて「信仰戦士」となり、イスラーム世界の辺境を防衛する者を意味した。ガージーの大部分はトルコ人だった。

セルジューク朝の時代に多くのトルコ人が移住したアナトリア（小アジア）では、ビザンツ帝国のキリスト教徒との間に激しい戦いが続いていた。

ガージーは、イスラーム教のための戦いを口実に、領地や戦利品を獲得して勢力を広げ、やがて各地に割拠して独立国家（ベイリク）を形成するようになった。13世紀のモンゴル帝国の時代になると、モンゴル人の支配を嫌う多くのトルコ人がアナトリアに押しかけ、統率力のあるガージーは一挙に勢力を拡大するチャンスに恵まれた。

◆群雄の一つだったオスマン朝

「オスマン朝」は、伝説的な支配者オスマン1世（位1299〜1326）により建国された。

オスマン朝は最初、割拠する群雄の中の一勢力に過ぎなかったが、2代目のオルハンの時代にビザンツ帝国の内紛を巧みに利用して西方に勢力をのばし、4代目のバヤジト1世（位1389〜1402）の時代にかけて、バルカン半島のキリスト教諸侯の連合軍との戦いに相次いで勝利し、小アジアの覇権を確立した。

1402年になると、アナトリア中心部の「アンカラの戦い」で東方の大勢力ティムールに敗れ、一時存亡の危機に立たされてしまう。しかしティムールの死で息を吹き返した。

■14世紀後半、初期のオスマン朝

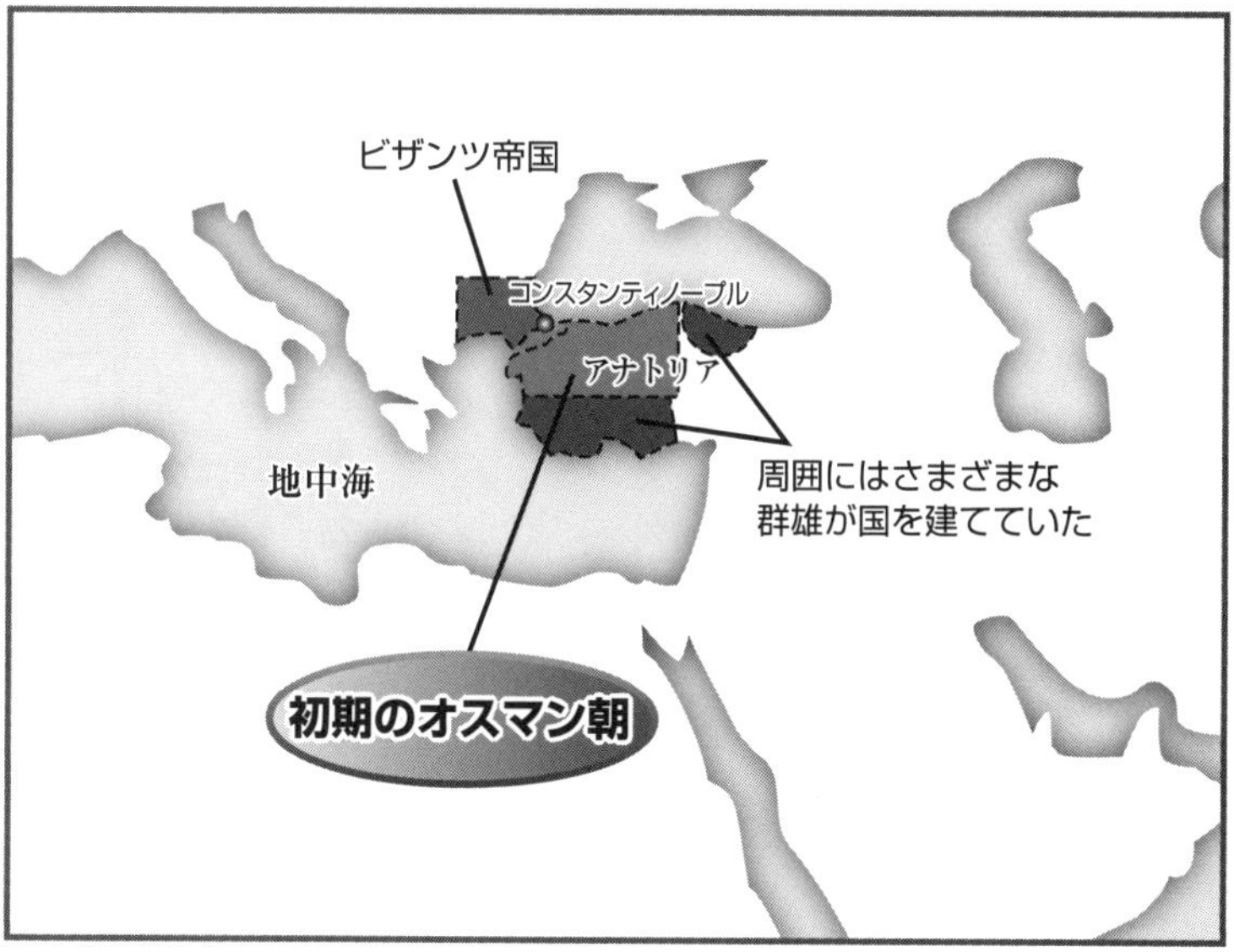
ビザンツ帝国
コンスタンティノープル
アナトリア
地中海
周囲にはさまざまな
群雄が国を建てていた
初期のオスマン朝

◆主人を替えた巨大都市コンスタンティノープル

第7代目のスルタン（150ページ）、メフメト2世（位1444、1451～81）は、1453年、「アジアとヨーロッパ」「地中海と黒海」を結びつける十字路に位置するコンスタンティノープルを攻め落とした。

ギリシア的教養を持ち、アレクサンドロス大王やカエサルの伝記を好んだメフメト2世は、100頭の牛に引かせて移動させる巨大砲を鋳造するなどして攻撃の準備を進め、20万人の陸軍と400隻の軍艦の攻撃で、1453年に「第二のローマ」と呼ばれたコンスタンティノープルを陥落させた。

アウグストゥスのローマ帝国形成以後、1600年近く続いてきたローマ帝国（ビザンツ帝国）を、滅ぼしたのである。

大都市コンスタンティノープルは破壊されず、「イスタンブール」と改称されて、そのまま帝都とされた。

イスタンブールには、カイロ、ダマスクスなどから文化人、職人などが大挙して移住し、イスラーム文化の中心の西方への移動が進んだ。

歴史メモ　オスマン帝国を権威づけるイスラーム法学者（ウラマー）は、東のイラクなどから招かれた。

3大陸にまたがるオスマン帝国の出現

スレイマン1世の治世には、地中海をトルコの内海にし、オーストリアの都ウィーンの包囲まで行った。

◆最高権力者はカリフを兼ねるスルタン

第9代スルタンのセリム1世（位1512～20）はアナトリア（小アジア）全域を平定した後、イランやアラブ地域の征服に乗り出す。1514年にはイランを攻め、1517年にはエジプトのマムルーク朝を倒して、シリアからエジプトにいたる枢要な地域を支配下においた。

メッカ、メディナの2大聖都も支配下に収めた。セリム1世はマムルーク朝を倒した時に、モンゴル人に征服された際にカイロに逃れていたアッバース朝カリフの子孫からカリフ位を譲り受ける。

それ以後、オスマン帝国のスルタンはスンナ派の指導者としてのカリフを兼ねた。1922年にケマル・パシャの革命でスルタンの位が、1924年にカリフの位が廃されるまで、オスマン帝国の支配者はスルタン・カリフとして政教両面の最高権力者になったのである。

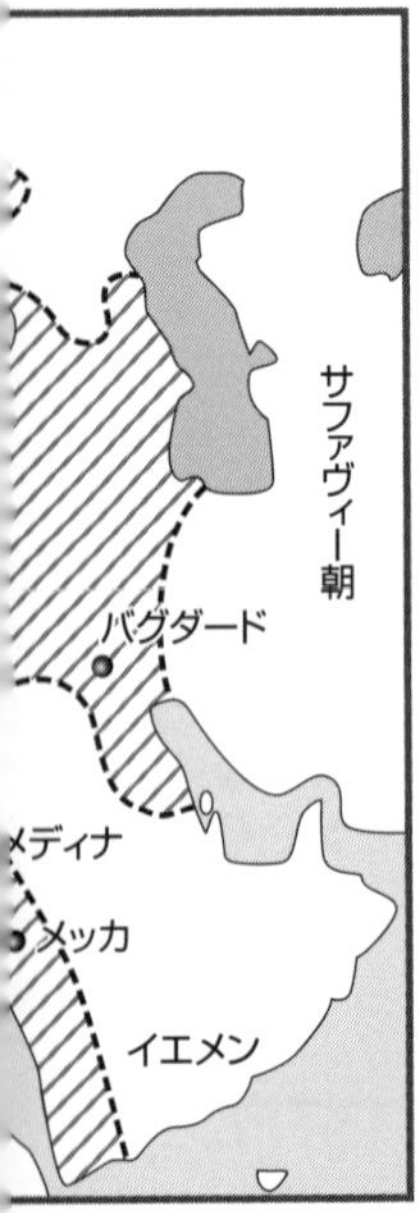

◆ヨーロッパの中心ウィーンを脅かす

26歳で第10代スルタンとなったスレイマン1世（位1520～66）は、約半世紀の在位中に13回に及ぶ遠征を行い、西はアルジェリアから東はイラク、北は黒海北岸・ハンガリー、南はエジプトにいたる3大陸を支配した。20余の民族、6000万人が帝国に組み込まれたのだ。

スレイマン1世は、地中海一の海賊バルバロッサを登用して海軍力を圧倒的に強化し、1538年の「プレヴェザの戦い」でヴェネツィア、スペインの連合艦隊を破り、黒海と地中海を「トルコ人の内海」に変えてしまった。

1529年には12万人のオスマン軍による「ウィーン包囲」がなされ、オーストリアのハプスブルグ帝国を存亡の危機にまで追い込んだ。ウィーンは約2万人の防衛軍と1000人の市民義勇兵により、からくも持ちこたえる。

スレイマン1世は、オーストリアを攻めるためにフランス王フランソワ1世と同盟を結ぶが、フランス王宛の書簡の中で、自らを「スルタンの中のスルタン、君主の中の君主、地上の君主に王冠を授ける者、地上における神の影」と称している。

彼は帝国の行財政機構を整えるなどして帝国600年の基礎を築き、「立法者」と呼ばれた。イスタンブールを代表するスレイマニエ・モスクは、彼の命により建築の巨匠ミマーリ・シナンにより建造されたものである。

■オスマン帝国の最大領域（17世紀

◆他宗教に寛容な宗教帝国の完成

オスマン帝国が支配した広大な領域では、トルコ人はあくまで少数民族だった。そのためトルコ語を話し、イスラーム教を受け入れる人々がすべて帝国の臣民として受け入れられた。

オスマン帝国は、トルコ人という民族により支配される帝国ではなかった。帝国統治の基本に据えられたのは、「宗教」だった。イスラーム教が多様な臣民を統合するシステムづくりに利用されたのである。

歴史メモ オスマン帝国は3大陸にまたがって居住する6000万人をイスラーム法により支配する宗教帝国だった。

◉13世紀〜◆デウシルメ制とは

バルカン半島の人材が帝国を支えていた

オスマン朝にとってバルカン半島はもっとも重要な地域といえた。世界最強の軍隊も、この地の人材で編成された。

◆トルコ人を支えたのはスラブ人？

軍事征服によりオスマン帝国を築き上げたトルコ人は、理念面でも統治面でも軍事面でも、外部勢力に依存しなければならなかった。

理念面では背後のイラクからイスラーム法に熟達した「ウラマー」（「知識を持つ者」の意味。学者を指す）が招かれて秩序の確立にあたり、カリフを権威づけた。

統治面と軍事面で大きな役割を果したのが、バルカン半島（51ページ図）のキリスト教世界であった。かつてアラブ人が中央アジアの遊牧トルコ人を軍事的に利用したように、オスマン帝国はビザンツ帝国から支配権を奪ったバルカン半島のスラブ人を利用した。

バルカン半島は、オスマン帝国を支える重要な人材供給地域になったのである。

◆強制徴用制度デウシルメ制とは

オスマン帝国は、「デウシルメ制」で体制を整えた。

デウシルメ制とは、一定の手続きの下にバルカン半島のキリスト教徒の少年を選別してエリート教育を施し、宮廷使用人や官僚、兵士になるべく厳しく鍛え上げる英才教育の制度である。

40戸から1人程度の割合で、身体強健、眉目《びもく》秀麗、頭脳明晰《めいせき》な少年が選抜された。徴用された少年は、赤い衣装を身にまとい、先端の尖った円錐形の帽子をかぶせられてイスタンブールに護送された。費用は少年たちの出身地方が負担させられた。

イスタンブールに集められた少年たちは、「カプクル」（スルタンの奴隷）と呼ばれ、強制的にイスラーム教に改宗させられ、教育と身体訓練を受けた。

少年たちのうち、とくに容姿端麗、頭脳明晰な者は、後に宮廷使用人、官僚になるべく教育を受けた。将来高官の座につくのも夢ではなかった。

選抜にもれた身体壮健な少年は軍事訓練を受け、さらにトルコ語に熟達し、トルコの伝統的慣習を身につけるために一時トルコ人農家へレンタルに出された。その後で新兵として軍団に組み込まれ、そのうち優秀な者が「イエニチェリ」に編入された。

■オスマン帝国を支えたデウシルメ制

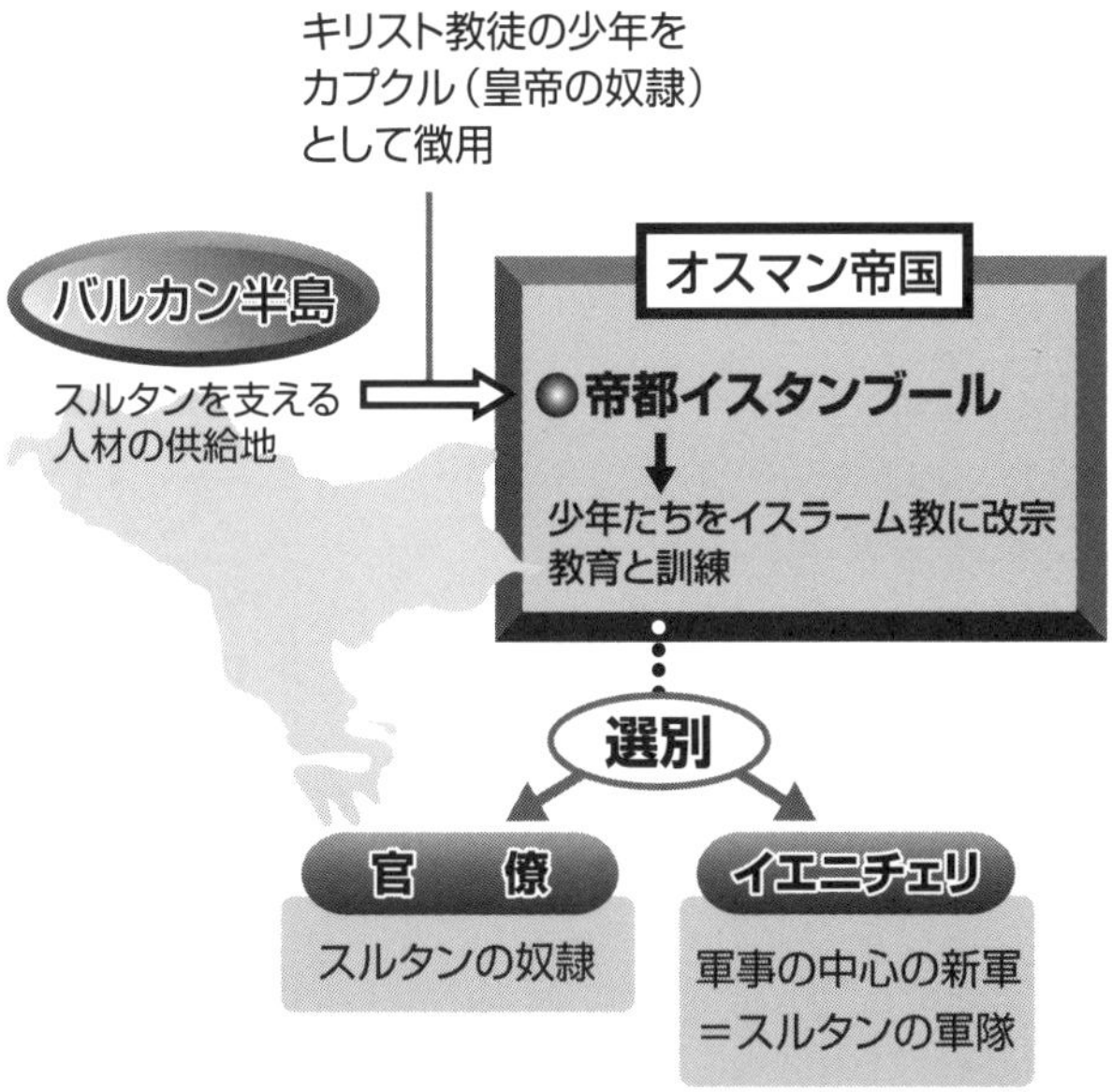
キリスト教徒の少年を
カプクル（皇帝の奴隷）
として徴用
オスマン帝国
バルカン半島
スルタンを支える
人材の供給地
帝都イスタンブール
少年たちをイスラーム教に改宗
教育と訓練
選別
官　僚
スルタンの奴隷
イエニチェリ
軍事の中心の新軍
＝スルタンの軍隊

◆世界最強の軍隊イエニチェリ

オスマン帝国の軍隊の中核になったのがイエニチェリ（トルコ語で「新しい軍隊」の意味）だった。イエニチェリの兵士は奴隷身分だったが種々の特権を与えられ、スルタンの親衛隊となったエリート軍団（最初は1000人程度）だった。

カリフに取り立てられた兵士たちの忠誠心は厚く、カリフの手足として活躍した。彼らの軍団には軍旗がなく、巨大な金属製のスープ釜を携行し、帽子にはスープを飲むためのスプーンをつけていた。同じ釜の飯を食うことにより結束を強めたのである。

イタリア人宣教師シドッチの言として、新井白石は『西洋紀聞』で、イエニチェリを世界最強の軍隊として紹介している。

歴史メモ 17世紀後半にはイエニチェリの数が７万人にも及び、帝国の政治に介入するようになった。

◉6世紀～◆コーヒーの伝播

ヨーロッパにコーヒーを伝えた巨大帝国

いまでは世界中で愛飲されているコーヒーは、アフリカからイスラーム世界を経由して広まっていった。

◆最初は携帯食品だった

現在、ヨーロッパを代表する嗜好品になっているコーヒーの原産地はアフリカのエチオピアであり、イスラーム世界で飲用の習慣が広まり、オスマン帝国の時代にヨーロッパに伝えられた。

コーヒーは原産地のエチオピアから周辺に広まり、6世紀頃になるとアラビア半島で栽培がはじまった。最初はコーヒーの種を粉末にし、バターでボール状に固めて携帯用の食糧として用いた。コーヒーは、最初は携帯食だったのである。

コーヒーは、エチオピアでは、「ブンナ（Bunna）」と呼ばれていた。やがてアデン湾を横切り、13世紀にはインド洋と紅海、アフリカとアラビアを結ぶ交易の十字路イエメン地方の中心港アデンが集散地になった。イエメンにいたると、コーヒーの木の豆は「ブン」（Bun）、飲料としてのコーヒーは「カフワ」（Qahwah）と呼ばれるようになる。この「カフワ」が「コーヒー」の語源になった。

「カフワ」は煎じてつくられる飲み物のことであり、もともとはムスリムのスーフィー（アッラーを体感したいと考える神秘主義者）が飲んでいたアルコール飲料を指すと考えられる。

「カフワ」が簡単に発酵させることができるコーヒー豆からつくった酒なのか、ワインなどの酒にコーヒー粉末を加えた酒なのかは不明である。ただ、日常の生活から離れ、神との一体化をめざすスーフィーにとって、アルコールによる「酔い」や陶酔感が望ましいものであったことは理解できる。

しかしイスラーム教ではアルコールの飲用が禁止されている。そこで、コーヒーの豆を「炒る」ことで発酵を

■コーヒーの伝播経路

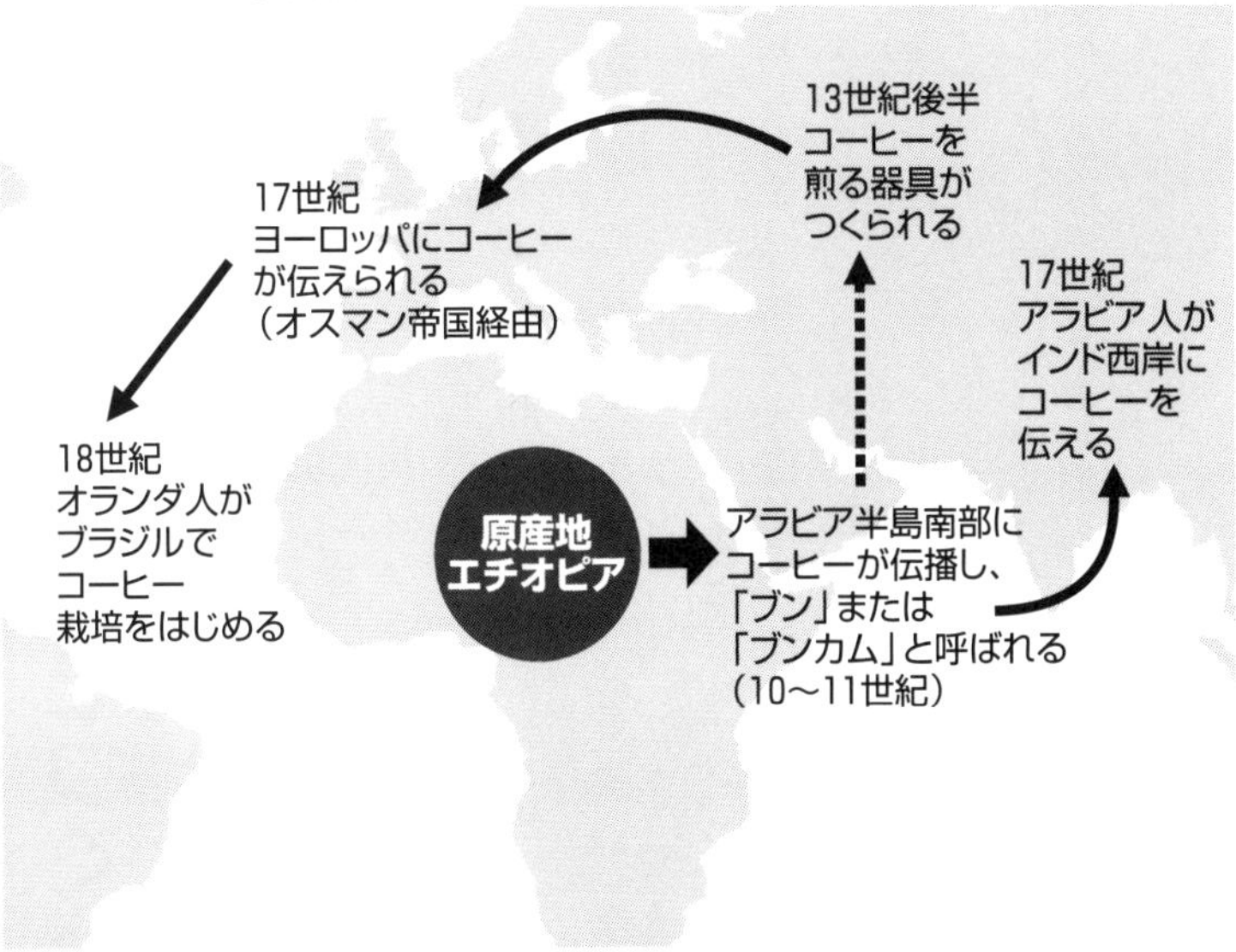
13世紀後半
コーヒーを
煎る器具が
つくられる
17世紀
ヨーロッパにコーヒー
が伝えられる
（オスマン帝国経由）
17世紀
アラビア人が
インド西岸に
コーヒーを
伝える
18世紀
オランダ人が
ブラジルで
コーヒー
栽培をはじめる
原産地
エチオピア
アラビア半島南部に
コーヒーが伝播し、
「ブン」または
「ブンカム」と呼ばれる
（10〜11世紀）

防止し、アルコール飲料として利用される道を断つようにされた。13世紀頃のことである。

ところが偶然にも「炒る」ことで香味が増し、コーヒー本来の良さである、香ばしさが引き出された。コーヒーの香りはこうして偶然に発見されたのである。

◆コーヒーは北上を続ける

コーヒーはイスラーム世界を北上し、メッカではカルダモンを入れて煮出した飲料として大流行した。1554年になると、オスマン帝国の首都イスタンブールに世界初の「コーヒーハウス」が出現する。

17世紀はヨーロッパのコーヒー文化にとって重要な世紀になった。この時代にコーヒーに砂糖を入れて飲む習慣がエジプトではじまり、オスマン帝国からフランスにその風習が伝えられた。

ヨーロッパ初のコーヒーハウスは、1645年にイタリアのベネツィアに出現する。ところが1683年になると、ロンドンの「コーヒーハウス」は3000軒にも達している。爆発的な流行ぶりだった。

歴史メモ　喫茶店（アラビア語で「マクハー」）は、情報交換の場、庶民の娯楽の場としてイスラーム社会に浸透した。

● 1501～1736年 ◆サファヴィー朝

イランの原型をつくったサファヴィー朝とは

イランではシーア派が多数を占める。その理由は、16世紀のサファヴィー朝がシーア派を国教としていたためだ。

◆イラン高原でのシーア派の台頭

モンゴル帝国が滅亡した後、イラン高原はティムール帝国の支配下に入った。しかし、トルコ系ウズベク人が1500年にティムール帝国を倒すと、イラン高原に権力の空白が生まれる。

そうした中でシーア派第7代イマーム（アリーの子孫である最高指導者）の子孫であると称するイスマイールが武装したシーア派神秘主義教団の信徒を率いて、1501年に大都市タブリーズを占領して「サファヴィー朝」を建国した。

サファヴィー朝は1514年にオスマン帝国との戦いに敗れるが持ち直し、スンナ派のオスマン帝国、西トルキスタンのウズベク人諸ハン国、インドのムガル帝国の3大勢力と対抗し、イランにシーア派を浸透させた。

◆十二イマーム派とは

サファヴィー朝は、「十二イマーム派」というシーア派を国教とし、スルタンの称号を廃止して、イランの伝統的な王の称号「シャー」（「支配者」「王」を意味するペルシア語）を採用するなどして、イランのイスラーム国家としての独自性を強め、スンナ派に包囲される状況の下で熱心に十二イマーム派を布教した。

「十二イマーム派」とは、ムハンマドの従兄弟で、娘ファーティマの婿であるアリーを初代イマームとし、その12人の男系子孫を正統なイマームとする宗派である。874年にイマームは絶えるが、死亡したのではなく「隠れ」の状態に入ったのであり、その後939年まで4人の「代理人」が教団を指導した後、長期の「隠れ」状態に入ったと説く（113ページ図）。

スンナ派では、ムハンマドの代理人のカリフが続いて

■サファヴィー朝とシーア派の分布

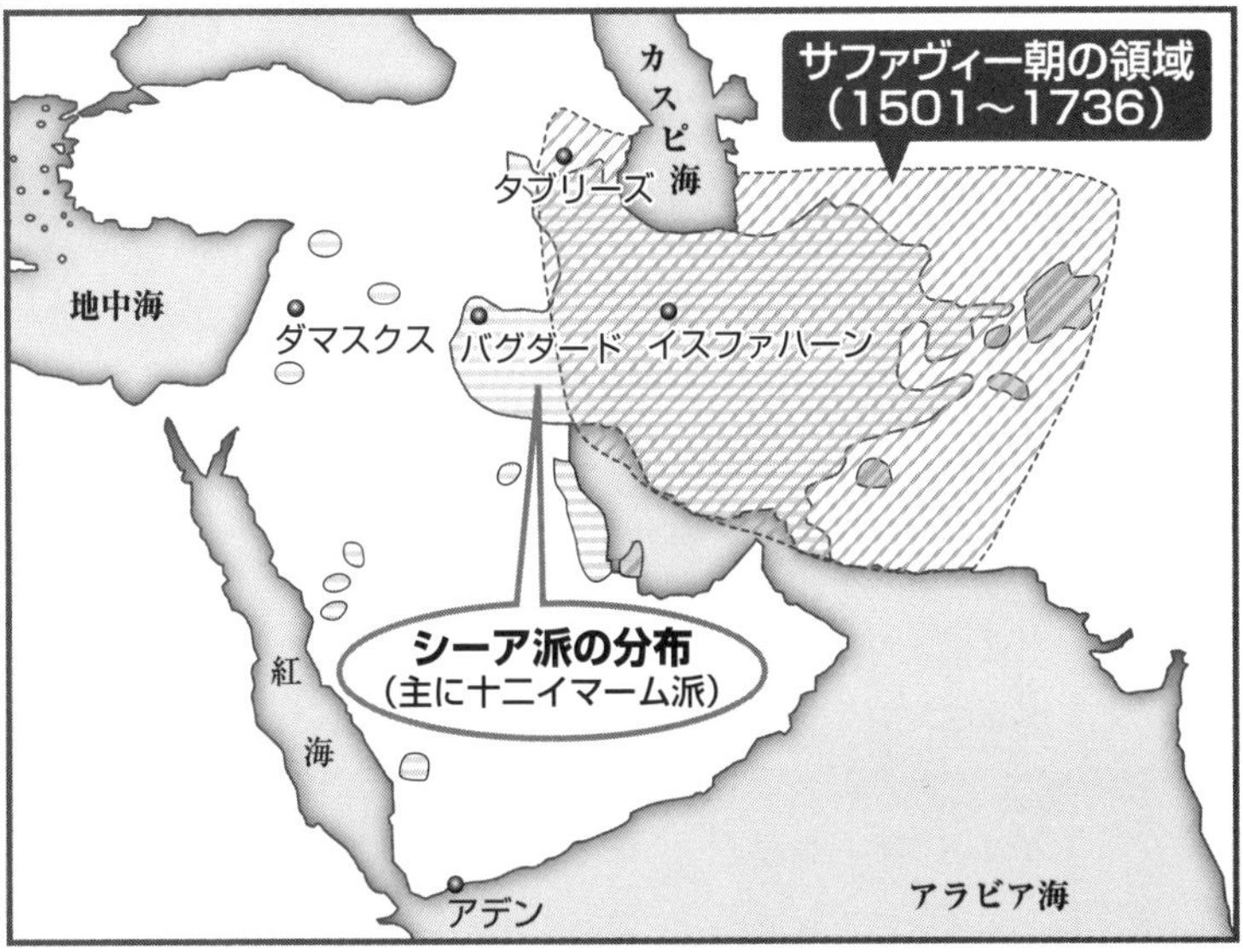
サファヴィー朝の領域
(1501～1736)
カスピ海
タブリーズ
地中海
ダマスクス
バグダード
イスファハーン
シーア派の分布
(主に十二イマーム派)
紅海
アデン
アラビア海

いくのであるが、十二イマーム派ではムハンマドの血筋を引くイマームが「隠れた状態」(神隠し状態)にあり、人類が終末を迎える時に「時の主」として現れ、正義を実現すると主張した。

その時がいつ来るかわからないが、それまでの間は、イマームの意図を理解できる法学者が信徒に指示を与えると説明された。イランで、「アヤトラ」(「アッラーの徴」の意味)と呼ばれる宗教法学者が大きな権威と影響力を持つのは、そのためである。

◆イスファハーンは世界の半分

17世紀初め、サファヴィー朝の第5代王アッバース1世は、新式砲兵隊を組織してウズベク人の撃退、オスマン帝国からの領土の奪還、ペルシア湾からのポルトガル勢力の駆逐などを行い、ティムール軍の攻撃で破壊されていた都市イスファハーンを再建し、美しいモスクや広場を持つ新首都とした。

人口70万人を数えた新都は手工業と東西貿易で栄え、「イスファハーンは世界の半分」とヨーロッパ人に称賛されるほどの繁栄をみた。

歴史メモ サファヴィー朝はトルコ語を話す遊牧民の軍事力とペルシア語を話す知識人の統治力が組み合わされた王朝だった。

COLUMN

十字軍を破った クルド人の英雄サラディン

クルド人が住んでいるクルディスターンは、ほぼ北海道くらいの広さを持つが、クルド人は国を持つことが許されていない。しかし悲劇の民クルド人は、実際は勇敢な遊牧民であった。エジプトの英雄サラディンが、それを示している。

サラーフ・アッディーン（サラディン）は、チグリス河畔のティクリットに生まれたクルド人である。

彼の父親は、セルジューク朝のマムルークが開いた王朝の地方長官だった。叔父に従ってエジプトに遠征したサラディンは、その地に「アイユーブ朝」を建て、２年後にシーア派のファーティマ朝を滅ぼし、エジプト、シリア、イラクの一部を支配した。彼は、アッバース朝カリフからスルタンの称号を与えられる。

シリアを統一した49歳のサラディンは、イスラーム教徒を結束させて1187年にエルサレム王国（153ページ）を滅ぼし、聖地エルサレムを90年ぶりに回復した。それに対して、ヨーロッパではエルサレム奪回を目指す最大の十字軍（第３回遠征、1189～92）が組織される。十字軍の攻撃を受けて立ったサラディンは、イギリス王リチャード１世（獅子心王）軍の攻撃を退け、キリスト教徒のエルサレム巡礼を認める条件でパレスチナを守り抜いた。

彼は、一連のキリスト教徒との戦いの間宗教的な敵愾心による虐殺を行わず、戦いに破れたキリスト教徒の平和的撤退を認めるなど、堂々たる戦いを行い、キリスト教世界においても優れた騎士道精神の持主として知られるようになった。

サラディンの名は西欧世界で長く語り継がれ、イギリスの小説家スコットの『タリスマン』やドイツの劇作家レッシングの『賢者ナータン』にその姿が投影されている。サラディンはエジプトで優れた統治を行い、1193年に65歳で世を去った。

第8章

ヨーロッパ勢力による
オスマン帝国解体

遅れをとるオスマンに襲いかかるヨーロッパ列強

腐敗する帝国 進化するヨーロッパ

「オスマン帝国」は、イスラーム教とトルコ語により一体化され、イスラーム教、キリスト教諸派、ユダヤ教が結合する宗教帝国として都市と部族を緩やかに連合させていた。

オスマン帝国の秩序は、改宗させたバルカン半島のキリスト教徒の子弟からなるイエニチェリという軍隊により維持されていた。ところが安逸な時代が続く中で、無能なスルタンの統治、官僚の腐敗、イエニチェリの専横などが続き、巨大帝国は内部から崩れていく。

そうした時期にヨーロッパ世界では、新大陸からの安価な銀の大量流入、大西洋貿易の拡大などによって著しい経済成長をとげた。その影響はロシア、オーストリアにも及び、オスマン帝国とロシア、オーストリアとの力関係が逆転する。

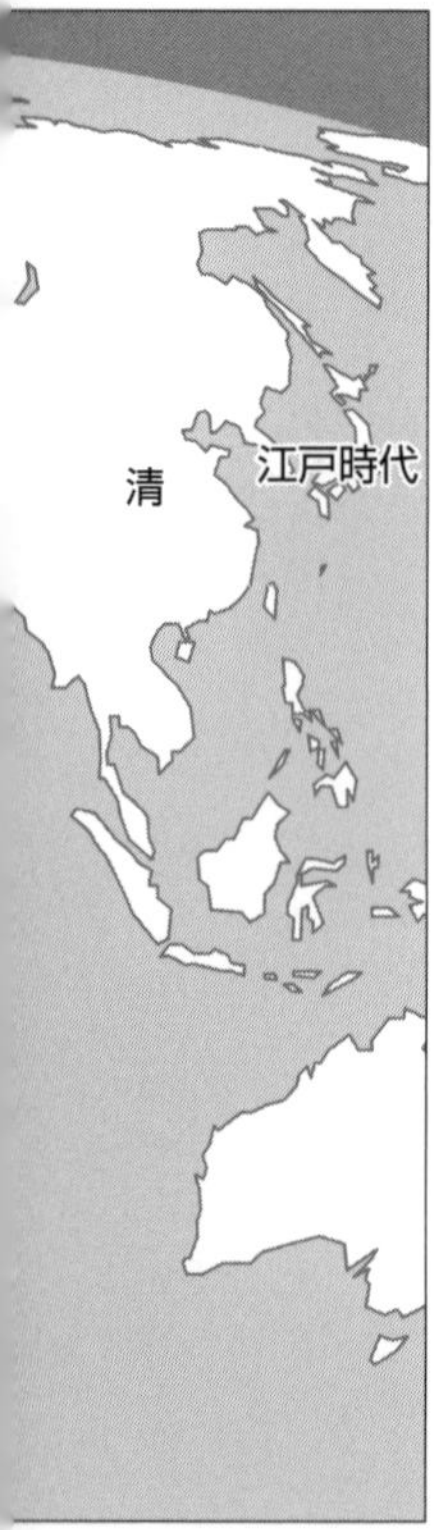

世界の要衝・中東に向けられる列強の視線

産業革命、フランス革命を経てヨーロッパ諸国が急速にパワー・アップした19世紀は、オスマン帝国解体の時代であった。

ヨーロッパ諸国は、ヨーロッパの「nation」（民族、国家）の考え方を持ち込んで、宗教帝国を内部から切り崩していく。アジアとヨーロッパ

■18世紀の世界

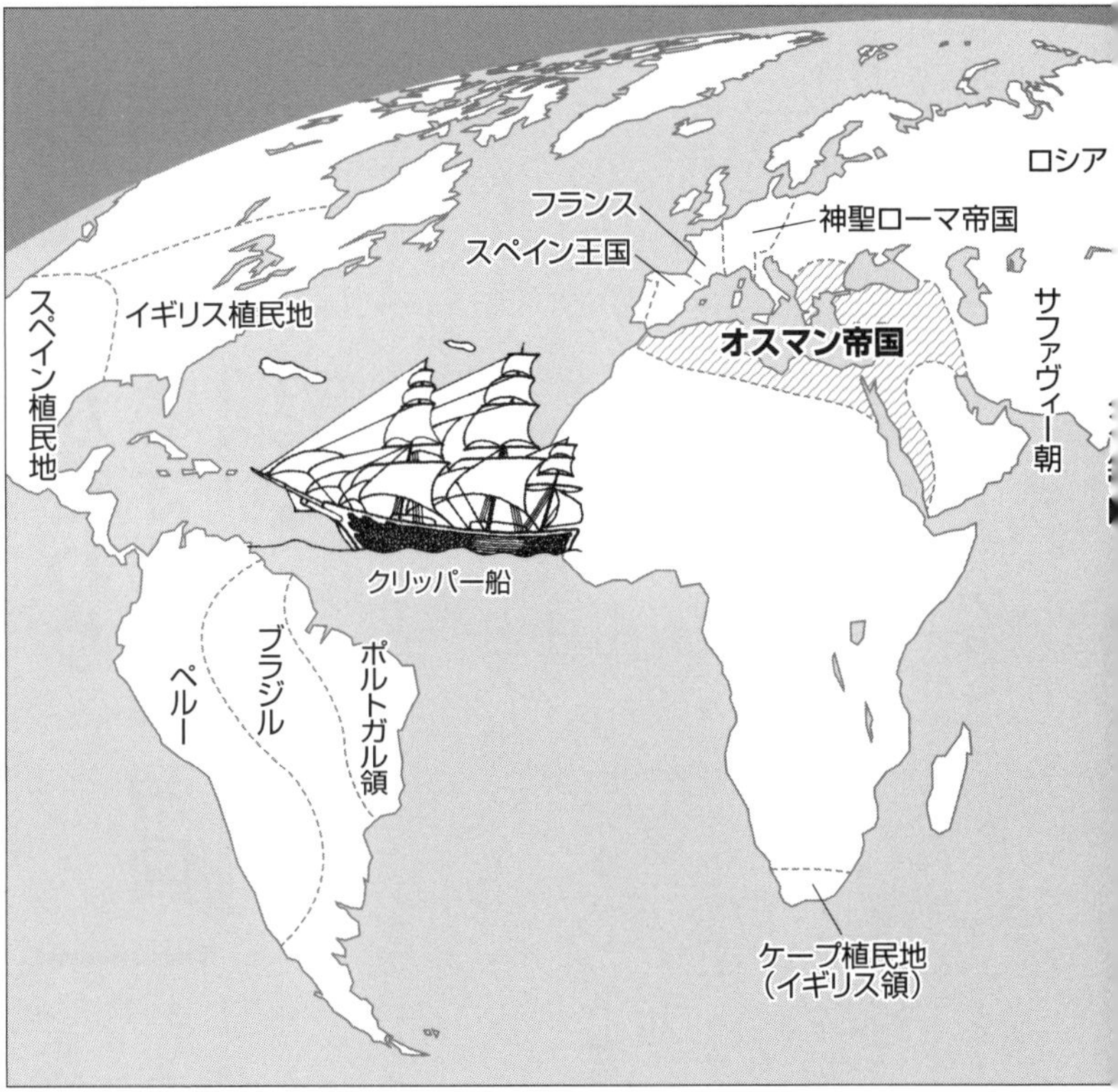
ロシア
フランス
神聖ローマ帝国
スペイン王国
スペイン植民地
イギリス植民地
オスマン帝国
サファヴィー朝
クリッパー船
ブラジル
ポルトガル領
ペルー
ケープ植民地
（イギリス領）

を結ぶオスマン帝国は、列強にとり戦略的に重要だったのである。

ヨーロッパ列強の圧力やロシアと結びついた西欧化を進めるエジプトの離反、バルカン半島のスラブ人の民族運動などにより苦境に立ったオスマン帝国も、西欧のシステムを導入することで危機の回避をはかった。しかし、中途半端な改革は体制内部の亀裂を広げるのみであった。

1869年にスエズ運河が開通して以降、アジアへの入り口に位置するオスマン帝国を巡る列強の争いは激化する。

そうした中で植民帝国イギリスと新興のドイツ帝国が、3C政策と3B政策を掲げてオスマン帝国の領域を巡って激突。それがオスマン帝国の支配、分割を巡る「第一次世界大戦」なのである。

◉17世紀末◆オスマン帝国の衰退

勢力拡大が終わり弱体化するオスマン帝国

17世紀以降、征服が頭打ちになり、ヨーロッパの経済成長が進むと、帝国の力は少しずつ衰えていく。

◆時代遅れになっていくオスマン軍

オスマン帝国の成長は、エジプト、メソポタミア、ハンガリーという豊かな地域の征服に支えられた。莫大な戦利品、税収が帝国の膨張を支えたのである。

しかし、16世紀末になると征服が頭打ちになり、収入が減少する。にもかかわらず、宮廷の奢侈《しゃし》な生活、官僚と軍隊の肥大化は進む一方で、帝国サイズの縮小に対応できなかった。

一度、肥大化し、緩みが生じたシステムはなかなか元に戻らないものである。

16世紀以降に火器が発達したこともあり、オスマン帝国の軍隊は時代遅れになっていた。帝国内では安価な新大陸の銀の流入によるインフレが進み、生活に窮した官僚の賄賂《わいろ》が一般化し、イエニチェリの反乱が繰り返された。

一方で、「大航海時代」以降、ヨーロッパは新大陸からもたらされる大量の安価な銀による経済成長期に入り、その影響は17世紀にはオスマン帝国と境を接するロシア、オーストリアにも及んだ。オスマン帝国とヨーロッパの力のバランスが逆にふれていくのである。

◆トレンドを読めず領土喪失へ

そうした状況下で、時代の変化を読めなかったオスマン帝国は、1683年に15万人の大軍でオーストリアの首都ウィーンを包囲した（第二次ウィーン包囲）。

自軍の力を過信して城壁を破壊する巨大砲を持たずに遠征におもむいたオスマン軍は、格段に強化された城壁を持つウィーンを攻めあぐね、救援に駆けつけたポーランド軍の攻撃を受けてあえなく敗北した。

15万人もの軍隊を動員し、総力をあげて行われたウィーン包囲の失敗は、オスマン帝国とヨーロッパの力関係の変化を白日の下にさらすことになる。

■縮小していくオスマン帝国

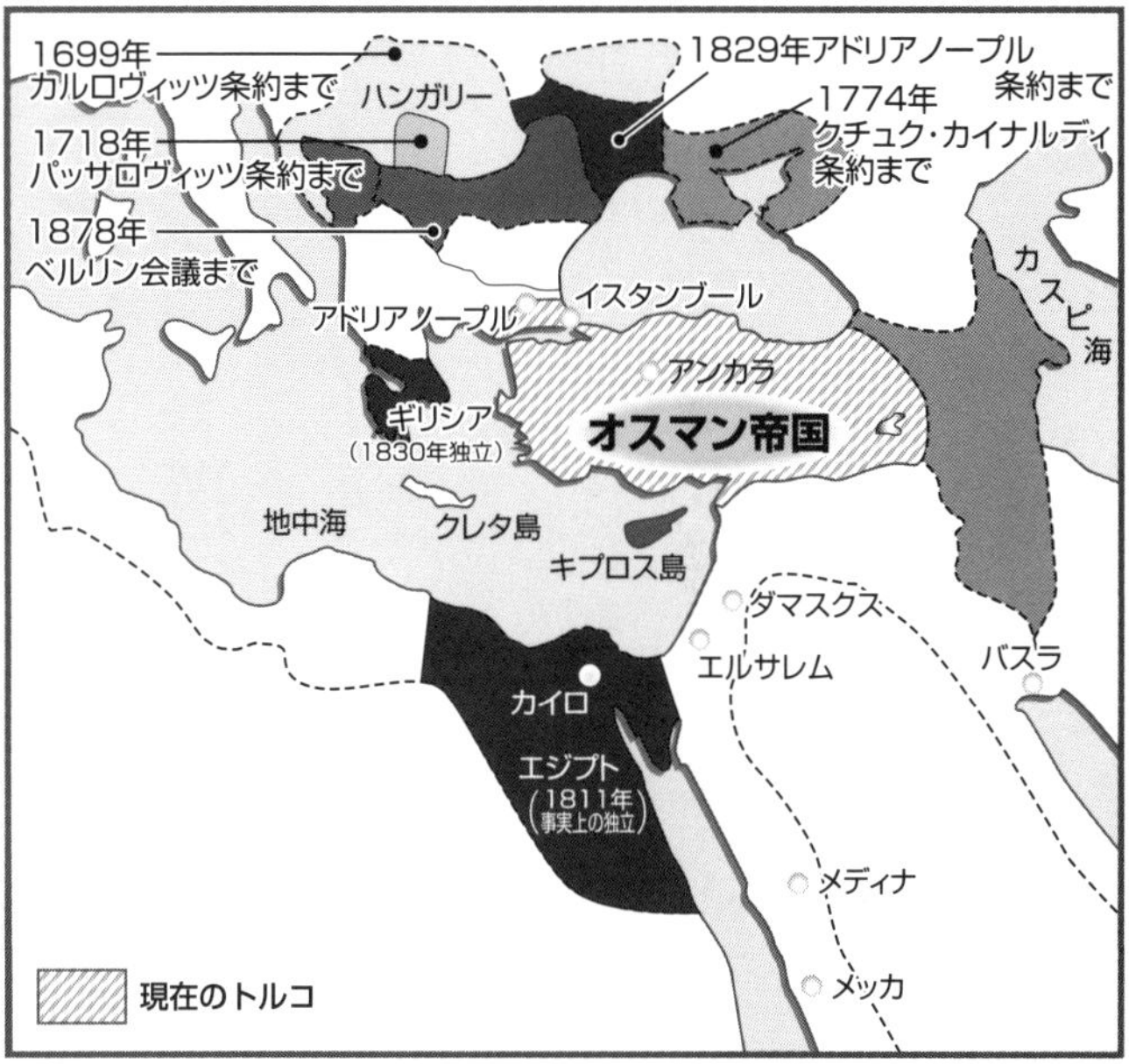
1699年
カルロヴィッツ条約まで
1718年
パッサロヴィッツ条約まで
1878年
ベルリン会議まで
ハンガリー
1829年アドリアノープル条約まで
1774年
クチュク・カイナルディ条約まで
カスピ海
イスタンブール
アドリアノープル
アンカラ
ギリシア
(1830年独立)
オスマン帝国
地中海
クレタ島
キプロス島
ダマスクス
エルサレム
バスラ
カイロ
エジプト
(1811年事実上の独立)
メディナ
メッカ
現在のトルコ

1699年、ハンガリー中部で教皇、オーストリア、ポーランド、ヴェネツィアの「神聖同盟」との戦いに大敗北を喫したオスマン帝国は、同年の「カルロヴィッツ条約」で、ハンガリーをオーストリアに、ウクライナをポーランドに割譲して、大幅に領土を縮小させた。

◆西欧式とイスラーム式の矛盾に悩む

ヨーロッパの「再生」を目の当たりにしたオスマン帝国では、ヨーロッパ文化の再評価が進んだ。アフメト3世(位1703〜30)の時代にはイスタンブールの支配層の間にフランスの享楽的なロココ文化が流行り、西欧趣味としてチューリップの栽培が流行した。いわゆる「チューリップ時代」である。

また軍事技術の遅れを補うために西洋式砲術が導入された。伝統システムを存続させるための西欧化が模索されるが、一方でイスラームの原点に立ち返ろうという主張も強まり、西欧文明の導入は帝国の矛盾を深めていった。

歴史メモ　勇壮なオスマン帝国の軍楽は、トルコ行進曲としてヨーロッパ諸国の軍楽隊に影響を及ぼした。

ナポレオンによるエジプト遠征の影響

ナポレオン軍によるエジプト遠征で、オスマン帝国軍は破れる。この衝撃で、エジプトは新しい国の創設に成功する。

◆ナポレオンがエジプトをめざしたワケ

１７９７年の和約でヨーロッパ大陸の諸国と和解したフランスのナポレオンは、唯一の敵として残ったイギリスに打撃を与えるため、フランス商人に対するエジプト政府の圧迫を理由に、インドへの交通の要衝エジプトに出兵した。

１７９８年、ナポレオンに率いられた3万８０００人の軍は、エジプトを守っていたオスマン帝国のマムルーク軍を破りカイロを占領した。

フランス軍の勝利は、エジプトに衝撃を与えた。イギリス海軍の攻撃、オスマン軍の反撃、エジプト人の抵抗、ヨーロッパでの対仏同盟の結成などで、１７９９年にナポレオンは兵を置き去りにして数名の副官とともにフランスに引き上げることになり、遠征は失敗に終わったが、エジプトの社会情勢は一変する。

◆「漁夫の利」を得たムハンマド・アリー

フランス軍を駆逐したイギリス軍も、１８０３年に撤退。伝統的に実質的なエジプトの支配者は、オスマン帝国から派遣される総督ではなく、徴税請負人として財を蓄えたマムルークであった。しかし、そのマムルークがナポレオンの出兵で力を弱めたことから、権力の空白が生じた。

アルバニアからの派遣軍の副官だったムハンマド・アリーは、１８０５年にカイロ市民の支持を背景にエジプト総督に任命された。彼は、１８１１年に大虐殺を行ってマムルークの勢力を一掃し、エジプトの支配者の座につく。その後半世紀、エジプトでは日本の明治維新を先取りする国営近代工場の開設、フランス軍人の雇い入れ、ヨーロッパの兵器の購入で富国強兵がはかられた。

アリーの軍隊は、１８２１年に陸軍1万６０００人だ

■ナポレオンの介入で変わったエジプトの歴史

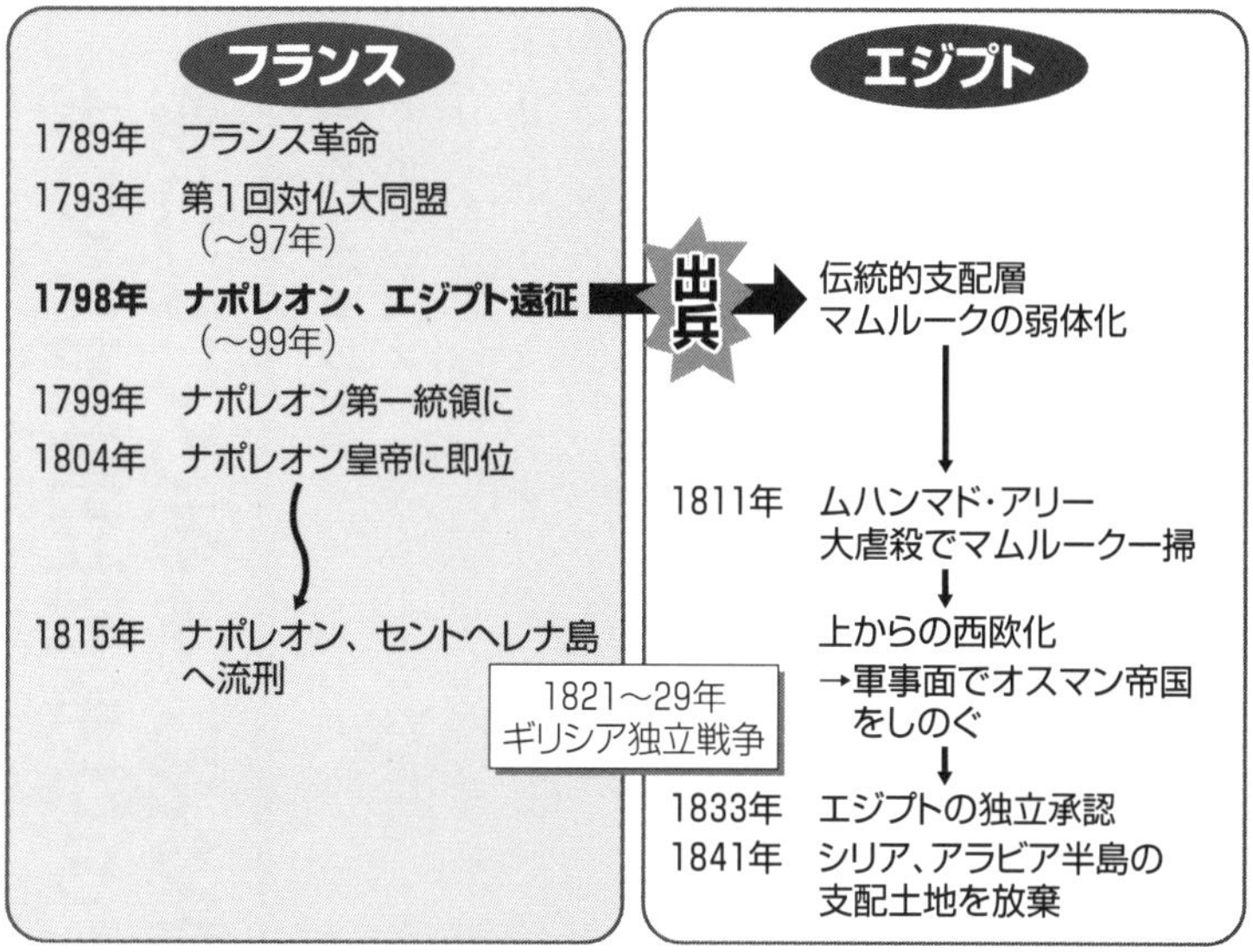

ったが、1838年には陸・海軍合わせて15万7000人になり、オスマン帝国を脅かす一大勢力に成長した。

◆オスマン帝国から半独立するエジプト

ギリシアで独立戦争が起こると、ムハンマド・アリーはオスマン帝国のスルタンの要請を受けてギリシアの独立を抑えるために出兵した。だが、英、仏、露の3国は、1827年にバルカン半島西岸のナバリノ（現ピュロス）でオスマン帝国・エジプト連合艦隊を撃破し、ギリシアは独立を達成した。アリーは大痛手を受けたのである。

しかし勢力拡大をはかるアリーは、1831年にシリアに軍を進めてオスマン軍を破り、シリアからペルシア湾へと勢力を拡大していく。

フランスとの結びつきが強かったエジプトの自立と勢力拡大を、イギリス、ロシアは勢力的均衡を守る立場から抑えようとする。列強はオスマン帝国とエジプトの争いに介入し、アリーにエジプト総督の世襲を認めて帝国から半ば独立させる一方で、エジプトとスーダン以外の土地（シリア等）を放棄させる政策を実現させた（1841年）。

歴史メモ　ムハンマド・アリーが創設した王朝は、1952年にナセルが率いる自由将校団のクーデター（228ページ）まで続いた。

◉1821〜29年◆ギリシア独立戦争

ギリシア独立戦争から崩れはじめるオスマン帝国

ヨーロッパ列強の介入で、ギリシアが独立する。この戦争をきっかけに、オスマン帝国は内外から崩壊をはじめる。

◆ギリシア独立戦争の衝撃

1789年のフランス革命後、ヨーロッパに広まったナショナリズムの刺激を受けて起きた「ギリシア独立戦争」（1821〜29）は、列強の介入によりオスマン帝国の敗北に終わった。

この戦争が、「民族」や「国家」などの新理念に基づく西欧システムを求める動きをオスマン帝国に持ち込むことになる。

東地中海進出をめざすロシア、イギリス、フランスの支援を受けたバルカン半島の民族運動が激化し、同地域からの人的資源の確保を帝国維持の柱にしていた（166ページ）オスマン帝国は大打撃を受けたのである。

ヨーロッパ列強は、以後、オスマン帝国内のナショナリズムの動きを後押しすることにより帝国の切り崩しをはかっていく。

◆近代化路線で支えようとするが…

帝国体制が揺らぐ中で、マフムト2世（位1808〜39）は帝国を支えてきたイエニチェリ軍団を1826年に廃止し、保守層の一掃をはかる。彼は、行政改革、郵便制度の導入、初等教育の義務化など、帝国の構造改革を進めた。

1839年、マフムト2世は「全臣民の法の下の平等」の理念を打ち出す。「タンジマート」（恩恵改革）と呼ばれる上からの西欧化を進め、法の前の平等、裁判や課税の公正を保障し、近代国家建設の方針を明らかにしたのである。

しかしこの近代化は、イスラーム教徒と非イスラーム教徒の共存システムを崩してしまった。マフムト2世に「異教徒」というアダ名をつけて多数のイスラーム教徒が反発し、地方にまで改革を徹底させることはできなかっ

■オスマン帝国を揺るがしたギリシア独立戦争の影響

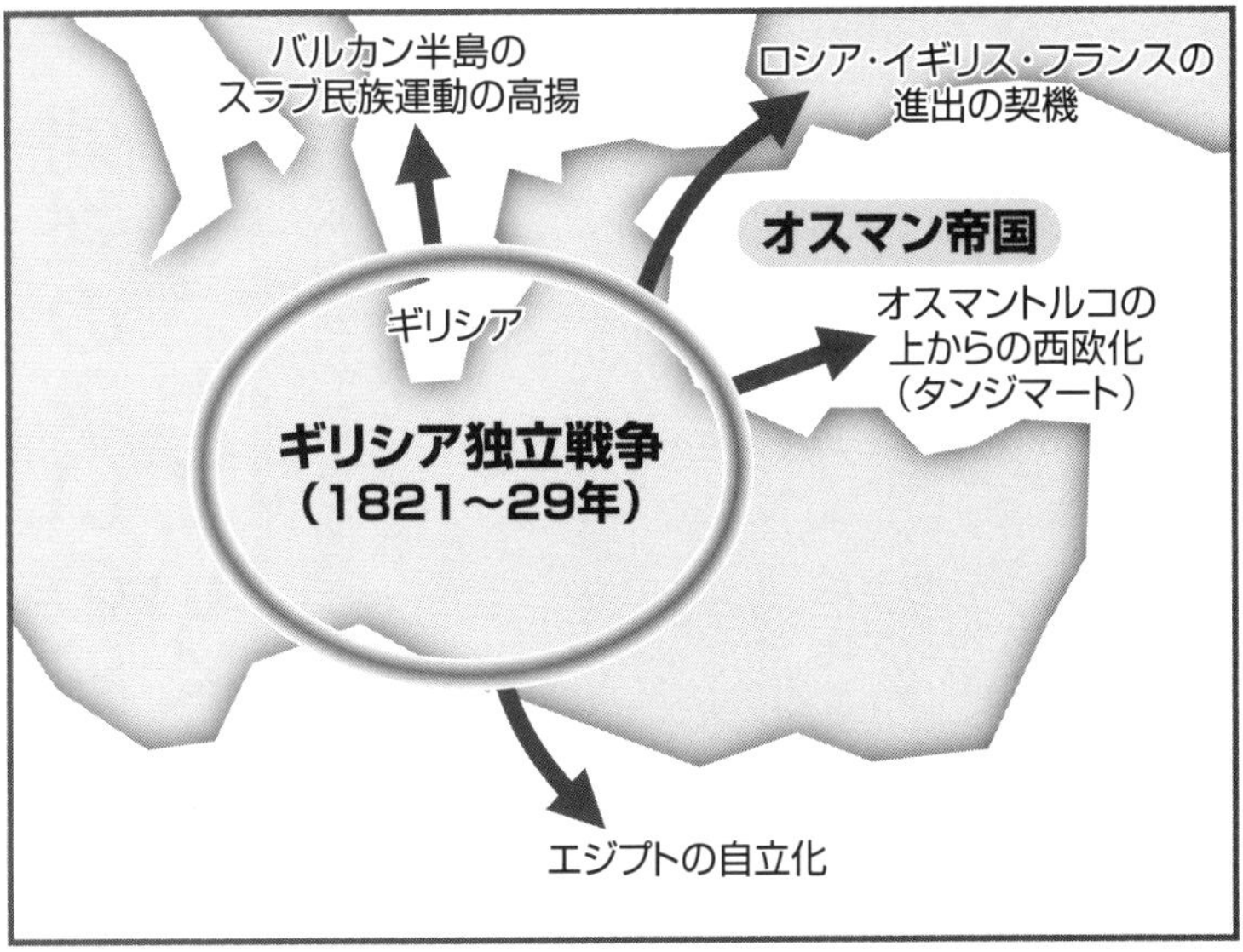
バルカン半島の
スラブ民族運動の高揚
ロシア・イギリス・フランスの
進出の契機
オスマン帝国
ギリシア
オスマントルコの
上からの西欧化
（タンジマート）
ギリシア独立戦争
（1821～29年）
エジプトの自立化

た。

◆外債発行で債務地獄に！

オスマン帝国は、産業革命後のヨーロッパ勢力の経済進出にも直面する。イギリスは、1838年に「イギリス・オスマン帝国通商条約」を締結して、帝国全域での通商、輸送の自由を獲得した。

以後、オスマン帝国の市場が西欧列強に開放されることになる。

領土喪失、戦争による軍事費の増大、官僚の腐敗、宮廷の奢侈、近代化のコストなどにより財政が悪化していたオスマン帝国は、1854年に「クリミア戦争」（182ページ）の戦費をまかなうために外債を発行して以来、次々とヨーロッパ諸国への借金を重ねていく。

その結果、1875年には外債の利子支払いが不能になり、81年には債権国の代表により構成されるオスマン債務管理局が国家財政を監督することになった。1911年には帝国歳入の3分の1が管理局に支払われるという悲惨な状況におちいった。帝国財政は、破産状態になったのである。

歴史メモ　ギリシア正教の総主教は、ギリシア正教・アルメニア正教・ユダヤ教との共存を重視するオスマン維持の立場から、ギリシア独立に反対。

◉19世紀◆東方問題

列強の争いの狭間で分割されていく帝国

南下を続けるロシアとの争いにヨーロッパ列強が介入。露土戦争の敗北でオスマン帝国はヨーロッパの領土を失った。

◆ロシアVS欧州列強が「東方問題」の基本構図

衰退したオスマン帝国の領域に、ヨーロッパ列強が進出することで生じた19世紀の一連の紛争が「東方問題」と呼ばれるものである。

黒海を支配下においたロシアは地中海への進出をもくろみ、オスマン帝国領のボスフォラス海峡・ダーダネルス海峡（203ページ図）の支配とバルカン半島のスラブ諸民族の自立をめざした。これに対し、帝国内に多くのスラブ人を抱えるオーストリア、そしてロシアの東地中海支配をおそれるイギリスは、ロシアと対立した。

1831年、エジプト軍がオスマン帝国を攻撃した際にロシアはオスマン帝国を助け、その代償として両海峡の独占的航行権を獲得した。

だが、ヨーロッパ列強は第二次エジプト事件後の両海峡の中立化、軍艦の通過禁止により、ロシアの南下を抑えた。

1850年代初めになると、ロシアはパレスチナの聖地管理権を巡るカトリックとギリシア正教の争いを口実に、英仏の支援を受けたオスマン帝国と開戦する。それが「クリミア戦争」（1853〜56）である。

戦争はロシア黒海艦隊の本拠地クリミア半島を中心に戦われ、ロシア軍の敗北に終わった。ロシアはベッサラビア南部、ドナウ川河口地域などをオスマン帝国に返還し、黒海に艦隊を持つことを禁止された。

◆露土戦争でついに分割の危機に！

「パン・スラブ主義」とは東欧、ロシアで進められたスラブ民族の統一と連合をめざす運動である。1867年にモスクワでパン・スラブ会議が開かれ、1875年から76年にかけてバルカン半島全域でスラブ人の蜂起が

■東方問題とオスマン帝国の縮小

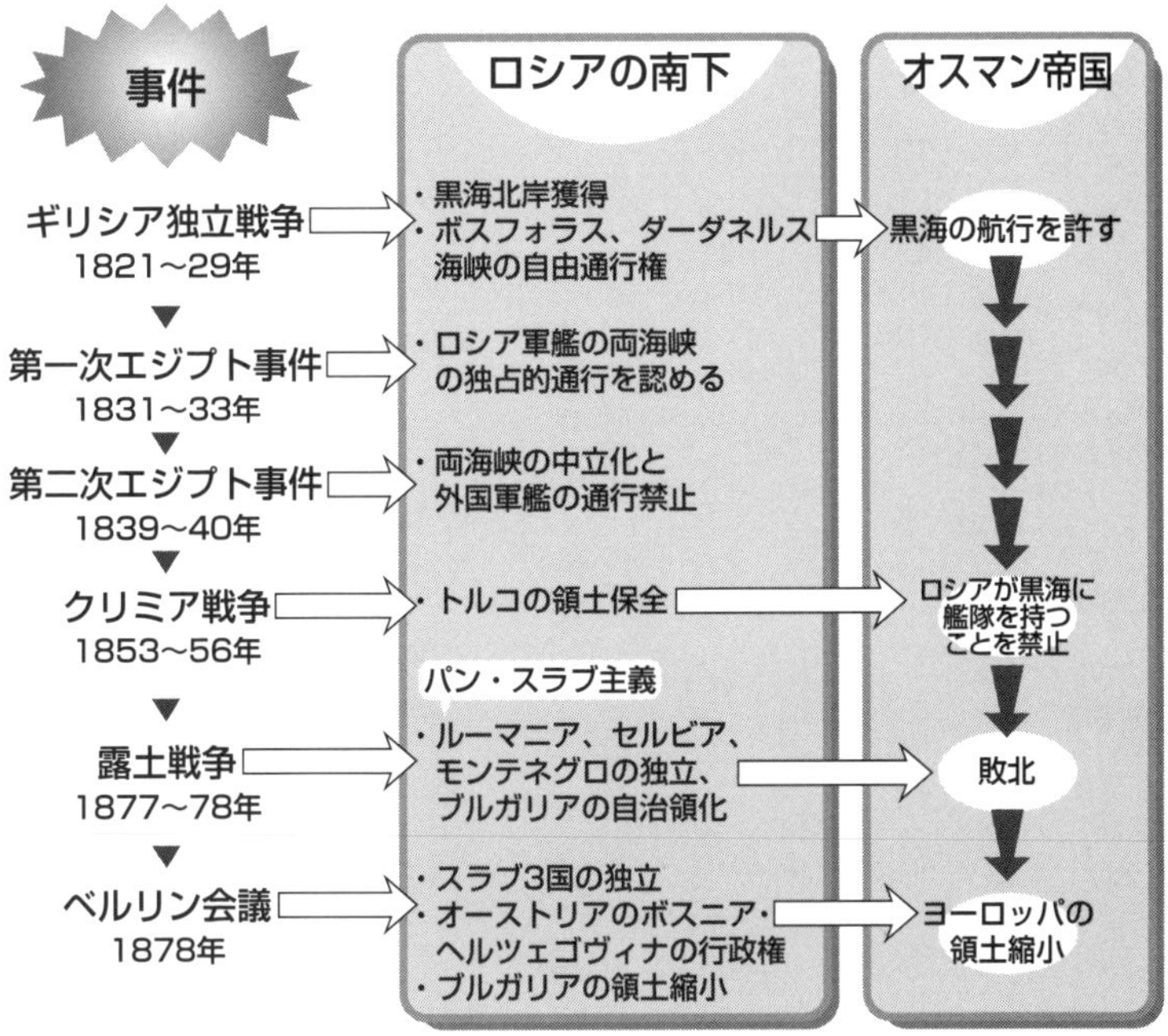
事件
ロシアの南下
オスマン帝国
ギリシア独立戦争
1821～29年
・黒海北岸獲得
・ボスフォラス、ダーダネルス海峡の自由通行権
黒海の航行を許す
第一次エジプト事件
1831～33年
・ロシア軍艦の両海峡の独占的通行を認める
第二次エジプト事件
1839～40年
・両海峡の中立化と外国軍艦の通行禁止
クリミア戦争
1853～56年
・トルコの領土保全
ロシアが黒海に艦隊を持つことを禁止
パン・スラブ主義
露土戦争
1877～78年
・ルーマニア、セルビア、モンテネグロの独立、ブルガリアの自治領化
敗北
ベルリン会議
1878年
・スラブ3国の独立
・オーストリアのボスニア・ヘルツェゴヴィナの行政権
・ブルガリアの領土縮小
ヨーロッパの領土縮小

起こる。

1877年にロシアはスラブ人の支援を掲げてオスマン帝国に宣戦、イスタンブールに迫った。「ロシア-トルコ戦争」（露土戦争、1877～78）である。この戦争で、ロシアは南方に領土を拡大するとともに、バルカン半島にスラブ諸国を独立させることに成功した。

しかし、ロシアがバルカン半島で絶対的優位に立つことに、イギリス、オーストリアが猛烈に抗議し、ドイツ帝国宰相のビスマルクを仲介者とする「ベルリン会議」（1878）が開かれる。

締結された条約では、オスマン帝国の領土の割譲は関係諸国が共同で行われねばならず1国では行えないという原則が確認された。

またセルビア、モンテネグロ、ルーマニアの独立、ブルガリアの自治が認められ、ボスニア・ヘルツェゴヴィナの行政権がオーストリアに譲られた。オスマン帝国はヨーロッパの領土をほぼ失ったのである。

歴史メモ ヨーロッパが持ち込んだ「民族」の考え方に基づくスラブ民族国家の建設で、バルカン半島は帝国から切り離された。

●1854〜69年◆スエズ運河

スエズ運河がイギリスをエジプトに引き寄せた

地中海からインド洋へといたる交通の要衝、スエズ運河。イギリスの参入でエジプトはイギリス傘下に飲み込まれる。

◆エジプトはヨーロッパの一部？

世界情勢にうといエジプトのムハンマド・アリーの後継者たちは近代化に失敗し、ヨーロッパ諸国の干渉を受けるようになっていく。

富国強兵をはかるエジプト総督は綿花を中心とする商品作物の増産をはかり、灌漑設備、鉄道、運河建設に多くの資金を投じた。

とくに総督イスマイール（位1863〜79）は、「エジプトはヨーロッパの一部」というほどの極端な欧化主義者で、綿花栽培を中心にして熱心に西欧化路線を推し進めたが、綿花価格は国際経済の変動により不安定に揺れ動き、エジプトはヨーロッパ工業の単なる原料供給地に変わっていった。

仕方なくエジプトは、1862年以降、外債に依存することになるが、瞬く間に借金がかさんだ。14年後の1876年には25億フランの借款《しゃっかん》の利子が払えず、イギリスとフランスを中心とするエジプト債務委員会がエジプトの財務管理を行うようになる。

◆スエズ運河はイギリスのものに！

1854年、フランスの外交官レセップスは、退官後にエジプト総督から「スエズ運河」開削の特許を得る。国際スエズ運河会社が設立され、40万株のうち17万7000株をエジプト側が引き受け、残りはフランスの投資家が担うことになった。

10年間に及ぶ運河建設は苛酷で、工事にあたった12万人のエジプト農民が犠牲になるほどであった。見積りの倍以上の費用を費やして、1869年に全長161キロ、幅80メートルのスエズ運河が完成する。

スエズ運河の完成により、アジアへの航海はアフリカ南端の喜望峰経由の3分の2に短縮。スエズ運河はヨーロッパ諸国のアジア進出の要になった。しかし、開通直後にはスエズ運河を利用する船がまだ少なく、会社は破綻に瀕し、エジプト政府の財政危機が進行する。

■スエズ運河の通過貨物量の推移

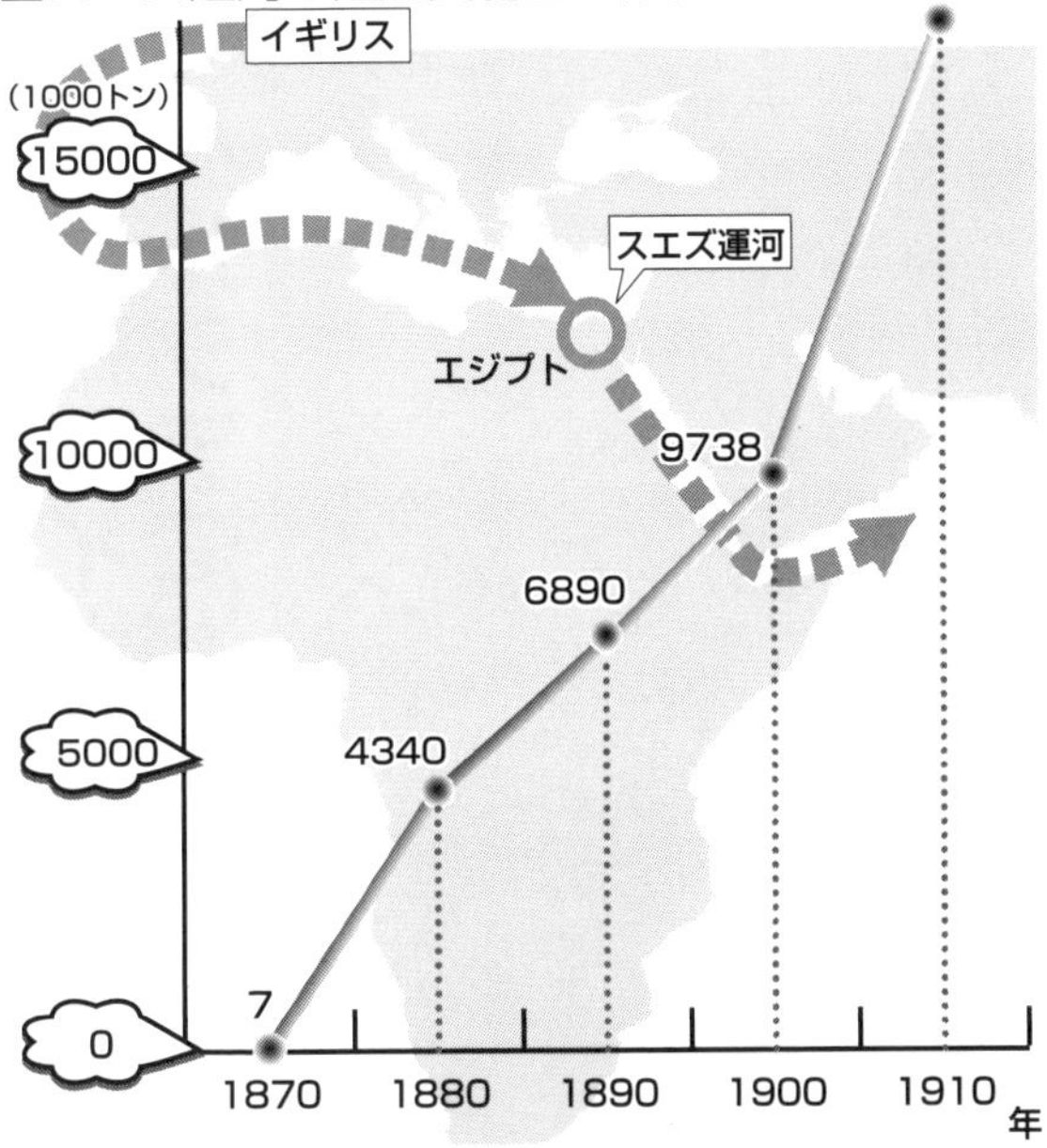

にっちもさっちも行かなくなった総督イスマイールは、1875年に約400万ポンドでイギリス政府に国際スエズ運河会社の株式を売却する。

その結果、スエズ運河の管理権はイギリスに移り、運河はインドにいたるイギリスの「ロイヤル・ルート」の要となった。その後、イギリスはあらゆる手段を駆使して運河地帯の利権と安全確保をはかるようになる。

◆アジアへの入口は手放さない!

統治の混乱と外国による財政支配は、エジプト民衆の不満を呼び起こし、アラービー大佐を指導者とする民族運動が起こる。彼は、立憲制、議会の開設、外国支配の排除を主張するワタン党を結成、1882年には政権を掌握した。

だが、ワタン党が政権を握ると、イギリスは総督を助けて秩序を回復することを口実に単独出兵し、エジプト全土を占領、民族運動を鎮圧する（同1882年）。イギリスは以後、1954年までの60余年もの間、エジプトにとどまり続けた。

歴史メモ 派手好きの総督イスマイールは、スエズ運河開通の式典用にイタリアの作曲家ヴェルディに歌劇「アイーダ」の作曲を依頼した。

◉1622年～◆イギリスとペルシア湾

海洋帝国イギリスのペルシア湾進出

19世紀、ペルシア湾全体がイギリスの支配下におかれた。だが、石油の産出で湾岸諸国はその重要性が著しく増した。

◆海賊の海からイギリスの海へ

イギリスは1622年にペルシア湾交易の中心である湾口のホルムズ島をポルトガルから奪い、ペルシア湾交易が盛んになる18世紀末には商館、政務官事務所をオスマン帝国のバスラから湾岸のクウェートに移した。

18世紀のペルシア湾岸地域は「海賊海岸」として知られており、現在のアラブ首長国連邦に属するラスアルハイマ（ペルシア湾の入り口の半島先端部）港などを基地とする海賊船が横行していた。

19世紀初頭にイギリス艦隊は、ラスアルハイマの海賊の要塞を占領し、海賊行為を停止させ、ペルシア湾全体がイギリスの保護下におかれることになる。

19世紀末になると、イギリスは外国の干渉、侵略からの防衛と引き換えに、イギリス以外の国と外交・条約関係を結ばず、領土、特権を与えないという条約を湾岸の諸勢力と結んだ。

バーレーン、カタール、オマーン、クウェートが条約を締結。これは、ペルシア湾にドイツ勢力を進出させないための措置だった。

◆石油資源で変貌する湾岸諸国

1970年代以降、イギリスから独立した湾岸諸国は、豊かな石油収入に依存する富裕国が多い。

アラビア半島東岸では、1959年にアブダビで大油田が発見され、石油危機以降大量のオイルダラーが入って豊かになった。1971年にイギリスが撤退すると6カ国の首長が連邦を結成、72年にラスアルハイマが加わって七つの首長国からなる連邦となった。自由貿易港ドバイは、中東の金融センターになっている。

アラビア半島からペルシア湾に突き出たカタール半島

■現在のペルシア湾

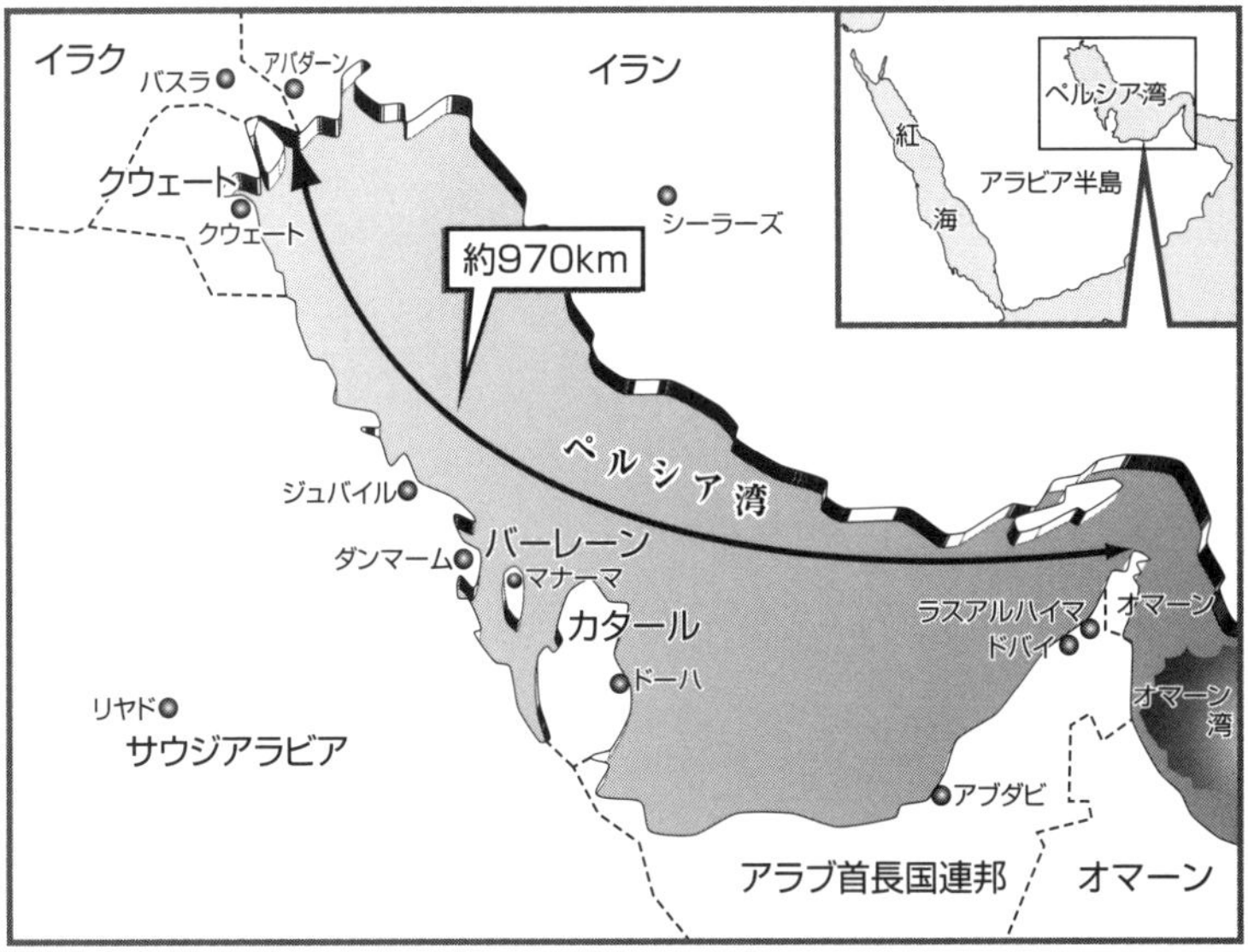

は、1916年に現在のアラブ首長国連邦などとともにイギリスの保護領となったが、1971年のイギリス撤退によりカタールとして独立。首都はサッカーの「ドーハの悲劇」で有名な港町ドーハである。

24時間放映のアラビア語の衛星テレビ局アルジャジーラ（「島」の意味）はカタール政府が西欧メディアをモデルとしてつくったテレビ局であるが、中東のCNNとして評価が高い。

湾内のバーレーン群島は、18世紀末にイランの支配を脱して首長国バーレーンを樹立。1861年にイギリスの保護領となったが、1930年に石油が発見されて重要性が増した。71年に独立。シーア派が多く、79年のイラン革命（242ページ）の後は不安定な状態が続く。

北部がペルシア湾とつながるオマーン湾に面するオマーンも19世紀にはイギリスの実質的な植民地になっていた。首都マスカットを拠点とするスルタンと内陸部・南部の勢力との抗争が続いたが、1967年以降の石油開発で様変わりしつつある。現在、産出する原油の約半分が日本に輸出されている。

歴史メモ アラビア半島の北東部の湾を、イランがペルシア湾と呼ぶのに対し、アラブ諸国はアラブ湾と呼ぶ。

◉19世紀◆タバコ・ボイコット運動

混乱を続けるイランに ヨーロッパ勢力が進出

サファヴィー朝が滅んだ18世紀以降、イランはロシアやイギリスに蹂躙され、財政的にも半身不随になってしまう。

◆英露の進出で混乱が続くイラン

イランはサファヴィー朝の下でペルシア語とシーア派信仰を核に民族国家を形成したが（170ページ）、1722年の隣国アフガニスタン軍の侵入後、まもなく滅亡した。混乱の後、1796年になると「カージャール朝」が成立。しかし、イラン分割の協定を結んだロシアとオスマン帝国の進出でカージャール朝は危機におちいる。

19世紀には2度にわたるロシアとの戦争（1804～13、1826～28）、イギリスとの戦争（1857）でさらに危機が深まった。とくに第二次の対ロシア戦争の敗北後に締結された「トルコマンチャーイ条約」は、ロシアへの領土の割譲、治外法権の承認、関税自主権の放棄を認め、ヨーロッパ列強によるイラン進出の起点になった。

ヨーロッパ経済への従属や西欧文化の流入で伝統的価値観が動揺すると、イラン民衆の不満は高まっていく。

そうした中で、セイイド・アリー・ムハンマドという青年が、自分は姿を隠してしまった12代イマーム（113ページ図）と交信できるバーブ（門）であると主張。シーア派信仰を利用して民衆を組織した。

彼は、腐敗したイスラーム教を非難し、シーア派の改革、富の分配を訴え、庶民大衆は彼を救世主（マフディ）として強く支持した。全土に広がりを見せるバーブ教に危険を感じた政府は苛酷な弾圧を行い、1850年にバーブは銃殺された。

◆タバコ・ボイコット運動で借金漬けに

19世紀後半になるとヨーロッパ諸国の軍事的、経済的な圧力が強まり、鉱山開発や道路・工場建設の利権を王（シャー）は譲り渡した。

■ロシアの南下とイギリスの進出で圧迫されるイラン

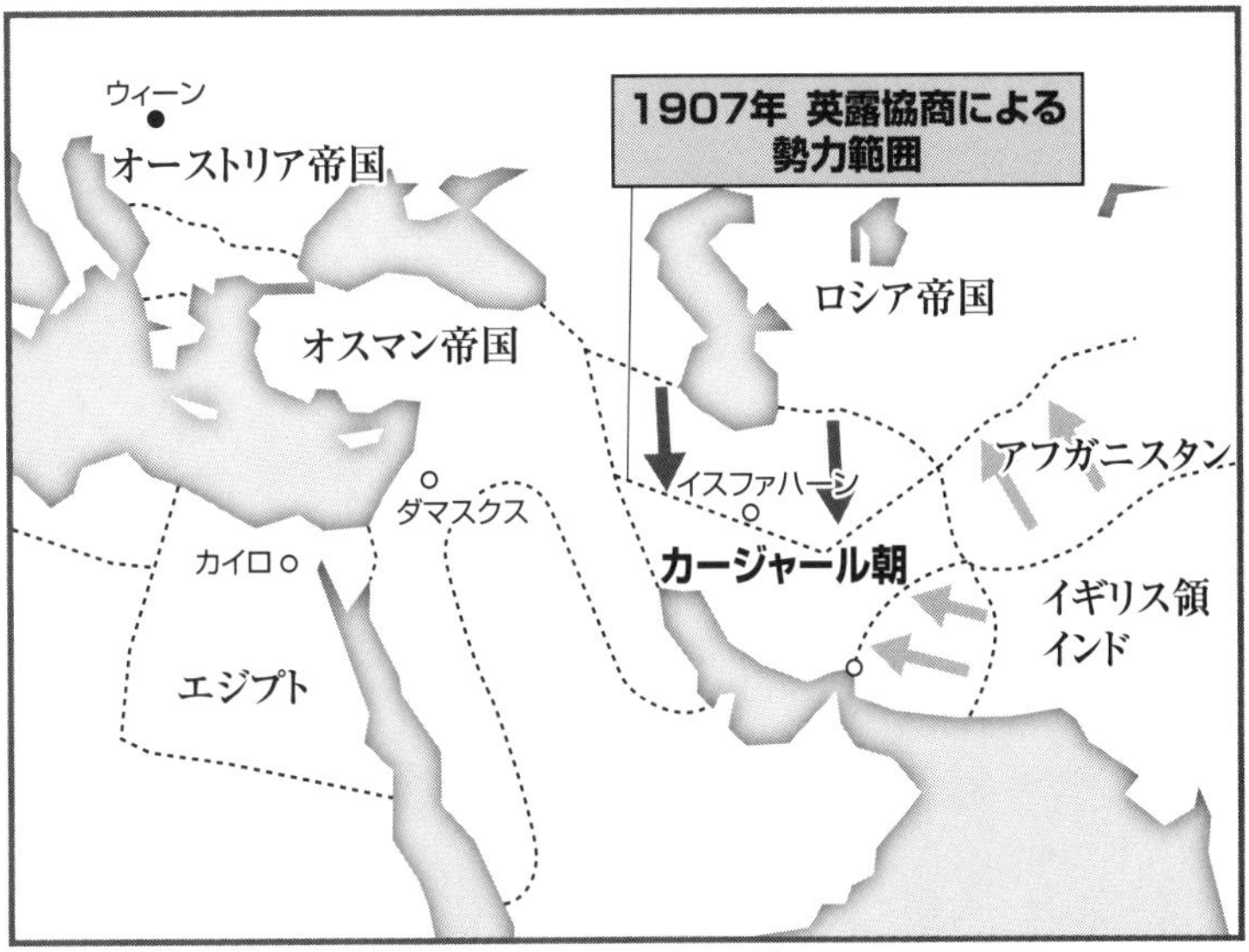
1907年 英露協商による
勢力範囲
ウィーン
オーストリア帝国
ロシア帝国
オスマン帝国
アフガニスタン
イスファハーン
ダマスクス
カイロ
カージャール朝
イギリス領
インド
エジプト

1890年、王がイギリスの会社に50年間、イランにおける水ぎせるで吸うタバコの専売権を与えると、シーア派の最高指導者たちは、外国による専売の下での喫煙はイスラームの教えに反するという見解を示し、一般民衆を巻き込んだ大規模な反対運動が起こった。

そのため王は、9か月後にイギリスのタバコ会社に与えた利権を回収した。それが「タバコ・ボイコット運動」である。

しかし、タバコ利権の回収には外国からの巨額の借金が必要で、イラン財政はイギリスに握られることになっていく。

外国に脅かされ続け、王朝の腐敗が続くと、1905年に商人、シーア派指導者を中心として民衆の不満が爆発。憲法制定と議会の開設を求めた。1906年には国民議会が開設され、憲法にあたる基本法が採択される（イラン立憲革命）。

しかし、そうした動きは望ましくないと考えたロシア軍が介入することで、新体制は崩れ去った。英、露は半身不随のイランを望ましいと考えたのである。

歴史メモ　タバコはオスマン帝国、インド、エジプトに輸出されるイランの主力商品だった。

◉19世紀末◆3B政策と3C政策

イギリスに対抗するためドイツがオスマンに接近

ドイツは、世界の覇権を得るためにあらゆる手段を講じはじめる。その一つにバグダード鉄道の敷設があった。

◆アジアへのバイパスを築こうとしたドイツ

1888年に29歳でドイツ帝国皇帝となったヴィルヘルム2世は、「奇跡」といわれたドイツ経済の躍進を背景に、世界の覇者イギリスに挑戦し、イギリスを凌ぐ巨大艦隊の建設に着手する。それが英独両国のすさまじい建艦競争のスタートになった。

しかし、アジアにいたる海のルートは、スエズ運河をはじめとして、すべてがイギリスの掌中にあった。ドイツが、イギリスの壁をあえて突破するには鉄道建設でペルシア湾にいたるしかない。オスマン帝国の領内にペルシア湾にいたる鉄道が敷設できれば、ドイツ製品の輸出、軍隊輸送、イラクのモースル付近に埋蔵されている石油の開発にも有利である。

すでにベルリン、イスタンブール間の鉄道は敷設されていた。そこでドイツは、建設費用、技術をすべて自国持ちという好条件でオスマン帝国でのアナトリア・バグダード鉄道建設の許可を獲得。建設に乗り出す。1899年にはペルシア湾岸のバスラまでの延長工事にも着手した。

それは、1881年に50億フランの債務を払えないばかりに、財政をイギリス、フランスを中心とするオスマン債務管理局（181ページ）に握られていたスルタンにとっては願ってもない申し出だった。

イスタンブールを起点にペルシア湾岸にいたる3200キロの鉄道は、第一次世界大戦までに約6割が開通。鉄道の建設と運営を通じてオスマン帝国のドイツへの従属が強まり、トルコ軍の軍事訓練もドイツ軍に委ねられるようになる。

ベルリン、ビザンチウム（イスタンブール）、バグダードを鉄道で結ぶドイツの「3B政策」は、イギリスのケープタウン、カイロ、カルカッタ（現コルカタ）を結ぶ「3C政策」との対立を強め、第一次世界大戦につながった。中東も帝国主義戦争に巻き込まれていく。

■3B政策によるドイツの進出とイギリスの対抗策

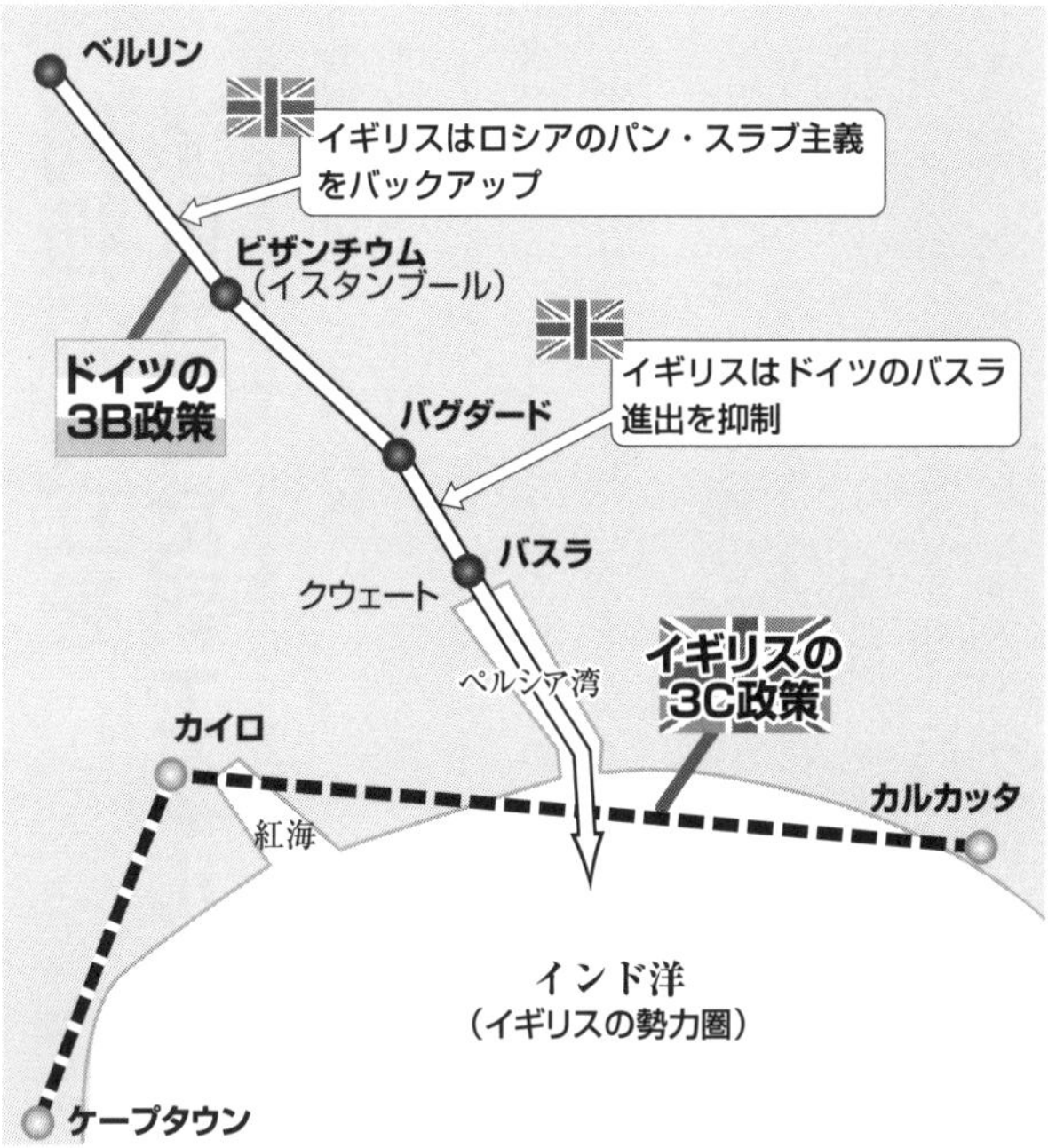
ベルリン
イギリスはロシアのパン・スラブ主義をバックアップ
ビザンチウム（イスタンブール）
ドイツの3B政策
イギリスはドイツのバスラ進出を抑制
バグダード
バスラ
クウェート
ペルシア湾
イギリスの3C政策
カイロ
紅海
カルカッタ
インド洋（イギリスの勢力圏）
ケープタウン

◆イギリスは3B政策を封じ込んだ

世界地図でペルシア湾岸を見てみると、イランとクウェートに挟まれたイラクが支配する〝海岸〟が極めて少ないのに気がつく（187ページ図）。

ドイツが鉄道建設によるペルシア湾進出をめざした時期、イラク、クウェートはともにオスマン帝国の一部であった。18世紀初めに移民により建設されたクウェート港は、一時バグダード鉄道の終点として検討されたこともあった。

しかしイギリスはドイツのペルシア湾進出を阻止し、牽制する狙いで、イギリス以外にはいかなる領土も譲らない、イギリス政府の許可なく外国の代表とも会わないとする保護条約をクウェートをはじめとするペルシア湾岸の首長たちと結んだ（186ページ）。

第一次世界大戦後、ドイツの没落でクウェートは、イギリスにとって従来の戦略的価値を失ったが、1938年にブルガン油田という大油田が発見されることでイギリスの支配が続き、1961年になってやっと独立を果たした。

歴史メモ バグダード鉄道会社は1903年に設立されたが、1918年までに3分の2が開通。全線開通は1940年のことである。

◉19世紀後半〜◆石油の時代

列強の対立を激化させた新エネルギー

中東で石油が産出されると、ヨーロッパ列強だけでなく、アメリカもこの地に進出。新たな対立を生み出した。

◆帝国崩壊を早めた石油利権

石油は、1850年頃から石炭に代わる新エネルギー源として注目されるようになった。20世紀に入ると中東で相次いで大油田が発見され、石油利権をめぐる列強の激しい対立が、オスマン帝国の崩壊を早める要因となった。

1901年にイギリス人技師がカージャール朝のイランから50万平方マイルの地域での60年間の石油採掘権を獲得する。さらに7年後にイラン南西部のマスジド・スレイマンで世界最大の油田が発見されると、イギリスは「アングロ・ペルシア石油会社」（後のアングロ・イラニアン石油会社、ブリティッシュ・ペトロリアム）を創設し、国家的支援を与えるようになった。

海軍のエネルギーを石炭から石油に切り替えようとしていたイギリスは、イランの石油を重視し、アングロ・ペルシア石油会社の51％の株式を所有するようになった。

◆石油も視野に入っていた3B政策

一方、オスマン帝国からバグダード鉄道の敷設権を手に入れたドイツは、鉄道沿線地域での石油採掘権を手に入れ、折から石油の大規模な埋蔵が確認されたイラク地方でドイツ銀行の資金提供による油田開発を進めた。1908年には、列強間の争いを緩和する目的で「トルコ石油会社」が設立される。

ドイツ銀行がイラクからアングロ・ペルシア石油会社を排除しようとすると、イギリスは1914年にトルコ石油会社の株式の50％をイギリス系のアングロ・ペルシア石油会社、残りの25％ずつをドイツ銀行とロイヤル・ダッチ・シェルが保有することで妥協を成立させた。しかし、第一次世界大戦が勃発してしまう。

◆大戦後、アメリカの参入で石油利権は複雑に

第一次世界大戦後、イギリスは敗戦国のドイツ銀行が持ち分としていたトルコ石油会社の株式をフランスが保有することを認め、大戦前の石油利権の継承を主張。英仏は秘密協定を結び、中東の石油開発からアメリカなど他の国々を排除することを決めた。

それに対して中東の石油採掘に参入したいアメリカは、大戦前の列強の石油利権は無効であると主張し、ニュージャージー・スタンダードを中心にシンジケートをつくり、1928年にトルコ石油会社（翌年にイラク石油会社と改称）に加わることに成功した。

1930年代に入ると、アメリカ系の石油会社はバーレーン島での石油採掘に成功。38年にはイギリスとアメリカの石油会社が半分ずつ資本を出し合うクウェート石油会社が、クウェート市の南約25キロの場所で世界最大級のブルガン油田を発見した。湾岸地帯での石油採掘に成功したのである。

同年、アメリカの石油会社は油田開発の優先権を獲得していたサウジアラビアでの油田開発に成功。アメリカが湾岸、アラビア半島での優位を築くことになった。現在、サウジアラビアのガワール油田は、世界でダントツに規模が大きい大油田である。

■赤線協定の地域

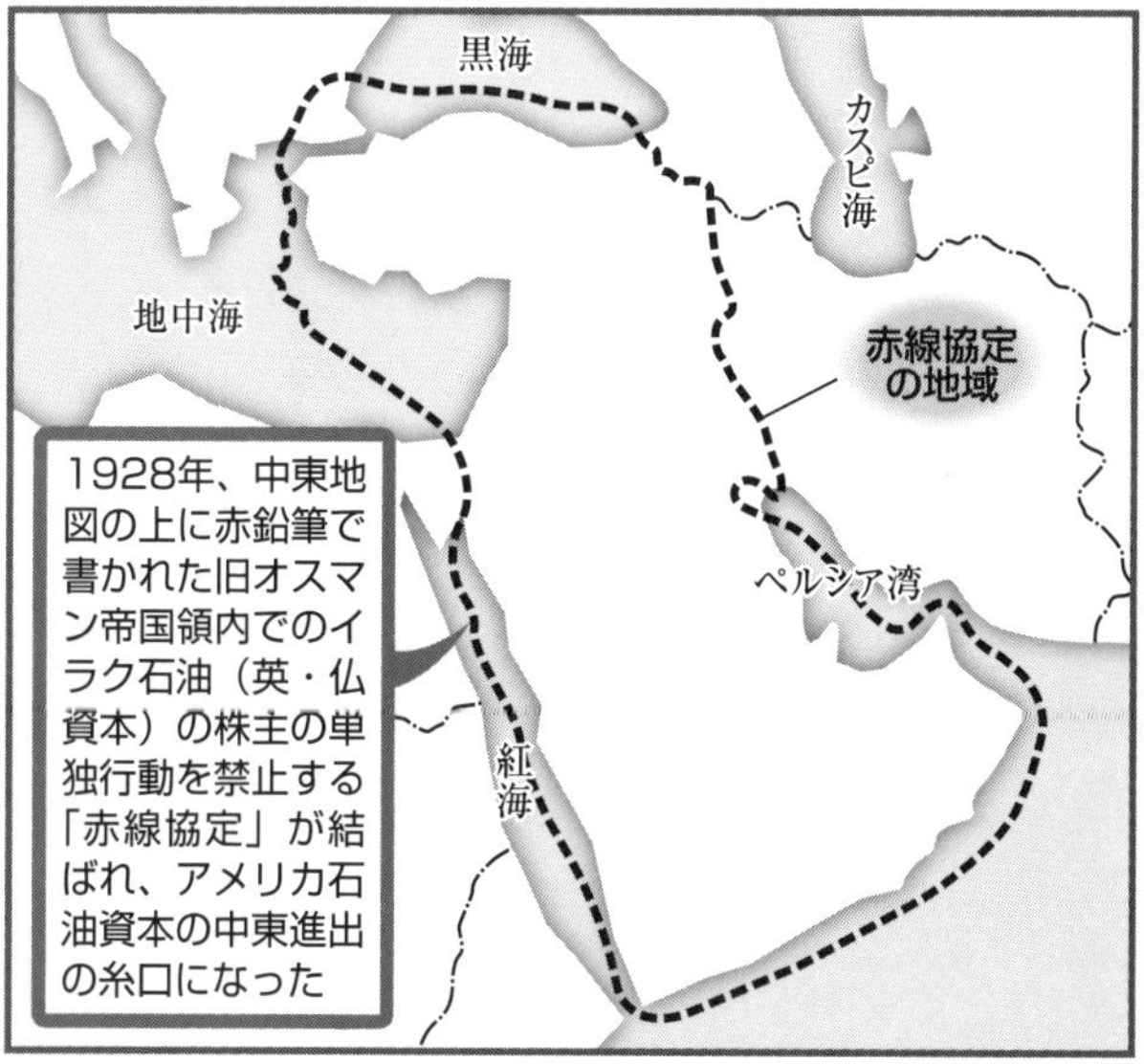
黒海
カスピ海
地中海
赤線協定の地域
ペルシア湾
紅海
1928年、中東地図の上に赤鉛筆で書かれた旧オスマン帝国領内でのイラク石油（英・仏資本）の株主の単独行動を禁止する「赤線協定」が結ばれ、アメリカ石油資本の中東進出の糸口になった

歴史メモ　現在、原油埋蔵量世界第2位のブルガン油田は、推定埋蔵量590億バレル、日産100万バレルを数える。

◉1908年◆青年トルコの革命

帝国再編へ！青年たちによる革命勃発

衰退するオスマン朝を立て直すために、パン・トルコ主義による壮大な国家再興計画を考え出した。

◆たった1年で廃止！　ミドハト憲法

西欧化とイスラーム原理の狭間で悩むオスマン帝国を復興させるには、西欧的システムがどうしても必要だと考えた大宰相ミドハト・パシャが起草した立憲制を内容とする憲法が、1876年に発布された（ミドハト憲法）。

内容には、言論・出版・集会・信仰の自由、住居・財産の不可侵、官吏になる機会の均等、上院・下院からなる議会の開設、責任内閣制などが盛り込まれていた。

軍事、政治、経済の面でヨーロッパ列強の圧力を何とか和らげようと模索していたスルタンのアブデュル・ハミト2世は、西欧諸国の支援を期待して立憲君主制を掲げるミドハト・パシャの憲法発布に賛成する。

しかし、実際に改革が行われてみるとスルタンの権限の空文化が進むことになり、1877年にスルタンはミドハト・パシャを罷免し、国外へ追放した。後にミドハト・パシャはアラビア半島の刑務所で処刑。

1877年に露土戦争がはじまると憲法は停止され、わずか1年で立憲政治は挫折した。

露土戦争後、ベルリン会議（183ページ）によりほとんどすべてのヨーロッパ領を失い、財政もヨーロッパ諸国に握られていたオスマン帝国を立て直すには、思い切ってイスラーム体制を強化するか西欧化するかしかなかった。中途半端な改革では、事態は悪化するばかりだったのである。

そうした中で西欧の軍事システムを学ぶための軍官学校の青年たちを中心に、1889年に「統一と進歩委員会」が結成された。政治結社「青年トルコ」の母体である。彼らは、廃止されたミドハト憲法を復活させることにオスマン帝国の将来をかけた。

■パン・トルコ主義の論拠となるトルコ人の西進ルート

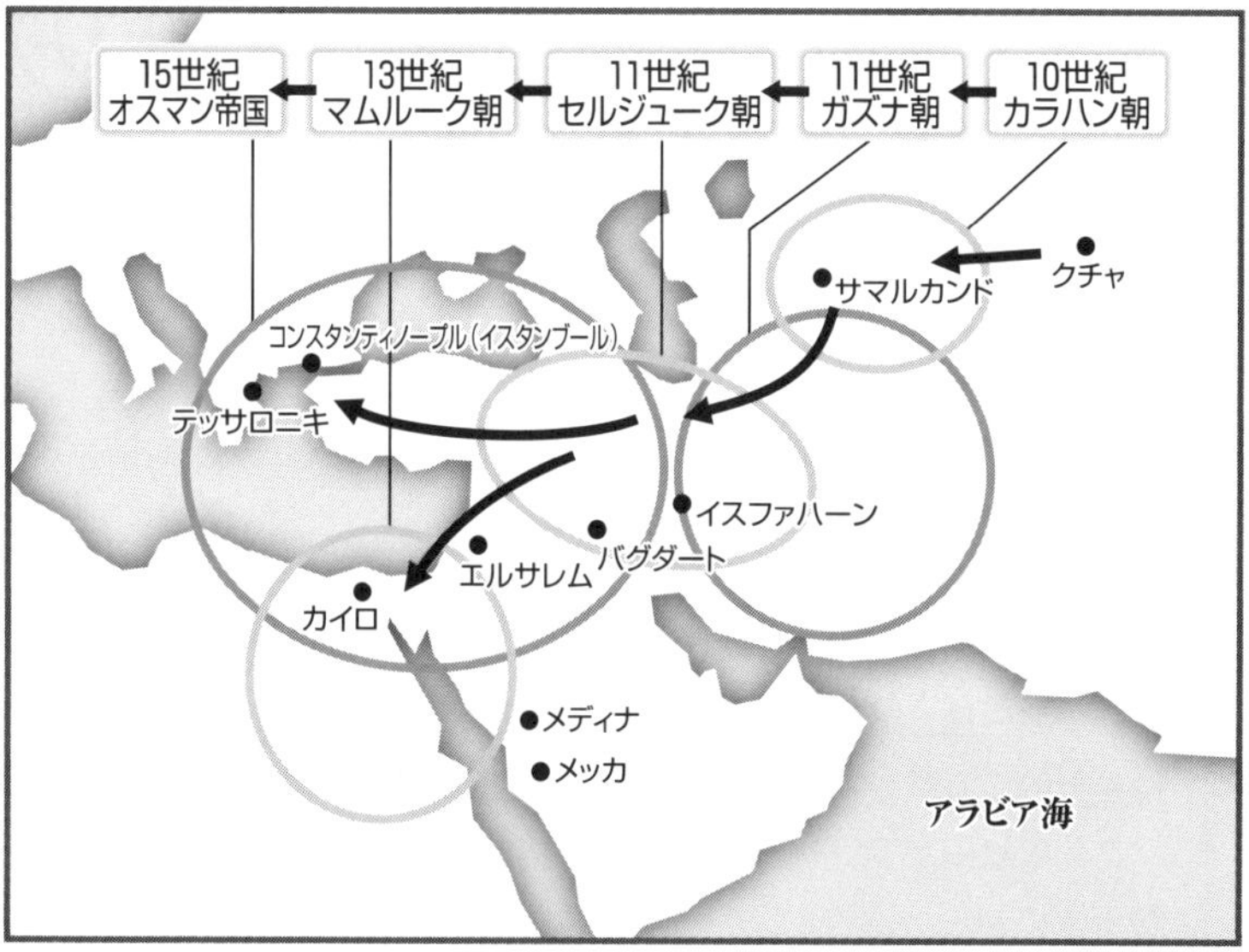
15世紀
オスマン帝国
13世紀
マムルーク朝
11世紀
セルジューク朝
11世紀
ガズナ朝
10世紀
カラハン朝
クチャ
サマルカンド
コンスタンティノープル（イスタンブール）
テッサロニキ
イスファハーン
バグダート
エルサレム
カイロ
メディナ
メッカ
アラビア海

◆青年トルコ革命がめざした壮大な構想

「青年トルコ」は、1908年に軍人エンヴェル・パシャの指導下に、オスマン帝国領のギリシアのテッサロニキ（英語ではサロニカ）で青年トルコ革命を起こし、スルタンにミドハト憲法の復活を認めさせた。

スルタンは、1909年に議会を解散して革命を抑え込もうとしたが失敗し、退位させられた。

1913年、クーデターにより「青年トルコ」が政権を掌握し、エンヴェル・パシャなどの3人による軍事独裁政治がはじまる。

エンヴェル・パシャは、全トルコ人を糾合《きゅうごう》する「パン・トルコ主義」という途方もない民族主義でトルコ人の再興をはかった。イスラーム帝国としてのオスマン帝国の解体はやむを得ないこととし、トルコ人の西遷前の本拠地、中央アジアを含むトルコ人国家を再興しようとしたのである。

トルコ語を話す人々が住む東西トルキスタンでロシアを追い出し、タリム盆地（50ページ図）にまで帝国の領域を拡大する構想だった。

歴史メモ 青年トルコの革命は民族主義を掲げたため混乱をもたらし、バルカン半島のスラブ人は、トルコと戦ってヨーロッパのトルコ領を奪った。

COLUMN

ムハンマドの子孫たちはいま…

イスラーム教を創始したムハンマドの子どもたちの中で、子孫を残したのは第4代カリフのアリーに嫁いだ末娘ファーティマのみだった。息子はすべて幼くして世を去り、他の娘も子どもを残さなかったのである。

ファーティマが生んだ2人の息子ハサンとフサインも、父方の系譜を重んじるイスラームでは本当はアリーの家系に属するが、従兄弟のアリーはムハンマドと兄弟のように育てられたことから、2人は例外的にムハンマドの子と見なされている。

このアリーとファーティマの間に生まれたとされる子孫は、現在数千人に及ぶとされ、「シャリーフ」(「高貴な」の意味)という称号を付して呼ばれ、特別に扱われる。

第一次世界大戦中にイギリスはそれを巧みに利用し、オスマン帝国のメッカの地方長官を務めていたムハンマドの家系、つまりハーシム家の病弱な当主と息子たちを指導者としてかつぎ出してアラブ人を糾合し、背後からオスマン帝国を攻撃するのに利用した。

戦後、イギリスは2人の兄弟をイラクとトランス・ヨルダンの王位につけて間接支配をめざした。アラビア半島(ヒジャーズ地方)のハーシム家は豪族のサウード家に敗れ、現在はサウジアラビアになっている。イラク王も第二次大戦後に追放されて、残るはヨルダン王のみとなった。現在の国王アブダッラー2世は、ムハンマドの40代目の子孫とされる。モロッコ国王ムハンマド6世もムハンマドの子孫とされている。

シーア派のイランでは、ムハンマドの子孫は黒いターバンをつけているのでわかりやすい。たとえばハーターミー元大統領は黒いターバンをつけているのでムハンマドの子孫とわかる。

第9章

第一次世界大戦ではじまった中東の分割

現在の中東の原型はこの時、できあがった！

第一次大戦に敗北したトルコは植民地化の危機に！

悲惨な総力戦となった第一次世界大戦は、ドイツとドイツの側に立ったトルコ（オスマン帝国）の敗北に終わった。ロシアではロシア革命が起こり、社会主義政権が樹立される。

大戦後、敗北したトルコは一時、小アジアの領土さえ分割されて西欧列強の共同植民地ともいうべき状態におちいるが、ケマル・パシャを指導者とする民族運動により主権と領土を回復した。

英仏の主導により中東の原型が誕生

広大なアラブ人居住地ではイギリスとフランスが大戦中の秘密条約に基づいて線引きを行って、フランスがシリアとレバノン、イギリスがトランス・ヨルダン、パレスチナ、イラクを支配することになり、現在のアラブ世界の原型がつくり出された。

とくに石油を産出する中東の枢要地域を支配したイギリスは、人工的な境界線により「イラク」をつくり出し、クルド人の独立を認めなかった。

さらに、第一次世界大戦中にアラブ世界の名門中の名門ハーシム家と組んでアラブ人をトルコとの戦争に動員しようとしたイギリスは、ハー

■20世紀初めの世界（第一次世界大戦後）

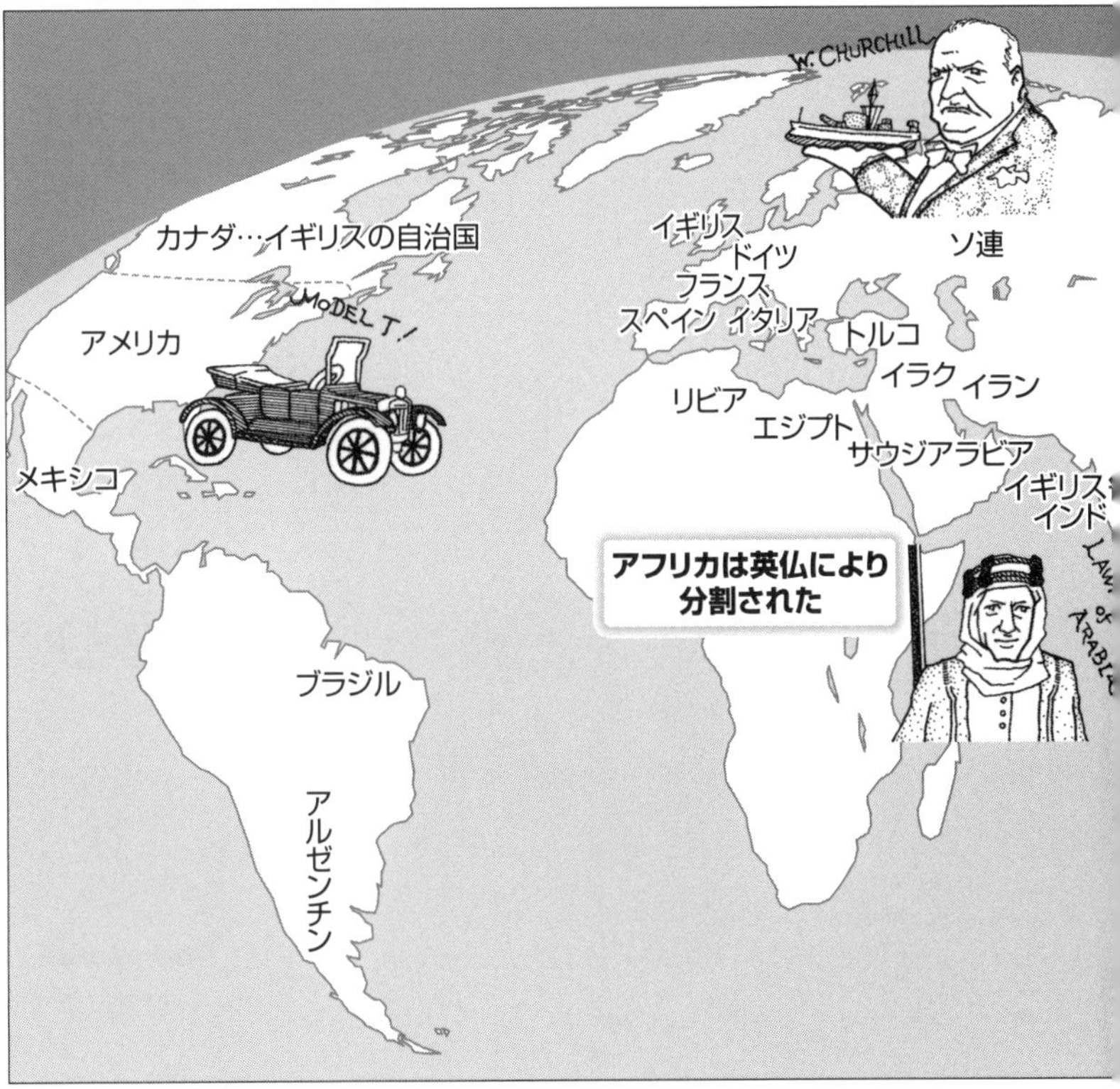

W. CHURCHILL
カナダ…イギリスの自治国
イギリス
ドイツ
フランス
スペイン
イタリア
ソ連
MODEL T!
アメリカ
トルコ
イラク
イラン
リビア
エジプト
サウジアラビア
メキシコ
イギリス
インド
LAW. OF ARABIA
アフリカは英仏により分割された
ブラジル
アルゼンチン

シム家の2兄弟をトランス・ヨルダンとイラクの国王の座に据えて、間接的にアラブ人をコントロールしようとした。

その一方でパレスチナでは、イギリスは大戦中にユダヤ人金融資本家ロスチャイルドの協力を得るために同地にユダヤ人のナショナル・ホームの建設を約束し、アラブ人の建国を約束していたにもかかわらずユダヤ人の大量移住を認めた。

これが現在のパレスチナ紛争の火種になる。

アラビア半島は不毛の地とみなされてハーシム家の支配に委ねられていたが、「イスラーム原理主義」運動と結びついたサウード家が台頭し、ハーシム家を追ってサウジアラビア王国を建国した。

◉1914〜18年◆第一次世界大戦と中東

第一次大戦により激変した中東地図

アラビアのロレンスの活躍などにより、第一次世界大戦に参加したオスマン帝国は内部からも切り崩された。

◆組み替えられる中東世界

第一次世界大戦は、英、仏、露、独の帝国主義列強が、約1世紀にわたり展開してきたオスマン帝国を巡る争いに決着をつけた戦争だった。

大戦の結果、ドイツに与《くみ》したオスマン帝国は敗北して解体された。イスラーム教による帝国システムが崩されて英、仏中心の線引きが行われ、中東に英仏が支配する「アラブ諸国体制」が成立したのである。

トルコもイラクもシリアもパレスチナも、英、仏の都合により直線で国境が区切られ、中東の不安定な状態が生み出されることになった。

◆すべてはトルコ参戦にはじまる

当初、トルコ（オスマン帝国）政府は、第一次世界大戦への参戦を避けようとしていたが、トルコの失地回復に協力するというドイツの申し出を受けて参戦に傾き、ロシアを破り中央アジアのトルコ人を糾合して、トルコ人の大国家を建設することをめざした。

トルコは、ダーダネルス海峡を通過してイスタンブールを陥落させようとするイギリス海軍を「ガリポリの戦い」で退け、スエズ運河とエジプトを占領するためにシナイ半島を横断する作戦に出たものの失敗。

この時、イギリスは対抗上、オスマン帝国内のアラブ人を組織し、オスマン帝国を背後から脅かす作戦に出た。

◆アラビアのロレンスの真実

1908年の青年トルコ革命（194ページ）の後、オスマン帝国ではトルコ民族主義が台頭。アラブ人の間には反トルコ意識が強まっていた。

イギリスは、そうしたオスマン帝国内部の対立を利用したのである。イギリスは、戦後のアラブ人の独立を約束し、ムハンマドの末裔でアラブの名門中の名門ハーシム家のメッカ太守フサインと、その息子、アブドゥッラー（後のヨルダン初代国王）とファイサル（後のイラク国王）を指導者として担ぎ、オスマン帝国からの独立をめざすアラブ反乱軍を組織した。

■第一次世界大戦前の中東（1907年）

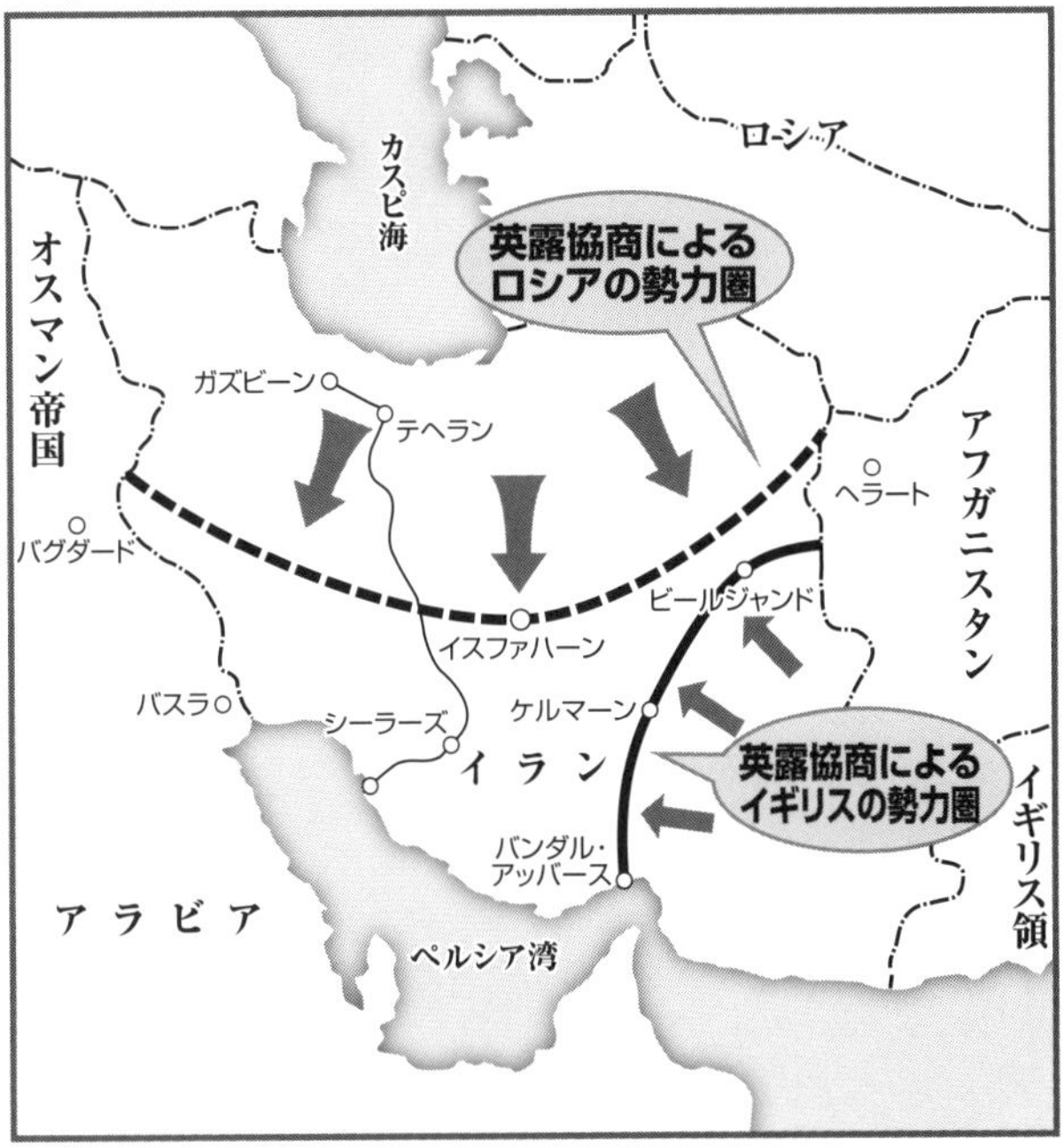
ロシア
カスピ海
英露協商によるロシアの勢力圏
オスマン帝国
ガズビーン
テヘラン
アフガニスタン
ヘラート
バグダード
ビールジャンド
イスファハーン
バスラ
ケルマーン
シーラーズ
イラン
英露協商によるイギリスの勢力圏
イギリス領
バンダル・アッバース
アラビア
ペルシア湾

　1916年にカイロのイギリス軍事情報部からメッカ太守フサインの子ファイサルのもとに軍事顧問として派遣されたのが、「アラビアのロレンス」として知られる若い考古学者ロレンス（1888～1935）だった。

　彼は砂漠のアラブ人とともに背後からオスマン帝国を脅かし、砂漠を生かした奇襲作戦を繰り返してトルコ領を攪乱。1918年、ファイサルとともにシリアのダマスクスを占領した。

　しかし、講和会議でイギリスはアラブ独立の約束を果たさず、良心の呵責《かしゃく》に苛まれたロレンスは、アラブ国家建設のために努力し、メッカ太守の2人の息子をイギリス勢力圏のヨルダンとイラクの国王の座につけることに成功した。

歴史メモ　デビッド・リーン監督が「アラビアのロレンス」（1962年）として映画化し、ロレンスの名は一躍有名になった。

◉1923年◆トルコ革命

連合軍の過酷な要求にトルコ革命で対抗

ケマル・パシャは、革命によりトルコ共和国を樹立。第一次大戦で失った領土の一部を回復することに成功した。

◆「解体は許さない」とトルコを建国

第一次世界大戦で敗北を喫したオスマン帝国は、悲惨な状態におちいった。

首都のイスタンブールはイギリスを筆頭とする連合軍により占領。1920年の講和条約「セーヴル条約」により、オスマン帝国は解体され、トルコの領土はアナトリアの北半部に縮小され、ダーダネルス・ボスフォラスの両海峡地帯は国際管理下となった。

しかも、軍隊は解体され、財政は英、仏、伊の管理下におかれ、治外法権を認めさせられた。トルコはヨーロッパの共同植民地というような状態になったのである。

屈辱的なセーヴル条約をスルタン政府は受諾したが、大戦中にイギリス軍を破り国民的英雄になっていたケマル・パシャ（後のケマル・アタチュルク）はそうではなかった。

彼は、条約反対派を集めて600年間続いてきたスルタン政府を打倒。1923年にアンカラを首都とする「トルコ共和国」を樹立して大統領の地位についた。

彼は次いで大戦末期にアナトリアを占領していたイギリス、フランス、イタリア、ギリシア軍を打ち破り、1923年の「ローザンヌ条約」で、アナトリアの領土保全、イスタンブールと両海峡地帯の回復、財政主権の奪回、治外法権の廃止に成功した。

イギリス、フランスがトルコに譲歩した背景にはロシア革命があった。革命の中東への波及を恐れたのである。

◆トルコの西欧化はここからはじまった

ケマル・パシャは、1920年に結成したトルコ国民党の独裁の下で、西欧のシステムを軸とする共和国建設を行った。東方のイスラーム諸国は英・仏の支配に委ね、

■オスマン帝国の解体

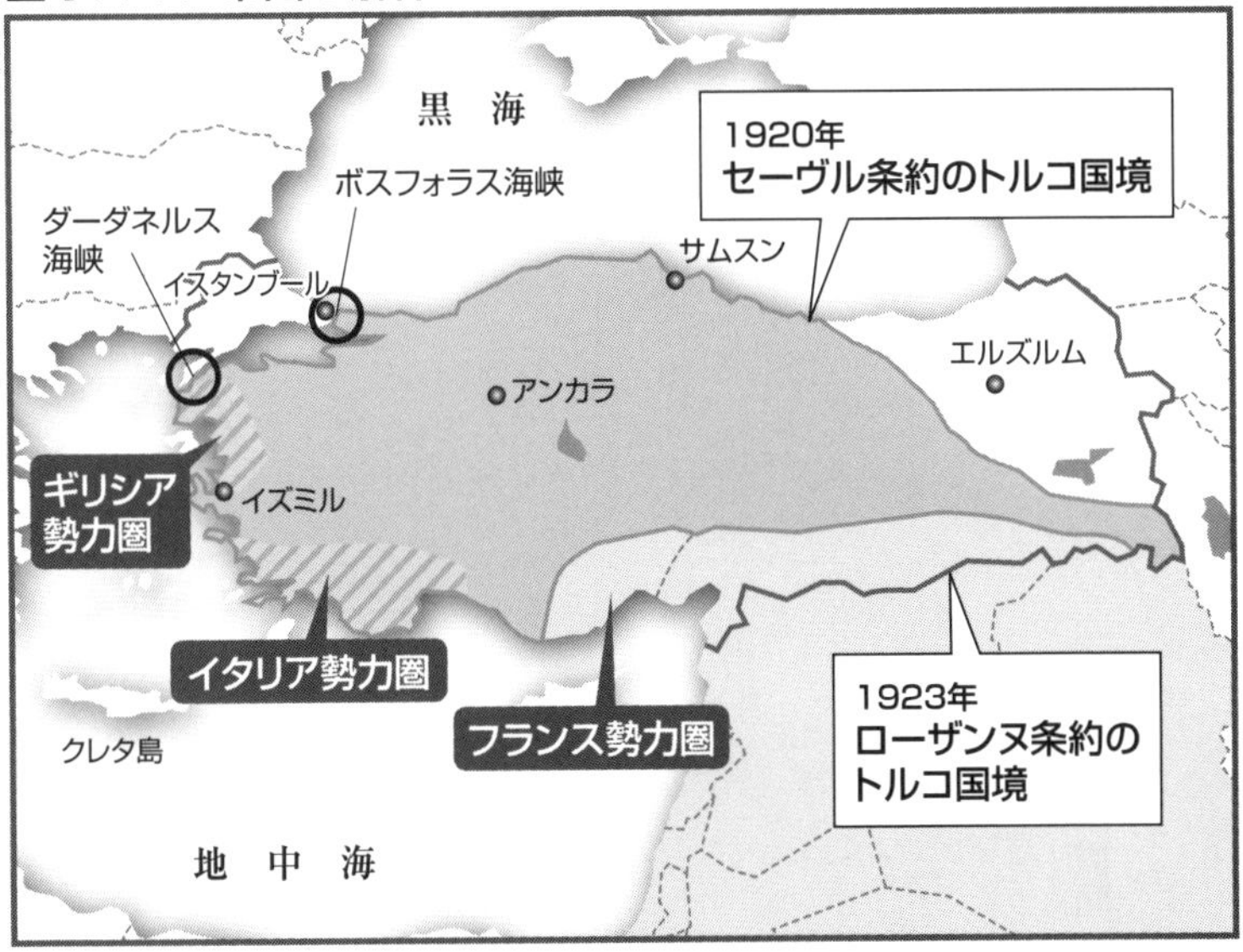
黒　海
1920年
セーヴル条約のトルコ国境
ボスフォラス海峡
ダーダネルス
海峡
イスタンブール
サムスン
エルズルム
アンカラ
ギリシア
勢力圏
イズミル
イタリア勢力圏
フランス勢力圏
1923年
ローザンヌ条約の
トルコ国境
クレタ島
地　中　海

トルコ共和国で世俗化政策を進めたのである。

カリフ制度の廃止と政教分離、女性のベール着用禁止と社会参加の容認、トルコ語のアラビア文字表記からローマ字表記への変更などである。

ケマルの改革の中で注目されるのは、1924年のカリフの廃止である。カリフの不在はすでに既成事実だったが、イスラーム教団の結束の柱が失われたことの意味は大きかった。

◆イランにパフレヴィー朝が誕生

第一次世界大戦中にロシアの肝入りでつくられたペルシア・コサック軍旅団の大佐レザー・ハーンは、ロシア革命によるロシア勢力の後退を利用し、1925年にイランに「パフレヴィー朝」を創設、王となった。

レザー・ハーンは、トルコにならって西欧のシステムの導入、民法と刑法の制定、教育の近代化、婦人のベールの着用禁止、イラン縦断鉄道の建設などを行った。

歴史メモ　ローザンヌ条約で東部のクルド人独立は否定され、クルド人は「トルコ語を忘れたトルコ人」とされた。

●1915〜17年◆イギリスの二枚舌外交

イギリスの無責任外交がパレスチナ問題の出発点

イギリスがかかわった中東に関する三つの約束。パレスチナ問題は、これらの矛盾がもとになっている。

◆中東紛争の起源―イギリスの場当たり外交

パレスチナ問題、イラク問題、クルド人問題などの中東紛争の起源は、

①1916年の「サイクス・ピコ秘密協定」

②1915〜16年の間に交わされた5通の「フサイン・マクマホン書簡」

③1917年の「バルフォア宣言」

の相互に矛盾する秘密協定だった。

イギリスの外交は「二枚舌外交」として非難されたが、矛盾する約束は現在の世界を揺るがす中東紛争の原因をつくり出しており、責任は重い。

◆アラブの独立を認めた「フサイン・マクマホン書簡」

アラブの指導者フサイン（201ページ）とイギリスの高等弁務官マクマホンが交わした往復書簡による協定で、大戦後にアラブ人国家の建設を認めることを合意した。ファイサルのダマスクス占領はこれに基づく行動だった。

◆中東分割の基本は「サイクス・ピコ秘密協定」

アラブ人が蜂起する直前に、イギリスの中東専門家サイクスとフランスの外交官ピコがロシアの同意を得て交わした秘密協定では、イギリスがシリア南部とイラク、フランスがシリアの主要部分、アナトリア南部、イラクのモスル地区、ロシアがイスタンブール、ダーダネルス・ボスフォラスの両海峡地帯、アナトリア東部を領有するというように、オスマン帝国の領土を3分割することが確認された。

1917年にロシア革命が起こったこと、トルコがアナトリアの確保に成功したことで一部変更がなされたが、この秘密協定が現在の中東の土台をつくっている。

ロシアの革命政府が秘密協定を公表すると、アラブ人の憤激を呼んだ。

◆ユダヤ人国家を約束するバルフォア宣言

1917年にイギリスの外務大臣バルフォアがユダヤ人の大富豪ロスチャイルドにあてた手紙が「バルフォア宣言」といわれるものだ。

これは、パレスチナ内にユダヤ人の「民族的郷土」（ナショナル・ホーム）を建設するための最善の努力をするという内容。アラブ人への約束と矛盾するものであった。この宣言に基づくユダヤ人の大量移住が、後のパレスチナ問題の原点になる。

■イギリスの無責任なパレスチナ外交

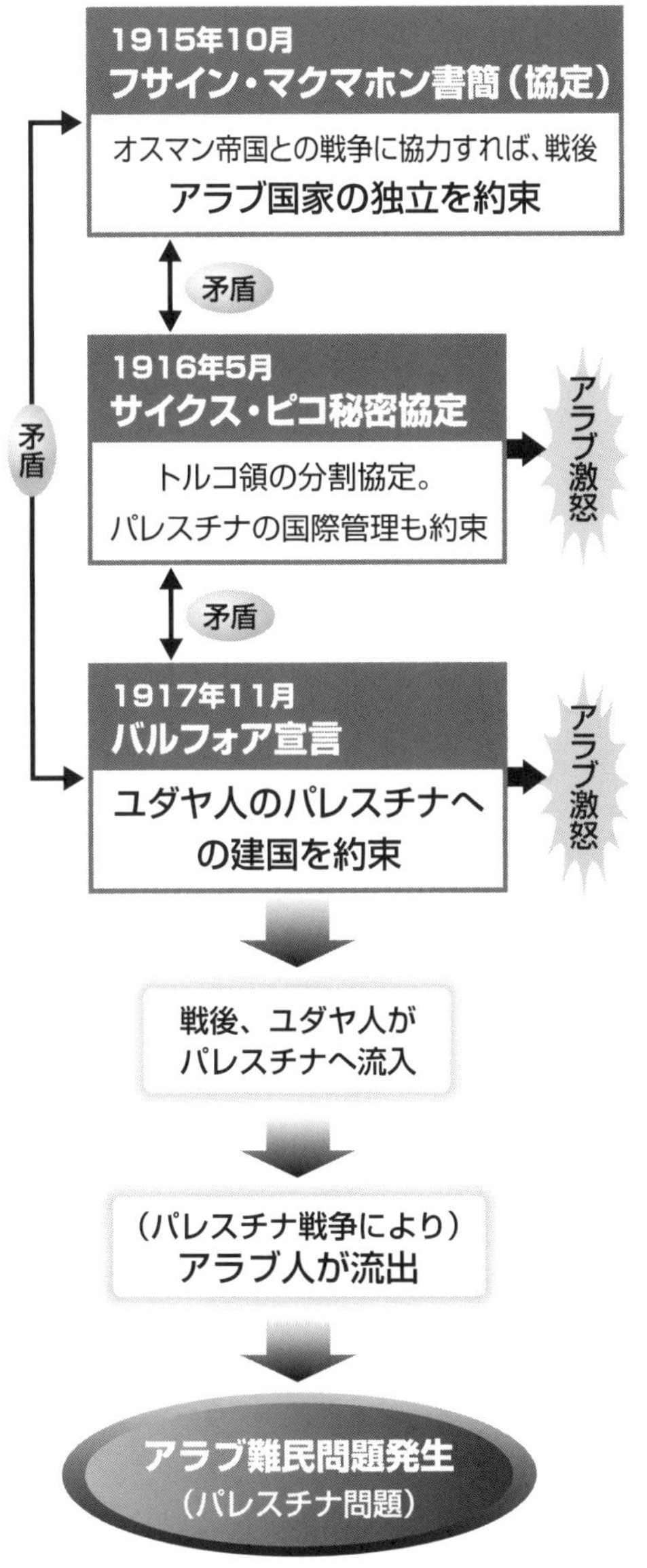
1915年10月
フサイン・マクマホン書簡（協定）
オスマン帝国との戦争に協力すれば、戦後
アラブ国家の独立を約束
矛盾
1916年5月
サイクス・ピコ秘密協定
トルコ領の分割協定。
パレスチナの国際管理も約束
アラブ激怒
矛盾
矛盾
1917年11月
バルフォア宣言
ユダヤ人のパレスチナへの建国を約束
アラブ激怒
戦後、ユダヤ人がパレスチナへ流入
（パレスチナ戦争により）アラブ人が流出
アラブ難民問題発生
（パレスチナ問題）

歴史メモ サイクス・ピコ秘密協定は、革命ロシアの「イズベスチヤ」紙によりスッパ抜かれて公表された。

◉1920年～◆オスマン帝国分割

アラブ地域の英仏による分割

英仏による分割案は、どのようなものだったのか。イギリスは名門ハーシム家を利用する体制を整える。

◆正当化された英仏の中東分割

1920年4月にイタリアのサン・レモで開催された英・仏・伊・日が参加した連合国の会議で、旧オスマン帝国領の処理に関してはサイクス・ピコ秘密協定とバルフォア宣言を尊重することが確認され、領土分割は最終的決着を見た。

フランスがレバノンを含めた北部シリアの委任統治国になること、イギリスが南部シリアとイラクの委任統治国になることが決定された。

つまり、シリア、レバノンがフランスの保護下に、イラクとトランス・ヨルダンと、バルフォア宣言を適用するパレスチナがイギリスの保護下におかれることになったのである。

◆イギリスによるハーシム家解決案とは

さらに1921年、イギリスの植民地相チャーチルは「カイロ会議」を開き、「アラビアのロレンス」（200ページ）の助言を受けてイギリスの中東支配を具体化した。

まずバルフォア宣言を尊重してユダヤ人の「ナショナル・ホーム」建設を確認し、ヨルダン川西岸をパレスチナ委任統治領とし、東岸はハーシム家のアブドゥッラーを首長とするトランス・ヨルダンとし、イギリスが財政支援することにした。

また、フランスのシリア統治を妨げるとしてシリアのダマスクスから追放されたハーシム家のファイサル（201ページ）を、イギリスは信託統治領イラクの国王とした。

イギリスは、ハーシム家の2兄弟を支配者の座に据えること（ハーシム家解決案）により、アラブの民族運動を押さえ込もうとしたのである（209ページ）。

■サイクス・ピコ秘密協定（1916年）による分割計画

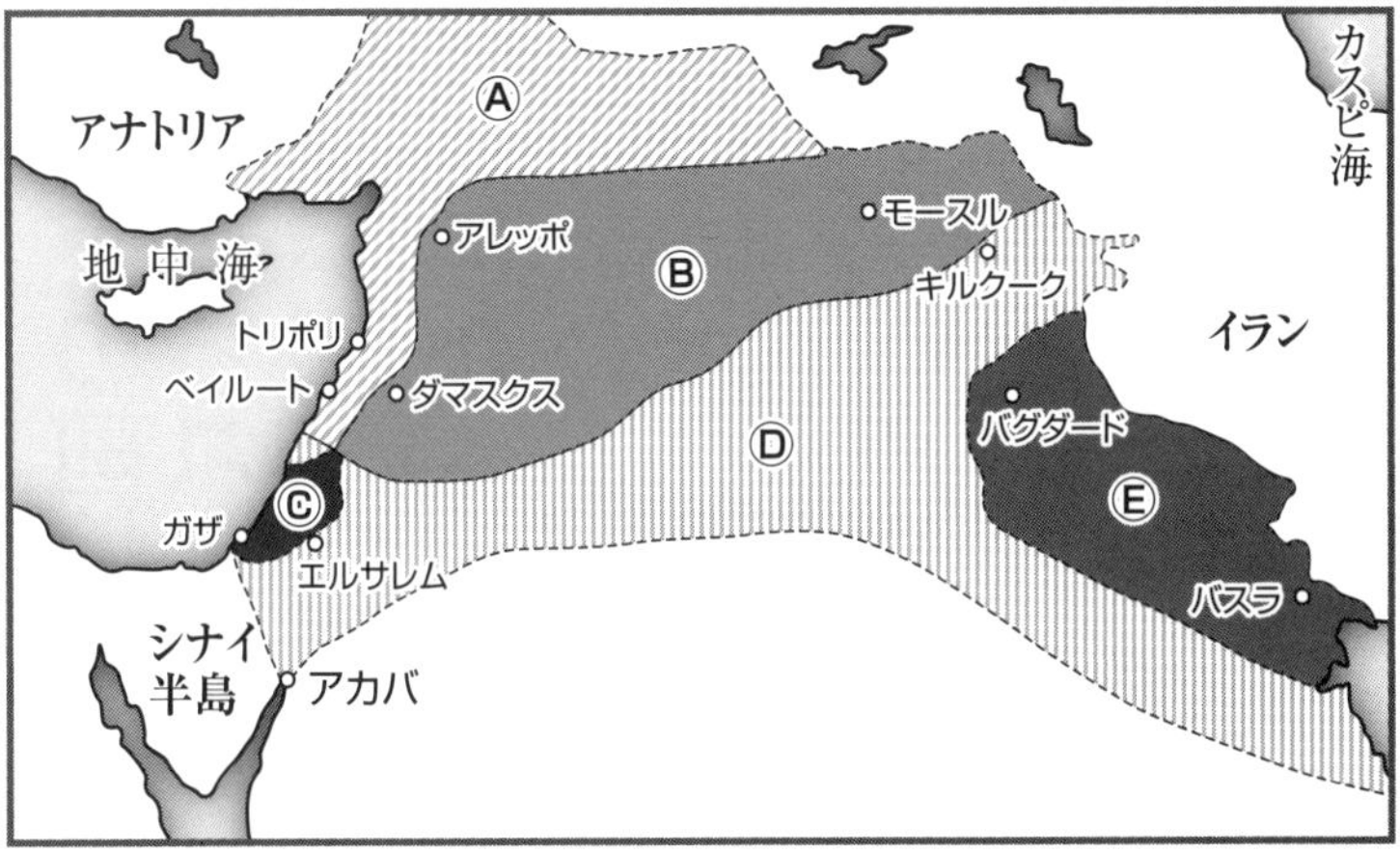

サイクス・ピコ秘密協定では、オスマン帝国の崩壊後にトルコ東部地域を含むⒶ地域をフランスの管理地域、Ⓑ地域をフランスが顧問、官吏をおける地域、Ⓒ地域を国際管理地域、Ⓓ地域をイギリスが顧問、官吏をおける地域、Ⓔ地域をイギリスの管理地域と協定していた。ところがケマル・パシャの民族運動でトルコが主権、領土を回復したことから1920年の「サン・レモ会議」で承認された下の案のように修正された。

■サン・レモ会議（1920年）による分割

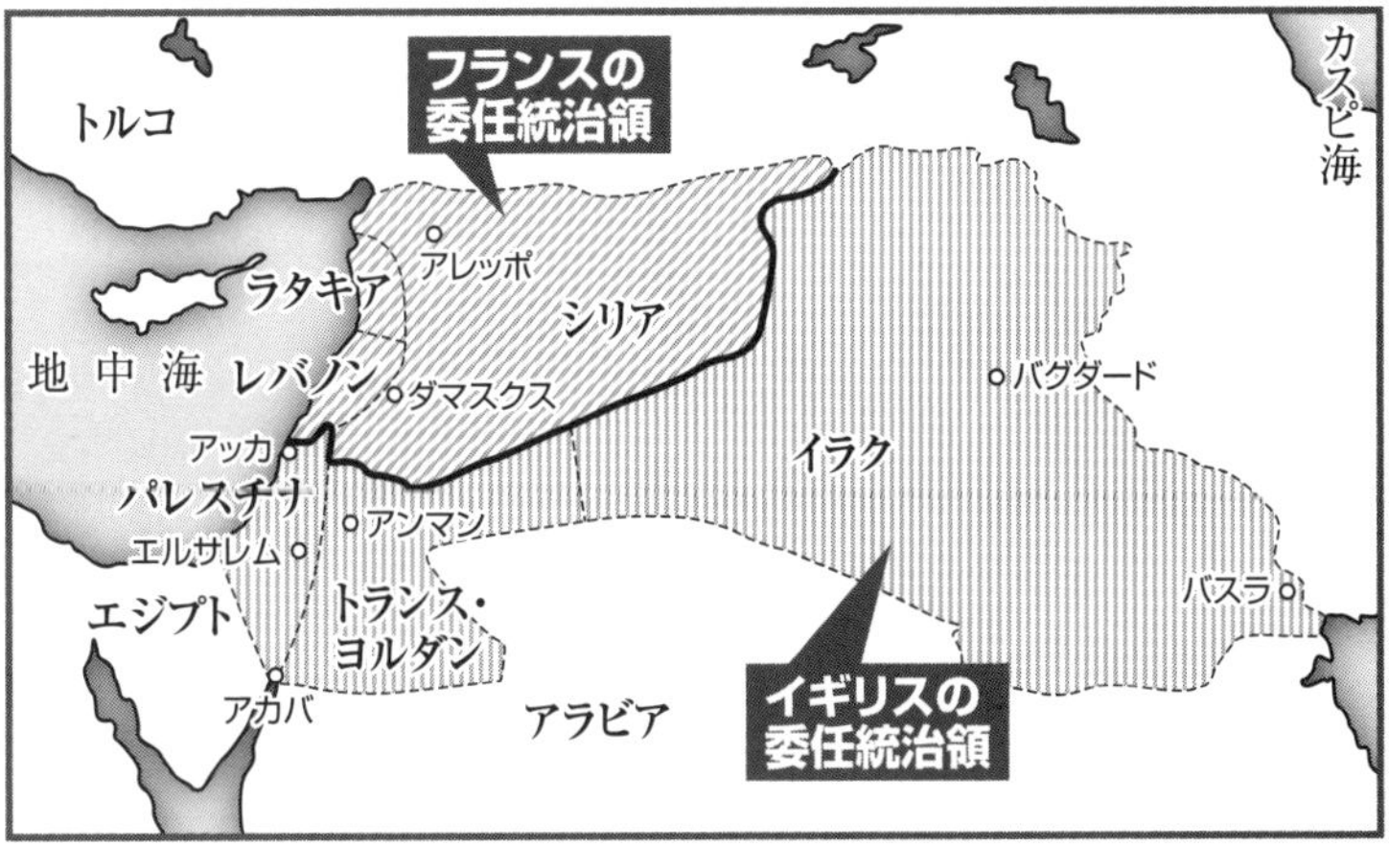

歴史メモ　イギリスが利用したハーシム家は、預言者ムハンマド、シーア派の祖アリーを輩出したアラブの超名門だった。

◉1920年～◆中東の国境

中東の国境はどのように決められたのか

列強によって分割された中東。オスマン帝国は、一時大きく領土を減らしたが、3年後に現在の国境まで回復した。

◆直線的に分けられたアラブ諸国の国境

世界地図帳を開いてみると、中東の国境には不自然な直線が多い地域がある。

部族が分立する大陸にヨーロッパ列強が勝手に境界線を引いた植民地をもとに国が建てられたアフリカには、直線で引かれた国境線が多いが、シリア、ヨルダン、レバノン、イラク、イスラエルなどのアラブ諸国の国境線も同様である。その理由は、第一次世界大戦後にイギリス、フランス両国が勝手に線引きをしたためである。

第一次世界大戦までの中東は、イスラーム教という宗教により多様な社会を統合するオスマン帝国の支配下にあった。

イギリス、フランス、ロシアなどの列強は、民族や国家というヨーロッパ的発想を持ち込むことでオスマン帝国を分裂させ、自国の勢力圏に取り込もうとしてきた。第一次世界大戦でのオスマン帝国（トルコ）の敗北は、イギリス、フランスのそうした野望を実現させたのである。

◆サン・レモ会議による勢力圏の確定

第一次世界大戦中に、イギリスはアラブ人の民族的反乱を支援してオスマン帝国に打撃を与えようとした。アラブ軍は予想以上の進撃を続け、1918年にはダマスクスに入城、翌年にシリア王国の樹立を宣言した。

しかし、多大な犠牲を払って戦争に勝利した英、仏両国はアラブ人の自立を認めなかった。

1920年4月の「サン・レモ会議」で、フランスがレバノンを含めた北部シリア、イギリスが南部シリア（ヨルダン、パレスチナ）とイラクの委任統治国になることが決定された（207ページ図）。これによりフランス軍はシリア国を倒した。

さらに、1920年8月の「セーヴル条約」で、オスマン帝国はアラブ人居住地域での主権を失い、ダーダネルス海峡、ボスフォラス海峡は国際管理下におかれ、小アジアの大半は、ギリシア、イタリア、フランス、クルド人、アルメニア人により分割されるとされた。

3年後の1923年、トルコは戦勝国との間に「ローザンヌ条約」を締結し直し、現在の国境を回復するが、アラブ地域をトルコから切り離し、英仏が支配下におくことは認めた。

◆イギリスのアラブ人懐柔策

オスマン帝国から自立したアラブ人は、新たに支配者となった英仏に大きな不満を抱いた。

イギリスは、オスマン帝国に対するアラブ人の武装運動を指導してきた名門ハーシム家を利用してアラブ人の不満を抑えようとし、三男のファイサルをイラク王に、次男のアブドゥッラーをトランス・ヨルダン王にした。

1958年の革命（226ページ）でイラクの王国は倒されたが、ヨルダン王家は現在も続いている。

ハーシム家のフサイン（元メッカ太守、ファイサルらの父）はヒジャーズ王を名乗り紅海沿岸を支配したが、1924年にサウード家との戦いに敗れた。アラビア半島に領土を拡大したサウード家は、1932年にサウジアラビアを成立させる。

■現在の中東の国境線

トルコ
トルクメニスタン
シリア
レバノン
イスラエル
イラク
イラン
アフガニスタン
ヨルダン
バーレーン
カタール
クウェート
エジプト
サウジアラビア
アラブ首長国連邦
パキスタン
オマーン
スーダン
エリトリア
イエメン
ジブチ
ソマリア

歴史メモ　パレスチナなどは、国際連盟による委任統治の形式をとったが、実際には英、仏両国による中東植民地化だった。

◉7世紀〜◆クルド人問題

クルド人はなぜ国を持てなかったのか

山岳地帯であるためだけでなく、列強や周辺国家の政治的・経済的思惑により独立を阻止されてきた。

◆クルド人とは？

トルコ、イラク、イランにまたがるクルディスターン（「クルド人の土地」の意味）という山岳地帯には、2500万人とも2600万人ともいわれるクルド人が居住する。彼らは、世界最大の少数民族といわれ、中東で4番目に人口が多い民族であるにもかかわらず、自分たちの国を持つことができない。

イラン系のクルド人は、7世紀にアラブ人に征服されスンナ派のイスラーム教徒になった。彼らは勇猛さで名を馳せたが、山岳地帯に住むため民族的結束力が弱かった。

たとえば、第三回十字軍の遠征に際してイギリスのリチャード1世と戦い、これぞ真の騎士と褒めたたえられたサラディン（サラーフ・アッディーン、1138〜93。153、172ページ）はクルド人である。

◆石油がもたらしたクルド人の悲劇

オスマン帝国が第一次世界大戦で崩壊すると、クルド人にも独立のチャンスが巡ってきた。1920年のセーヴル条約でオスマン帝国が解体されると、イギリスは石油が埋蔵されるイラク北部を避け、アナトリアにクルド人の建国を認めた。

しかしトルコ人は屈辱的条約を受け入れず、ケマル・パシャの指導下にアナトリアを占領していた各国軍を打ち破り、1923年の「ローザンヌ条約」で現在の領土を回復。トルコ東部にクルド人の国を建てることを否定した。

クルド人の建国の悲願が無視され、トルコ、イラク、イランに分断されてしまった基本的理由は、クルド人居住地（クルディスターン）のモースル（かつてのアッシリア帝国の首都ニネベの対岸）で石油が出はじめていることに目をつけたイギリスが、その地域をモースル州としてイラクに組み込んだためであった。

イギリスの植民地相チャーチルはキルクークとモースルの大油田を支配するためイラクの領域を定め、クルド人を独立させずにイラクに組み込んだのである。

■クルド人の居住する地域

カフカス地方
黒海
カスピ海
クゼイアナドル山脈
トルコ
トロス山脈
モースル
キルクーク
シリア
レバノン
イラク
イラン
地中海
バグダード
ヨルダン
サウジアラビア

◆クルド人独立を阻む壁

クルディスターンの大部分はトルコ東部の山岳地帯だが、トルコ人は国民の2割を占めるクルド人がクルド語を話すことを認めず、1923年の建国以来一貫してクルド人の存在を否定し、同化政策をとり続けている。

同様にクルド人が人口の2割を占めるイラクでは、「イラン・イラク戦争」でクルド人がイラン側についたため、国境地帯に無人地帯をつくるということで50万人ものクルド人を移住させ、化学兵器などを使って5000人が殺害される事件が起こった。

1991年の「湾岸戦争」の直後には、戦争に敗れたサダム・フセイン政権に対する反乱が鎮圧され、100万人以上がトルコ、イラン、イラク北部の山岳地帯に逃れた。

2003年の「イラク戦争」後、クルド人はイラク国内で発言力を強めており、国内に多くのクルド人を抱えるトルコ、イラン、シリアなどはイラクの動向に強い関心を寄せている。

歴史メモ　石油支配をめざすイギリスが、スンナ派、シーア派、クルド人をごちゃ混ぜにしたイラクをつくった。

◉1920年代〜◆イギリスによる中東施策

姿を現す両王国　エジプトとサウジアラビア

イギリスの影響下で独立を達成したエジプト。イギリスの影響を排除して建国されたサウジアラビア。

◆イギリスのエジプト支配再編

スエズ運河を保有するエジプトは、イギリスの中東支配の柱だった。そこで、第一次世界大戦がはじまりオスマン帝国がドイツとともに参戦すると、イギリスはオスマン帝国とエジプトの関係を断ち切り、戦後の改革を約束して、エジプトの民衆を戦争に協力させた。

戦後、オスマン帝国の旧領土に自治を与えるというイギリスの約束に対する期待が高まり、1918年に結成されたワフド（代表の意味）が自治回復の中心になった。ワフド党はエジプト独立を求め、1919年のパリ講和会議に代表団を派遣した。

しかし、イギリスはワフド党のリーダー、サード・ザグルールを投獄。だが、それに抗議する全国規模の暴動が広がり、イギリスはエジプトの人々を懐柔するため、王国としてエジプトの形式的独立を承認することになる（1922年）。ただし、イギリスと結びつきが強い国王が首相を任命し、国会を休会させる権限を持つなど、イギリスが実権を握っていた。

◆サウード家のサウジアラビア誕生

サウジアラビアの建国は、ワッハーブ派の原理主義運動と密接に結びついている。

話は遡るが、18世紀の前半にオスマン帝国の勢力が及ばないアラビア半島中部で、ワッハーブという人物が諸々の宗教的な逸脱を排し、預言者ムハンマドの時代の純粋なイスラーム社会に戻ることを主張する復古的改革運動を起こした。

当時、ナポレオン軍の侵入などもあって、運動は現在のサウジアラビア王家につながる豪族サウード家の支援を受けて高揚した。19世紀初めにはアラビア半島全域に

■第一次世界大戦後に誕生した中東の国々

広がる勢いを示したほどである。

第一次世界大戦中にイギリスはサウード家の政敵である名門ハーシム家のフサインを支援し、フサインはアラビア半島西部のヒジャーズ地方に王国を樹立した。

それに対してワッハーブ派の保護者としてイスラーム原理主義とつながりが深かったサウード家はヒジャーズ地方に進攻し、1924年にフサインを退位させた。その後、サウード家は領地を拡大し、1932年にサウジアラビア王国を成立させる。

◆サウジアラビアに足場を築くアメリカ

サウジアラビア王国の樹立は、イギリスとフランスが定めた中東秩序を損なうものであり、イスラーム原理主義の台頭も望ましいものではなかった。だが、アラビア半島という不毛な土地の出来事として英、仏両国はそれを許容する。ところが思いがけないことにペルシア湾岸のダンマムで巨大な油田が発見される。

サウード家は、アメリカの石油会社の出資によるアラビア・アメリカ石油会社（アラムコ）に石油採掘権を賃貸し、大金持ちになった。

歴史メモ サウジアラビアの世界最大のガワール油田は南北280キロ、東西約50キロ、第2位の油田の2倍以上の産油量を誇る。

COLUMN

揺れ動く世界最大の産油国サウジアラビア

サウジアラビアの石油の確認埋蔵量は2600億バレルで、世界の石油埋蔵量の約４分の１に及ぶ。埋蔵量が豊富なために油井の発見、採掘コストも極めて低い。アラビア半島の砂漠は、世界経済を支える「宝の山」なのである。

国王が世俗的な支配権と宗教上の最高指導者を兼ねるサウジアラビアはサウード家の国家で、王族が国を私物化している。石油も国家（つまり王家）の財産であり、国営企業サウジ・アラムコの手で採掘、販売がなされ、国家歳入の８割を占めている。サウジアラビアは、石油収入に依存する典型的な「分配国家」である。

だが、人口は約2400万人と湾岸諸国の中ではずば抜けて多く、クウェートの約10倍。30年間に４倍という人口増加率は、アフリカ諸国以上である。石油産出量はクウェートの４倍に過ぎないのだから１人当たりＧＤＰ（国内総生産）はクウェートよりも低い。

1980年代には石油価格が下落し、油田の多い東部地域に多くのシーア派を抱えることもあって、イランのイスラーム革命の影響を抑えるために約250億ドルともいわれる巨額の資金をイラクに提供してきた。

そこに湾岸戦争である。イラクに対する債権は取り立て不能になり、550億ドル（ＩＭＦの試算）という莫大な出費を迫られ危機的財政状態におちいった。そうした中で大学を卒業した青年層の失業問題が深刻化し、王族の腐敗、大量の武器購入、親米政策に対する不満が高まっている。

1979年に数百人がメッカのモスクに乱入して現王制を否定する宣言を出した事件や、1996年のアメリカ軍施設爆破事件はそれを示しており、イスラーム革命前夜のイランと酷似した政治状況にあるともいわれている。

第10章

第二次世界大戦後の中東世界の激動

依然として続く諸問題に加え新たな紛争も発生している

石油利権、民族運動…複雑にからみ合う国々

第二次世界大戦後の人類社会の復興と急激な経済成長を助けたのが、中東で豊富に産出される安価な「石油」だった。

現代文明は中東の石油資源により支えられているといっても、決して過言ではない。そうしたこともあって、現在、中東は世界で最も枢要な地域の一つになっている。

戦後の中東は、大戦によるイギリス・フランスの支配秩序の崩壊、アラブ民族運動の高揚、イスラエル建国による長期の紛争、冷戦を背景とするアメリカ・ソ連の中東進出、石油利権を巡る列強の対立、石油利権がからんだ首長、部族の対立、親欧米派とイスラームの伝統保持派の対立、宗教・宗派対立などがからみ合って、狭い地域の中で複雑な歴史を繰り広げてきた。

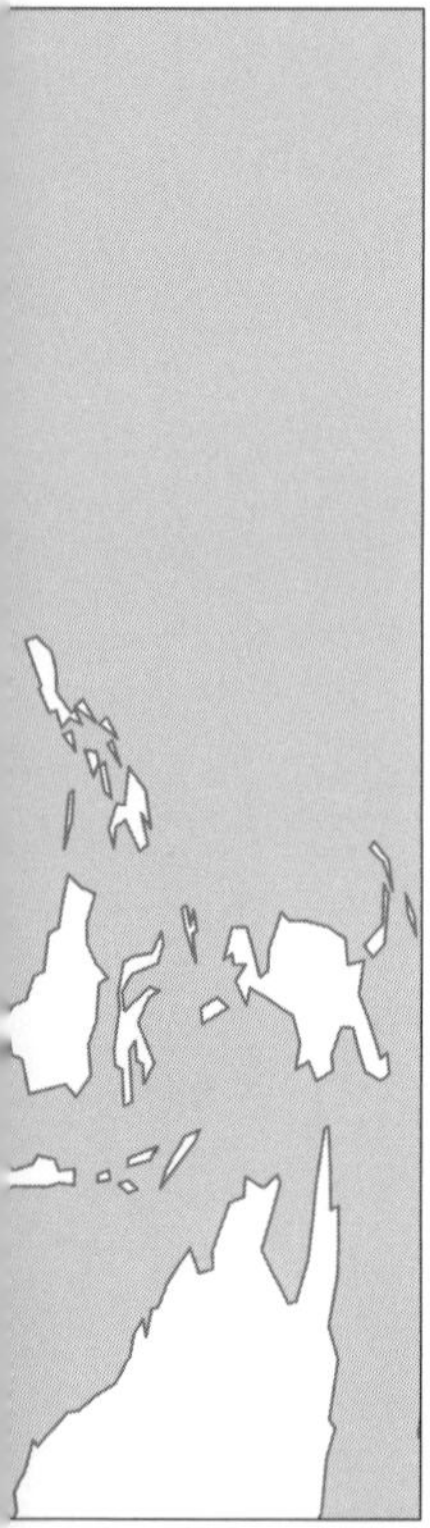

いうなれば、オスマン帝国崩壊後の新しい秩序形成に向けての長い過渡期が続いたのである。

1970年代以降、顕著になった新たな問題

人類社会は1970年代から情報革命を背景とするグローバル化の時代に入った。

この時期になると、第四次中東戦争での「石油戦略」以降の産油国の

■第二次世界大戦後に起こった主な紛争

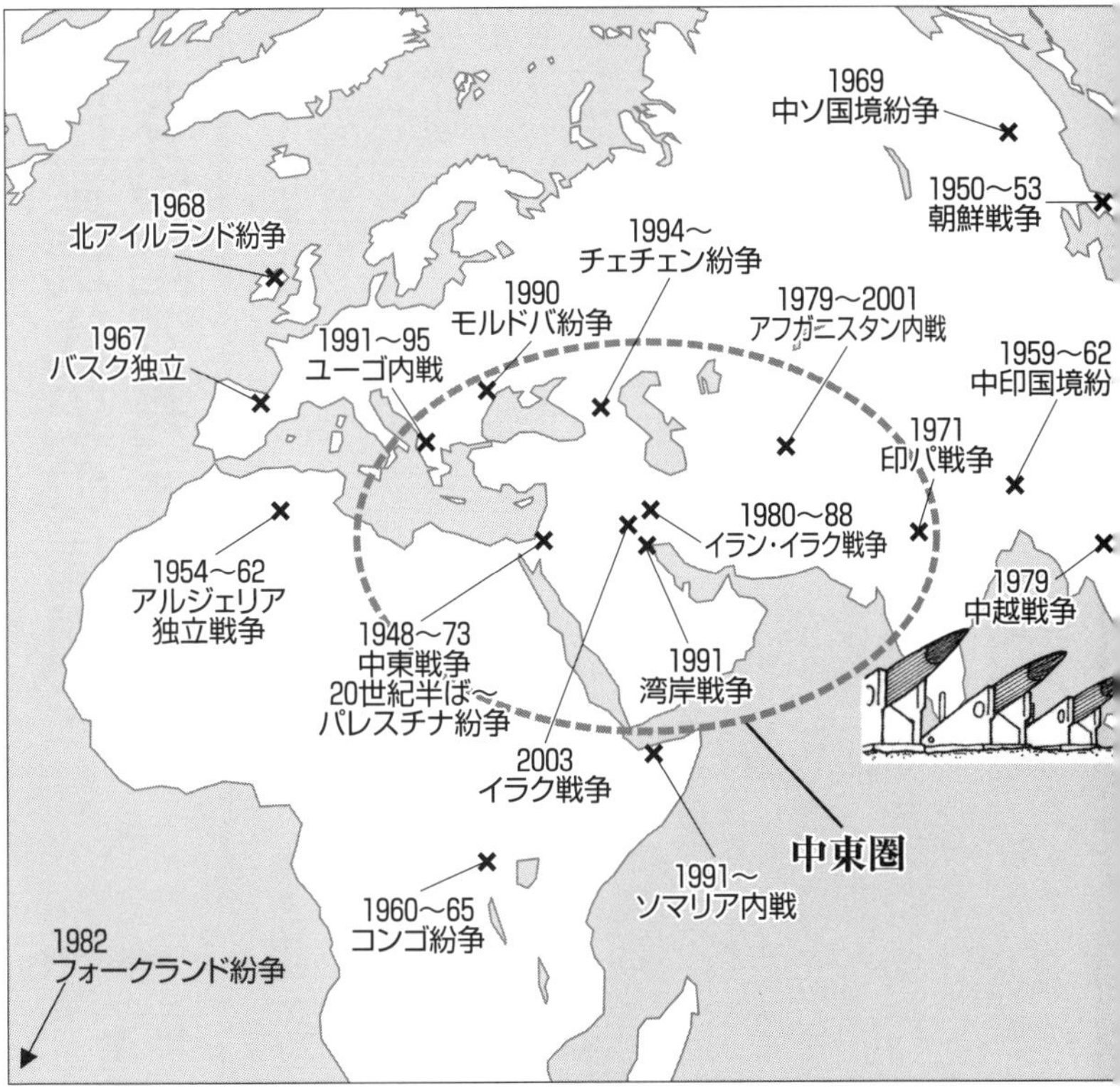
1969
中ソ国境紛争
1950〜53
朝鮮戦争
1968
北アイルランド紛争
1994〜
チェチェン紛争
1990
モルドバ紛争
1979〜2001
アフガニスタン内戦
1967
バスク独立
1991〜95
ユーゴ内戦
1959〜62
中印国境紛
1971
印パ戦争
1980〜88
イラン・イラク戦争
1954〜62
アルジェリア
独立戦争
1979
中越戦争
1948〜73
中東戦争
20世紀半ば〜
パレスチナ紛争
1991
湾岸戦争
2003
イラク戦争
中東圏
1991〜
ソマリア内戦
1960〜65
コンゴ紛争
1982
フォークランド紛争

権限拡大、イラン・イスラーム革命以後の「原理主義運動」の進展、さらに「イラン・イラク戦争」「湾岸戦争」「イラク戦争」と続く一連の戦争によるアメリカの中東への直接介入とその挫折、アフガニスタン進攻の失敗などによるソ連の崩壊、いくぶん曙光が見えはじめたパレスチナ紛争など、中東世界にも大きな変化が生まれた。

しかし、政治体制の古い湾岸諸国の国王、首長が石油資源を支配して莫大な富をバラまく社会を維持することはむずかしく、拡大する貧富の差をいかなる方法で縮められるのかが大きな問題になってきている。

人類最古の歴史・文明を持つ中東は再生に向かって、「生みの苦しみ」の中にある。

中東現代史の構図を5段階で考える

第二次世界大戦後、中東にはアメリカとソ連が進出してくる。現代史の過程は、5期に分けるとつかみやすい。

◆複雑化する中東世界

第二次世界大戦後の中東は、イギリス・フランスがつくりあげた秩序が崩れ、アメリカ、ソ連の進出と民族運動の高揚により大きく姿を変えた。

しかし、パン・アラブ主義、多様な民族運動、保守的部族主義、イスラーム原理主義などが競い合い、列強もからんだ石油を巡る紛争、イスラエル紛争、中東における主導権争いなどが組み合わされて、極めて複雑な様相を呈している。

そうした中東現代史を整理するには、いくつかの時期に分けて考えていくことが必要になる。少しわかりにくいかもしれないが、この段階をしっかり知っておいてもらいたい。

◆5期に分けて中東現代史を考える

いろいろな区分が可能だろうが、第二次世界大戦が終わった1945年から21世紀初頭にいたる半世紀あまりの中東社会の変化のプロセスを区切ってみると、以下のように区分できる。

第1期（1945〜56）イギリス、フランスの植民地支配の崩壊期

エジプト民族運動の指導者ナセルのパン・アラブ主義にリードされた民族運動が高まり、イギリスとフランスの影響力が劇的に弱まっていく。

イスラエル建国による「パレスチナ戦争」（第一次中東戦争、1948〜49）や、「エジプト革命」（1952）、「スエズ戦争」（第二次中東戦争、1956〜57）が、この時期に起こる。

■第二次世界大戦後の中東の動き

第1期
(1945〜56)
イギリスとフランスによる植民地支配が崩壊
第2期
(1958〜67)
パン・アラブ主義の高揚で民族運動が広がる
第3期
(1967〜79)
石油戦略とイラン革命による中東の変動
第4期
(1980〜91)
紛争の中心はイラク・クウェートなど産油国に
第5期
(1992〜)
アメリカが中東に直接介入
混迷期へ

第2期（1958〜67）　パン・アラブ主義の高揚期

パン・アラブ主義の民族運動がイラク、シリア、イエメンなど各地に及び、王制と旧秩序が次々と崩れていく。1967年になると「第三次中東戦争」（6日間戦争）におけるイスラエルの奇襲攻撃でエジプト軍が壊滅的打撃をこうむり、ナセルの影響力が後退する。

冷戦体制下に、アメリカとソ連の影響力が強まった時期でもある。

第3期（1967〜79）　中東が揺れ動いた転換期

この時期には、中東の石油支配が国際石油資本から産油国に移り、中東の国際的地位が飛躍的に高まった。そして同時に、複雑な政治潮流が起こる。

中東の産油国が力を持つのは、「第四次中東戦争」（1973）からだ。この戦争で石油輸出国機構（OPEC）が石油戦略を発動することで世界経済を揺るがし（石油危機）、石油の価格決定権がメジャーの手から産油国へと

歴史メモ　1969年にモロッコで開催されたイスラーム諸国首脳会議の決定に基づき、イスラーム諸国会議が発足した。

移る。

中東の民族運動の盟主エジプトがイスラエルとの和解に転じ、パレスチナ解放機構（ＰＬＯ）がイスラエルとの戦いの正面に立つようになる。

レバノン内戦で、中東で最も国際的だった小国レバノンが引き裂かれ、アフガニスタンでは共産党政権を助けるためにソ連軍が侵攻。

最大の親米国家として欧米化を進めてきたイランで1979年にホメイニの革命が起こり、イスラーム勢力が復興をとげたのも中東を揺るがす大事件だった。

第4期（1980～91）紛争の焦点が石油の主産地に

この時期には、紛争の焦点が石油の主産地であるイラク、イラン、クウェートに移る。

まずイランのイスラーム革命の影響を阻止するためにアメリカがイラクに肩入れし、1980年から88年に及ぶ長期の「イラン・イラク戦争」が起こる。

戦争で経済的に大きな負担を負ったイラクが1990年にクウェートに侵攻。それに対してアメリカがソ連、サウジアラビアなどと連合してイラクと戦う「湾岸戦争」（1991）が起こる。

米ソが連携し、アラブ諸国が大きく分裂するという新たな動きのはじまりである。

パレスチナでは、ガザとヨルダン川西岸で、1987年に「インティファーダ」（蜂起）というアラブ人民衆によるイスラエルへの抵抗運動がはじまり、パレスチナ問題が深刻化。また、アフガニスタンではパキスタン経由でのアメリカなどの支援によりソ連軍への抵抗運動が激化し、1989年にソ連軍が撤退する。

第5期（1992～）アメリカが中東に直接介入し大混迷時代に

湾岸戦争後の中東におけるアメリカ勢力の拡大とイスラエルへの肩入れに対して反発が強まり、イスラーム復興の動きが広まる。

2001年の「アルカイダ」によるニューヨークの世界貿易センターへのテロ事件をきっかけに、アメリカはアフガニスタンに進攻してタリバーン政権を倒し、2003年には「イラク戦争」を起こしてフセイン政権を打

■中東に進出していくアメリカとソ連

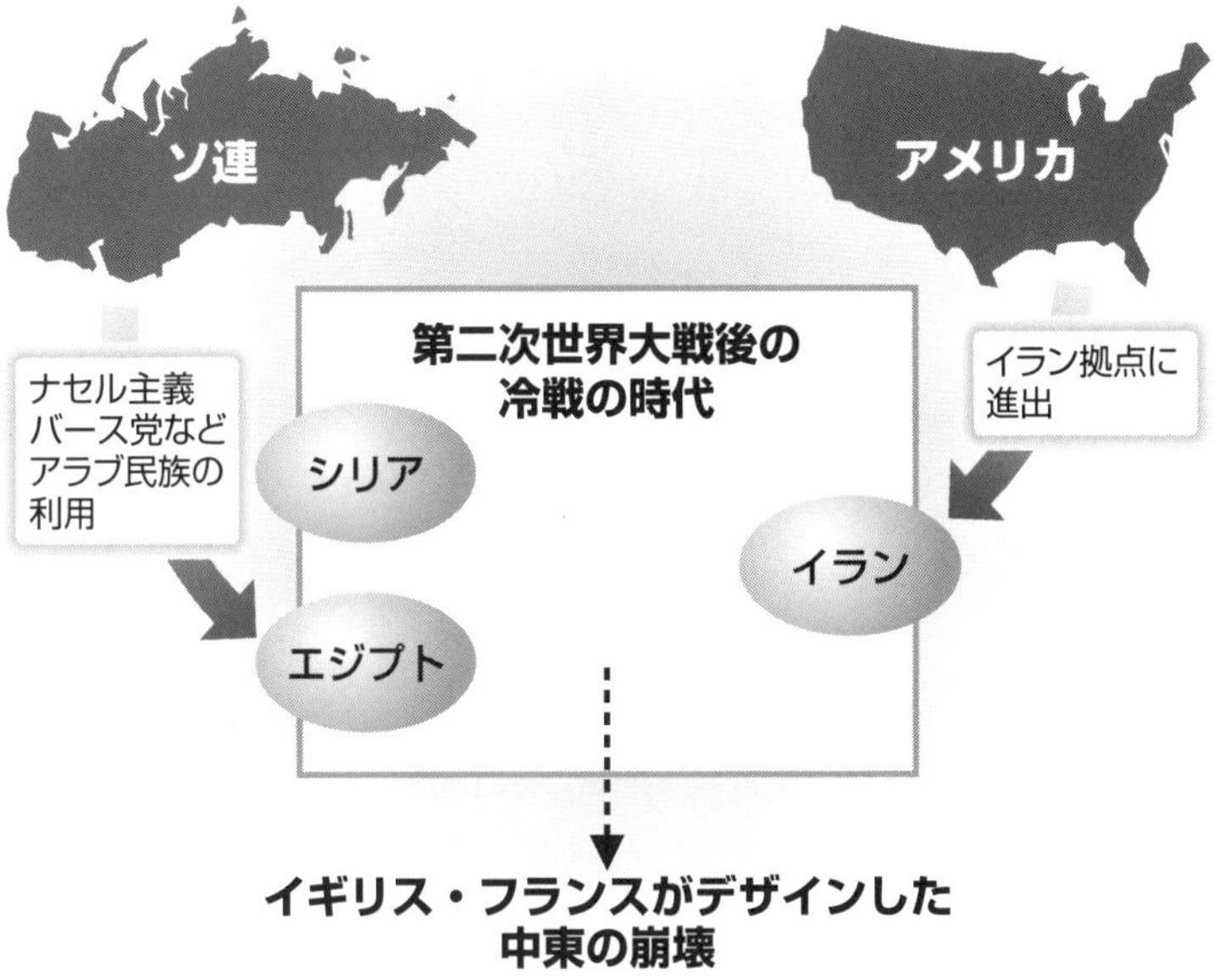
ソ連
アメリカ
第二次世界大戦後の
冷戦の時代
ナセル主義
バース党など
アラブ民族の
利用
イラン拠点に
進出
シリア
エジプト
イラン
イギリス・フランスがデザインした
中東の崩壊

倒する。

しかし、アメリカの介入は、イギリスが国益により領域を区切った複雑なイラクの社会矛盾を拡大し、収拾がつかなくなってしまう。

強引で性急なアメリカの行動は、かつてのパン・アラブ主義とは異なる次元でイスラーム教徒を結束させ、イスラエルのアラブ人に対する強硬姿勢もあいまって中東情勢は緊迫。反米とイスラーム復興が奇妙なかたちで組み合わされるようになってきている。「イスラーム原理主義」という単純な言葉では、とても説明できるものではない。

アメリカはパレスチナ問題とセットで中東の秩序を取り戻そうとしているが、イラク情勢を含め、先行きは不透明である。

ソ連の崩壊にともなう中央アジアでのイスラーム諸国の独立、トルコのEU加盟問題、ロシア内部のチェチェン紛争、イランの核開発を巡る紛糾など、イスラーム世界は多様な問題を抱えてますます複雑化している。

歴史メモ 1979年はイランのイスラーム革命、メッカのカーバ神殿への立てこもり、ソ連軍のアフガン侵攻など、イスラーム原理運動の起点になる年。

◉1948年◆パレスチナ戦争

予定の1・5倍の国土になったイスラエル

パレスチナ戦争で、国連による当初の分割案より多くの国土を手にしたユダヤ人国家イスラエル。

◆イギリスがパレスチナの委任統治を放棄！

1930年代以降、イギリスの委任統治領であったパレスチナには、ドイツのナチスがとった反ユダヤ人政策（約600万人が虐殺される）もあり、ユダヤ人の大規模な移住が続いた。

1939年には、パレスチナの総人口約142万人のうちの3割、約45万人がユダヤ人となる。40年代には豊かなユダヤ人の移住が、アラブ人との間に抗争を生み出し、ユダヤ人秘密組織はイギリスがユダヤ国家の建設を阻んでいるとしてテロ活動を展開。まさに無政府状態といってよい大混乱におちいった。

事態を収拾できなくなったイギリスは、1947年にパレスチナの委任統治を放棄し、後は国際連合（国連）に委ねると発表した。

■1947年国連のパレスチナ分割案

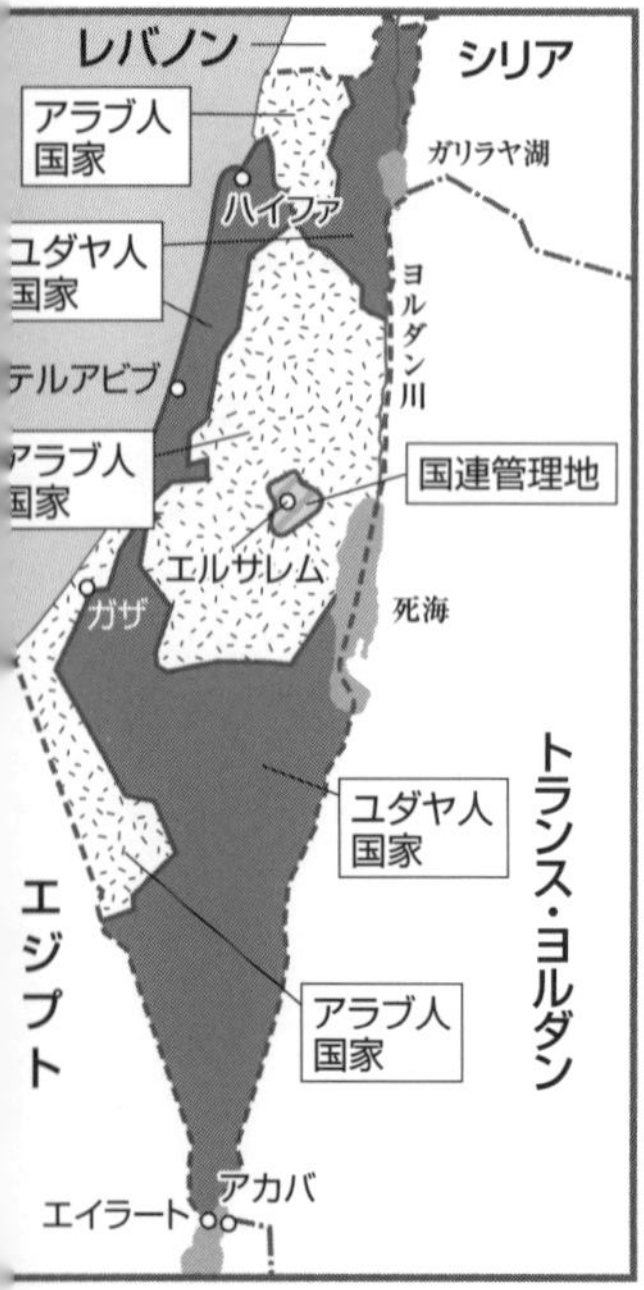

レバノン
シリア
アラブ人国家
ガリラヤ湖
ハイファ
ユダヤ人国家
ヨルダン川
テルアビブ
アラブ人国家
国連管理地
エルサレム
ガザ
死海
トランス・ヨルダン
ユダヤ人国家
エジプト
アラブ人国家
アカバ
エイラート

◆国連は分割か連邦かで割れた

1947年にイギリスから困難な問題を押しつけられた創設間もない国連は、総会で国連パレスチナ特別委員会（11カ国で構成）を設立。3か月後に委員会は二つの勧告案を提出した。

多数派案は、パレスチナを分割してアラブ

■1948年パレスチナ戦争後のイスラエル

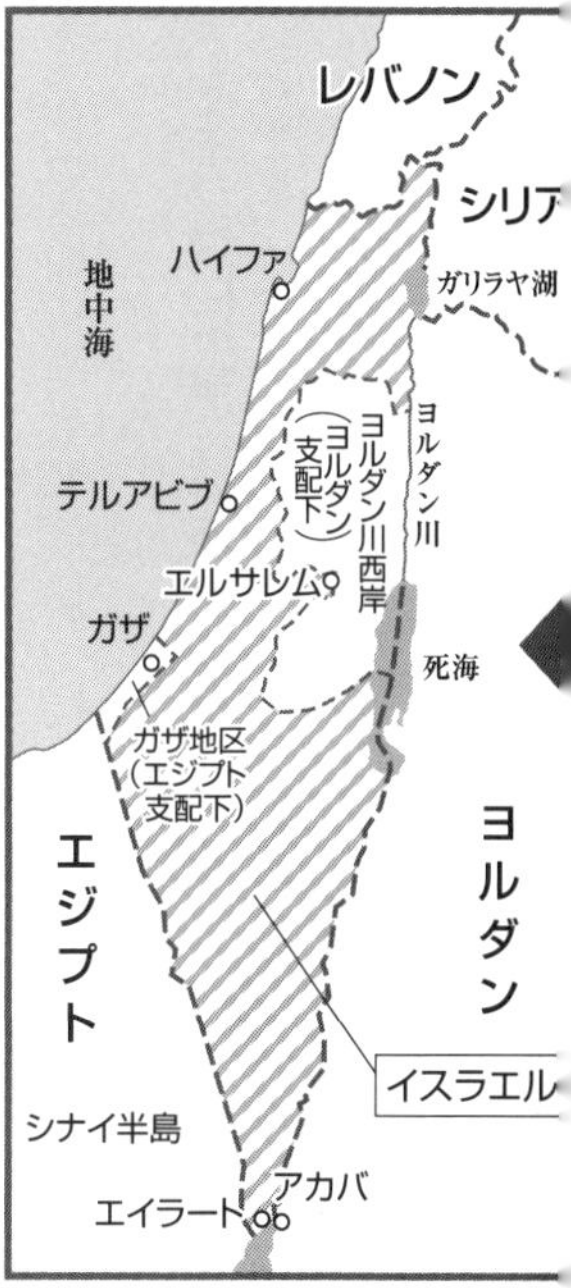

人とユダヤ人の2国家を創設し、聖地エルサレムを国連管理下におくというもの。インドなど3カ国の少数派案は、エルサレムを首都としアラブ人国家とユダヤ人国家からなる連邦国家をつくるというものだった。

アラブ諸国は、パレスチナはパレスチナ人のものであるとして両案に断固反対の立場を表明する。

1947年11月29日の国連総会は、アメリカの多数派工作が功を奏し、賛成33カ国、反対13カ国、棄権10カ国で多数派案を可決。

国連の分割案は、人口の3分の1以下、土地の約6%しか占めていないユダヤ人に全土の3分の2を与えるというものだった。

◆パレスチナ戦争で生まれた難民

1948年5月14日、テルアビブでイスラエルの独立が宣言された。翌日、それを不当とするアラブ諸国軍が、憤激にかられて3方面からパレスチナに進攻。「パレスチナ戦争」（第一次中東戦争、イスラエル側から見れば独立戦争）が勃発した。

イスラエル側は撤退をはじめていたイギリス軍の基地から武器を調達し、チェコから武器を購入して対抗。アラブ軍を圧倒する。

結局、国連安全保障理事会が調停に入り、1949年にあくまで反対するイラクを除くアラブ諸国と一連の休戦協定を締結。イスラエルはパレスチナ全土の8割（国連分割案の1・5倍）を領土として独立する。

他方で100万人のパレスチナ人が土地を失い、難民キャンプで生活するようになる。ここにパレスチナ難民が生まれてしまう。

なお、戦争の過程でトランス・ヨルダンの首長アブドゥッラーはヨルダン川西岸を、エジプトはガザ地区を自領に組み込んだ。

歴史メモ　イスラエルでは、ユダヤ人であればイスラエルに移民し誰でも国籍を取得する権利があると規定する。

●1940年代〜◆民族主義の台頭

英・仏勢力の後退とアラブ民族主義の台頭

アラブ世界独自の民族主義がわき起こり、イギリスの支配力が及ばなくなる。新しい中東が動きはじめる。

◆イギリス・フランスが支配する中東の動揺

第二次世界大戦は、20世紀の世界秩序を転換させる大戦争だった。

ドイツとの総力戦による消耗で英仏が没落し、アメリカの力が強まり、米ソの「冷戦」がはじまる。世界各地の民族運動は激化し、19世紀後半から20世紀前半にヨーロッパが築き上げた植民地体制は崩れた。

第二次世界大戦中に中東は、直接戦場にはならなかった。しかし、そうした中東でも、戦後に民族運動が高揚して、英・仏の支配体制が大きく揺らいでいく。

◆シリアとイラクに生まれたバース党

1930年代にフランスで教育を受けたアラブ知識人が、ヨーロッパ列強の分断支配を取り除き、アラビア語という共通言語と同じ歴史を持つアラブ世界の人々が一つの国家として統一される必要があるとするバース主義を提唱した。

1947年になると、シリアの首都ダマスクスでバース主義の実現をめざす「バース党」が結成される。バース党はやがてシリアで勢力をのばし、権力を掌握する。現在のシリア憲法はバース党を「国を指導する政党」と規定しており、事実上の一党支配になっている。

バース党はイラクでも1950年頃に結成された。当初の党員は50人前後だったが、急速な成長をとげる。60年代になると同時期に権力を握ったイラクとシリアのバース党は利害が対立し、敵対関係に入った（230ページ）。

1970年代以降、サダム・フセインの指導の下にバース党はイラクの独裁政党に成長したが、2003年のイラク戦争によるフセイン政権の崩壊で、イラクにおけるバース党の支配は終わった。

◆アラブ連盟の結成

第二次世界大戦中の1943年に、エジプトは各国の独立が損なわれないかたちでのアラブ諸国の結束を強め、共通の利益の実現をはかるために「アラブ連盟」の結成を提唱した。1945年にカイロで、エジプト、イラク、レバノン、サウジアラビア、シリア、ヨルダン、イエメンの7カ国によりアラブ連盟が結成される。

アラブ連盟結成は、中東支配を永続させたいというイギリスの新構想にも合致していた。イギリスはアラブの名門ハーシム家によるアラブ統一国家の実現という中東構想を持っており、イラクと当時中東で最強の軍隊を持つヨルダン（指揮官はすべてイギリス軍人）は、ともにハーシム家の支配下にあった。

アラブ連盟は、ハーシム家が影響力を拡大するための格好の道具になるとイギリスは考えたのである。そこで、イラクのバグダードに連盟の本部をおこうと画策した。

しかしアラブ世界の主導権を握りたいエジプトは、ハーシム家と敵対関係にあるサウジアラビアのサウード家の支持を受けて本部をカイロに設けることに成功。イギリスの構想は、挫折したのである。

アラブ連盟は、アラブ諸国の独立支援、パレスチナにおけるユダヤ人国家の建設阻止を目標として掲げた。

■失敗に終わったイギリスのアラブ連盟構想

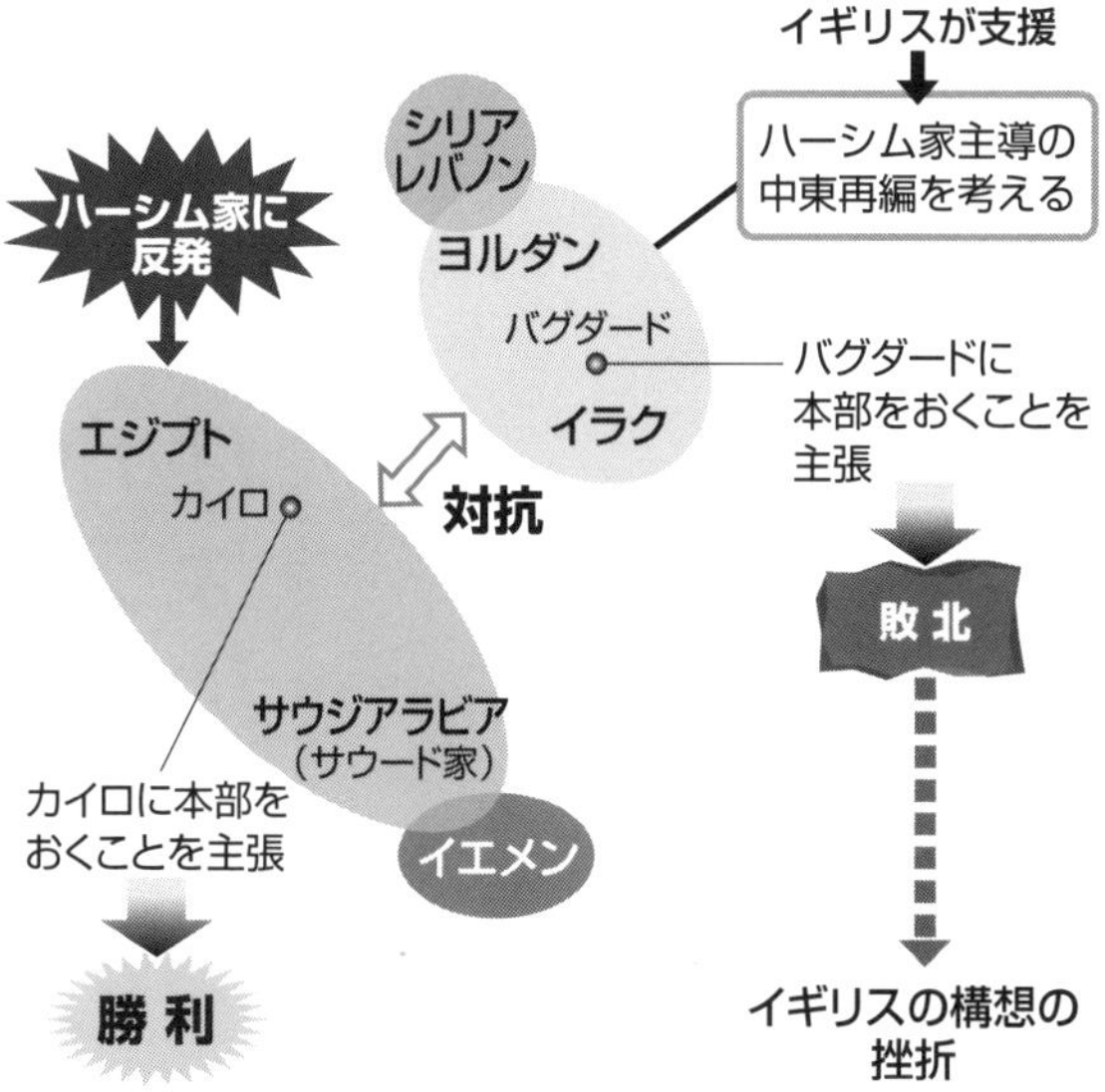
イギリスが支援
ハーシム家主導の中東再編を考える
シリア
レバノン
ヨルダン
バグダード
イラク
バグダードに本部をおくことを主張
敗北
イギリスの構想の挫折
ハーシム家に反発
エジプト
カイロ
対抗
サウジアラビア（サウード家）
イエメン
カイロに本部をおくことを主張
勝利

歴史メモ　アラブ連盟の加盟国は22カ国を数えるが、湾岸戦争で分裂、形骸化してしまった。

●1950年代〜◆冷戦の影響と白色革命

イランがアメリカの足場になったワケ

アメリカの支援でイラン国王は国を維持する。イランの石油はアメリカ主導の石油会社とイランで分け合うことに。

◆ナセル主義の拡大

後述するスエズ戦争以後、エジプトのナセルのパン・アラブ主義は中東世界に拡大した（228ページ）。1958年2月にはエジプトのナセル政権とシリアのバース党政権が手を結び、ナセルを大統領とする「アラブ連合共和国」が成立する。

手を結んだ両国は、綿花を売ってソ連から武器を大量に購入し、ソ連のバックアップの下に欧米やアラブ世界の旧支配層による秩序に挑戦する姿勢を明確にする。

それに対して親欧米派のイラク、ヨルダンのハーシム家連合がサウジアラビアと組んで民族運動の高まりを阻止しようとする。冷戦下で、中東は新勢力（カイロ）と旧勢力（バグダード）に2分されたのである。

ところが1958年7月にイラクのバグダードで軍のカセムを中心とする青年将校が革命を起こし、ハーシム家の王を打倒する（イラク革命）。

その結果、イラクでのイギリスの影響力が決定的に後退し、アラブの民族運動が大きく前進した。

こうした変化により、ソ連の中東での影響力が強まると考えた米、英両国は、民族運動の拡大阻止のかまえを強める。

◆挫折したイランの石油国有化

そうした中でアメリカの足場になったのがイランだった。アメリカの勢力拡大の過程を振り返ると、次のようになる。

第二次世界大戦中に、イギリスとソ連はイランの石油をドイツから守るとしてイランに侵入し、テヘランを中立地帯にして南部・北部をそれぞれ占領。

戦後、ソ連はソビエト・イラン石油会社の設立を画策したが、イラン政府はアメリカの援助に頼り、それを拒否。大規模な石油産出国だったイランは、イギリスの代わりにアメリカとソ連の進出に悩まされることになる。

イランの民族運動は、当然のことながら豊富な石油の採掘、製油、販売を独占するイギリスのアングロ・イラニアン石油会社（192ページ）に向けられた。

1951年に首相となった民族主義者モサデクは、石油産業の国営化を断行し、52年にはイギリスと国交を断絶する。

それに対してイギリスは、米仏の石油会社とカルテルを結び、イラン石油を世界市場から締め出した。そのためイランは、財政危機におちいることになる。

モサデクの急進政策に反対する親欧米派のパフレヴィー国王は1953年にモサデクを解任。対立は流血の戦いとなる。

結局、アメリカの支援を受けたパフレヴィーが最終的に勝利する。イラン民族主義の挫折である。

イラン石油については、アメリカを中心とする8大石油会社が出資する国際合弁会社がイランと利益を分け合い経営することになる。イギリスによるイラン石油の独占はここに崩れた。

◆パフレヴィー朝とアメリカイズムの流入

アメリカの支援で返り咲いたパフレヴィーは、アメリカと軍事協定を結び、1960年にはイスラエルを承認するなどして、中東におけるアメリカの拠点になる。

パフレヴィー国王はアメリカの支援を受け、1963年以降、農地改革、国営工場の民営化、婦人参政権の承認などの「白色革命」を断行し、国内産業の育成と軍の近代化、アメリカ文化の受入れを進めた。

アメリカはイラン国内に多数の軍事基地を建設。3万人の軍事顧問を派遣してイラン軍の強化を助けた。

しかし、秘密警察による治安の維持、近代化による貧富の差の拡大、伝統文化の崩壊は民衆、宗教勢力の反発を招くことになる。やがてシーア派の聖職者層を中心に「白色革命」反対の動きが強まり、イラン社会は次第に不安定な状態になっていく。

歴史メモ　エジプトのナセルは、アラブの統合、積極中立、計画経済による公正な社会秩序を掲げていた。

◉1956〜57年◆スエズ戦争

欧米に対抗して存在感を増すエジプト

エジプトのナセルは、スエズ戦争で存在感を強め、さらにＰＬＯの結成でアラブ世界の中心人物へと躍り出る。

◆塹壕で〝目覚め〟たナセル

「エジプト革命」は「パレスチナ戦争の塹壕《ざんごう》からはじまった」と、革命指導者ナセルは述べている。

前線で粗末な小銃を与えられただけで見捨てられた連隊の指揮官ナセルは、エジプト人の敵が古くさい王制にあることを痛感する。

パレスチナ戦争後、ナセルは士官学校時代の仲間と自由将校団という青年将校グループを組織し、ナギブなどとともに１９５２年に王制廃止の軍事クーデターを起こし、旧支配層を一掃した（エジプト革命）。

この時、ナセルはイギリスに20か月以内にスエズ運河地帯から撤退することを約束させる。

◆深まるアメリカとのミゾ

エジプトの新政権に期待したアメリカは、ナセルを単なる軍人と考えて抱き込みをはかる。農地拡大のためのアスワン・ハイダムという巨大プロジェクトに金を出し、エジプトを親米国家にしようとしたのである。

アメリカはイラクのバグダードに本部をおく、バグダード条約機構という軍事同盟にエジプトを組み入れ、ソ連との冷戦における足場を強化しようとしたのである。

ところがアメリカの意に反してナセルは同盟参加を拒み、インドのネルー、インドネシアのスカルノなどとともに冷戦に与《くみ》しない、非同盟の道を選択する。

１９５５年になるとナセルはソ連から武器を購入し、中国（１９４９年に成立した社会主義政権）と国交を樹立する。アメリカは報復措置としてアスワン・ハイダムへの融資の約束を取り消す。それに対抗して、ナセルはスエズ運河会社（株主の大多数は英人、仏人）を接収して国有化するという思い切った手に出る。

◆ついにスエズ戦争が勃発！

こうしたエジプトの挑戦に対して、既得利権を守ろうとする英仏両国は、戦争に訴える道を探る。1956年にイスラエル軍は反イスラエルのゲリラ基地をたたくという口実でシナイ半島に進攻。パラシュート部隊の降下により3か月でシナイ半島の制圧に成功する。

英仏両国軍は双方の戦闘に介入するとの口実で、スエズ運河地帯の軍事占領とナセル政権の打倒をめざす。それが、「スエズ戦争」（第二次中東戦争、1956～57）である。

戦争が続く中で、大統領選挙を目前に控えたアメリカがソ連の戦争介入をおそれて英仏の進攻を非難。結局、国連の即時停戦決議とソ連のエジプト支援声明で英仏、イスラエル軍は撤退する。

かつての中東世界の支配者イギリス、フランスは外交的失敗で無力さをアラブ世界に示し、新たなアラブ世界のリーダー、ナセルの存在感が強まった。

戦後の1964年には、イスラエルに奪われたパレスチナの土地を奪い返すことをナセルが提唱、アラブ諸国は「パレスチナ解放機構」（PLO）を結成する。議長は元サウジアラビア国連大使、解放軍はエジプト軍が担った。

■1956年のスエズ戦争（第二次中東戦争）の経過

1956年7月
エジプトのナセル大統領がスエズ運河の国有化を宣言

↓

英・仏………自国権益の擁護
イスラエル…反イスラエルのゲリラ基地をたたく

↓ **攻撃**（10月29日）

シナイ半島のエジプト軍
スエズ運河地区

11月1日 国連緊急総会

11月2日 停戦決議の採択
- 3国の撤兵
- イスラエルはチラン海峡の通過権を保障される

11月5～7日 受入れ

歴史メモ 郵便局員の息子ナセルは、革命当時34歳。自由将校団の平均年齢も同じく34歳だった。

◉1967年◆第三次中東戦争（6日間戦争）

第三次中東戦争で大きく巻き返すイスラエル

イスラエルの軍事力を甘く見たのか。チラン海峡の封鎖に対する6日間戦争で、エジプトはシナイ半島を失った。

◆パン・アラブ主義の停滞

スエズ戦争の勝利以後、エジプトからシリア、イラクに広まったパン・アラブ主義の民族運動により中東の新たな秩序が形成されるかに見えた。ところが現実の利害がからんでくると国家間の争いが再燃し、理念は後退していく。

イラク革命を指導したカセム（226ページ）はイラクの石油収入をエジプトに分けるのが惜しくなり、エジプトのナセルと袂《たもと》を分かつ。また、ナセルが10年内の所得倍増をめざして行った経済の国家管理政策がシリアの不満を増大させ、1961年にはシリアもエジプトと袂を分かった。

他方で、イギリスが石油資源を確保するために強引につくりあげたイラクの統治はむずかしく、カセムは北部のクルド人の蜂起に悩まされる。

1961年にクウェートが独立すると、カセムはクウェートはイラクの一部であるとして侵攻を試みるが、イギリス軍により阻まれる。結局カセムは、1963年に陸軍空挺部隊のクーデターで殺害され、バース党政権が樹立された。

イラクのクーデターの影響はシリアにも及び、翌月にシリアでも革命が起こって、バース党政権が樹立された。ところが今度は、石油資源を持つイラクと持たないシリアのバース党の間で対立が起きてしまう。

両国のバース党は自らの利益追求に邁進し、アラブ統一というバース主義を忘れてしまい、互いに暗殺を繰り返すようになる。

◆6日間戦争で指導力を失ったナセル

シリアの権力を握ったバース党の急進的軍事集団は、

イスラエルとの紛争を激化させることで国内政治の行きづまりを外にそらそうと考える。

シリアの軍事力が弱いことを理解していたエジプトのナセルは、シリアと軍事同盟を結び不穏な動きを牽制する一方で、民族運動の指導者としての権威を守るために1956年のスエズ戦争の際にシナイ半島に配備されていた国連緊急軍の撤退を実現させ、イスラエルの艦船を締め出そうとしてアカバ湾に通ずるチラン海峡を封鎖した。

当時のイスラエルは、移民の増加で建国当初の4倍に人口が増え、国の基盤も強化されていた。

戦争がいずれ避けられないと考えたイスラエルは、チラン海峡封鎖が十分な戦争理由になると考え、1967年6月5日にエジプト、シリア、ヨルダンへの電撃的攻撃を開始、25のエジプトの空軍基地を奇襲攻撃した。「第三次中東戦争」（6日間戦争）のはじまりである。

ふいをつかれた攻撃で、エジプトの虎の子の空軍戦闘機は1日で410機が破壊され、シリア、ヨルダン軍も撃破されてアラブ側は最悪の敗北を喫した。ナセルの名声は揺らいでいく。

6日間の戦いで、イスラエル軍はエジプトのシナイ半島、シリアの軍事的要衝ゴラン高原、ヨルダンのヨルダン川西岸をそれぞれ占領したのである。

■1967年、6日間戦争（第三次中東戦争）後のイスラエル

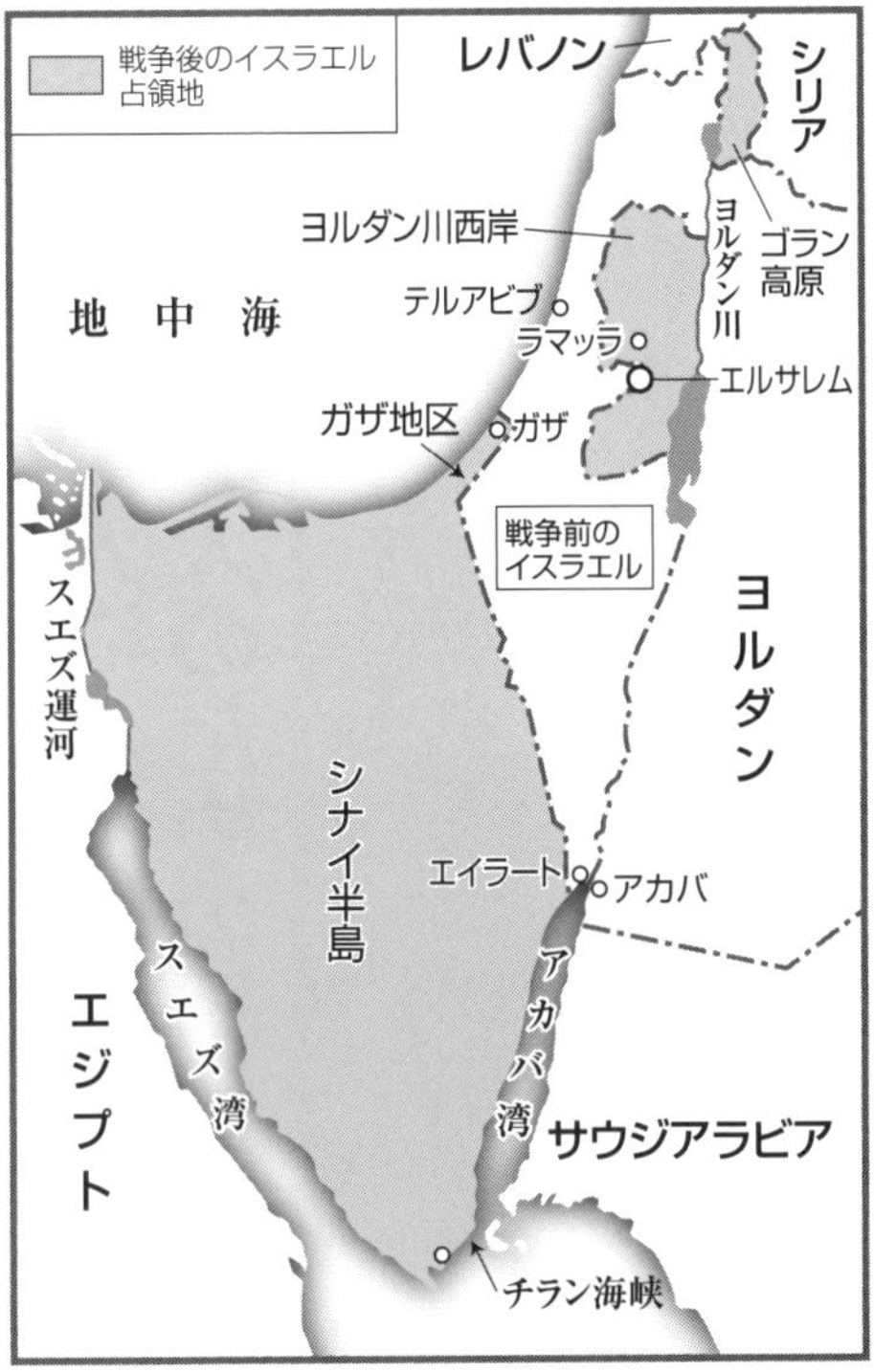

歴史メモ 戦争後、ヨルダン川西岸とガザに約21万人、ゴラン高原に約1万7000人、東エルサレムに約17万人のユダヤ人が入植した。

◉1964年〜◆パレスチナ解放機構（PLO）再編

パレスチナ人によるパレスチナ人のための組織

パレスチナ解放機構は、ゲリラ活動で名を馳せる。だが現在は、パレスチナの代表機関として認知されている。

◆パレスチナ解放はパレスチナ人の手で

第三次中東戦争に敗れたアラブ世界では、屈辱感が広がった。

アラブ諸国に頼ったのではとてもパレスチナを回復できないと、絶望感にとらわれたパレスチナ人は、1964年に設立されていたパレスチナ解放機構（PLO）を戦う組織として再編する。ヨルダンを基地に反イスラエル闘争を行って成果を上げていた「ファタハ」の創設（1956）に関わり、スポークスマンとして活躍していたアラファトがPLOの第3代議長に就任した。

アラファトは、エルサレムで生まれガザで育ったが、パレスチナ戦争でガザ地区が占領されたためにエジプトに逃れてカイロ大学工学部に入学。そこでパレスチナ解放の政治運動に関わるようになった。

PLOゲリラは、テロやハイジャックなどの作戦で、イスラエルや親イスラエルの欧米諸国に揺さぶりをかけ、問題が未解決であることを国際世論に訴える。

PLOは、パレスチナ人を代表する機関であると称し、①パレスチナ人の民族自決、②離散させられたパレスチナ人のパレスチナへの帰還、③イスラエルが占有する地域を含めた全パレスチナにイスラーム教徒、キリスト教徒、ユダヤ教徒が共存する民主的、非宗教的独立国家を建設すること、を主張した。

最高議決機関はパレスチナ民族評議会とされ、ファタハの武装闘争路線を引き継いで、正規軍としてのパレスチナ解放軍が設立された。

◆PLOが引き起こしたヨルダン内戦

パレスチナの難民の大多数が流入したヨルダンでは、難民がヨルダンの中に「国」をつくるほどの大勢力とな

■PAとPLOの違い

PA（1996年成立）
パレスチナ暫定自治政府

●本部ラマッラ

- ヨルダン川西岸…三重県とほぼ同じ面積
- ガザ…種子島より小さい

総人口947万人
（2003年の推計）

- 大統領
- パレスチナ行政機関
  …内閣に相当
- パレスチナ立法評議会
  …立法府に相当

PLO（1964年結成）
パレスチナ解放機構

●本部ガザ

パレスチナ民族評議会（PNC）
…国会に相当
- パレスチナ中央評議会
  …PNCが開催困難な時に代行
- PLO執行委員会
  …内閣に相当

政治局（外務省に相当）
国民組織局
軍事局…パレスチナ解放軍
広報文化局…パレスチナ通信社（WAFA）

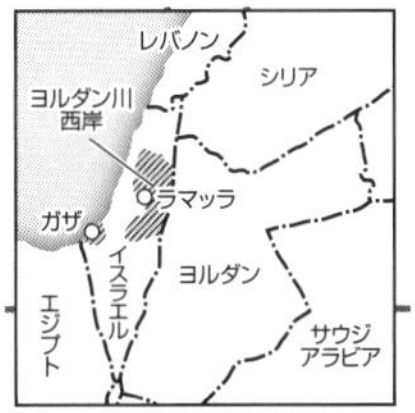

っていた。ＰＬＯが、イスラエルと戦う前に保守的なヨルダン王を倒さなければならないと主張するようになると、１９７０年９月にヨルダン王のフセインは国王の親衛軍に首都アンマンのＰＬＯを殲滅《せんめつ》する命令を下す。

戦闘はヨルダン全土に拡大し、親ＰＬＯのシリアが陸軍をヨルダンに派遣。アメリカは空母艦隊をイスラエル沖に派遣してヨルダンを支持し、シリアを牽制した。結局、ＰＬＯは、ヨルダンにおける拠点を失って指導部と主力部隊をレバノンに移した。

◆国際的に認められたＰＬＯ

ＰＬＯは、１９７４年にアラブ首脳会議からパレスチナ人民の正当な代表機関として認められ、国連オブザーバーの資格も手に入れた。アラファト議長は、同年12月の国連総会に招かれてパレスチナ国家の樹立を宣言。国際的に認知される。

他方、イスラエルは交戦の停止、チラン海峡封鎖の解除、占領地からの撤退を定めた国連安全保障理事会の２４２号決議を無視して占領を継続。ＰＬＯとイスラエルの対立は強まった。

歴史メモ ファタハは、アラビア語のファレスティーン（パレスチナ）、タリハール（解放）、ハ（運動）の合成語である。

◉1973〜74年◆第四次中東戦争と石油戦略

石油の世界経済への影響力を見せつけた戦い

エジプトがイスラエルに対して起こした第四次中東戦争で、アラブ諸国がとった史上初の戦略とは。

◆第四次中東戦争の勃発

1970年、エジプトのナセル大統領が死去する。新大統領となったサダトは、イスラエルに占領されていたシナイ半島を取り戻すためシリア、ヨルダンと協力して戦争の準備を進めた。

1973年、南のエジプト軍はスエズ運河を越えてシナイ半島に攻め込み、北のシリア軍もゴラン高原で戦闘を開始した。「第四次中東戦争」の開始である。アラブ諸国は支援部隊を派遣し、緊急の財政援助を行った。緒戦《しょせん》はふいをつかれたイスラエル軍が不利だったがアメリカが大量の最新兵器を空輸して支援、ソ連はエジプト、シリアを支援した。

◆石油が〝武器〟になる？

第四次中東戦争がはじまると、アラブ産油国は石油を武器にエジプト、シリアを助けた。「石油戦略」の発動である。

アラブ石油輸出国機構（OAPEC）加盟の10カ国、石油輸出国機構（OPEC）加盟のペルシア湾岸6カ国が、原油価格を一挙に7割引き上げたのだ。これは国際石油資本（メジャー。次ページ図）による中東石油価格の引き下げに対する対抗策でもあった。第四次中東戦争の間に原油価格は約4倍になっている。

アラブ産油国だけで構成されるOAPECは、イスラエルが第三次中東戦争で占領したアラブ領土から撤退し、パレスチナ人の権利が回復されるまで、毎月5％ずつ石油生産量を削減していくことを決定し、サウジアラビアはアメリカがイスラエルに軍事援助を続ければ原油の供給を停止すると発表。石油不足と原油価格の急騰で世界経済は大打撃を受けた。

1973～74年の第四次中東戦争とイラン革命の後、石油輸出が中断されたことによる石油不足、原油価格の高騰による世界経済の危機を「石油危機」（オイル・ショック）という。

中東の石油に全面的に依存する日本は「石油危機」でとくに大きな影響を受けた。1974年に、はじめて日本の戦後経済はマイナス成長を記録する。しかし、中東の石油産業にとって第四次中東戦争は、国際石油資本から石油輸出国機構が主導権を奪い取った「資源戦争」であった。

■石油の主導権はメジャーからOPECへ

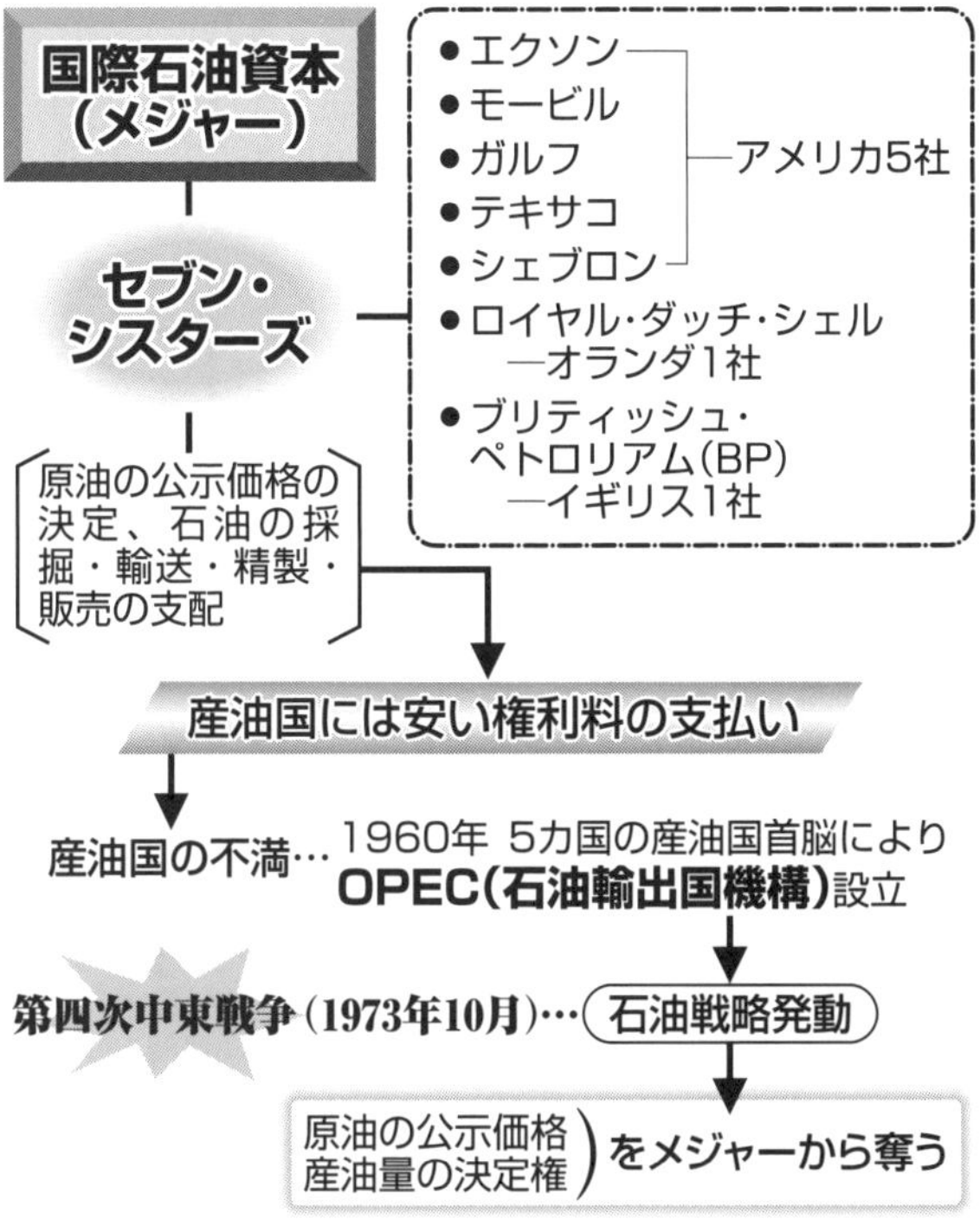
国際石油資本
(メジャー)
セブン・シスターズ
●エクソン
●モービル
●ガルフ
●テキサコ
●シェブロン
アメリカ5社
●ロイヤル・ダッチ・シェル
—オランダ1社
●ブリティッシュ・ペトロリアム(BP)
—イギリス1社
原油の公示価格の決定、石油の採掘・輸送・精製・販売の支配
産油国には安い権利料の支払い
産油国の不満…
1960年 5カ国の産油国首脳により
OPEC(石油輸出国機構)設立
第四次中東戦争(1973年10月)…
石油戦略発動
原油の公示価格
産油量の決定権
をメジャーから奪う

◆国連による調停で終結

戦争が長期化すると、米ソ両国が前面に出ざるを得なくなり、両国は共同で国連の安全保障理事会に現状での停戦決議案を提出する。翌日に両国は決議案を受諾。エジプトとイスラエルは兵力分離協定に調印した。

戦争の結果、エジプトはスエズ運河の通航を再開させることが可能になり、PLOがパレスチナの合法的代表として認められた。サダトはエジプトの英雄になったのである。

歴史メモ 第四次中東戦争でOPECは国際石油資本（メジャー）から価格・生産量決定権を取り戻し、世界石油の７割を支配することとなった。

●1975〜90年◆レバノン内戦

複雑怪奇な事情で長期化したレバノン内戦

PLOの本部が移転してきたことから内戦が勃発。イスラエル、シリアの参戦で泥沼化した。

◆宗教的モザイク国家レバノン

古代のフェニキアを引き継ぐレバノンは、1944年にフランスから独立する。西欧化した首都ベイルートは、中東の金融センターとして繁栄していた。

人口380万人あまりの小国レバノンは、キリスト教4派、イスラーム教3派からなる宗教的モザイク国家である。

1930年代以降、大統領はマロン派キリスト教徒、首相はスンナ派、国会議長はシーア派、副首相と国会副議長はギリシア正教徒からという慣行が成立し、秩序がからくも維持された。

実質的には多数派を占めるキリスト教徒が多くの特権を保有し、経済を牛耳っていた。第二次世界大戦後にイスラーム教徒の数が急速に増加すると、当然のことながら両教徒の対立が強まった。

◆内戦が長期化したワケは

PLOがヨルダンを追われレバノンに本部を移すと（233ページ）、流血の事態を恐れたレバノン政府はPLOに自治政府並みの特権を与え、イスラエルへの攻撃も黙認した。しかし1975年、ベイルート郊外でマロン派の民兵がパレスチナ人のバスを襲い27人のイスラーム教徒を殺害する事件が起こると、全土に内戦が広がる。積年の問題が爆発したのである。

1976年にはベイルート郊外のパレスチナ難民キャンプが襲われて約4000人が殺害される。シリアは当初イスラーム側に立って参戦したが、後になるとレバノンの宗派バランスを崩さないためにマロン派についた。シリア軍の介入で内乱は一時鎮静化する。

しかし武力闘争はやまず、1982年以降イスラエルが参入してレバノン南部、ベイルートに侵攻。イスラエルはＰＬＯをレバノンから撤退させ、マロン派による親イスラエル政権を樹立しようと画策する。だが、その後もシリアの支援を受けたイスラーム教徒、イランの支援を受けたシーア派民兵組織のヒズボラ（神の党）がイスラエル軍と激しい戦闘を展開、内戦は長期化した。

　群雄割拠する民兵組織は麻薬売買、支配地域での税の徴収により資金を稼いで対立し、80年代に政府が実質的に支配したのは電話のみで、機能した政府機関は中央銀行のみという惨憺《さんたん》たる状態におちいった。

　１９９０年に湾岸戦争への参戦の見返りとして、アメリカがシリア軍のレバノン進攻を認めた。シリア軍がキリスト教徒、イスラーム教徒の民兵指導者からなる挙国一致内閣を成立させ、マロン派の民兵組織を武装解除させることで内戦はやっと終結する。

◆レバノンの悲惨な荒廃

　イスラエル、シリア、ＰＬＯなどが介入し、15年もの内戦が続いたことでレバノンの観光業、金融業は衰退し、「中東のパリ」といわれた首都ベイルートをはじめ、レバノン全土が荒廃した。

　内戦後、約3万人のシリア軍が駐留し、レバノン政府をコントロールしていたが、２００５年に起こったハリリ元首相の暗殺はアメリカなどのシリア軍撤退の圧力を生み出し、２００５年には情報機関を含め、全シリア軍がレバノンから撤退した。

■レバノン内戦

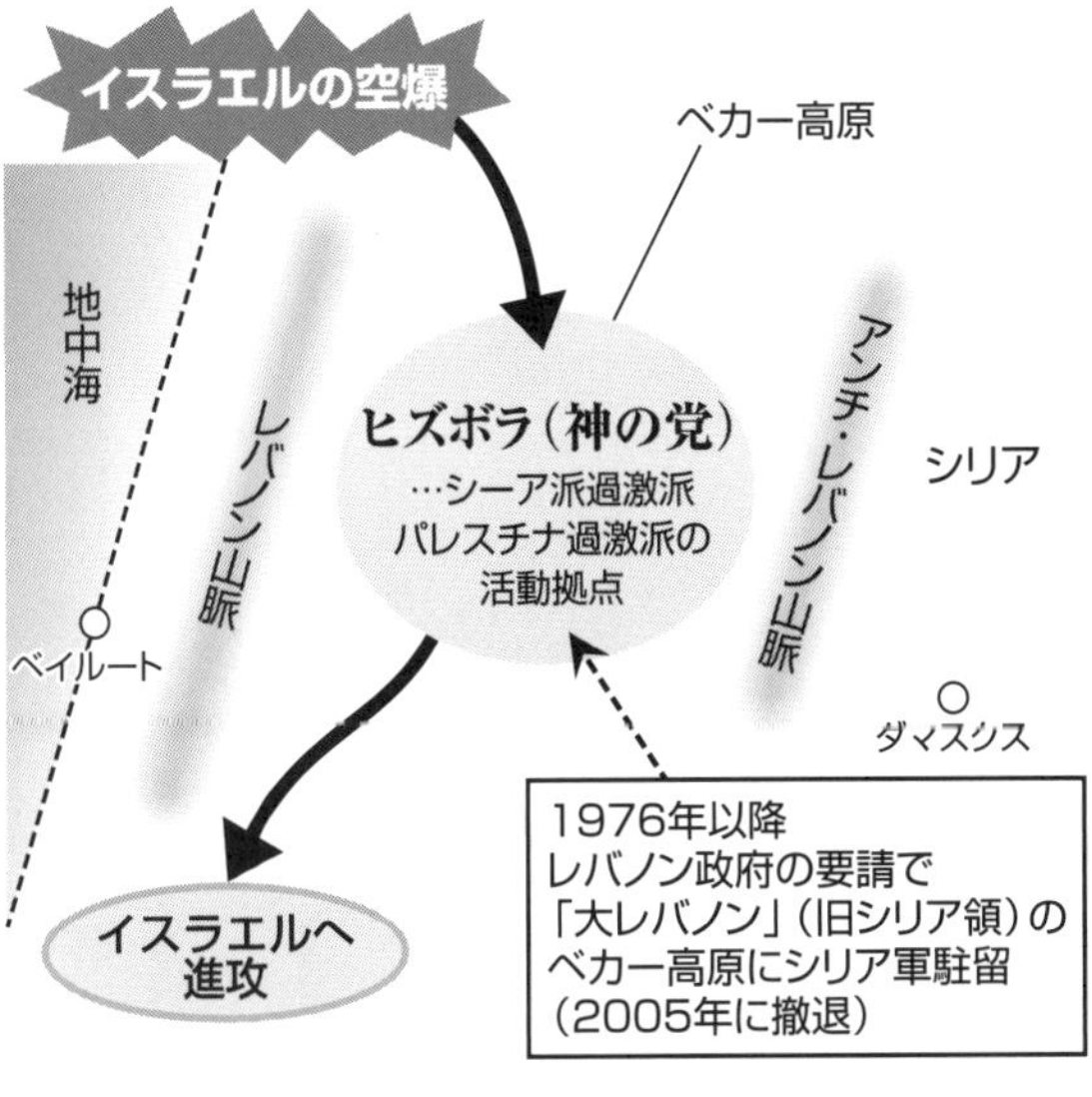
イスラエルの空爆
ベカー高原
地中海
レバノン山脈
ヒズボラ（神の党）
…シーア派過激派
パレスチナ過激派の
活動拠点
アンチ・レバノン山脈
シリア
ベイルート
ダマスクス
1976年以降
レバノン政府の要請で
「大レバノン」（旧シリア領）の
ベカー高原にシリア軍駐留
（2005年に撤退）
イスラエルへ
進攻

歴史メモ　1984年のレバノンの人口推計では、35％がシーア派、キリスト教諸派30％、スンナ派25％である。

◉1978年◆キャンプ・デーヴィッド合意

一歩踏み出した中東和平への道だったが…

エジプトは独自にイスラエルと和解した。だがアラブは、これを非難。アラブはイスラエルとの対立を深めていく。

◆アラブに非難されたキャンプ・デーヴィッド合意

イスラエルに占領されたシナイ半島の奪回を最大の政治課題としたエジプトのサダト大統領は、第四次中東戦争以降、ソ連との友好条約を破棄してアメリカに接近、アメリカ国務長官キッシンジャーの仲介でイスラエルとの交渉を開始した。

１９７７年にサダトは、エルサレムを訪れて無名戦士の墓に詣で、イスラエル議会で演説。イスラエルという国の存在を認めた。

１９７８年になると、アメリカ、メリーランド州の山荘キャンプ・デーヴィッドでカーター米大統領の仲介により、中東和平の枠組みとして、イスラエル軍のシナイ半島撤退、国連安全保障理事会決議２４２号を基礎とする包括的中東和平を進めることで合意が成立した。

１９７９年にエジプト、イスラエルは平和条約を締結したが、それは両国の単独講和で、パレスチナ人を含む全体的平和の実現にはいたらなかった。

それどころかアラブ諸国はエジプトの豹変を非難。カイロのアラブ連盟本部はチュニジアの首都チュニスに移され、石油産出国からの財政援助は断たれた。

サダトは従来の親ソ路線を転換、欧米の外資を導入し、思い切った貿易の自由化を行う。経済の「開放」政策を

JNRWA登録人数)

(2005年6月30日現在)

2000年	2005年
1,570,192	1,795,326
376,472	401,071
383,199	426,919
583,009	690,988
824,622	969,588
3,737,494	4,283,892

＊出所：UNRWA

■パレスチナ難民数の推移

地　域	1990年
ヨルダン	929,097
レバノン	302,049
シリア	280,731
ヨルダン川西岸	414,298
ガザ地区	496,339
合　計	2,422,514

とることで、エジプト経済は成長をとげるが、貧富の差は拡大していく。

一方、イスラエルは、第三次中東戦争の占領地（ヨルダン川西岸、ガザ地区）からの撤退を拒否。撤退を求める国連決議を無視して、1982年にはPLOの勢力を排除し、軍事拠点をたたくとしてレバノンに出兵する（236ページ）。

10万人のイスラエル軍の包囲攻撃により、レバノンのPLOの戦闘員1万人は、アメリカの仲介でベイルートから撤退し、PLO本部はチュニスに移された。

中東におけるイスラエルとの戦闘の拠点を失ったPLOは、穏健路線に転じざるを得なくなる。

◆なぜインティファーダがはじまったのか

PLOの後退で勢いを増したイスラエルは、占領していたヨルダン川西岸、ガザ地区でパレスチナ人の土地を収用し、ユダヤ人入植地の拡大を大規模に行う。当然、パレスチナ人の反発が強まった。

1987年、ガザでパレスチナ人労働者が乗った2台の車がイスラエル軍兵士運転の大型バスと正面衝突して4人が即死。葬儀に集まった群衆とイスラエル軍が衝突し、それ以降パレスチナ民衆とイスラエル軍の衝突が相次ぐようになる。

そうした中で、ガザ地区からヨルダン川西岸に「インティファーダ」（アラビア語で「蜂起」の意味）という民衆の自発的な石投げ運動が広がる。

1988年にはイスラーム原理主義組織の「ハマス」（アラビア語で「熱狂」「勇気」の意味）が闘争の中核として組織された。

ハマスはイスラエルへの徹底抗戦を呼びかけ、パレスチナ民衆に強い影響力を持つようになる。

歴史メモ インティファーダで、1987年以降の7年間にパレスチナ人の死者は1116人、負傷者数万人に及んだ。

●1993年◆パレスチナ自治政府

パレスチナ自治政府の実現をめぐる攻防

オスロ合意で立ち上がったパレスチナ自治政府。いままた、新たな試練の時代を迎えている。

◆世界を驚かせたオスロ合意

1988年にPLOは、イスラエルの生存権の承認とパレスチナ国家の独立を求め、米国、イスラエルとの対話路線を明確にする。

そうした中で1993年になると、突然、北欧の小国ノルウェーの首都オスロで、世界の人々を驚かす平和合意が成立する（オスロ合意）。

それまで相互に相手を認めてこなかったイスラエルとPLOが、北欧の小国の仲介でそれぞれの存在を認め合うことを承認し、パレスチナ問題に解決の曙光《しょこう》がさしたのである。小国ノルウェーの外交努力が難問解決の端緒を開いたことは称賛に値する。

同1993年、PLO議長アラファトとイスラエル首相ラビンは歴史的な和平協定である、「パレスチナ暫定《ざんてい》自治協定」をアメリカ大統領クリントンの立ち会いの下、ホワイトハウスで調印した。

ラビンは、パレスチナで少年が石を投げたことからはじまったインティファーダを武力で鎮圧した時に国防相として指揮した人物であったが、180度立場を転換させ、和解の方向に傾いたのである。

その後、PLOとアラファトはパレスチナに帰ることになり、ガザ地区とヨルダン川西岸でパレスチナ人の自治が拡大した。1996年には選挙が行われ、パレスチナ自治政府議長にアラファトが選ばれた。

◆溝を再び広げたシャロン首相の強硬策

しかし、1995年にオスロ合意の立役者、ラビン首相は、ユダヤ教徒の土地を異教徒に売り渡した「裏切り者」として熱狂的なユダヤ教徒により暗殺され、一部のユダヤ教聖職者はその暗殺を正当なものとした。

■イスラエルの分離壁

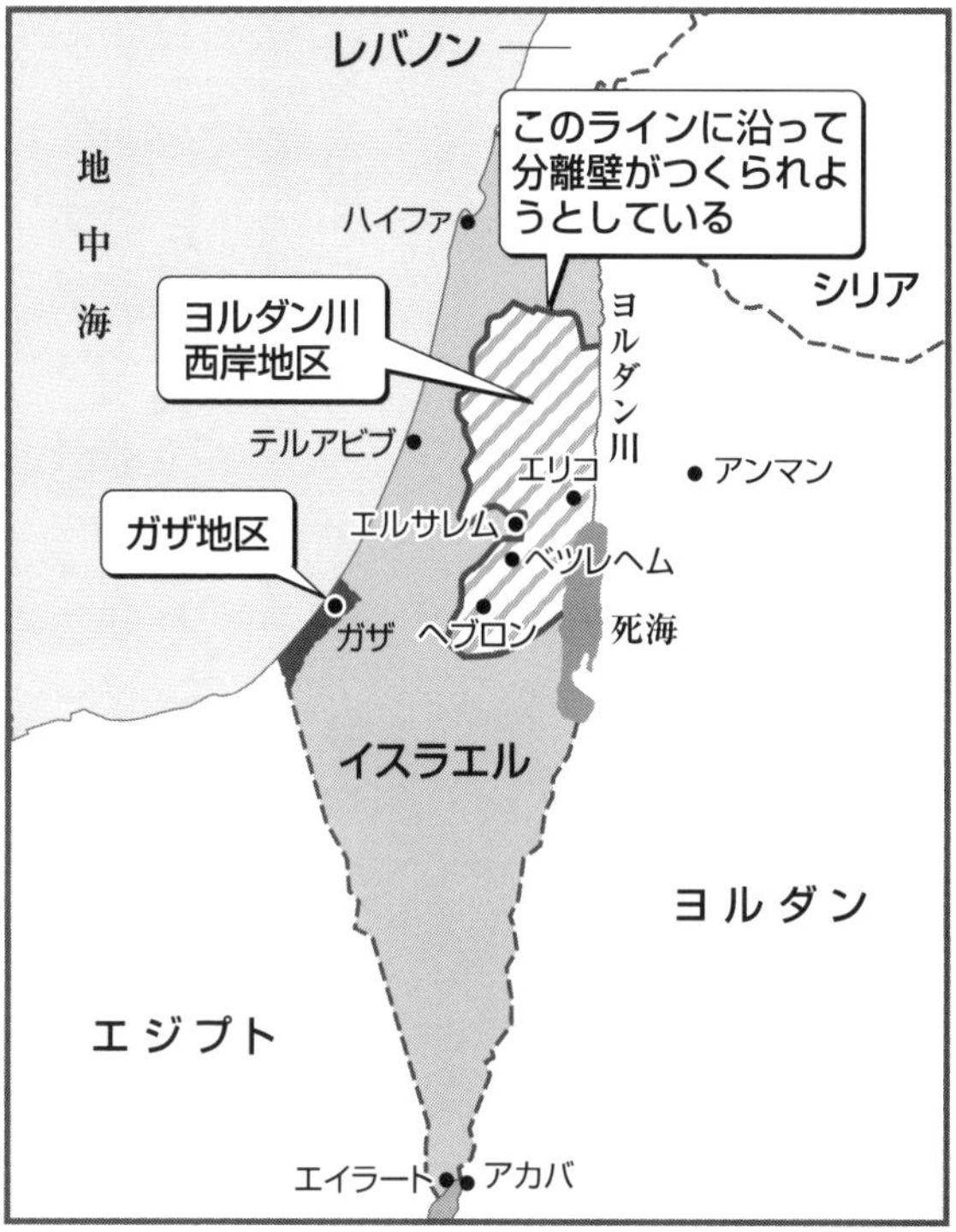

レバノン
地中海
このラインに沿って分離壁がつくられようとしている
ハイファ
シリア
ヨルダン川西岸地区
ヨルダン川
テルアビブ
エリコ
アンマン
ガザ地区
エルサレム
ベツレヘム
ガザ
ヘブロン
死海
イスラエル
ヨルダン
エジプト
エイラート
アカバ

2001年のイスラエル選挙では右派リクード党のシャロンが首相になり、和平交渉は停滞する。シャロン首相は、パレスチナ人の蜂起を鎮圧し、占領地域でのユダヤ人入植地の拡大と軍隊によるパレスチナ人抵抗運動の鎮圧を推し進め、再びパレスチナの武力衝突が激化した。

アラファトは2001年にテレビ演説で武装闘争の停止を宣言したが、テロは止まず、イスラエル軍による攻撃が激化した。

2003年にイスラエルはヨルダン川西岸地区のユダヤ人入植地とパレスチナ人居住地の間に長大な分離壁の建設を開始する。

2004年になるとヨルダン川西岸ラマラに長い間監禁されていたアラファトが死去する。後任のパレスチナ自治政府議長には穏健派ファタハのアッバスが選ばれた。

2005年にはイスラエルの強行派の首相シャロンが病に倒れ、2006年のパレスチナ評議会（国会に相当）でイスラーム過激派ハマスが過半数を獲得するなど事態は急変。パレスチナの先行きはまだ紆余曲折がありそうである。

歴史メモ 「オスロ合意」にいたる8か月間の交渉を取り持ったのはノルウェーの社会学者と外相だった。

● 1979年 ◆イラン革命

イランで起こったシーア派のイスラーム革命

ホメイニによるイスラーム革命の波及をおそれたソ連は、アフガニスタンに侵攻。タリバーンの台頭を許すことに。

◆中東を震撼させたイラン・イスラーム革命

1979年にイランで起こったイスラーム革命は、中東世界を大きく揺るがした。

白色革命（227ページ）によるアメリカを模倣した近代化、秘密警察による反対派の弾圧、貧富の差の拡大、財政の悪化は、広範なイランの人々を結集させた。その中心になったのが、シーア派最高聖職者（アヤトラー）のホメイニだった。

1978年にシーア派の聖地コムやその他の都市で起こった民衆デモは、激しい弾圧により数千人の犠牲者を出す。その後、1年間続いた民衆デモは王の退位を要求する首都テヘランの数十万人の大デモとなった。連日の激しいデモにやがて警察、軍隊も合流、1979年1月、パフレヴィー国王は亡命を余儀なくされた。

亡命先のパリから帰国したホメイニは、高位の聖職者である自らがイスラーム信仰に基づく法律を制定して統治を行うとして、反対派を粛清した。イラン革命は、イスラームの伝統に回帰する革命であった。ヨーロッパの歴史になぞらえるならば、ピューリタン革命ということになる。

アメリカもソ連も、石油を支配する湾岸産油国の首長たちもイスラームの教義を犯す者と決めつけ、イスラームのモラルを取り戻そうというホメイニの主張は、周辺諸地域の脅威となった。

◆革命の波及をおそれたソ連のアフガン侵攻

ソ連は、中央アジアに実質的植民地ともいうべき、カザフ人、タジク人、ウズベク人などの多くのイスラーム共和国を持っていたため、イランから隣国アフガニスタンを経由してイラン革命の影響が領内に及ぶのをおそれ

■イラン革命の影響

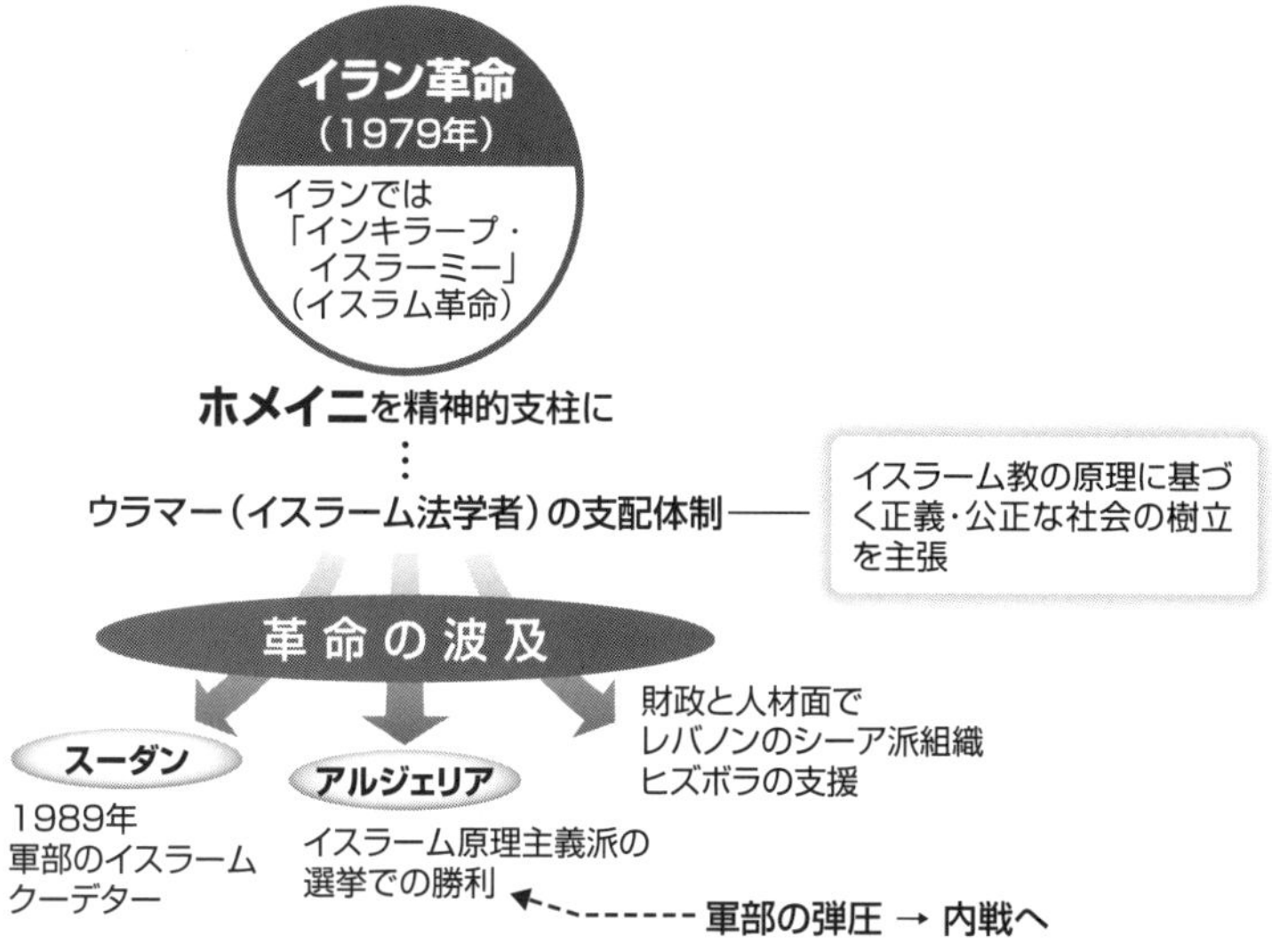
イラン革命
（1979年）
イランでは
「インキラーブ・
イスラーミー」
（イスラム革命）
ホメイニを精神的支柱に
ウラマー（イスラーム法学者）の支配体制
イスラーム教の原理に基づく正義・公正な社会の樹立を主張
革命の波及
スーダン
1989年
軍部のイスラーム
クーデター
アルジェリア
イスラーム原理主義派の
選挙での勝利
軍部の弾圧 → 内戦へ
財政と人材面で
レバノンのシーア派組織
ヒズボラの支援

た。ソ連は、アフガニスタンでイスラーム勢力を弾圧し続けていた強圧的な共産党のアミン政権は、イランの革命をアフガニスタンに呼び込む危険があると考え、アミンを退けようと1979年にアフガニスタンに侵攻した。

しかし、理由はどうあれソ連軍の侵入に反発するイスラーム教徒の全面的抵抗が9年間も続き、ソ連に深刻な打撃を与えた。

イスラーム諸国から多くの義勇兵がイスラーム戦士（ムジャーヒディン）としてアフガニスタンに集まり、ソ連の勢力拡大を恐れるアメリカは、パキスタン経由でゲリラ勢力に積極的に武器支援を行った。

1989年にゴルバチョフ書記長の決断でソ連軍が撤退した後は、私的軍隊を持つ部族、民族間の戦いが繰り返されることでアフガニスタンは荒廃した。

混乱の中で、パキスタンの難民キャンプ周辺の神学校でイスラーム教を学んだ「タリバーン」と呼ばれる原理主義者の軍団が、1996年に首都カブールを占領。イスラーム法に基づく極端な統治をはじめた。

ソ連は派兵に失敗して痛手を負ったうえ、アフガニスタンはおそれていたような状態になったのである。

歴史メモ 「タリバーン」は、ペルシア語で神学校の学生が「タリーブ」と呼ばれたことに由来する。

●1994年◆チェチェン紛争

チェチェンになぜロシアは固執するのか

ロシアからの離脱をめざすチェチェン共和国。ロシアに対するテロ行為は独立を達成するまで終わらないのか。

◆急に姿を現わした中央アジアのイスラーム圏

10年に及ぶアフガニスタンの軍事占領に失敗したソ連では、1985年以来、ゴルバチョフ共産党書記長が行った「ペレストロイカ」(改革)政策もうまくいかなかった。

1991年、連邦政府の権限縮小に不満を持つ共産党幹部のクーデター失敗事件が起こり、ソ連共産党の解散、ソビエト連邦の解体により「独立国家共同体」(CIS)への移行がなされた。その結果、イスラーム教徒の多い中央アジアにカザフスタン、キルギス、タジキスタン、ウズベキスタン、トルクメニスタンの5共和国、カスピ海西岸のアゼルバイジャンが新たにCISの中で独立した。

連邦体制の下で抑圧されていたイスラーム勢力が中央アジアで返り咲き、一大イスラーム圏が形成されることになったのである。

それぞれの国でのイスラーム教徒の活動には幅があるが、たとえばウズベキスタンではウズベキスタン・イスラーム運動がイスラーム国家の建設をめざす反体制運動を展開し、周辺諸国に影響を及ぼしている。2005年にはアンディジャンという都市で大規模な暴動が起こり、多数の市民が死亡したと伝えられる。

◆ロシアがチェチェン進攻を繰り返すのは…

ロシア内の共和国の中にもイスラーム教徒の独立国家をつくろうとする動きが強まった。カフカス地方(黒海とカスピ海の間の地域)のチェチェン・イングーシ自治共和国はソ連が崩壊するとロシア連邦に組み込まれたが、ロシア連邦にとどまることを望むイングーシ人の共和国とロシア連邦からの離脱を求めるチェチェン人の共和国に2分された。

スンナ派イスラーム教徒が多数を占めるチェチェン人は、ソ連崩壊の直前に独立を望んだが認められなかった。ロシアにとり独立を認めることは、チェチェンを横断する石油パイプラインを失い、他の共和国の独立を誘発するおそれがあったからである。

チェチェン共和国ではロシア連邦の反対を押し切って1991年に大統領選挙を行い、選出されたドゥダエフ大統領が独立を宣言した。だが、1994年にロシア軍が進攻して約8万人の犠牲者を出す激烈な戦闘が展開された。

1996年には独立問題を2001年まで棚上げすることで和平がなされ、戦闘は停止された。

しかし、1998年になると対立が再燃してロシアの進攻が再度なされ、2002年までにロシア軍は首都グロズヌイの掃討作戦を行い、多くの民間人を犠牲にし、軍事上の要地を占領した。チェチェン人は南部山岳地帯を中心にゲリラ戦を継続する。孤立したチェチェン人はテロ行為に訴え、2002年には武装勢力約50人が観客約800人を人質にするモスクワ劇場占拠事件を起こした。

2004年には親ロシア派の大統領の暗殺、北オセチアで1200人を人質とする学校占拠事件が起き、約300人が犠牲になる悲惨な結果となった。

■カフカス地方にあるチェチェン共和国

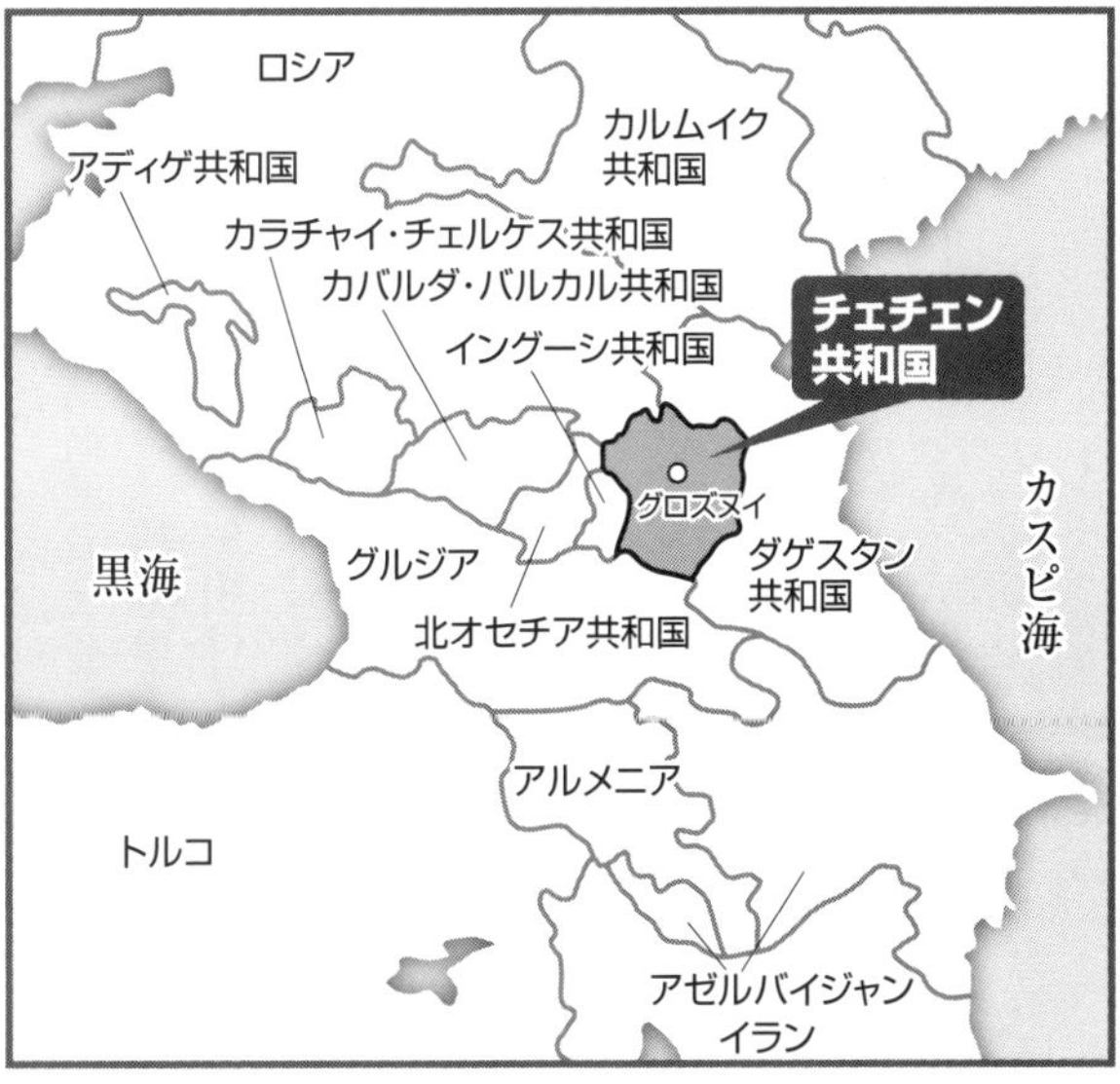

歴史メモ ロシア連邦には21の共和国があり、人口60万人強のチェチェン共和国はその一つである。

●1980～88年◆イラン・イラク戦争

イラン・イラク戦争からクウェート侵攻へ

シーア派の革命波及をおそれたイラクがイランへと侵攻。戦争後半、アメリカがイラクを支援した理由は？

◆一致していたアメリカとイラクの思惑

イラン革命（242ページ）により「中東の憲兵」を失ってしまったアメリカのダメージは大きかった。それどころか、イランのイスラーム革命が湾岸の産油国に及ぶのを阻止しなければならなくなった。

イラン革命と同じ1979年に起こったバーレーン、サウジアラビア東部のシーア派暴動、メッカのカーバ神殿の占拠事件などが、湾岸産油国への「革命の輸出」を懸念させたのである。

アメリカは、防壁になり得る勢力として、イラクのバース党の指導者サダム・フセインを選び期待をかけた。

サダム・フセインは『自叙伝』でも明らかなように、若い時に大統領カセムを狙撃して、カイロに亡命。帰国後政争に勝ち抜いてバース党トップに上りつめた人物である。

2度に及ぶ石油価格の高騰で大きな資金を獲得したサダム・フセインはオイルダラーのバラマキ政策で人心を獲得し、従来のバース党の親ソ路線を転換して1970年代末以降、西側に接近していた。

また、軍備を拡大し、政敵に対する粛清を繰り返して独裁権を握った野心家でもあった。

イラン革命が起こると、フセインはイランの革命がイラク南部のシーア派に波及するのをおそれた。イラクではシーア派が多数派だったが、彼は強権によりスンナ派政権を維持しており、イランの革命が波及するのをおそれていたのである。革命の中でイラン国軍が崩壊していたことも、フセインが戦争に踏み切る理由になった。

◆アメリカはイラクを支援した

1980年、フセインが南部の国境を越えてイランを攻撃し、「イラン・イラク戦争」が、はじまった。戦争は予想に反して8８年まで続き、両方で死者40万人、約１兆ドルの戦費を費やす大戦争となった。この戦争で、石油で潤っていた両国の国庫は底をつくのである。

１９８２年以降、イラン軍が優勢になりイラクに攻め込むと、アメリカは並々ならぬ決意の下に８４年以降イ

■イランとイラクの関係

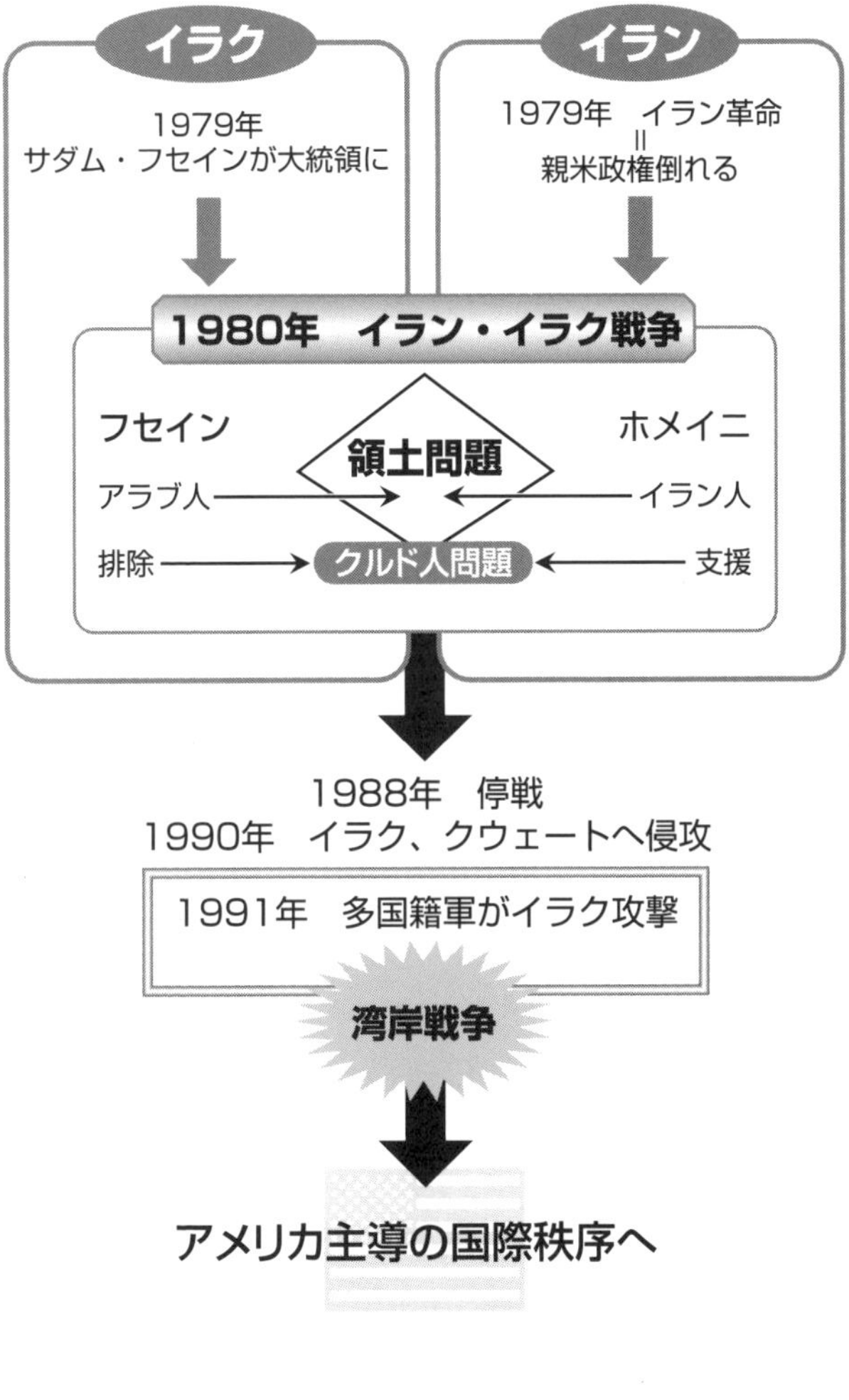

イラク
1979年
サダム・フセインが大統領に
イラン
1979年 イラン革命
=
親米政権倒れる
1980年 イラン・イラク戦争
フセイン
ホメイニ
領土問題
アラブ人
イラン人
排除
クルド人問題
支援
1988年 停戦
1990年 イラク、クウェートへ侵攻
1991年 多国籍軍がイラク攻撃
湾岸戦争
アメリカ主導の国際秩序へ

歴史メモ クウェートは1871年にバスラを中心とするイラクの行政区の一部としてオスマン帝国に組み込まれた。

ラクに積極的な武器援助、経済援助を行う。

アメリカはイラクを同盟者として扱い、はじめて中東での戦争に直接加担することになった。アメリカは、フセインと提携したのである。

しかし、長期に及ぶ無謀な戦争でイラクの対外債務は700億ドルから800億ドルにも膨れ上がった。フセインは、名声と権威を回復し、財政を立て直す必要に迫られることになる。

◆時流を読み間違えたフセイン

イラン・イラク戦争で莫大な債務を負ったサダム・フセインは、一か八かの大勝負に出た。

国境にまたがるルメイラ油田を巡って紛争が続いていた湾岸産油国クウェートへの侵攻に踏み切ったのである。

サダム・フセインの計算はこうであった。

イラク国内には、クウェートはオスマン帝国時代にバスラ州の一部であったとする主張が根強くあり、クウェートを19番目の州として併合すれば、国内で名声を高められるとともに、世界の石油埋蔵量の4割を支配し、石油収入で財政を立て直すことができる。

さらにイラクは、軍事的にもアメリカの支援で近代兵器で武装しており、世界で4番目の軍事大国として中東に覇を唱えることができる。

1990年、約10万人のイラク軍がクウェートに侵攻する。事前に事態を察知したクウェートの首長の一族はサウジアラビアに難を逃れた。イラクのクウェート占領は簡単に終了したため、フセインの野望は実現したかに見えた。

しかし、サダム・フセインの行動はサウジアラビアなどのペルシア湾岸に大きな石油権益を持っていたアメリカへのあからさまな挑戦だった。中東に強大な国家が生まれることは、アメリカの望むところではなかったのである。

サダム・フセインは湾岸の産油地帯の外国勢力と封建的王族に挑戦し、アラブの統一を呼びかけ、あわよくば「第二のナセル」になろうと考えた。しかし、アメリカは中東秩序の変動を許さなかったのである。

◉1991年◆湾岸戦争

中東世界をさらに大きく変えた湾岸戦争

イラクのクウェート侵攻を受けて多国籍軍がイラクを攻撃。戦争は42日で終了したが、アメリカとのしこりを残した。

◆90年代以降、変化したアメリカの中東政策

冷戦下のアメリカの中東政策は、「反ソ連」「イスラエル擁護」「湾岸産油国擁護」の3本柱だった。

1960年代までは、ソ連の南下を防ぎ、民族運動を抑えることが外交政策の中心になったが、1973年の第四次中東戦争以来の石油価格の高騰で湾岸産油国の重要性が高まると、湾岸の親米諸国を守ることの重要度が著しく増した。

さらに1980年代末から90年代初頭になると、東欧革命、ソ連の崩壊で冷戦が終わり、反ソ連の政策は大きく後退していく。

イラン革命の湾岸地域への波及を抑え、急進的なイスラーム革命を続けるアフガニスタン、軍事大国をめざすイラクのサダム・フセインの台頭を抑えることが新しい課題になったのである。

しかし、皮肉なことにそれらの勢力は、いずれも直接、間接にアメリカが育てたものだった。

◆多国籍軍の攻撃により42日で終了した湾岸戦争

サダム・フセインのクウェート侵攻が一時的に成功すると、アメリカのブッシュ（父）大統領は、イギリスのサッチャー首相の「ヒトラーの台頭を許した妥協を再度繰り返すべきではない、断固として武力行使すべきである」という主張を入れて、「湾岸戦争」に踏み切った。

アメリカは15万人（後に50万人に増強）の軍隊を中東最大の石油権益があるサウジアラビアに派遣し、国連の安全保障理事会は、イラクを侵略者と判定し、イラク軍をクウェートから追い出すために「あらゆる手段を使う」ことを決議した。

ソ連もアメリカの主張を支持する。国連は、1990

年11月、武力行使に45日の猶予をおく決議を採択。それに対してイラクは、イスラエルがパレスチナの占領地域から撤退すれば、イラクもクウェートから撤退するとして、パレスチナ問題とクウェートをリンクさせ、アラブ人の支持を得ようとした。

ヨルダン、イエメン、チュニジア、PLOはイラク寄りの姿勢を明らかにする。

猶予期限が切れた1991年1月、アメリカが指揮する28カ国の軍隊からなる多国籍軍と、クウェートを占領するイラク軍との戦い（「砂漠の嵐」作戦）が開始された。

多国籍軍とイラク軍の武器の差は歴然としており、イラク軍は42日間の戦闘に敗れ撤退する。これが「湾岸戦争」である。

アメリカは、中東世界に強大さを見せつけたのであるが、同時にそれは、かつて「白色革命」中のイランで行ったようにアメリカが中東に深く介入し、ペルシア湾岸の現在の体制を護る姿勢を鮮明にした軍事行動でもあった。

◆辛くも生き残ったフセイン政権

湾岸戦争で敗北を喫したイラク国内では、サダム・フセインの独裁に反対する南部シーア派民衆の蜂起、北部クルド人の蜂起による油田地帯の占拠が起こった。

アメリカはそうした状況の下でイラクを攻撃し、フセイン政権を直接打倒することを見送った。

イラクが分裂、大混乱におちいって、その混乱がペルシア湾岸に波及することをおそれ、半身不随の状態でフセイン政権を持続させる道を選択したのである。

しかし、フセイン政権は強圧的な国内支配と石油利権を使うことで復活し、クウェートでは旧体制が回復された。

一方、中東社会では膨大なアメリカ軍の〝聖なるアラビア半島〟への進駐を認めたことでサウジアラビアの威信が揺らぎ、イラクを支持したPLOの立場は悪化し、アラブ諸国の分裂が広がった。

アメリカは、不安定な政治情況下にある中東と深く関わることで、多くの問題を引き受けざるを得なくなった。戦争には勝利したものの、反米的テロ活動が頻発するという不安定要因が強まるのである。

■湾岸戦争後のイラクの扱い

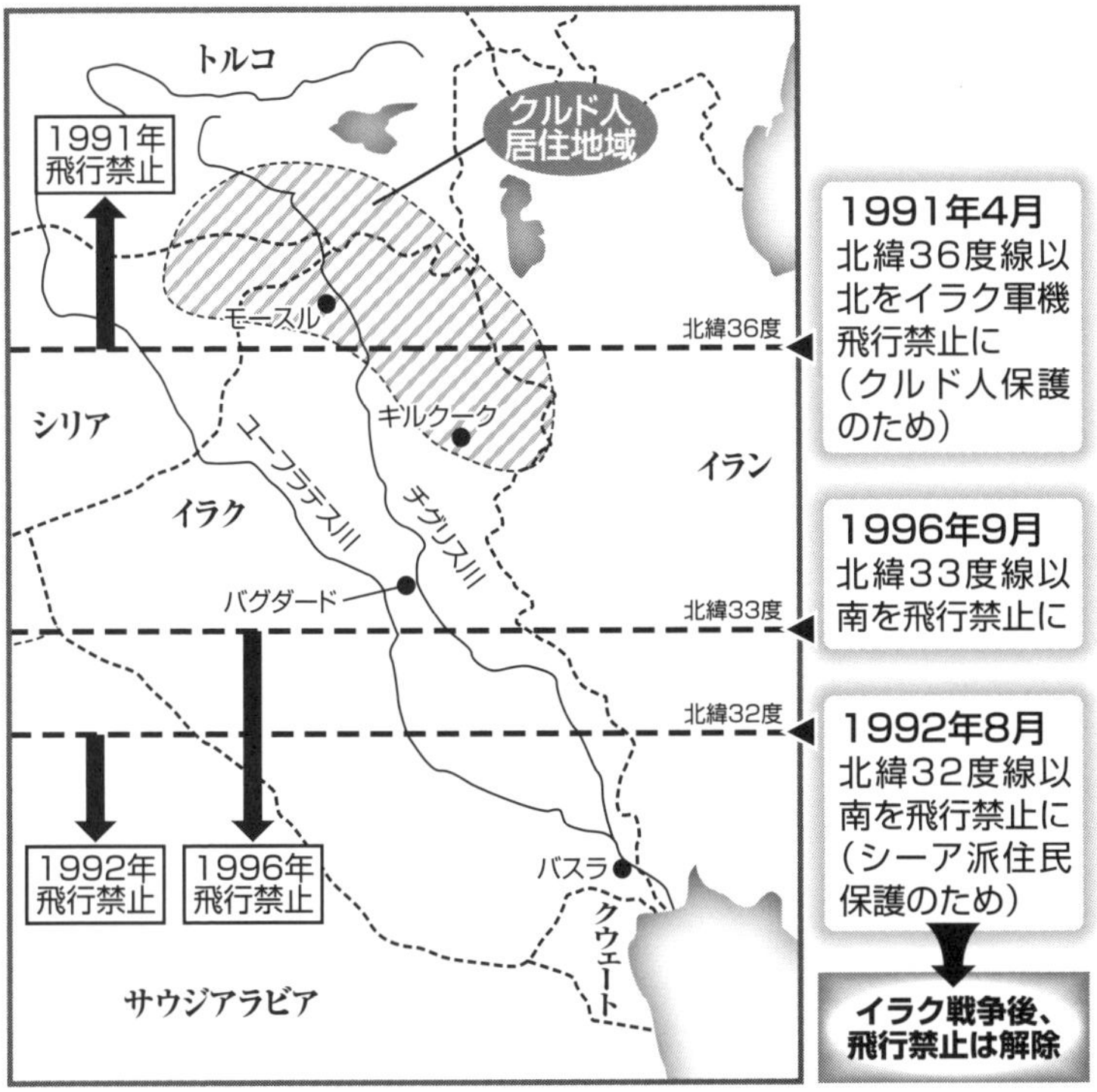
トルコ
クルド人居住地域
1991年飛行禁止
モースル
北緯36度
シリア
キルクーク
イラン
ユーフラテス川
チグリス川
イラク
バグダード
北緯33度
北緯32度
1992年飛行禁止
1996年飛行禁止
バスラ
クウェート
サウジアラビア
1991年4月
北緯36度線以北をイラク軍機飛行禁止に（クルド人保護のため）
1996年9月
北緯33度線以南を飛行禁止に
1992年8月
北緯32度線以南を飛行禁止に（シーア派住民保護のため）
イラク戦争後、飛行禁止は解除

歴史メモ フセインはアメリカの支持を期待したが、アメリカ政府は湾岸秩序を乱すとしてイラク包囲網を組織した。

●2001年◆同時多発テロ

世界を驚愕させた2001年の衝撃

ニューヨークへのテロ攻撃により、アフガニスタンへの空爆を行ったアメリカ。タリバーン政権は倒壊したが…。

◆世界を揺るがした9・11

2001年9月11日、2機の国内線ジェット機がハイジャックされ、乗客を乗せたまま世界経済のセンター、ニューヨークを象徴する世界貿易センタービル（ツインタワー）に次々と突っ込んだ。

2機のジェット機はツインタワーを崩壊させ、さらに他の1機が国防総省（ペンタゴン）に突っ込んで一部を破壊、ピッツバーグ近郊で乗っ取られた1機が墜落するという、ハリウッド映画を地でいくような事件が起こったのである。

その光景はテレビで全世界に放映され、地獄絵図のような映像は世界中の人々を驚かせた。

サウジアラビアを代表する大富豪ビンラディン一族のウサマ・ビンラディンが指導する国際組織「アルカイダ」が犯行声明を出したことで、さらに世界中の人々が驚かされた。

ウサマはサウジアラビアの大富豪だったが、反ソ連のゲリラ活動に共鳴してアフガニスタンに渡り、その経済力でゲリラの中で影響力を強めた人物である。イスラーム原理主義の組織アルカイダを率いるウサマは、アラビア半島に大量の軍隊を駐屯させるアメリカがイスラーム世界を汚しているとして、周到に準備してテロを断行したというのである。

果たしてアフガニスタンの山奥にいる人物がアメリカを揺るがすテロ行為を行えるのだろうか。しかし、アメリカはアルカイダの犯行と断定して、ブッシュ大統領は世界規模の「イスラーム原理主義」のテロ組織との戦いを宣言した。恐怖と報復の念に燃えたアメリカ国民もブッシュの戦争を支持するのである。

◆「テロ」との戦いの標的にされたアフガニスタン

2001年10月から12月にかけてアメリカ軍とイギリス軍は、アルカイダとアルカイダを支援するアフガニスタンのタリバーン政権への激しい空爆を行った。

タリバーンは1994年に武装勢力の内戦が続くアフガニスタンで頭角を現し、1996年には首都カブールを支配、2000年末までに全土の9割を制圧していた。

パキスタンの難民キャンプから生まれたタリバーンが、優れた武器と豊かな資金を背景にして短期間でアフガニスタンを制圧できた理由には、パキスタン国軍と情報機関の支援があった。

パキスタンにはアフガニスタンの多数派住民のパシュトゥーン人に安定政権をつくらせ、中央アジアにいたる安定したルートを確保したいという希望があり、アメリカもそれを支援していた。

他の軍閥と比べると圧倒的に規律正しいタリバーンは各地で民衆に歓迎されたが、政権を握るとイスラーム法に基づく厳格な統治をはじめた。

アメリカ軍は、旧ソ連領のイスラーム教国へのイスラーム原理主義の影響拡大をおそれるロシアの武器援助を受けたアフガン北部同盟に攻撃を委ね、首都カブール、南部の拠点カンダハールを占領されたタリバーン政権は倒壊した。そしてパキスタン国境地帯ではウサマ・ビンラディンの探索がなされたが、効果はあがらなかった。

■アフガニスタンの主な民族集団

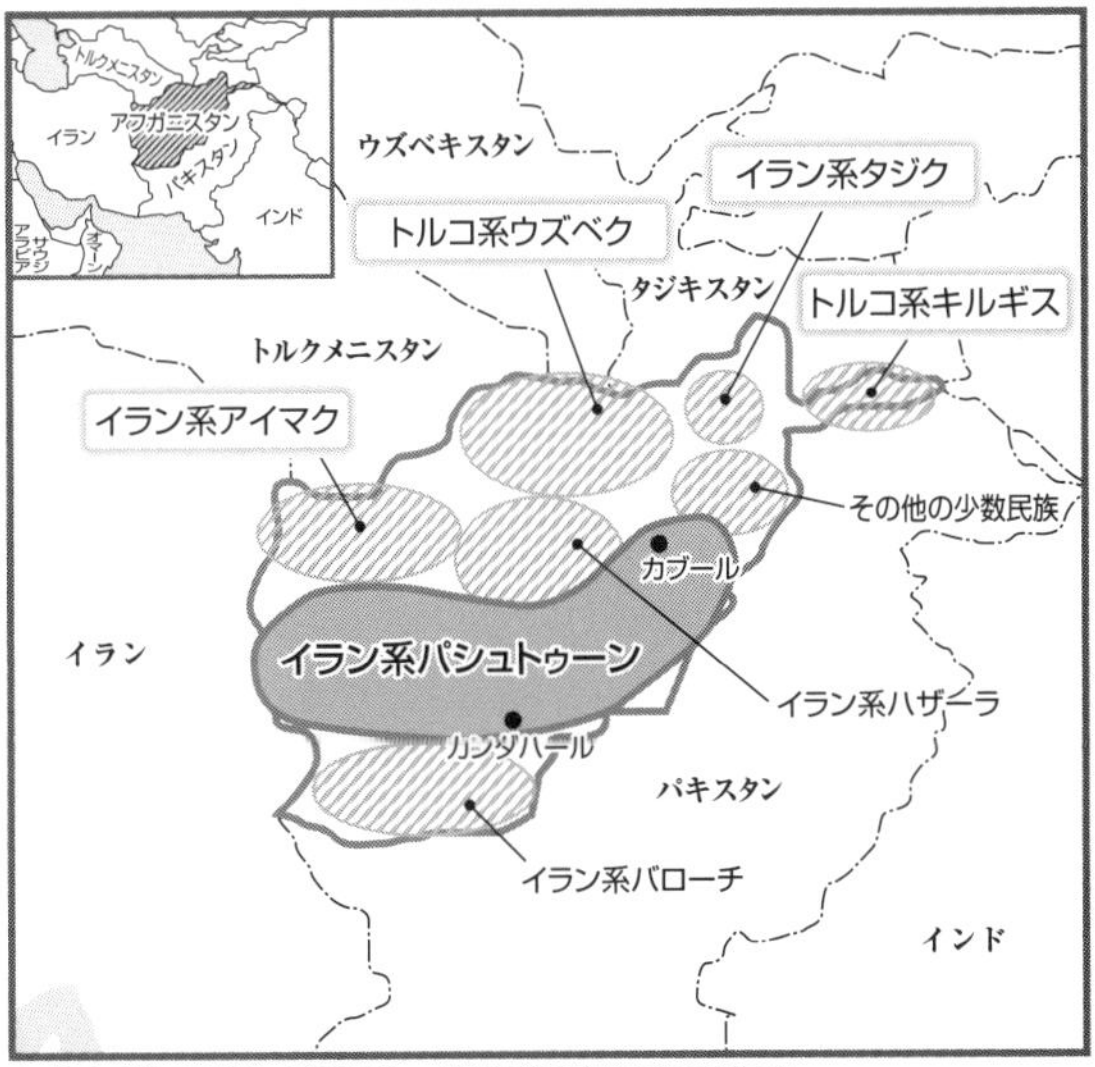
トルクメニスタン
アフガニスタン
イラン
パキスタン
インド
オマーン
ウズベキスタン
イラン系タジク
トルコ系ウズベク
タジキスタン
トルコ系キルギス
トルクメニスタン
イラン系アイマク
その他の少数民族
カブール
イラン
イラン系パシュトゥーン
イラン系ハザーラ
カンダハール
パキスタン
イラン系バローチ
インド

※『アフガニスタン』渡辺光一（岩波新書）などから作図。

歴史メモ タリバーンは世界的に有名なバーミアンの巨大石仏を爆破したことで世界の注目を集めた。

●2003年◆イラク戦争

新たな課題を増やしたイラク戦争の行方は…

大量破壊兵器を隠しているとしてアメリカとイギリスがイラクを攻撃。だが、兵器は発見されなかった。

◆イラクとの戦争を急いだアメリカ

湾岸戦争後、1991年に、国連はイラクに対してクウェートへの賠償金の支払い、大量破壊兵器と長距離ミサイルの廃棄を義務づけ、核兵器計画放棄の確認の監視を行う国際原子力機関（IAEA）の査察を受け入れることを求め、イラクも受諾した。

アメリカは1991年以降、イラクに飛行禁止地域を設定して監視飛行を行い（251ページ図）、断続的にミサイル攻撃を行い、経済封鎖を続けた。

イラクの生物化学兵器、長距離ミサイルとそれらの製造工場の9割以上が1998年までに検証可能なかたちで廃棄されたとされていたが、なお多くの大量破壊兵器が隠されているという説もあり、国連とイラクの間に査察方法で意見が分かれた。

2001年のアメリカにおける同時多発テロとアフガニスタン進攻の後、ブッシュ米大統領は2002年の年頭教書でイラク、イラン、北朝鮮の3国を国際テロの支援、大量破壊兵器の開発、国内における民衆の抑圧を行う「悪の枢軸《すうじく》」として反テロ戦争の第二の標的にすると言明した。

イラクは国連決議を受け入れてあらゆる施設への査察を受け入れ、IAEAなども査察条件の向上をあげて査察の継続を主張した。

しかし、アメリカはイラクが数々の国連決議に違反していることをあげて、大量破壊兵器がイラクに隠されているのは明白だとして、世界規模の反対（2003年2月15日のデモには世界60カ国で1000万人以上が参加）、国連安全保障理事会での劣勢を押し切り、安全保障理事会の決議を得ないでイギリスとともにイラク攻撃に踏み切った。

■イラクの主な油田・パイプラインと民族・宗教分布

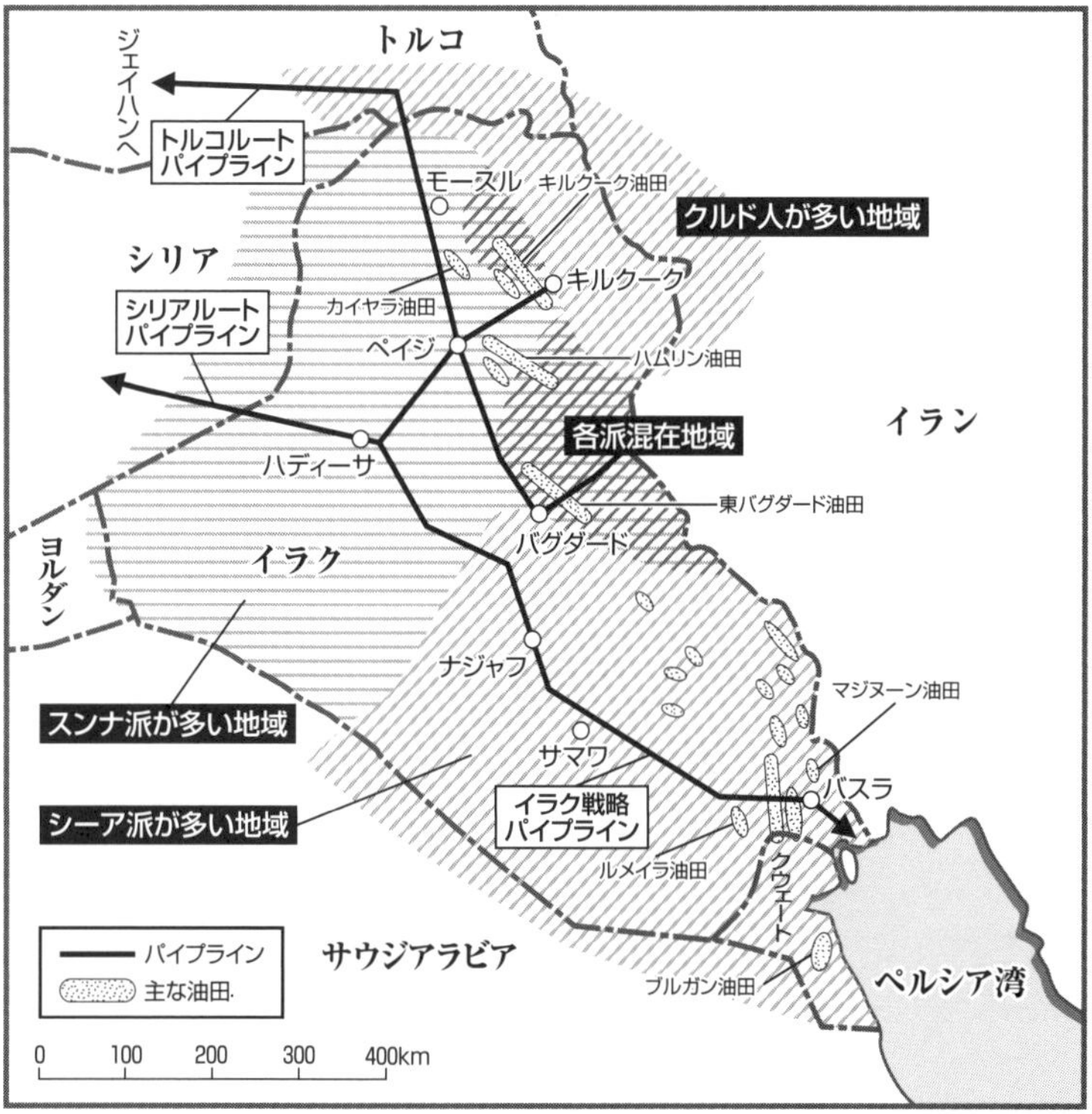
トルコ
ジェイハンへ
トルコルート
パイプライン
モースル
キルクーク油田
クルド人が多い地域
シリア
キルクーク
カイヤラ油田
シリアルート
パイプライン
ベイジ
ハムリン油田
イラン
各派混在地域
ハディーサ
東バグダード油田
バグダード
ヨルダン
イラク
ナジャフ
マジヌーン油田
スンナ派が多い地域
サマワ
バスラ
イラク戦略
パイプライン
シーア派が多い地域
ルメイラ油田
クウェート
パイプライン
主な油田
サウジアラビア
ブルガン油田
ペルシア湾
0
100
200
300
400km

※独立行政法人　石油天然ガス・金属鉱物資源機構資料等より作成。

歴史メモ　イラク戦争は反米テロの脅威に対してアメリカ大統領ブッシュが提示した「先制攻撃論」による最初の戦争だった。

◆イラク戦争の経過

2003年3月20日、大量破壊兵器の除去、フセイン政権の打倒とイラク国民の解放を旗印にアメリカ軍とイギリス軍はバグダードへの空爆を行うとともに、クウェートからイラクに進攻した。「テロ組織あるいはその支援国家に対する先制攻撃」を主張するブッシュ・ドクトリンによる最初の戦争であった。

アメリカはわずか13万人の兵力でGPS誘導爆弾、レーザー誘導弾などの最新鋭の兵器を使って空爆を中心に「徹底抗戦」の姿勢をとるイラクを攻撃し、北部でもクルド人部隊と呼応して進攻、約1か月でイラク全土を制圧した。

この戦争とその後の占領統治には37カ国が有志連合として参加したが、湾岸戦争に参加したエジプト、シリア、サウジアラビアをはじめアラブ諸国は派兵しなかった。アメリカの主張に反して、イラクから大量破壊兵器は発見されていない。

◆増幅される困難

戦争終結宣言の後、アメリカはイラクに民主的政権をつくるという方針の実現をめざすが、ファルージャにおける大規模な戦闘、バスラにおける武装したシーア派民兵との戦闘、各地で無差別テロ、反米闘争が広がるなど、新秩序の形成は困難を極めている。

占領に協力した有志連合もイラクでの執拗な抵抗運動に手を焼き、次々にイラクからの撤兵を宣言した。

イラクでは議会選挙が行われ、2006年には民主政権が成立したが、サダム・フセイン時代に強権支配により少数派のスンナ派が権力を握っていたイラクが、イランと同じシーア派主導の国に生まれ変わるのか、クルド人の扱いはどうなるのかなど、イラク情勢は目が離せない状態になっている。

いずれにしても、イギリスがつくりあげた基盤の不安定なイラクが大きく揺らいでいることは事実で、ペルシア湾岸の石油地帯の防壁としてイラクを再編しようとするアメリカ・イギリスの戦略は危うくなっているといえる。

そうした状況下で現在、イランの核開発問題を巡り、アメリカとイランの対立が尖鋭化している。

マームーン……140
マラーズギルドの戦い……151
マリ帝国……131
マルコ・ポーロ……139, 148
マロン派……38, 58
マー・ワラー・アンナフル……67
マワーリー……115, 116
マンサ・ムーサ……131
マンスール……124, 142
ミスル……106
ミドハト憲法……194
ミドハト・パシャ……194
ミトラ……79
ミトラス……79
ミナレット……108
ミフラーブ……108
ミマーリ・シナン……165
弥勒……79
民族離散……62
ムアーウィア……111, 112, 114
6日間戦争……231
ムガル帝国……159, 160
ムスリム……28
ムハンマド……62, 86, 88
ムハンマド・アリー……178
メソポタミア文明……52
メッカ……86
メディア……73
メディナ……37, 90, 108
メディナ・アッサラーム……124
メフメト2世……163
モサデク……227
モスク……108, 124
モール人……130
モンケ……154
モンゴル帝国……122, 158

【や行】

ヤーウェ……60
ヤウム・アル・ジュムア……41
ヤスリブ……37, 89, 90, 108
ユダ王国……73
ユダヤ教……60, 73
ユーフラテス川……52
ヨルダン川西岸……223

【ら行】

ラー……55
ラビン……240
ラマダーン……42
リクード党……241
リディア……73
ルブアルハリ砂漠……32, 64
礼拝……40
レオ3世……129
歴史序説……157
レザー・ハーン……203
レセップス……184
レバノン内戦……236
錬金術……142
錬丹術……142
ロカイヤ……110
六信……39, 94
ローザンヌ条約……202, 209, 210
ロシア-トルコ戦争……183
露土戦争……183
ローマ帝国……34, 79
ロレンス……201

【わ行】

ワクフ……97
ワタン党……185
ワッハーブ派……212
ワフド党……212
湾岸戦争……249

【ABC】

CIS……244
OAPEC……234
OPEC……234
PLO……59, 229, 232, 240

パックス・タタリカ……158
ハッジュ……43
ハディージャ……88
ハディース……94
バドルの戦い……42
ハバラ……46
パピルス……55
バビロン捕囚……60, 73
バーブ教……188
バーブル……159
パフレヴィー国王……227
パフレヴィー朝……203
バベルの塔……73
ハマス……239, 241
バヤジト1世……162
ハラージュ……99
ハラーム……44
ハラール……44
ハリーファ……92
パルティア……78
バルバロッサ……164
ハルビー……98
バルフォア……62
バルフォア宣言……204
ハールーン・アッラシード……124, 136
パレスチナ……60
パレスチナ解放機構……59, 229, 232
パレスチナ暫定自治協定……240
パレスチナ戦争……223
パレスチーネ……60
ハーレム……118
パン・スラブ主義……182
パン・トルコ主義……195
ハンマーム……68, 124
ハンムラビ……53
ハンムラビ法典……53
ヒジャーズ王……209
ヒジャーブ……46
ヒジュラ……90
ヒジュラ暦……91
ヒズボラ……59, 237
ビスマルク……183
ヒトコブラクダ……64, 104
百年戦争……156
ヒラー山……88
ピラミッド……55
ファイサル……201, 206, 209
ファタハ……232, 241
ファーティマ……111, 112, 148
ファーティマ朝……131, 148, 151, 152
ファラオ……54
フェニキア人……34, 58
フサイン（第3代イマーム）……112
フサイン……201, 204, 209
フサイン・マクマホン書簡……204
フスタート……106, 148
プトレマイオス朝……78
フビライ……155
フビライ・ハン……139
フラグ……154
プラッシーの戦い……161
ブルガン油田……193
ブルクー……46
プレヴェザの戦い……165
ブワイフ朝……149
フワリズミー……141
分離壁……241
ベイリク……162
ベイルート……236
ペスト……156
別離の巡礼……43, 92
ベール……46
ペルガモン王国……78
ペルシア人……74
ペルセポリス……75
ベルベル人……130
ベルリン会議……183, 194
ペレストロイカ……244
ヘレニズム時代……78
ヘロドトス……54, 74
ホメイニ……242
ホラーサン道……127
ホラズム朝……154

【ま行】

マコラバ……87
マスジド……108
マナート……86
マナーラ……108
マニ教……80
マフディー……148
マフムト2世……180
マムルーク……150, 154
マムルーク朝……156

セルジューク……150
セルジューク朝……150
セレウコス朝……78
戦争の家……98
総督イスマイール……184
ソグド人……132
ゾロアスター……76
ゾロアスター教……76, 132
ソロモン王……60

【た行】

第一次世界大戦……200
第一次中東戦争……223
第一次ユダヤ戦争……62
太陰暦……53
第三次中東戦争……231
大征服運動……27, 35, 105, 106, 116, 128
第二次ウィーン包囲……176
第二次中東戦争……229
第二次ユダヤ戦争……62
太陽暦……55
第四次中東戦争……234
ダウ……136
タキトゥス……62
タバコ・ボイコット運動……189
ターバン……46
ダビデ王……60
タブリーズ……155
ダマスクス……56, 65, 114
タラス河畔の戦い……132, 140
タリバーン……243, 253
ダール・アルイスラーム……98
ダール・アルハルブ……98
ダレイオス1世……74
タンジマート……180
チェチェン……245
知恵の館……140
チグリス川……52
血の代償……94
チャガタイ……158
チャーチル……206
チャドル……46
中近東……30
中東……30
チューリップ時代……177
チンギス・ハン……123, 154
ディアスポラ……62
ティムール……158
ティムール朝……158
デウシルメ制……166
トゥグリル・ベク……150
東南アジア……30
東方見聞録……139, 148
東方正教会……58
東方問題……182
トゥール・ポワティエ間の戦い……128
独立国家共同体……244
トランス・ヨルダン……206
トルコ共和国……202
トルコ国民党……202
トルコ石油会社……192
トルコマンチャーイ条約……188
ドルーズ派……58
トルーマン……62

【な行】

嘆きの壁……62
ナジャフ……112
ナセル……228, 230
ナフード砂漠……64
西スーダン……131
西トルキスタン……67
ニハーヴァンドの戦い……110
ネストリウス派キリスト教……80
ノアの方舟……52
ノブゴロド公国……135

【は行】

拝火教……76
バイト・アルヒクマ……140
バイバルス1世……156
パキスタン……160
白色革命……227, 242
バグダード……124, 154
バグダード条約機構……228
バクトリア……78
バザール……125
ハサン……112
ハーシム家……88, 96, 225
ハーシム家解決案……206
バース主義……224
バース党……224, 230, 246
バスラ道……127
パックス・イスラミカ……155

クルアーン……34, 44, 94
クルディスターン……210
クルド人……210
クレルモン公会議……152
黒い土……54
景教……80
啓典の民……34, 99
ゲーベル……142
ケマル・アタチュルク……202
ケマル・パシャ……202, 210
祆教……80
幸運のアラビア……57
後ウマイヤ朝……129
五行……42,94
国際スエズ運河会社……184
国連パレスチナ特別委員会……222
ゴトランド島……134
古バビロニア王国……53, 72
コーヒー……168
コーヒーハウス……169
コム……66, 242
コーラン……28, 34, 36, 44, 93, 94
コルドバ……129
ゴルバチョフ……244
コンスタンティノープル……66, 163

【さ行】

サイクス・ピコ秘密協定……204
最後の審判……77, 95
サウジアラビア……209, 213, 214
サウード家……209, 212, 225
ザカート……96
ササン朝……80, 105
サダト……234, 238
サダム・フセイン……224, 246
サード・ザグルール……212
サトラップ……74
サファヴィー朝……113, 170, 188
サラディン……153, 172, 210
サラーフ・アッディーン……153, 172, 210
ザンギー朝……153
ザンジ……137
3C政策……191
3B政策……190
サン・レモ……206
サン・レモ会議……208
シーアット・アリー……112
シーア派……36, 58, 66, 112, 170
シオニズム運動……62
シオン……62
ジズヤ……38, 99
シナ・インド物語……138
ジハード……92, 98
シャー……170
ジャービル・イブン・ハイヤーン……142
シャリーア……36
シャリーフ……196
シャルルマーニュ……129
シャロン……241
十字軍……151, 152
十二イマーム派……170
12世紀のルネサンス……143
シュメール……52
シュメール人……52
象形文字……55
シリア……56
シリア砂漠……32, 64
シリア道……127
シルクロード……79, 80
新バビロニア……60, 73
新約聖書……34
ズィンマ……92, 99
ズィンミー……98
スエズ運河……184
スエズ戦争……229
スカーフ禁止法……46
スーク……125
スバンタ・マンユ……76
スーフィー……131, 133, 160
スーラ……93
スルタン……150
スルタン・カリフ……164
スレイマニエ・モスク……165
スレイマン１世……164
スンナ……95, 112
スンナ派……112
セイイド・アリー・ムハンマド……188
青年トルコ……194
セーヴル条約……202, 209, 210
石油危機……235
石油戦略……234
石油輸出国機構……234
セポイ……161
セリム１世……164

イスラーム教……36, 62
イスラーム銀行……144
イスラーム原理主義……37
イスラーム世界……26
イスラームの家……98
イスラーム法……36
イスラーム暦……90
イブン・ハルドゥーン……128, 157
イマーム……36, 41, 113
イムル……37
イラク……52, 206
イラク革命……226
イラク石油会社……193
イラク戦争……254
イラン……74
イラン・イラク戦争……211, 247
イラン革命……187, 242
イラン高原……66
イラン立憲革命……189
イル・ハン国……155, 158
岩のドーム……63
インティファーダ……239
ヴァイキング……134
ヴィルヘルム2世……190
ウィーン包囲……165
ウサマ・ビンラディン……252
ウスマーン……44, 93, 110, 112
ウマイヤ家……96, 110
ウマイヤ朝……112, 114
ウマル……93, 100, 110
ウラマー……37, 48, 166
ウルバヌス2世……152
ウンマ……37, 90, 96
エジプト……73
エジプト革命……228
エジプト文明……54
エルサレム……60, 152
エルサレム王国……153
エンヴェル・パシャ……195
オイル・ショック……235
黄金の道……127
王の道……75
オゴタイ……158
オスマン1世……162
オスマン債務管理局……181, 190
オスマン朝……162
オスロ合意……240
オベリスク……55
オルハン……162

【か行】

海賊海岸……186
カイバル峠……67
カイロ……156
カイロ会議……206
ガザ地区……223
ガージー……150, 162
カージャール朝……188, 192
カセム……226, 230
ガーナ……131
カナート……32, 66
カナン……60
カーバ……86
カーヒラ……148
カーフィル……99
カフカス……244
カプクル……166
カラハン朝……133
カリフ……92
ガリポリの戦い……200
カール……129
カルバラー……112
カルロヴィッツ条約……177
ガワール油田……193
キエフ公国……135
喜捨……96
キプチャク……158
キブラ……62, 108
キャラバン……33
キャンプ・デーヴィッド合意……238
旧約聖書……34, 52
キュロス……74
極東……30
ギリシア人……34
ギリシア火……128
キリスト教……61
ギルガメシュ物語……52
近東……30
クウェート侵攻……248
クウェート石油会社……193
楔形文字……53
クーファ道……127
クライシュ部族……87, 88
クリミア戦争……181, 182

早わかり中東&イスラーム世界史

INDEX

【あ行】

アイーシャ……92
アイユーブ朝……153
アウラングゼーブ……161
アクバル……160
アケメネス朝……61, 74
アサッシン派……148
アザーン……40
アスワン・ハイダム……228
アッコン……153
アッシリア人……72
アッバス……241
アッバース1世……171
アッバース革命……117
アッバース家……116
アッバース朝……116, 136, 148
アッラー……88
アディーユ家……110
アナトリア高原……66
アブー・アルアッバース……116
アフガニスタン……67
アブデュル・ハミト2世……194
アブドゥッラー……201, 206, 209
アブー・バクル……92, 100
アフマド……149
アフメト3世……177
アフラ・マズダ……76
アヤトラ……171
アラビア・アメリカ石油会社……213
アラビア数字……141
アラビアのロレンス……201
アラビアフェリックス……57
アラビアン・ナイト……124, 136
アラビアン・ルネサンス……140
アーラビー大佐……185
アラファト……232, 240
アラブ人……38
アラブ世界……38
アラブ石油輸出国機構……234
アラブ連合共和国……226
アラブ連盟……225
アラムコ……213
アラム語……56, 65
アラム人……56, 65
アラム文字……65
アララト山……66
アリー……96, 111, 112
アリクブカ……155
アーリマン……76
アルカイダ……98, 252
アルサケス朝……79
アルジャジーラ……187
アルメニア教会……58
アレクサンドロス大王……75, 78
アンカラの戦い……162
アングロ・イラニアン石油会社……227
アングロ・ペルシア石油会社……192
安息……79
アンラ・マンユ……76
アンリ・ピレンヌ……35
イエス……61
イエニチェリ……167
イエメン地方……57
イギリス・オスマン帝国通商条約……181
イギリス東インド会社……161
イクター……150
イスタンブール……66, 163
イスファハーン……151, 171
イスマイール……170
イスマイール派……148
イスラエル……223, 240
イスラエル王国……60
イスラーム……28

宮崎正勝（みやざき　まさかつ）
1942年、東京都生まれ。東京教育大学文学部史学科卒業。都立三田高等学校、九段高等学校、筑波大学附属高等学校教諭（世界史担当）、筑波大学講師（常勤）などを経て、現在は北海道教育大学教育学部教授。その間、1975年から1988年までNHK高校講座「世界史」（ラジオ・TV）常勤講師。二十数年間、高等学校「世界史」教科書の編集・執筆に従事している。
著書に、『早わかり世界史』『早わかり東洋史』『早わかり〈世界〉近現代史』『地図と地名で読む世界史』（日本実業出版社）、『鄭和の南海大遠征』『ジパング伝説』（中公新書）、『イスラム・ネットワーク』（講談社選書メチエ）、『世界史の海へ』（小学館）、『モノの世界史』『文明ネットワークの世界史』（原書房）、『地域からみる世界歴史年表――世界史を構成する地域と国家』（聖文新社）など多数がある。

早《はや》わかり中東《ちゅうとう》&イスラーム世界史《せかいし》

2006年 6 月10日　初版発行

著　者　宮崎正勝
発行者　上林健一

発行所　株式会社 日本実業出版社　東京都文京区本郷 3－2－12 〒113-0033
大阪市北区西天満 6－8－1 〒530-0047
編集部 ☎03-3814-5651
営業部 ☎03-3814-5161　振　替　00170-1-25349
http://www.njg.co.jp/

印 刷／三晃印刷　製 本／若林製本

この本の内容についてのお問合せは、書面かFAX（03-3818-2723）にてお願い致します。
落丁・乱丁本は、送料小社負担にて、お取り替え致します。

ISBN 4-534-04073-3　Printed in JAPAN